제인 오스틴의 책장

JANE AUSTEN'S BOOKSHELF
Copyright © 2025 by Rebecca Romney

Korean translation copyrights © 2025 by Humanist Publishing Group Inc.
All rights reserved.

Korean translation rights arranged with Aevitas Creative Management, New York
through Danny Hong Agency, Seoul.

이 책의 한국어판 저작권은 대니홍에이전시를 통한
저작권사와의 독점 계약으로 ㈜휴머니스트출판그룹에 있습니다.
신저작권법에 의해 한국 내에서 보호를 받는 저작물이므로
무단 전재와 복제를 금합니다.

제인 오스틴의 책장

어느 희귀서 수집가가 찾아낸
8명의 '숨은' 오스틴

JANE AUSTEN

CHARLOTTE SMITH

ANN RADCLIFFE

CHARLOTTE LENNOX

HANNAH MORE

FRANCES BURNEY

HESTER PIOZZI

ELIZABETH INCHBALD

MARIA EDGEWORTH

리베카 롬니 지음 | 이재경 옮김

차례

들어가는 글　　　　　　　　　　　　　　9

제1장　제인 오스틴　　　　　　　　　33
제2장　프랜시스 버니　　　　　　　　69
제3장　앤 래드클리프　　　　　　　　133
제4장　샬럿 레녹스　　　　　　　　　195
제5장　해나 모어　　　　　　　　　　247
제6장　샬럿 스미스　　　　　　　　　297
제7장　엘리자베스 인치볼드　　　　　347
제8장　헤스터 린치 스레일 피오치　　397
제9장　마리아 에지워스　　　　　　　461

결론　　　　　　　　　　　　　　　　516
감사의 글　　　　　　　　　　　　　537
참고 문헌　　　　　　　　　　　　　539

일러두기

1. 번역 대본으로는 Rebecca Romney, *Jane Austen's Bookshelf: A Rare Book Collector's Quest to Find the Women Writers Who Shaped a Legend* (Marysue Rucci Books, 2025)를 사용했다.
2. 주석은 모두 옮긴이 주다.
3. 본문 중 밑줄은 원서에서 이탤릭체로 강조한 부분이고, 고딕체는 원서에서 대문자로 강조한 부분이다.

내 딸에게

들어가는 글

❖

"자네는 보기만 하지 뜯어보지는 않아."

셜록 홈스, 〈보헤미아 왕국 스캔들(A Scandal in Bohemia)〉

모든 것은 내 호기심을 자극한 한 권의 책으로 시작되었다.
  그날 나는 조지타운의 어느 집을 방문했다. 과거에 나처럼 희귀서 딜러였던 여성의 장서를 둘러보기 위해서였다. 나는 오후 내내 그녀의 서재를 구석구석 훑었다. 나뭇잎에 어룽진 햇살이 창문으로 흘러들었다. 밖에서 바람이 나뭇가지를 스칠 때마다 방 안의 빛도 함께 움직이며 골동품 러그와 곱게 낡은 가구와 책장들 위로 반짝였다. 서가마다 주인의 안목을 조용히 증명하는 책들로 가득했다. 화려한 현대판 《오만과 편견(Pride and Prejudice)》 대신 이 여성은 다소 볼품없는 판본을 소장하고 있었다. 낡은 골판지를 닮은 칙칙한 갈색 보드지로 제본한 책이었다. 거기다 생소하게 수정된 제목을 달고 있었다. '엘리자베스 베넷: 혹은 오만과 편견(Elizabeth Bennet; or, Pride and Prejudice)'. 겉모습은 초라했지만 나는 그 책이 엄청난 희귀본임을 간파했다. 1832년에 나온 《오만과 편견》 미국

판 초판본이었다. 이런 책이 서가에 있다는 것은, 소장자에게 주변인들이 놓치는 좋은 책을 한눈에 알아보는 안목이 있다는 뜻이었다.

제인 오스틴은 내 최애 작가 중 하나다. 오스틴은 1775년 영국 햄프셔의 스티븐턴이라는 시골 마을에서 태어나, 현대의 수많은 오스틴 전기 중 하나의 표현을 빌리자면, "영문학사 최초의 위대한 여성 작가"가 되었다. 오스틴은 널리 알려진 여섯 편의 장편소설 외에 중편소설 한 편, 미완성 장편소설 두 편, 그리고 학자들이 주베닐리아(Juvenilia)라고 부르는 청소년기 습작을 남겼다. 나는 언제나 오스틴의 자신감에 끌렸다. 그녀는 독자를 여주인공의 좌충우돌과 반신반의 속으로 이끌고 들어간다. 그리고 나는 서사 곳곳의 세부 묘사에서 빛을 발하는 오스틴 특유의 재치를 좋아한다. 오스틴은 마흔한 살이라는 꽤 이른 나이에 세상을 떠났다. 그녀가 더 오래 살아서 더 많은 책을 쓰지 못한 것이 심히 아쉽다.

하지만 그날의 방문에서 내 호기심을 자극한 것은 «오만과 편견»이 아니었다. 나는 수년간 오스틴 책들의 여러 판본을 취급했고, 그중에는 19세기 판본도 다양하게 있었다. 우리는 이 책도 당연히 매입할 생각이었다. 하지만 내 눈길을 사로잡은 것은 다른 서가였다. 거기에는 1890년대부터 1900년대 초에 런던 맥밀런 출판사에서 나온 책들이 줄지어 꽂혀 있었다. 아름다운 에메랄드빛 천 장정과 정교한 금박 책등 덕분에 단번에 알아볼 수 있었다. 나는 보자마자 그 컬렉션 전체를 매입하기로 마음먹었다. 제안이 받아들여졌고, 우리는 인수한 책들을 상자에 담아 서점으로 날랐다. 그 안에 내 인생을 바꾸게 될 책이 들어 있었다.

※

몇 달 뒤, 나는 책상에 앉아 노트북을 열었다. 앞으로 몇 시간 동안 새로 매입한 책들의 카탈로깅 작업에 매진할 참이었다. 우리 희귀서 딜러들은 책을 시장에 내놓기 전에 책의 물리적 속성을 기록한다. 천 장정인가, 가죽 장정인가? 손상이 있는가? 이전 소유자의 흔적은? 또한 책의 중요성을 짧게 요약해서 적는데, 이때 우리 분야와 주변 분야의 전문가들—문학평론가와 전기 작가들뿐 아니라 책 자체의 고증적, 물리적 역사를 연구하는 서지학자들—의 저작을 두루 참고한다. 이 결과물이 카탈로그 설명(catalog description)인데, 이것이 해당 희귀본의 업계 공식 문서로 기능한다.

그날 내게는 무엇부터 카탈로깅할지 선택지가 많았다. 나는 책을 쌓아가며 일한다. 이 더미는 카탈로깅은 했으나 아직 온라인에 올리지 않은 책들. 저 더미는 다음번 신착 도서 뉴스레터에 실을 책들. 또 저 더미는 저번 조지타운 출장 때 매입한 책들. 나는 마지막 더미를 바라보았다. 위에서 네 번째에 프랜시스 버니의 «에블리나(Evelina)»라는 소설이 있었다.

프랜시스 버니의 이름은 본 적이 있었다. 주로 영국의 고서 박람회에서 책등에 찍힌 저자명으로만 보았다. 하지만 버니의 생애에 대해서는 아는 바가 전혀 없었다. 그녀의 책을 읽어본 적은 더더구나 없었다. 이 책을 매입한 것도 사실 에메랄드빛 진녹색 천 장정 때문이었다. 모든 책이 초판본이라서 수집되지는 않는다. 어떤 것들은 예뻐서 수집된다. 이 책은 1903년에 출간되었다. 영국과 미국의 출판사들이 예술가들에게 눈길을 사로잡을 천 장정 디자인을 맡겨 책의 치장을 마케팅 수단으로 삼던 시대의 산물이었다(이때는 더스트 재킷(dust jacket)[1]이 아직 시장을 지배하기 전이었다). 앞표지에는 풍성한 드레스를 입고, 깃털 장식 모자를 쓰고, 깃펜을 든 여인이 있었다. 여인은 나무 아래에 서 있고, 무성한 녹음이 표지의 거의 절반을 덮었다. 모든 그림이 짙은 에메랄드빛 바탕 위에 금박으로 찍혀 있었고, 조지타운의 서재에서 그랬던 것처럼 빛을 제대로 받으면 보석처럼 반짝였다.

나는 표지가 예뻐서 책을 사기도 한다. 그 사실을 인정하는 데 전혀 거리낌이 없다. 하지만 그 경우에도 책 속 이야기에, 그리고 책 자체의 이야기에 관심을 가진다. 책의 내용에 대해 알려 한다. 어떤 일이 벌어지는가? 이전의 이야기들과 어떻게 다른가? 어떻게 비슷한가? 저자에 대해서도 알려고 한다. 어떤 사람이었나? 어떻게 작가가 되었나? 책 자체에 대해서도 알고 싶다. 만듦새는 어떠한가? 만듦새를 봤을 때, 출판사는 타깃 독자층을 어떤 사람들로 생각했나? 출간 상황도 궁금하다. 당시 사람들은 이 책을 어떻게 생각했는가? 지금은 어떻게 평가되는가? 책의 이력도 알아야 한다. 누가 소장했던

---

[1] 책에서 분리 가능한 커버.

책인가? 그들은 책을 애지중지했는가, 아니면 방치했는가? 이 책이 이렇게 오래 살아남은 이유는? 희귀서 딜러는 사물로서의 책이 텍스트로서의 책만큼이나 흥미로울 수 있다는 사실을 아는 사람이다.

내게는 그런 호기심이 장사 밑천이었다. 나는 탐문을 즐긴다. 탐정처럼 책들에 접근한다. 내가 하는 일은 책마다의 사연을 밝히고, 그 중요성을 조사하는 것이다. 알아낸 것을 제시할 때마다 나는 모든 진술에 질의가 따르리라고 예상한다. 판사가 어깨 너머에서 '증거 있나요?'라고 묻는 모습을 상상한다. 내가 어떤 책을 초판본이라 칭할 때 그 근거는 무엇인가? 이 책이 희귀본이라는 것을 어떻게 아는가? 내가 저자의 영향력을 말할 때 그 출처는? 나는 내가 셜록 홈스도 칭찬할 일을 하고 있다고 자부한다. 그런데 지금 이 책의 저자에 대해서는 아는 바가 전혀 없었다. 이런 책을 어떻게 카탈로깅해야 할지 난감했다. 나는 서가에서 참고 도서를 여러 권 꺼내서 쌓았다.

«에블리나»가 버니의 첫 작품이자 가장 유명한 소설이며, 1778년에 출간되어 호평을 받았다는 사실을 바로 알 수 있었다. 다음에는 한 손가락을 참고 도서 중 하나에 끼워둔 채 다른 손으로 다른 참고 도서를 훑었다. 그러다 무언가를 발견했다. 전기에 감전된 듯 전율이 일었다. 내 일이 책의 중요성을 조사하는 것이라면, 이런 세부 사항은 내 사건의 결정적 단서가 된다.

이것이 내가 낙으로 삼는 순간이다. 나는 이 느낌을 좇아서 경매에 다니고, 런던에서 샌프란시스코까지 도서전을 누비고, 대학의 특별 서고들과 개인 도서관의 미로를 헤매고, 참고 도서의 페이지들을 훑는다.

그 결정적 단서란 이것이었다. '오만과 편견'이라는 문구가 버니의 두 번째 소설 《서실리아(Cecilia)》(1782)에서 왔다는 사실이었다. 알고 보니 프랜시스 버니는 오스틴이 가장 좋아했던 작가 중 한 명이었다. 오스틴처럼 버니도 어려움을 헤치고 사랑을 찾아가는 젊은 여성이 주인공인 구혼 소설(courtship novel)을 썼다. 아니, 정확히 말하면 오스틴이 버니의 소설과 매우 흡사한 소설을 썼다. 버니는 오스틴이 살아 있던 시절 가장 유명한 소설가 중 한 명이었다. 나는 전혀 몰랐다. 수십 년간 오스틴의 작품을 읽고 또 읽으면서도, 내가 사랑하는 영국 작가에게 깊이 영향을 미친 이 중요한 영국 작가는 까맣게 간과했다. 직업적 호기심에 대한 긍지가 무색하게도 나는 중요한 것을 놓치고 있었다. 그 깨달음이 나를 따갑게 찔렀다.

셜록 홈스 단편 〈보헤미아 왕국 스캔들〉을 보면 홈스가 왓슨에게 유명한 핀잔을 날린다. "자네는 보기만 하지 뜯어보지는 않아." 《에블리나》가 내 책상을 스쳐 간 뒤(엄밀히 말하면 그 책 더미 속에, 더 정확히 말하면 《걸리버 여행기(Gulliver's Travels)》와 《조어대전(The Compleat Angler)》 사이에 몇 달이나 끼어 있었다), 나는 오스틴의 책들로 돌아갔고, 거기서 전에는 보지 못한 점들을 뜯어보기 시작했다. 《노생거 사원(Northanger Abbey)》에서 교양 있는 인물은 모두 고딕소설 작가 앤 래드클리프를 칭송한다. 《맨스필드 파크(Mansfield Park)》에서 갈등의 빌미가 되는 연극도 사실 극작가 엘리자베스 인치볼드가 각색한 실존 작품이다. 나는 오스틴의 작품들 속에 빵 부스러기처럼 점점이 뿌려진 단서들을 하나둘씩 주웠다. 오스틴이 사랑했던 여성 작가들을 가리키는 단서들이었다.

어째서 이 작가들을 이제껏 인지하지 못했을까? 그때까지 나는 업무상(사실 일은 핑계고 내가 좋아서) 영국 소설의 발흥을 연구해왔다. 그런데 오스틴이 자기 작품에서 언급한 작가들은 그 비평 담론에 거의 등장하지 않았다. 어이가 없었다. 나는 내 서가로 가서 2005년에 나온 학생용 영국 소설 개론서를 꺼냈다. 뒤표지에 "세계적 문학 이론가 중 한 사람"이 집필했다고 당당히 나와 있었다. 믿을 만했다. 나는 첫 페이지를 펼쳤다. 필자는 오스틴이 한창 형성기 독서를 하던 시기는 "영문학 사상 가장 비옥하고, 다양하며, 모험적인 소설 창작이 이루어지던 시기 중 하나였다"라고 썼다. 이 내용이 한 단락 더 이어지다가 곧장 오스틴과 월터 스콧(Walter Scott)으로 넘어갔다. 이전 장은 로런스 스턴(Laurence Sterne)을 다루고 있었다. 나는 천장을 쳐다보며 계산했다. 《트리스트럼 샌디(Tristram Shandy)》의 완결편이 출간된 해가 1767년이고, 오스틴의 첫 출간작 《이성과 감성(Sense and Sensibility)》은 1811년에 나왔다. 44년. 44년이 통째로 비어 있었다.

오스틴은 윌리엄 셰익스피어, 존 밀턴, 대니얼 디포, 새뮤얼 리처드슨(Samuel Richardson)을 읽었다. 모두 나도 읽은 작가들이다. 하지만 오스틴은 프랜시스 버니, 앤 래드클리프, 샬럿 레녹스, 해나 모어, 샬럿 스미스, 엘리자베스 인치볼드, 헤스터 피오치, 마리아 에지워스도 읽었다. 모두 나는 읽어본 적 없는 작가였다. 이들은 오스틴의 서가는 채웠지만 내 서가에는 전혀 발을 붙이지 못했다. 그 '세계적 문학 이론가'의 서가에서도 마찬가지였다. 내가 오스틴의 서가에 있던 남성 작가들은 섭렵했으면서 여성 작가들은 한 명도 접하지 않았다는 사실이 뼈아프게 다가왔다. 평단의 권위자들이 내게 과거를 이해할 토대를 마련해준 것은 맞다. 하지만 무언가 잘못되어 있었다. 그 토대에는 균열이 있었다. 발밑이 흔들리는 느낌이었다.

이 같은 지식이 희귀서 딜러의 핵심 역량이라는 점에서 내 충격은 더 컸다. 셜록 홈스도 갈하지 않았던가. "남들은 모르는 것을 아는 것이 내 일이지." 예컨대 그림 형제 동화집의 영어판 초판본 표제지에는 오타가 있다. 당시 영국 인쇄소에서 독일어 단어의 움라우트를 빼먹었다. 《엘 아나크로노페테(El Anacronópete)》(1887)라는 에스파냐어 모험소설은 최초의 시간 여행 소설로 널리 알려진 H. G. 웰스의 《타임머신(The Time Machine)》보다 8년 앞서 타임머신을 다루었다. 프레더릭 원(Frederick Warne) 출판사의 《피터 러빗 이야기(The Tale of Peter Rabbit)》(1902)는 진짜 초판이 아니다. 그보다 앞서 1901년에 저자 비어트릭스 포터(Beatrix Potter)가 친구들에게 선물하기 위해 사비로 몇백 부를 인쇄했다. 이런 문학적 잡학이 내 즐거움이자 사업 밑천이다. 나는 어떤 상황에서나 거기 맞는 셜록 홈스의 말을 인용할 수 있을 뿐 아니라, 홈스의 베이커가 221B번지 하숙집으로 올라가는 계단이 몇 개인지도 안다. 사포의 시를 그리스어로, 호라티우스의 시를 라틴어로 암송할 수도 있다. 《율리시스(Ulysses)》 낭독회에도 여러 차례 참여했고, 카툴루스의 시구를 문신으로 새기는 것을 진지하게 고려한 적도 있다. 그런데도 오스틴의 중요한 선배 작가들 가운데 일부를 완전히 놓치고 있었다. 나는 새뮤얼 존슨(Samuel Johnson)이 집필한 《영어 사전(The Dictionary)》은 통독하면서도(18세기 어휘가 끝없이 이어진다), 동시대에 활약했던 이 여성 작가들에게는 내 시간을 들일 필요를 느끼지 못했다.

게임이 시작되었다(그렇다. 나는 홈스 인용을 멈출 마음이 없다). 더 깊이 조사해본 결과, 오스틴이 이 여성 작가들을 읽던 시기는 영국 역사상 처음으로 소설 출간작의 저자가 남성보다 여성이 많던 때라는 것을 알게 되었다. 그런데도 내 독서에는 이들이 몽땅 빠져 있었다. 이쯤이면 의도적이라고 해도 할 말 없을 정도였다. 그리고 그런 의도가 실재했다. 영국 소설에 대한 현대인의 인상과 개념을 만들어온 비평가들은 여성 작가들을 걸핏하면 무시했다. 그 체계적 배제를 일컫는 용어가 있을 정도다. 그것을 '대(大)망각(The Great Forgetting)'이라고 부른다. 당대 여성 작가 중 오스틴만이 살아남아 "영문학사 최초의 위대한 여성 작가"가 되었다. 오스틴의 소설 속에 그녀보다 앞서 활약한 여성 작가들의 작품을 언급하고 칭찬하는 대목들이 버젓이 있는데도 그랬다. 오스틴은 《노생거 사원》에서 내 잘못을 암시했고, 나아가 그것을 바로잡을 방법도 귀띔했다.

구백 번째로 영국사 축약본을 쓰는 자의 능력, 또는 밀턴과 포프와 프라이어의 시를 수십 줄씩 인용하고 «스펙테이터»의 글 한 편과 스턴의 책 한 장(章)을 모아 한 권으로 엮어내는 자의 재주는 수천 개의 펜이 찬양하면서, 소설가의 역량은 매도하고 그 수고는 폄하하고, 오직 재능과 기지와 취향으로 추천받는 작품들을 경시하는 태도가 만연한 듯하다. "나는 소설을 읽지 않아요. 소설은 웬만해선 들여다보지 않아요. 내가 소설을 자주 읽을 거라 생각하지 마세요. 그건 소설에나 있는 일이죠." 흔히들 이렇게 잡아뗀다. "어떤 책을 읽고 계신가요, 아가씨?" "아! 그저 소설이에요!" 젊은 여성은 이렇게 말하고 일부러 시큰둥하게, 또는 순간적으로 창피해하며 책을 내려놓는다. "그저 «서실리아»인지 «커밀라»인지 «벨린다»인지 뭔지 하는 소설이에요." 요컨대 그저 인간 마음의 위대하기 그지없는 힘을 유감없이 보여주고, 인간 본성에 대한 세세한 지식과 다양한 인간성에 대한 실감 나는 묘사와 생동감 넘치는 위트와 유머를 촌철살인의 표현으로 세상에 전달하는 작품일 뿐이라는 건가? 만약 같은 아가씨가 그런 작품 대신 «스펙테이터»를 읽고 있었다면, 얼마나 자랑스럽게 책을 내보이며 제목을 댔을까.

이 대목에서 보건대 오스틴도 이미 '대망각'의 메커니즘을 간파하고 있었다. 그녀는 "수천 개의 펜"이 밀턴의 «실낙원(Paradise Lost)» 같은 작품은 논하면서 소설을 읽는 것은 수치스러워하는 태도를 개탄했다. 오스틴은 그것이 전혀 수치스럽지 않았다. 반대로 그녀는 소설이 "인간 마음의 위대한 힘"을 일깨운다고 주장했다. 그러면서 <u>예시도 들었다.</u> 《서실리아》(1782)는 프랜시스 버니의 두 번째 소설이고, 《커밀라(Camilla)》(1796)는 세 번째 소설이었다. 《벨린다(Belinda)》(1801)는 또 다른 여성 작가 마리아 에지워스의 두 번째 소설이었다.

✖

오스틴을 "영문학사 최초의 위대한 여성 작가"로 지칭하는 것은 사실상, 그녀가 서구 문학 정전(正典, canon)[2]에 받아들여진 첫 번째 영국 여성이라는 뜻이다. 정전은 유명하고 유용하다. 정전이란 아까 말한 2005년도 영국 소설 개론서의 저자 같은 문학 권위자들이 고전으로 추천하는 작가와 작품의 목록을 말한다. 이 문장이 얼마나 애매하게 함축적인지 여러분도 아마 눈치챘을 것이다. 이 문장의 모든 부분이 더 많은 질문으로 이어진다. 그렇다면 이제 여러분도 희귀서 딜러처럼 사고하기 시작한 것이다. 고전이란 무엇인가? 문학 권위자의 자격은? 이런 권위자들은 어떻게 목록을 정하는가? 우리에게 애초에 왜 추천 도서 목록이 필요한가?

  마지막 질문은 비교적 대답하기 쉽다. 추천 목록은 유용하다. 우리가 모든 책을 다 읽을 수는 없기 때문이다. 다 읽

---

[2] 특정 시대나 문화권에서 최고로 여겨지는 작품이나 작가 목록을 일컫는 문예비평 용어.

을 수 없으니 선택해야 한다. 어떤 책을 읽으려고 시도할지, 읽기 전에 판단해야 한다. 읽기 전에 판단해야 한다면, 교사와 문학평론가와 학자처럼 책을 많이 읽고 분석하는 것이 직업인 전문가들의 추천을 받는 것이 최선 아닐까? 이 전문가들은 최초 간행된 지 오래됐어도 읽을 가치가 다분한 책들—우리가 '고전'이라 부르는 책들—을 추천한다. 하지만 전문가마다 취향이 있다. 따라서 전문가들의 합의가 최선이다. 그렇게 고전으로 합의된 도서 목록이 바로 정전이다. 정전의 발상 자체는 어디까지나 실용적이다.

나도 이 발상을 수용했기에 2005년도 영국 소설 개론서 같은 책들을 꾸준히 사서 읽었다. 나는 이언 와트(Ian Watt)의 《소설의 등장(The Rise of the Novel)》(1957)도 읽었다. 프랜시스 버니가 작품을 발표하고, 오스틴이 한창 형성기 독서를 하던 시기를 다룬 18세기 영국 소설 연구서 중 가장 영향력 있는 저작일 것이다. 그런데 정작 나를 잘못된 길로 이끈 이들이 바로 이런 문학 권위자들이었다. 그들은 오스틴이 각별히 좋아했던 작가들을 간과하거나 아예 무시했다. 정전은 실용적이었지만, 나는 거기에 지나치게 의존하고 있었다.

나는 조사를 계속했고, 곧 다른 학자들 역시 오스틴의 글에서 이 단서들을 포착했다는 것을 알게 되었다. 《에블리나》가 내 책상에 젠가 조각처럼 등장하기 수십 년 전부터 페미니스트 비평가들이 이 여성 작가들을 재조명하려는 노력을 해왔고, 성과도 많았다. 그중 일부가 결국 내 길잡이가 되었다. 학자들이 이 여성 작가들의 전기를 새로 쓰고, 그들의 책들이 대학의 18세기 영국 소설 강의에서 다루어지고 있다. 하지만 그들의 문학적 기여는 가장 대중적이고 보편적인 매체—대중서, 영문학 입문이나 개론 강의, 고등학교 교과과정, 고전문학을 각색한 영화와 TV 드라마 등—에는 여전히 빠져 있다. 일단 이 공백을 인식하자 도처에 구멍이 보이기 시작했다. 내가 본서를 쓰는 지금도, 위키피디아 제인 오스틴 페이지의 '장르와 문체' 항목을 보면, 오스틴이 리처드슨과 존슨의 영향을 받았다는 내용은 있어도 버니에 대한 언급은 전혀 없다. 아는 사람이 거의 없다. 나 역시 몰랐다.

나는 내 실수의 무게를 느꼈다. 나는 오래전부터 오스틴이 더 많은 책을 남기지 못한 것을 한스러워했다. 하지만 거기까지였다. 오스틴이 본보기로 삼았던 여성 작가들이 있으며, 나도 그들의 책을 읽을 수 있다는 데에는 생각이 미치지 못했다.

오스틴을 관문으로 삼아 그 이전 세대 작가들을 연구한 학자들이 없지 않지만, 이 책들을 탐색하기 시작하면서 나는 낭패감이 컸다. 모퉁이를 돌 때마다 막다른 길에 들어선 기분이었다. 처음에 나는 이 주제에 대한 선구적 학술서 중 하나인 프랭크 W. 브래드브룩(Frank W. Bradbrook)의 《제인 오스틴과 그녀의 선행자들(Jane Austen and Her Predecessors)》(1966)에 의지했다. 이 책에는 오스틴에게 영향을 미친 영국 소설의 "페미니스트 전통"을 논하는 장이 따로 있었다. 나는 그 제목을 좋은 징조로 여겼다. 착각이었다. 저자는 곧바로 그 전통이 "딱히 두드러지지 않았다"는 말로 운을 뗐다. 그는 오스틴이 자기 작품 속에서 칭송했던 앤 래드클리프, 프랜시스 버니, 샬럿 스미스, 마리아 에지워스 같은 소설가들을 단정적으로 무시했다. "제인 오스틴은 그녀의 선배 작가들이나 동시대 작가들의 열등한 작품을 긍정적이고 건설적인 방식으로 발전시켰다." 브래드브룩 같은 '권위자'에 따르면 내 탐구는 이미 수행되고 진작 결론 난 문제였다. 우리가 제인 오스틴을 영문학사 최초의 위대한 여성 작가로 지칭하는 이유는…… 그렇다면 그런 것이기 때문이었다.

하지만 오스틴 본인이 그 결론에 반하는 증거를 제공했다. 그럼 권위자라는 이들이 설마 영문학사를 빛낸 문호가 애독한 책들을 쓰레기 취급하고 있는 건가? 그렇게 위대한 작가의 취향이 정말 그렇게 형편없었을까?

나는 곧 문제의 발단을 깨달았다. 내가 이 여성 작가들을 조사하는 방식이 애초에 내 독서에서 그 누락을 만든 원인이었다. 나는 수백 년의 문학사를 한 권으로 요약한 거시 서사에 기대고 있었다. 나는 이런 책들을 쓴 권위자들을 본능적으로 믿었다. 그들이 제시한 정전이 그동안 내게 유용했기 때문이다. 내가 그때껏 읽은 '고전들'이 대부분 좋았기 때문이다(그렇다. 나는 심지어 «율리시스»도 좋았다). 하지만 이런 개론서들에 '대망각'이 도사리고 있었다. 내 탐구는 미로로 변했고, 나는 길을 잃었다. 다른 접근이 필요했다. 어차피 프랜시스 버니에 대한 내 관심은 중요한 소설들에 대해 읽다가 생긴 관심이 아니었다. 책을 수집하다가 생긴 일이었다. 내가 «에블리나»의 1903년 판본을 만난 것은 순전히 우연이었다. 나는 20세기 대학생처럼 생각하기를 멈추고 21세기 수집가처럼 사고해야 했다.

희귀서 회사의 공동 설립자로서 나는 매일 수집가들과 일한다. 그들에게 희귀한 판본을 찾아주고, 경매 기록을 설명하고, 그들이 아직 들어보지 못했으나 그들의 서가에 제격일 책들을 소개한다. 나는 2017년에 허니 앤드 왁스 상(Honey & Wax Prize)이라는 서적 수집 대회도 공동 창설했다. 우리는 매년 수십 건의 컬렉션 응모작을 심사해서 우승자에게 1000달러의 상금을 수여한다. 그리고 나 역시 수집가다. 솔직히 딜러에게는 위험한 취미다(사업을 유지하려면 매입한 책의 대부분을 팔아야 한다). 나는 개인 수집품은 집에 보관하고 판매용 재고와 분리한다. 그렇게 수집가로서 오래 소장할 책들과 딜러로서 신속히 판매할 책들 사이의 경계를 유지한다. 아이러니하게도 나는 희귀서 업계에서 오래 일한 뒤에야 책 수집에 입문했다. 그 전에는 생각조차 해보지 않았다. 희귀서 전문가가 된 다음에야 누구나 희귀서 수집가가 될 수 있다는 것을 깨달았다.

※

나는 우연한 계기로 희귀서 딜러가 되었다. 대학에 다닐 때만 해도 지금 내가 하는 일이 직업으로 존재하는지조차 몰랐다. 물론 '희귀본'이라는 말은 들어봤고, '초판'이 뭔지도 알았다. 우리 대학 도서관에 특별 서고가 있다는 것도 알기는 했다. 하지만 나와는 아무 상관 없는 곳이라 확신했다. 특별 서고의 문은 육중해 보였다. 나 같은 사람의 접근을 막기 위한 문 같았다. 괜히 발을 들였다가는 차갑게 쫓겨날 것이라 생각했다. 설령 입장을 허락받을 이유를 만들어낸다 해도, 거기 있는 책에 손대는 것까지 허락될 리 없었다.

나는 대학 졸업 후 다시 부모님 집에서 살았다(이 문장에서 독자의 절반은 눈살을 찌푸릴 것이다). 어느 날, 어느 희귀서 회사에서 신입 직원을 구한다는 구인 광고를 봤다. "이거 멋지겠는데!" 나는 엄마에게 말했다. 그러다 특별 서고의 육중한 문이 떠올랐다. "아쉽지만 난 아마 지원 자격이 안 될 거야."

엄마는 그래도 한번 지원해보라고 했다.

알고 보니 내게는 지원 자격이 충분했다. 다년간 책을 많이 읽은 덕분이었다. 특히 고전문학을 많이 읽었다. 바로 전해에는 재미 삼아 《실낙원》을 읽었는데, 면접 중에 그 책에 대해 즉석에서 말해보라는 질문을 받았다. 필기시험에서는 제임스 조이스의 《율리시스》가 왜 중요한 작품인지 간략히 서술하라는 문제가 나왔다. 《율리시스》는 공교롭게도 그날 내가 가방에 넣어 간 책이었다. 바로 일주일 전, 동네 공공 도서관을 탐색하던 중에 어느 서가에서 《율리시스》를 보았고, 실업 상태일 때야말로 난해하기로 악명 높은 걸작을 공략할 최적기라고 생각했다. 그 책이 결국 내게 일자리를 얻어주었다.

나는 항상 책을 읽었다. 어린 시절에는 매일 밤 방에 불이 꺼지면 손전등을 켜고 잠이 밀려올 때까지 몰래 몇 페이지씩 더 읽었다. 나는 별난 아이였다. 다른 아이들과 잘 어울리지 못했고, 적절한 말을 찾지 못해 헤매다 실패하는 일이 잦았다. 내게 교제는 난제였다. 하지만 책에서 만나는 인물들은 그렇게 당황스럽지 않았다.

사실 나는 살아 있는 사람들보다 죽은 사람들과 더 쉽게 교감한다. 허구의 인물들도 거기 포함된다. 내게 필요한 것은 적당한 거리다. 감정은 벅차고 두렵다. 거리는 감정을 두려움 없이 들여다볼 안전지대를 제공한다. 나는 초등학교 때 로알드 달의 «마틸다»(1988)를 여섯 번쯤 읽었다. 마틸다에게서 나처럼 좀 별나고, 다른 아이들과 잘 어울리지 못하는 소녀를 보았다. 마틸다는 머리를 써서 행복을 찾았다. 어쩌면 나도 지성으로 행복을 찾을 수 있을지 모른다고 생각했다. 내게 마틸다 같은 염력은 없었지만, 나도 마틸다처럼 책 읽는 것을 좋아했다. 물론 열 살 때는 그런 생각을 말로 표현할 능력이 없었다. 그때는 그저 이렇게 말했다. 나는 «마틸다»가 좋아.

책을 읽을 때는 다른 사람들의 감정을 내 속도로 즐길 수 있다. 어떤 때는 책이 열병처럼 내 속을 태워서 끝날 때까지 밥을 먹지도, 잠을 자지도 못하게 한다. 또 어떤 때는 한 권을 몇 달씩 읽기도 한다. 책은 마음 내키는 대로 펼치고 덮을 수 있다. 낙엽이 바람결에 뜬금없이 흩날리길 반복하듯이 자유롭게. 등장인물이나 작가와 교감하면 항상 맴돌던 외로움이 가라앉는다. 하지만 꼭 인물에 공감해야만 책을 즐길 수 있는 것은 아니다. 차이점도 대조를 통해 나를 되비춘다. 책은 남들의 마음을 들여다보는 창인 동시에 내 마음을 알게 해주는 거울이다.

만약 여러분도 독서에 대해 나와 비슷하게 느낀다면,

한 가지 추천하고 싶은 것이 있다. 바로 책 수집이다. 책 읽기와 책 수집의 공통점은 거리감에서 친밀감을 찾는 모순적 기적이다. 다만 책 수집은 접근 방식이 독서와 다르다. 독자의 경우 무엇보다 텍스트 자체가 중요하다. 독자마다 상황마다 텍스트 매체에 대한 선호—전통적인 종이 책이 주는 묵직한 위안, 휴가 갈 때 전자책의 간편함, 출퇴근길을 부적처럼 지키는 오디오북 등—는 있을 수 있지만, 이 선택지들은 어디까지나 최적의 독서 경험을 위한 것일 뿐이다.

반면 책 수집가는 각각의 책을 역사적 유물로 바라본다. 책의 세부 요소 하나하나가 제작 당시의 시대와 환경을 말해주고, 그 책이 거쳐온 삶들의 흔적을 보여준다. 예를 들어 제인 오스틴 책들의 초판 인쇄 부수는 오늘날의 기준으로는 소량인 2000부 이하였다. 당시에는 책이 지금보다 훨씬 고가품이었고, 책을 구입할 수 있는 독자도 그만큼 적었다. 게다가 1000부를 찍었다가 다 팔리면 출판사는 언제든 더 찍을 수 있지만, 2000부를 찍었다가 절반밖에 팔리지 않으면 손해를 보게 된다. 어느 시대, 어느 나라, 어느 장르의 책이든 가져와보라. 나는 그 책이 어떻게 그 자체의 역사적 순간을 드러내는지 말해줄 수 있다.

독자는 말한다. "나는 어떤 책을 읽고 싶은가?" 수집가는 말한다. "나는 이 책의 어떤 판본을 원하는가?" 독자는 책 속의 이야기와 사랑에 빠진다. 수집가는 책 자체의 이야기와 사랑에 빠진다.

나는 책 수집의 모든 것을 '업계'에 처음 발을 들인 후에 배웠다. 2007년 나는 당시 북미 최대의 희귀서 전문 서점이던 바우만 레어 북스(Bauman Rare Books)에 채용되었다. 바우만은 옛날부터 «뉴욕 타임스 북 리뷰»지 뒷면 광고로 유명했다. 그 상징적 광고는 많은 독자에게 희귀서 세계를 엿보는 창 역할을 했다. 나는 그곳에서 대개 서지학이라 불리는 분야—책의 물리적 체제 분석, 초판본 여부 판별, 제작과 사용 이력 추적 등 책을 하나의 물리적 대상으로 연구하는 학문—의 모든 것을 교육받았다. 하지만 희귀서 딜러가 되는 과정은 장기 여정이다. 그 첫 직장을 떠나 결국 내 회사를 공동 설립한 후에도 나는 계속해서 전문성을 쌓아나갔다. 희귀서에 대한 지식은 사실에 기반하는 만큼이나 감각에 의지한다. 책장을 넘길 때 손가락에 닿는 감촉, 책에서 풍기는 냄새, 세월이 만든 색조의 변화를 알아차리는 일…… 이 모든 것은 가차 없고, 불가피하고, 참을 수 없이 물질적이다.

감각적 앎이 너무나 중요하기에, 이 일에서 최선의 학습법은 실습이다. 가능한 한 많은 책을 손에 쥐어보아야 한다. 그리고 책이 말을 걸게 해야 한다. 업계 전문가만 할 수 있는 일은 아니다. 희귀서 세계에 속한 이들의 대부분은 딜러도 사서도 아니라 수집가다. 그들은 이 세계를 취미로 탐험한다. 대학 시절 내가 특별 서고의 육중한 문 앞에 섰을 때 이 사실을 알았더라면 얼마나 좋았을까. 이제 생각하니 거기 큐레이터들은 내가 그 문턱을 넘기를 기다리다가 반갑게 맞았을 것 같다.

누구나 수집가가 될 수 있다. 어떤 수집가는 실리콘밸리의 거물이다. 그는 고대 그리스 스토아 철학에 빠져서 에픽

테토스나 마르쿠스 아우렐리우스 같은 스토아학파 고전 텍스트의 값비싼 판본들을 수집한다. 어떤 수집가는 «헝거 게임»을 영화로 먼저 접한 후 책을 읽기 시작한 10대다. 그는 «헝거 게임» 삼부작의 다양한 판본을 모으기로 작심하고, 저예산으로 중고 서점과 리틀 프리 라이브러리(Little Free Library) 같은 무료 나눔 문고들을 뒤진다. 이들 모두의 공통점은 좋아하는 주제가 있고, 그것을 탐색할 호기심이 있다는 것이다.

책 수집가들의 공통점이 또 하나 있다. 바로 세렌디피티를 믿는다는 것이다. 딱 맞는 순간에 딱 맞는 책과 우연히 마주치는 행운. 운명이 내 인생에 개입한 것 같은 순간. 앨리스 워커(Alice Walker)는 «어머니의 정원을 찾아서(In Search of Our Mothers' Gardens)»(1983)에서, 자신이 초기 흑인 여성 문학을 발굴하던 때에 경험한 세렌디피티 현상에 대해 말한다. "내가 그 작품들—대부분 절판되고, 버려지고, 평판을 잃고, 비방당하고, 사라지다시피 한 작품들—을 발견한 일은, 가치 있는 것의 발견이 으레 그렇듯 우연이 가까웠다." 이 책의 초판 저자 서명본을 카탈로깅하던 중에 이 문장을 우연히 발견했을 때, 나는 무릎을 쳤다. 너무나 맞는 말이었다. 그 문장은 책 수집의 세렌디피티가 나를 버니에게로 이끌었고, 버니가 나를 다시 오스틴에게 데려온 일을 일깨웠다.

새로운 책 컬렉션을 시작할 대가 온 것이었다.

책 수집이 상당 부분 우연에 기대는 것은 맞지만, 동시에 분명한 원칙도 요구된다. 수집은 무분별한 축적이 아니다. 의식적 선별이다. 그래서 나는 이 새로운 컬렉션의 갖춤새를 궁리하기 시작했다. 오스틴의 소설들과 편지들을 지도처럼 활용해 그녀가 읽었고 그녀의 작품에 영향을 미친 여성 작가들의 이야기를 추적하기로 했다. 나도 그들의 책들을 읽고 싶었다. 동시에 그들의 삶―그리고 사후의 삶―을 말해주는 역사적 의미가 있는 판본들을 수집할 생각이었다. 다행히 앞서 말한 《노생거 사원》의 대목 덕분에 컬렉션의 윤곽은 이미 잡혀 있었다. 그 윤곽선은 프랜시스 버니에서 마리아 에지워스로 이어졌다.

책 수집은 처음에는 막막해 보이지만 사실 꽤 단순하다. 다시 말하지만, 시작에 필요한 것은 좋아하는 주제와 그것을 탐색할 호기심뿐이다. 주제는 얼마든지 독특하거나 생소하거나 기이해도 좋다. 독서가 개인적인 행위인 만큼이나 책 수집도 지극히 주관적인 일이다. 사실 수집이야말로 오직 당신만 신경 쓰는 별나게 구체적인 주제를 맘껏 파고들 기회다. 가족조차 어이없는 눈으로 볼 때(그들은 당신을 사랑한다! 당신만큼 거기에 집착하지 않을 뿐!), 수집은 당신에게 그 집착을 맘껏 추구할 기회를 제공한다. 내게는 이미 주제가 있었다. 그것은 '오스틴이 사랑했던 여성 작가들'이었다.

다음으로, 어떤 책들을 컬렉션에 포함할지 기준이 필요

하다. 초판본만 수집할 것인가? 흥미로운 내력이 있는 책들만 모을 것인가? 예컨대 나는 처음에는 오스틴의 서가에 실제로 꽂혀 있었을 법한 판본들만 수집 대상으로 삼을까 생각했다. 하지만 그 생각은 곧 접었다. 나는 이 여성 작가들의 저작뿐 아니라 그들이 남긴 문학 유산도 확보하고 싶었다. 이는 그들 사후에, 그리고 오스틴 사후에 출간된 책들도 내 컬렉션에 들어올 수 있다는 뜻이었다. 나는 셜록 홈스를 생각하며 내 수사에 단서를 제공하는 책들도 수집 범위에 넣기로 했다. 내가 찾고자 한 것은 변곡점들이었다. 이 여성 작가들이 문학 정전에 편입되거나, 배제되거나, 다시 포함되었던 순간들을 대변하는 책들도 찾을 생각이었다. 이는 꽤 넓은 범위다. 하지만 이제 막 탐색을 시작한 참이었기에, 단서가 이끄는 대로 길을 열어두기로 했다.

　마지막으로, 책 수집가는 세부 사항에 대한 입장도 정해야 한다. 200년 전 출간 당일처럼 완벽한 상태의 책을 원하는가? 아니면 세월의 흔적과 소유자의 손때가 책의 전생들을 드러내는 책을 원하는가? 나는 둘 다 좋았다. 그래서 그때그때 상황에 따라 결정하기로 했다. 내게 더 중요한 문제는 가격이었다. 희귀서 딜러로 일할 때는 귀한 상품을 확보하기 위해 거액을 쓰는 일이 적지 않다. (가급적 이윤을 붙여서) 되팔 때 비용을 회수할 수 있으니까. 하지만 이 프로젝트에서 나는 딜러가 아니라 개인 수집가였다. 즉 재판매 의도 없이 개인 소장을 위해서 책을 구입하고 있었다.

　나는 부담되지 않는 선에서 예산을 세웠다. 50달러 이

하, 즉 친구들과 소박한 외식 한 번에 드는 비용 정도의 가격이면 아무 자책감 없이 구입했다. (사실 이는 고등학교 때 별로 바람직하지 못한 계기로 생긴 버릇이다. 그때 나는 일주일씩 급식을 거르고 모은 점심값을 주말에 중고 CD를 사는 데 쓰곤 했다. 추천할 만한 일은 아니다.) 책값이 50달러를 넘을 때는 더 고민하고 결정했다. 100달러를 넘을 때는 몇 달 동안 돈을 조금씩 모아서 구입했다. 500달러가 넘는 책은 사업을 위해 재판매할 생각이 있을 때만 사기로 했다. 이 컬렉션은 내게 기쁨의 원천이어야지, 스트레스의 원인이어서는 안 되었다. 그 목적에는 소박한 예산이 부합했다. 우리가 신문에서 보는 것과 달리 부자들만 희귀서를 수집하는 것은 아니다.

※

조지타운 출장 이후 여러 해가 흘렀다. 그동안 나는 나만의 컬렉션을 구축했고, 그 과정에서 내가 찾던 단서들을 추적했다. 결과는 내 추정을 깼다. 이전에 나는 이 여성들이 충분히 흥미롭지 못해서, 또는 그들의 작품이 충분히 뛰어나지 않아서 기억되지 못했을 것으로 추정했다. 하지만 내가 발견한 것은 삼류 작가 집단이 아니었다. 그들의 기법과 주제의 완성도가 떨어져서 오스틴의 손에서야 꽃을 피운 것이 아니었다. 대신 나는 변곡점들을 찾아냈다. 이 여성들이 공격받고, 생략되고, 폄하되고, 정전에서 밀려난 순간들을 추적했다. 그들이 특정 평론가의 호평이나 보급판 재간행으로 되살아나 정전에 재진입하는 순간들도 있었다. 내 컬렉션의 모든 책이 이런 일들이 어떻게, 그리고 왜 일어났는지에 대한 단서였다.

나는 제인 오스틴이 읽었던, 하지만 지금은 당시처럼 널리 읽히지 못하는 여덟 명의 여성 작가가 쓴 책들과 그들을 다룬 책들을 모았다. 본서는 내가 그 책들을 수집한 이야기다. 나는 그들의 작품을 읽고 연구했다. 전기, 문학비평, 문학사를 참고했고, 당연히 희귀서 딜러의 기술을 동원했다. 시간이 흐르며 내 컬렉션은 이 작가들의 문학 유산에 바치는 찬사가 되었다. 그리고 그들에 대한 대중의 재평가를 촉구하는 주장이 되었다.

이 세월 동안 나는 만약 오스틴이 내 프로젝트를 본다면 감회가 어떨지 상상했다. 오스틴이 오늘날의 대중이 프랜시스 버니나 마리아 에지워스를 어떻게 평가하는지 안다면, 평가는커녕 그런 작가들이 있었다는 것도 모른다는 사실을 안다면 경악할 게 분명하다. 오스틴이 애독한 소설들을 다시 모은 컬렉션과 그녀가 사랑했던 저자들을 기리는 한 권의 책. 이 프로젝트가 오스틴이 내게 남겨준 것에 대한 작은 보답이 되었으면 한다. 나는 희귀서 업계에서 쌓은 셜록 홈스 기술을 이 조사에 적극 투입했다. 이 여성들이 누구였는지, 무엇을 썼는지, 그리고 왜 더는 정전의 일부가 아닌지 알고 싶었다. 그런 마음으로 그들의 책을 읽었고, 역사적 의미가 있는 판본들을 수집했다. 나는 비어버린 제인 오스틴의 서가를 채울 생각이었다.

제1장

제인 오스틴

Jane Austen
1775~1817

❖

마틴 부인은 우리에게 자신의 문고는 소설로만
채우지 않을 거라고, 각종 문학 등등으로 채울 거라고
말하지. 그런 허세는 우리 가족에게 굳이 부릴 필요가
없는데 말이야. 우리는 열렬한 소설 애독자들이고,
또 그 점을 부끄러워하지 않으니까.

**제인 오스틴이 커샌드라 오스틴에게 보낸 편지,
1798년 12월 18~19일**

정전에서 오스틴의 위상은 난공불락이다. 그녀는 단순히 위대한 소설가의 명단에 든 것을 넘어 그 명단의 정점에 위치한다. 오스틴이 정전의 반열에 오른 여정을 담은 클레어 하먼(Claire Harman)의 저서 «제인의 명성(Jane's Fame)»(2009)에는 '제인 오스틴은 어떻게 세상을 정복했는가'라는 부제가 붙어 있다. 줄리엣 웰스(Juliette Wells)의 «새로운 제인 오스틴(A New Jane Austen)»(2023)은 미국의 오스틴 옹호자들을 다룬 책으로, 부제는 '미국인들은 어떻게 우리에게 세계 최고의 소설가를 데려왔는가'다. 영국 로맨스 소설에 대한 기반적 학술서 «로맨스 소설의 자연사(A Natural History of the Romance Novel)»(2003)의 저자 패멀라 리지스(Pamela Regis)는 «오만과 편견»을 "지금까지 쓰인 로맨스 소설 중 최고"로 꼽았다. 나도 리지스의 의견에 동의한다. 나는 오스틴의 6대 소설로 불리는 «이성과 감성»(1811), «오만과 편견»(1813), «맨스필드 파크》(1814), 《에마(Emma)》(1816), 《노생거 사원》(1818), 《설득(Persuasion)》(1818)을 읽고 또 읽었다. 중편 《레이디 수전(Lady Susan)》(1794?)도 읽었고, 미완성작들인 《왓슨 가족(The Watsons)》(1803~1804?)과 《샌디턴(Sanditon)》(1817, 초고 작성)도 다양한 형태로 읽었다. 앞으로도 재독을 계속할 것이다.

    내가 거듭 주목하게 되는 것은 오스틴의 자신감이다. 그녀의 문체에는 엄청난 작업량과 자기 목소리에 대한 확신에서 비롯된 여유가 있다. 그녀는 대가의 솜씨로 우리를 갈등에서 해결로, 다시(Darcy) 씨에 대한 혐오에서 사랑으로 이끈다. 그녀는 자신이 무엇을 하고 있는지, 어디로 향하는지 정확히 안다. 나는 또한 그녀의 능청스러운 위트를 사랑한다. 그녀의 산문은 독자에게 은밀한 공모의 눈길을 보내는 느낌을 준다. 그녀는 더없이 따분한 행동조차도 절묘한 타이밍 감각으로 웃기게 풀어낸다. 일례로 《에마》에는 건강염려증이 심한 우드하우스 씨가 저녁 식사 중에 한심한 말을 늘어놓는 장면이 있다. "에마가 권하는 파이를 조금만 드셔보구려. 아주 조금만요. 우리 집은 사과파이만 만들어요. 여기선 몸에 해로운 잼 같은 건 쓰지 않으니 걱정 말아요. 저 커스터드는 추천하지 않겠어요."

    19세기 초 영국 시골이라는 좁은 배경을 다루고 있음에도 오스틴의 소설은 오늘날까지 널리 공감을 자아낸다. 엘리자베스 베넷이 다시 씨의 청혼을 거절한 후 그의 펨벌리 영지에서 우연히 그와 재회하는 장면을 읽을 때마다 나는 짜릿한 감정이입을 경험한다. "그녀는 '좋다', '멋지다'라는 말밖에 아무 말도 하지 못했다. 펨벌리에 대한 칭찬도 자신의 입에서 나오면 자칫 악의적으로 해석될지 모른다는 생각이 들어서였다. 그녀는 낯빛이 변했고 더는 말을 잇지 못했다." 누구나 한 번쯤 너무 민망해 말을 하다 문장 한가운데서 말문이 막혀버린 경험이 있지 않나? 이런 점이 오스틴의 소설들을 고전으로 만든 힘이며, 출간된 지 200년이 넘은 지금까지도 독자들에게 생생한 울림을 주는 이유다.

그러니 오스틴의 책들이 희귀서 시장에서도 높은 인기를 누리는 것은 놀랄 일이 아니다. 《오만과 편견》을 예로 들어보자. 나는 '동시대 송아지 가죽' 장정, 즉 출간 시기와 동일한 때에 장정한 초판본을 몇 번 거래했는데, 그때마다 여섯 자리[3] 가격에 팔았다. 그 외에도 가지각색의 이유로 주목받는 판본들을 수없이 거래해왔다. 그중 특히 기억에 남는 판본이 녹색 무아레 실크로 장정한 3판본이었다. 무아레 실크는 프랑스 패션의 영향을 받아 영국 리전시 시대(Regency era)[4]에 드레스 소재로 인기를 끌었던 직물인데, 어느 수집가가 소중한 사람에게 줄 크리스마스 선물로 구입했다. 이보다 소박한 재간행본들도 뜻깊은 순간을 기리는 용도로 판 적이 있다. 예컨대 단순한 붉은색 천 장정의 20세기 초 판본이 한 남성의 청혼 이벤트에 중요한 소품으로 쓰였다. 너덜너덜한 '옐로백(yellowbacks)' 판본도 있다. 빅토리아 시대 철도역에서 여행자들의 시선을 끌기 위해

---

[3] 10만 단위를 말한다.
[4] 1795~1837년, 조지 4세의 즉위 전 섭정 기간인 1811~1820년.

밝은색 보드지로 표지를 댔기 때문에 이런 명칭이 붙었다. 수십 년 동안 같은 인쇄판으로 찍어내지만, 재발간할 때마다 새로운 표지로 갈아입힌 고정 활자판(stereotyped edition)도 있다. 제2차 세계대전 이후 페이퍼백 붐 시기에 대량 생산된 요란한 표지의 책들이 오히려 옛날 초판본들보다 상태가 나쁘다. 질 낮은 종이로 제작했기 때문이다. 현대의 값싼 종이가 오스틴 시대의 면섬유 기반 종이보다 빨리 훼손된다.

이 책들 모두 소박하게 시작했지만, 세기를 거치며 찬란하게 쌓인 유산을 웅변한다. 제인 오스틴은 1775년 영국 햄프셔의 스티븐턴이라는 시골 마을에서 태어났다. 현대 전기 작가 루시 워슬리(Lucy Worsley)의 달을 빌리면 "모든 세대의 오스틴 숭배자들에게" 오스틴이 어린 시절을 보낸 생가는 "성지와도 같다". 하지만 처음부터 그랬던 것은 아니다. 오스틴이 정전 지위에 오른 것은 대체로 그녀가 세상을 떠난 이후의 일이고, 본격적으로 유명세를 타기 시작한 것도 사후 50년이 지나서였다. 오스틴의 삶과 유산이 내 수집 목록의 여성 작가들에 대한 조사에 중요한 맥락을 제공했다. 다시 말해 나는 오스틴의 궤적 속 변곡점들을 추적하고, 이를 토대로 그녀의 선배들은 어떤 유사성과 편차를 보이는지 알아보고자 했다.

오스틴가는 젠트리 계층이었다. 다시 말해 작위는 없지만 상류층에 속했다. 하지만 제인의 아버지 조지 오스틴의 수입으로는 그 지위에 걸맞은 생활을 꾸려나가기 어려웠다. 조지는 두 개 교구를 맡은 목사였으며, 소년들을 위한 작은 학교도 운영했다. 현대 전기 작가 존 핼퍼린(John Halperin)은 조지 오스틴의 연 수입이 "600파운드를 조금 밑돌았을 것"으로 추정한다. 마차 한 대를 유지하고, 하인들을 고용하고, 아내와 딸들을 일터로 내보내지 않을 정도는 됐지만, 그 이상을 하기에는 빠듯했다. 제인은 8남매 중 일곱째였다. 장남 제임스는 아버지의 뒤를 이어 교구 목사가 되었고, 둘째 조지는 장애 때문에 평생 요양지에서 따로 보살핌을 받았다. 셋째 에드워드는 부유한 친척에게 입양되어 성이 나이트(Knight)로 바뀌었다. 넷째 헨리는 제인이 "가장 좋아했던" 오빠이자 패기만만한 사업가였다. 다섯째이자 유일한 자매인 커샌드라는 제인이 평생 극진히 사랑한 언니였다. 여섯째와 막내인 프랜시스와 찰스는 둘 다 해군에서 뛰어난 경력을 쌓았다.

오스틴 집안은 문학적 분위기가 매우 강했다. 가족은 제인이 1798년 커샌드라에게 보낸 편지에 자랑스럽게 적었듯 "열렬한 소설 애독자들"이었다. 그들은 좋아하는 소설을 반복해서 읽었고, 소설 속 인물들을 줄기차게 인용했다. 가족이 함께 모여 책을 읽는 일도 많았는데, 그때는 한 사람이 소리 내어 읽었다. 그런 책들 가운데 버니의 《에블리나》도 있었다. 성인이 된 제인 오스틴은 낭독을 "뛰어나게 잘" 하기로 유명했다. 그녀의 조카딸은 "한번은 고모가 《에블리나》 한 권을 들고 읽기 시작했는데 (……) 마치 연극을 보는 것 같았다"라고 회고했다. 오스틴이 직접 구매한 책은 많지 않았다. 뒤에 말하겠지만, 당시에는 책이 꽤 고가품이었다. 대신 그녀는 회원들이 월정액을 내고 책을 빌려 보는 순회문고를 적극 활용했다. 또한 비용을 분담해 책을 사서 돌려 읽는 마을 '북클럽'의 일원이었고, 선물로 책을 받기도 했으며, 가족 구성원의 책들도 빌려 읽었다. 특히 에드워드가 훗날 부자 양부모로부터 물려받은 영지 고드머샴 파크(Godmersham Park)의 웅장한 도서관을 즐겨 이용했다.

오스틴 일가는 연극도 사랑했다. 제인이 여덟 살 되던 해부터 가족은 집에서 아마추어 연극을 무대에 올리기 시작했다. 여름철 공연 장소로는 헛간이 제격이었다. 공연작은 당대의 유명 배우이자 극장 지배인이던 데이비드 개릭(David Garrick)의 희곡이었다.

장남 제임스가 가족의 문학적 총아였다. 그는 가족 연극의 프롤로그와 에필로그를 썼고, 옥스퍼드 재학 시절에는 «로이터러(The Loiterer)»라는 소규모 문예지를 발간하기도 했다. (헨리도 여기에 기고했다.) 사실상 가족 구성원 대부분이 어떤 방식으로든 글을 썼다. 가령 오스틴의 어머니와 언니는 시를, 아버지와 두 오빠는 설교문을, 같오빠는 희곡을 썼다. 오스틴은 이렇듯 문학적으로 비옥한 환경에 힘입어 어린 시절부터 다양한 글쓰기를 실험했다. 학계는 그녀가 어린 시절에 쓴 글들을 주베닐리아로 통칭한다.

오스틴의 주베닐리아는 패러디의 즐거움으로 가득하다. 10대 시절 그녀의 코미디 소질을 보여주는 전형적인 예가 열네 살이던 1790년에 쓴 «사랑과 우정(Love and Freindship)»(원문 철자대로 표기)이다. 이 작품에서 여주인공은 자신의 여행과 불운에 관한 이야기들을 유난스럽고 어이없는 방식으로 떠벌린다. 예컨대 한 청년의 아버지가 아들에게 사랑하는 여인과 결혼할 것을 권하자, 청년은 다짜고짜 외친다. "싫어요! 제가 아버지 뜻에 따랐다는 말은 절대 듣지 않을 겁니다."

오스틴의 주베닐리아에는, 특히 치기 어린 부분들에서 어린 오스틴의 작가가 되겠다는 야망과 가족들의 지지가 드러난다. 미완성 소설 «레슬리 캐슬(Lesley Castle)»의 서두에 그 두 가지를 모두 보여주는 부분이 있다. 그녀는 이 소설을 넷째 오빠 헨리에게 헌정했는데, 이에 대한 답례로 헨리는 헌사 아래에 짐짓 거만한 어조로 이렇게 적었다. "독신녀 제인 오스틴에게 금화 100기니를 지급하라." 이 금액은 웃자고 쓴 과장이다. 아버지의 연 수입이 600파운드가 채 되지 않았다는 점을 생각하면 더욱 어처구니없는 액수다. 시작한 모든 작품을 완성하지는 못했지만, 오스틴은 끊임없이 글을 썼다. 1794년에는 주베닐리아 중에서 아마도 가장 유명한 작품일 중편소설 «레이디 수전»을 썼다. 교활하게 영리한 과부가 가족과 친지를 가리지 않고 남들의 삶을 아수라장으로 만드는 이야기다. 1871년에 이르러서야 출판됐지만, 오늘날 1810년대에 출간된 6대 소설과 나란히 언급될 때가 많다.

오스틴은 가족뿐 아니라 친지들의 격려 속에서 글을 썼다. 특히 여성들의 지지를 받았다. 그중 한 사람이 이웃에 살던 마담 앤 르프로이였다. 오스틴은 그녀를 자주 방문하며 친하게 지냈다. 그러다 오스틴이 갓 스무 살이 되던 1795년 12월, 마담 르프로이의 조카 톰이 햄프셔를 방문했다. 청년과 작가 지망생 사이에 특별한 감정이 싹텄다. 하지만 (오스틴 자매에게 지참금이 없다는 사실을 포함한) 오스틴가의 불안정한 경제 사정을 누구보다 마담 르프로이가 잘 알고 있었다. 톰과 제인 사이에 감정이 자라는 것을 알자마자 마담은 서둘러 조카를 떠나보냈다. 오스틴의 현존 편지 중에 이 직후의 것들을 보면 유쾌한 태도를 잃지 않으려는 결의가 보인다. 그녀는 언젠가 자신의 문필이 가져올 성공에 대한 농담도 이어간다. 1796년 1월 14일에 커샌드라에게 보낸 편지에서는 "나는 오직 명성을 위해 글을 쓴다"라며 익살을 부렸다.

1796년, 오스틴은 훗날 '오만과 편견'이라는 제목으로 세상에 나올 책을 쓰기 시작했다. 원래 원고에 붙인 제목은 '첫인상(First Impressions)'이었다. 이는 나중에 오스틴이 대폭 수정하고 제목을 바꿔 출간하는 세 편의 소설 중 첫 번째였다. 1797년, 오스틴의 아버지는 유명 출판사 커델(Cadell)에 편지를 보내 《첫인상》의 출간을 제의했다. 커델은 이를 거절하고 편지를 반송했다. 오스틴은 이에 굴하지 않고 《엘리너와 메리앤(Elinor and Marianne)》이라는 새 소설을 시작했다. 두 자매의 이야기인 이 소설 역시 한참 뒤 내용 수정과 제목 변경을 거친 후에야 세상에 나왔다. 전문 작가가 되는 것이 오스틴의 오랜 열망이었다. 현대 학자 얀 퍼거스(Jan Fergus)에 따르면 그 꿈은 "가족을 제외하면 그녀의 인생에서 무엇보다 중요한 것이었다". 그러나 첫 출간까지는 아직 몇 년 더 인고의 시간이 들었다. 그녀는 계속 글쓰기에 매진하는 한편, 여러 개인적 비극을 거쳤다.

오스틴이 스물다섯 살이던 1801년, 그녀의 인생에서 최대 시련 중 하나가 닥쳤다. 아버지가 은퇴하면서 가족이 바스로 이주하게 된 것이다. 오스틴은 스티븐턴을 떠나고 싶지 않았지만, 선택의 여지가 없었다. 이주로 인한 낙담이 커샌드라에게 보낸 편지들에 소소하게나마 묻어난다. 그녀도 바스에서 집을 구할 때 열심히 따라다녔는데, 어머니가 마음에 들어 한 뉴 킹 스트리트의 집들이 "생각보다 좁았고 (……) 가장 좋은 거실도 스티븐턴 집의 작은 응접실만 못했다". 하지만 그녀는 최선을 다해 상황을 받아들였다. 한 편지에서 커샌드라에게 어느 무도회에 대해 말하며 "꽤나 따분한 자리"였지만 "차를 마신 뒤에는 <u>기운을 냈다</u>"고 썼다. 딱 그녀의 소설에 나올 법한 고상한 체념의 표현이었다.

    1802년에도 뜻밖의 난감한 일이 있었다. 오스틴이 햄프셔의 고향 친구들을 방문했을 때, 친했던 집안의 아들 해리스 빅-위더가 그녀에게 청혼했다. 그는 스물한 살, 그녀는 스물일곱 살이었다. 오스틴은 청혼을 받아들였다가 다음 날 아침 마음을 바꾸었다. 오스틴이 빅-위더의 청혼을 거절한 정확한 이유는 알 수 없다. 만약 그녀가 거액의 유산과 가문의 영지를 물려받을 예정이었던 빅-위더와 결혼했다면 평생 안락하게 살았을 것이다. 하지만 그녀는 그를 사랑하지 않았다. 처음에는 현실적인 이유로 청혼을 받아들였지만 그를 현실로는 끝내 받아들일 수 없었던 것 같다. (1년 남짓 후 빅-위더는 다른 여성과 결혼했고, 열 명의 자녀를 두었다.) 오스틴이 20대 후반의 나이에 그런 혼처를 마다하는 것의 의미와 여파를 몰랐을 리 없다. 그것은 평생 독신으로 남을 가능성이 높으며, 그 경우 남은 생을 형제자매나 친척에게 경제적으로 의지해야 한다는 뜻이었다.

그러나 오스틴에게 새로운 전망이 생겼다. 첫 소설을 출판사에 파는 데 성공한 것이다. 1803년, 그녀는 첫 책 «수전(Susan)»이 곧 출간될 것으로 기대했다. 하지만 출판사가 출간을 질질 끌었고, 원고를 그대로 방치했다. «수전»은 끝내 오스틴의 첫 출간작이 되지 못했다. 이 작품은 10년도 더 지난 후에야 다른 제목으로 세상에 나와 독자들을 만나게 된다.

바스에 돌아온 오스틴은 새로운 소설을 쓰기 시작한다. 훗날 «왓슨 가족»으로 알려지게 될 이 작품은 부유한 이모의 집에서 오래 살다가 집에 돌아온 젊은 여성의 이야기다. 하지만 오스틴은 이 소설을 완성하지 못하고 중단했다. 가족에게 큰 비극이 닥쳤기 때문이다. 1804년에 아버지가 세상을 떠나고, 오스틴과 어머니와 언니는 전적으로 형제들의 부양에 의지해야 하는 처지가 됐다. 세 형제가 이 문제를 논의했다. 장남 제임스, 나이트 가문의 영지인 이스트 햄프셔의 초턴 하우스(Chawton House)와 켄트의 고드머샴 파크를 상속받은 에드워드, 나폴레옹 전쟁 중에 해군에서 빠르게 승진하고 있던 프랜시스. 그들은 셋이 분담해서 어머니와 두 누이에게 매년 총 450파운드를 지원하기로 했다. 이후 몇 년 동안 세 모녀는 바스의 집, 시골 친지들의 집, 사우샘프턴에 있는 프랜시스의 집을 오가며 생활했다. 그러던 중 에드워드가 어머니에게 자신의 영지 중 한 곳 근처에 있는 안정적인 거처를 제공하겠다고 했다. 1809년, 오스틴 부인은 초턴을 선택했다. 에드워드는 어머니와 누이들에게 초턴 하우스에서 도보 거리에 있는 시골집을 마련해주었다. 이 집이 바로 오늘날 문학의 성지가 된 초턴 코티지다. 오스틴이 마침내 출간 작가가 된 것이 이곳에 살 때였기 때문이다. 그녀는 이미 초고를 써두었던 «이성과 감성», «오만과 편견», «노생거 사원»을 이곳에서 출간했다(이중 «노생거 사원»은 사후에 나왔다). 이곳에서 6대 소설의 나머지 세 편인 «맨스필드 파크», «에마», «설득»을 집필했으며, 네 번째로 «샌디턴»의 집필을 시작했다.

오스틴 생전에 출판된 책들은 모두 넷째 오빠 헨리가 출판사와의 협상과 계약을 맡아 처리했다. 그 작품들을 전체적으로 바라보면 몇 가지 공통점이 드러난다. 모두 소규모 중상류층 사교계에서 일어나는 일을 다루는데, 배경은 주로 영국 시골이며, 바스처럼 번화한 휴양도시도 등장한다. 여러 하위 플롯이 얽혀 있지만, 궁극적으로 모두 여주인공의 러브 스토리이고, 모두 해피 엔딩이다. (오늘날에는 이런 소설을 '로맨스'라고 부르지만, 오스틴의 시대에는 '로맨스'의 의미가 달랐다. 이 맥락을 고려해서 나는 이를 '구혼 소설(courtship novel)'이라 부르기로 했다.) 오스틴의 소설들은 배경과 플롯이 서로 비슷하지만, 지배적 어조와 여주인공의 성격에서는 각기 특성을 보인다. 이쯤에서 오스틴 팬 동지들의 양해를 구하고 싶다. 팬들은 이미 훤히 아는 내용이겠지만, 앞으로 몇 페이지에 걸쳐 각 작품을 간략히 개관하고자 한다. 각 작품의 플롯과 인물들이 내 조사 과정에서 계속 불쑥불쑥 등장하기 때문이다.

오스틴의 첫 출간작은 1811년 10월 말에 나온 «이성과 감성»이었다. 이 소설은 사실 1797년에 쓴 원고 «엘리너와 메리앤»을 손본 것이었다. 오스틴은 이 책을 위탁출판, 즉 출판 비용 전액을 자비로 부담하는 방식으로 겨우 출판사를 잡을 수 있었다. 책이 잘 팔리면 비용을 제하고도 수익을 볼 수 있지만 그렇지 않으면 비용을 고스란히 떠안게 된다. 훗날 헨리는 여동생이 "판매액이 출판비를 충당하지 못할 것"으로 확신했고, "손실에 대비한 준비금으로 자신의 넉넉지 않은 수입 중 일부를 따로 떼어두었다"고 회고했다. 하지만 많아봐야 1000부였겠으나 결과적으로 초판이 나름 잘 팔려서 그녀에게 140파운드의 수익을 안겨주었다. 책은 1813년에 2쇄에 들어갔고, 오스틴은 몹시 기뻐했다. 책은 당대의 관행대로 세 권으로 출간되었다. 오스틴의 소설 모두 이렇게 분권 형태로 나왔다. 이 관행은 고위험 고수익 구조의 출판업계가 손해 완화 조치로 만들어낸 방식이었다. 책 출판은 선투자 비용이 상당했고, 판매가 부진할 경우 비용 회수가 오래 걸렸다. 이때 분권 방식은 작품당 책값을 높이는 방법일 뿐 아니라, 당시 유행하던 도서 구독 서비스인 순회문고에 책을 풀 때도 수익을 더 낼 수 있었다. (오스틴 소설 속 인물들이 말하는 '도서관'은 오늘날 우리가 이용하는 무료 공공 도서관이 아니라 바로 이 유료 도서 대여점을 뜻한다.)

«이성과 감성»에서 대시우드 자매는 각자 사랑과 실연을 겪는 동시에 재정 불안정이라는 현실에 직면한다. 언니 엘

리너는 지나치게 금욕적인 데 반해, 동생 메리앤은 생기와 충동으로 가득하다. 이렇듯 극명하게 다른 성격 때문에 두 자매는 일련의 사건들에 정반대 방식으로 임한다. 양극성은 두 젊은 여성의 시련을 가중하지만, 결국에는 두 사람 모두 행복한 결혼에 안착한다. 내가 이 책에서 가장 좋아하는 부분은 대화 장면들이다. 특히 초반에 명장면이 등장한다. 자매의 부유한 이복오빠는 돌아가신 부친에게 누이들을 재정적으로 돌보겠다고 약속했지만, 인색한 아내의 설득에 넘어가 애초 의도와 달리 야박하게 군다. 그는 처음에는 누이들에게 3000파운드를 떼어줄 생각이었으나 결국 이렇게 결정한다. "가끔 (……) 용돈을 주는 정도로도 그 애들이 돈에 쪼들리는 일은 막을 수 있을 테고, 또 그 정도면 아버지와의 약속도 충분히 이행하는 셈이 될 거야." 그의 의도가 무너지는 과정이 아내와 나누는 몇 차례의 대화를 통해 미묘하게 전개된다. 그의 아내는 전략적으로 질문을 이어가며 당사자가 눈치채지 못하는 사이에 그의 원래 의도를 꺾어놓는다. 이 장면은 비상하고, 재미있고, 무엇보다 놀랍도록 현실적이다.

    «이성과 감성»은 두 건의 공개 서평을 받았다. 그중 하나는 영국에서 가장 영향력 있는 문예지 중 하나인 «크리티컬 리뷰(Critical Review)»의 알찬 비평이었다. «리뷰»지는 이 작품을 "특별한 찬사를 받을 만하다"고 평하면서 "유익한 교훈"을 주는 점을 높이 샀다. 오스틴 이전에도 오스틴 같은 소설가들이 있었다는 것을 막 알아가기 시작한 나 같은 독자에게 특히 눈에 띄는 사실은, 이 서평이 «이성과 감성»에서 딱히 "새

로움"을 찾을 수 없었다고 지적한 점이다. 즉 «이성과 감성»은 당시 소설의 기성 관행을 충실히 따른 작품이었다.

오스틴은 자신의 첫 출간을 자랑스러워했고, 이 마음을 커샌드라에게 보내는 편지에 담았다. "아무리 정신없을 때도 «이성과 감성»이 머리에서 떠나지 않아. 엄마가 젖먹이 생각을 하지 않을 도리가 없듯 나도 그 생각을 멈출 수가 없어." 하지만 자신의 책이 마침내 독자들에게 닿았다는 기쁨이, 저자로서 대중의 주목을 받고 싶다는 욕망을 의미하지는 않았다. «이성과 감성»을 비롯해 오스틴 생전에 출간된 소설은 모두 익명으로 나왔다. 이는 특이한 일이 아니었다. 당시에는 익명 출판을 관행으로 여겼고, 오늘날보다 훨씬 흔하게 일어났다. 이유는 다양했지만, 많은 저자가 작품 자체의 가치로 성공하거나 실패하기를 바랐고, 그렇게 성공 이력을 쌓은 다음에야 저자 신분을 밝히곤 했다. 특히 상류층 여성들 사이에서는 자기 이름으로 책을 내는 것이 재주를 '떠벌리는' 것으로 보일 수도 있었다. 익명 출판이 가능한데도 실명을 쓰는 것은 지나치게 나대는 일로 여겨졌다. 오스틴이 자신의 저자 신분이 화제가 되는 것을 원치 않는다는 말이 가족 사이에 퍼졌다. 조카딸 한 명은 "커샌드라 고모에게 편지를 받았는데, 제인 고모가 «이성과 감성»을 썼다는 말을 하지 말라는 당부가 있었다"고 전한다. 하지만 헨리는 작가의 정체를 "슬쩍슬쩍 흘리는" 장난스러운 버릇이 생겼고, 이 비밀은 얼마 안 가 공공연한 비밀이 되었다.

오스틴의 두 번째 책은 1813년 1월에 출간되었다. 첫 책이 나온 그해, 오스틴은 1796년에 쓴 오래된 원고 《첫인상》으로 돌아갔다. 원고를 대대적으로 수정하고 '오만과 편견'이라는 새로운 제목을 붙였다. 초판 부수는 약 1500부로 추정되며, 오스틴 생전에 두 번 더 찍었다. 《오만과 편견》의 주인공 엘리자베스 베넷은 본인 포함 다섯 자매가 복닥대는 대가족의 혼돈과 고군분투를 냉철하고 냉소적인 눈으로 바라본다. 그녀는 지역 무도회에서 부유하고 오만한 방문객 피츠윌리엄 다시를 만나고, 그에게 즉각적으로 반감을 품는다. 계속 우연한 만남이 이어지고, 상대도 자신을 싫어한다고 생각했는데, 어느 날 다시가 느닷없이 그녀에게 청혼한다. 그녀는 청혼을 거절하지만, 곧 자신의 판단을 후회한다. 오스틴은 엘리자베스 베넷을 유난히 좋아했고, "이제껏 인쇄 지면에 등장한 인물 중 가장 사랑스러운 존재"라고 불렀다. 나 역시 같은 이유로 이 소설을 좋아한다. 엘리자베스 베넷은 내가 되고 싶은 소설 주인공이다. 《오만과 편견》은 세 건의 공개 서평을 받았다. 이번에는 비평가 반응이 훨씬 호의적이었다. 《브리티시 크리틱(British Critic)》은 "최근 출간된 동류 작품들 가운데 단연 돋보인다"고 평했다.

그해 여름 《이성과 감성》의 초판이 매진되었고, 오스틴은 자신이 수익성 있는 작가라는 것을 알게 되었다. 그녀는 1813년 7월, 막내 오빠 프랜시스에게 보낸 편지에서 익살을 부렸다. "이러니까 더 안달이 나." 그녀는 이미 차기작 《맨스필드 파크》에 착수한 상태였고, 이 작품이 《오만과 편견》의 성공을 굳게 이어가길 바랐다. 《맨스필드 파크》는 그녀가 초턴 코티지에서 쓰기 시작한 첫 소설이었다.

《맨스필드 파크》가 1814년 5월, 오스틴의 세 번째 출간작이 되었다. 초판 발행 부수는 1250부로 추정되고, 6개월 만에 완판되어 1816년 2월에 중판에 들어갔다. 《맨스필드 파크》의 주인공 패니 프라이스는 부유한 친척 버트럼가에서 산다. 버트럼 부부는 조카 패니를 맡아 키우지만 그들의 자녀와 동등하게 대우하지는 않는다. 본격적인 사건은 패니의 이모부 토머스 버트럼 경이 서인도제도 안티과섬에 소유한 대농장을 시찰하러 저택을 떠나면서 시작된다. 그의 부재를 틈타 마을의 젊은이들이 다소 도발적인 연극을 열기로 결정하고, 이에 패니와 사촌오빠 에드먼드는 당황한다. 패니는 버트럼가의 차남인 에드먼드를 어릴 때부터 몰래 연모했는데, 연극을 둘러싸고 벌어지는 소동들에서 패니의 올곧은 성품을 새삼 확인하며 그 또한 패니를 좋아하게 된다.

《맨스필드 파크》는 공개 서평을 전혀 받지 못했다. 앞선 두 소설이 호평을 받았던 터라 오스틴의 실망이 컸을 게 분명하다. 《맨스필드 파크》는 오스틴 소설 중에 가장 다층적인 작품이라 할 수 있다. 노예무역의 망령, 당돌한 유혹자들의 책략, 소심하게 뛰는 패니의 심장까지 많은 것이 표면 아래에서 맥동한다. 이때쯤 오스틴의 익명성은, 책 표지에서는 형식적으로 유지되고 있지만, 그녀의 친우와 지인들 사이에서는 공공연한 비밀이었다. 오스틴은 자신의 책에 대한 주변의 의견을 모으기 시작했다. 그녀의 어머니는 《맨스필드 파크》를 "《오만과 편견》만큼은" 좋아하지 않았고, "패니를 밋밋한 인물로 생각했다". 커샌드라는 "패니는 맘에 들지만" 책 자체는 "《오만과 편견》만큼 비상하지 않다"고 여겼다. 또 다른 친지인 브램스톤 부인은 자신은 《맨스필드 파크》가 가장 좋았지만, "어쩌면 그것은 기지를 이해하지 못하는 자신의 취향 부족 탓일지 모른다"는 말을 덧붙였다. 기지는 《오만과 편견》의 최대 강점이었다.

《맨스필드 파크》의 출간으로 오스틴에게 저명한 팬이 생겼다. 바로 섭정공 조지였다. 섭정공은 조지 3세의 장남이자 왕세자로, 정신 질환을 앓는 부왕을 대신해 1811년부터 국정을 맡았다. (제인 오스틴의 활동기에 해당하는 '리전시 시대'는 여기서 유래한 명칭이다. 리전시 시대는 1811년부터 1820년까지 이어지고, 이후 섭정공은 조지 4세로 즉위한다.) 저자가 오스틴인 것은 이미 공공연한 비밀이었기에, 섭정공의 사서가 그녀에게 편지를 보내 섭정공이 "귀하의 모든 저작을 읽으시고 감탄하셨다"고 전했다. 사서는 오스틴에게 차기작을 섭정공에게 헌정할 것을 제안했고, 오스틴은 이를 받아들였다.

차기작은 오스틴의 네 번째 출간작인 《에마》였다. 오스틴은 이 소설의 주인공을 두고 "나 외에는 누구도 좋아하지 않을 것"이라고 걱정했다. 그녀는 1814년 1월에 《에마》의 집필을 시작했고, 1815년 12월에 출간해 초판 2000부를 찍었다. (다만 초판 표제지에는 1816년으로 찍혀 있다. 연말에 나온 책을 새해까지 신간으로 인식시키기 위한 당시 출판계의 관행이었다.) 주인공 에마 우드하우스는 가상의 마을 하이버리의 상류사회를 주도하는 젊은 원로다. 총명하고, 아름답고, 유능하고, 재치 있지만, 자신감을 주체 못 해 남들의 인생에 간섭하고 다닌다. 예컨대 친구 해리엇에게 그녀가 정말로 사랑하는 농부 대신 "더 나은" 배필을 찾아주겠다고 나선다. 한편 우드하우스 가문의 이웃이자 친지인 조지 나이틀리는 그녀와 항상 논쟁하지만 속으로는 그녀를 연모한다. 오스틴은 아무도 에마를 좋아하지 않을까봐 걱정했지만, 나는 너무나 현실적인 결함을 지닌 이 주인공에게 정이 간다. 에마의 강점은 곧 약점이기도 하다. 그녀는 옳은 말을 하는 자신에게 너무 익숙해서 자신도 틀릴 수 있다는 사실을 잊는다.

《오만과 편견》이 많은 이의 마음에 최고작으로 자리 잡은 작품이라면, 《에마》는 기술적 완성도 면에서 오스틴의 소설 중 가장 완벽하다는 찬사를 받아왔다. 《에마》는 오스틴이 생전에 발표한 작품 중 평단의 주목을 가장 많이 받은 작품으로, 《쿼털리 리뷰》에 대대적인 분석이 실리기도 했다. 이 서평은 익명으로 실렸지만 사실 월터 스콧이 쓴 것이었다. (1814년, 스콧 역시 《웨이벌리(Waverley)》를 익명으로 출간했다. 이 소설은 베스트셀러로 등극해 1년 만에 3쇄를 찍었다.) 여러모로 이 서평이 오스틴 연구의 기점이 되었고, 19세기로 이어진 다수의 후속 분석의 논조를 지배했다. 예컨대 스콧은 오스틴의 "소재는 종종 고상하지 못하고, 장대한 것과는 더구나 거리가 멀다. 하지만 소재를 현실에 있는 그대로 담았으며, 그 담음새의 정밀함에서 독자에게 즐거움을 준다"고 평했다. 다시 말해 오스틴의 소설은 작고 평범한 세계를 그리지만, 그 묘사가 놀랄 만큼 정확하고 사실적이라는 의미였다. 스콧의 평가에 따라,

오스틴의 초기 옹호자들 다수는 그녀의 예술성에 대한 최대 근거로서 그녀의 사실주의를 강조했다.

그녀의 주인공 에마처럼, 작가 오스틴의 강점과 약점도 동전의 양면처럼 맞물려 있었다. 좁디좁은 사회에서 일어나는 협소한 문제들에 집중한다는 점은 사람들이 그녀의 작품을 사랑하는 이유인 동시에 싫어하는 이유이기도 했다. 물론 그녀는 사실주의로 칭송받았다. 하지만 오스틴 당대에는 무릇 고등 예술은 개인의 일상적 경험을 넘어서는 무언가를 이룩해야 한다고 믿는 비평가와 독자가 많았다. 그들의 주장에 따르면 최고의 문학이란, 셰익스피어의 «햄릿»에 담긴 살인적 책략이나 «실낙원» 속 타락 천사의 비애처럼 무언가 강렬한 상황만이 불러일으킬 수 있는 심오한 감정을 다루는 것이었다. 이 판단 기준에 따르면, 평범한 사람들의 소박한 삶을 다룬 책들은 좀처럼 그런 초월적 감흥을 끌어낼 수 없었다. 작가 마리아 에지워스의 친구도 1814년의 한 편지에서 «맨스필드 파크»를 두고 이렇게 말했다. "이 책에는 덕업의 고양도, 자연을 초월하는 무엇도 없어요. 그런 것이야말로 소설에 가장 큰 매력을 부여하는 것인데 말이죠. 하지만 일상생활을 실감 나게 담아냈기 때문에, 결점이 있더라도 한가한 시간에 재미있게 읽기에는 좋아요."

오스틴이 그런 초월성을 전혀 지향하지 않은 것은 사실이며, 당대의 많은 독자와 비평가는 그 사실을 못마땅하게 여겼다. 그녀의 소설이 월터 스콧의 소설과 동등한 위상을 얻기까지는 수십 년이 걸렸다. 스콧은 오스틴의 치밀한 묘사를 높이 샀지만, 자신은 장대한 서사체로 글을 썼다(그는 자신의 문체를 농담 삼아 "우렁찬 호언장담 방식(Big Bow-wow strain)"이라 칭했다). 하지만 오스틴은 자신의 목소리를 알고 있었다. 그녀가 예술가로서 해낸 가장 중요한 일은 그 목소리에 충실하려는 절개를 지킨 점이었다. 일례로, 섭정공의 사서가 작센-코부르크 왕가에 대한 역사소설을 써볼 것을 권했을 때 그녀는 정중히 사양했다. "아닙니다. 저는 제 문체를 지켜 제 방식대로 가는 게 맞습니다. 이 방식으로 다시 성공하지 못할 수도 있겠습니다만, 다른 방식으로는 성공할 가능성이 아예 없으니까요." 이것이 바로 내가 찬탄해마지않는 제인 오스틴의 자신감이었다.

《에마》는 오스틴이 생전에 출판한 마지막 소설이다. 첫 소설을 출간한 지 불과 5년 후인 1816년, 그녀는 심각한 병증을 보이기 시작했다. 오스틴이 보인 증세에 근거해 현대 학자들은 그녀가 부신피질 기능 저하를 야기하는 애디슨병을 앓았거나 암에 걸렸을 가능성을 제시한다. 하지만 정확한 사인은 알 수 없다. 그녀는 계속 소설 집필을 이어갔지만, 건강이 계속 악화했다. 결국 오스틴은 1817년 7월 눈을 감았다. 겨우 마흔한 살이었다.

오스틴이 완성한 마지막 두 소설 《노생거 사원》과 《설득》은 그녀가 세상을 떠나고 몇 달 후인 1817년 12월(표제지에는 1818년으로 찍혔다), 총 네 권짜리 세트로 동시 출간되었다. 이 판본의 발행 부수는 1750부였다. 《노생거 사원》은 오스틴에게 불사조와 같았다. 처음 판권을 팔았던 소설 《수전》을 개작한 작품이기 때문이다. 1816년 봄 《에마》가 출간된 후, 제인은 오빠 헨리에게 부탁해 «수전»을 도로 사들이게 했다. 헨리는 1803년에 원고를 10파운드에 매입했던 출판사에 가서 임무를 완수한 뒤, "한때 그들이 그렇게 성의 없게 취급했던 소설이 바로 «오만과 편견» 저자의 작품임을 알려주는 통쾌함을 누렸다".

«노생거 사원»에서는 열일곱 살의 캐서린 몰랜드가 바스로 여행을 떠나 처음으로 상류사회를 경험한다. 시골에서 조용히 살아온 그녀가 세상에 대해 아는 것은 대부분 책으로 접한 것이다. 바스에서 캐서린은 독서 열정을 공유하는 이저벨라 소프, 헨리 틸니와 금세 친해진다. 이저벨라는 변덕스러운 기질이 독서 취향에도 고스란히 드러나고, 헨리는 소설을 즐기면서도 자신이 읽는 책들과 자신을 둘러싼 세상을 두루 유쾌하게 조롱한다. (헨리 틸니와 오스틴의 유사성을 언급한 비평가들이 꽤 있다. 1952년 마빈 머드릭(Marvin Mudrick)은 농담처럼 틸니가 "복장과 외모의 몇몇 세부 사항만 제외하면 저자 본인을 빼닮았다"고 말했다.) 세상 경험이 없는 캐서린은 현실이 자신이 즐겨 읽는 고딕소설의 플롯처럼 펼쳐질 줄 알았다가 엉뚱한 상상 탓에 곤란한 지경에 처한다. 1818년 «브리티시 크리틱»은 «노생거 사원»을 "미스 오스틴의 최고작 중 하나"로 평가했다. 하지만 출간 당시 비평계의 관심은 대부분 동시 출간된 «설득»에 집중되었다.

«설득»은 오스틴이 생애 마지막으로 완성한 소설로, 1815년에 집필을 시작했다. 주인공 앤 엘리엇은 우월 의식이 강한 귀족 집안의 둘째 딸로, 집안의 재정난 때문에 생활비를

줄이기 위해 가족과 함께 바스로 이사한다. 앤은 19세에 프레더릭 웬트워스라는 해군 장교와 약혼했으나, 그가 가문도 변변치 않고 장래도 불투명했기에 주위의 충고에 따라 결국 파혼했다. 8년이 흐른 뒤에도 여전히 그를 잊지 못한 앤과 해군에서 승승장구해 이제 지위와 부를 쌓은 웬트워스 대령은 다시 만난다. «설득»은 오스틴의 다른 소설들에 비해 성숙한 주제를 다룬다. 풋풋한 첫사랑의 두근거림이 아닌, 세월의 무게로 다져진 감정의 깊이를 조명한다. 1821년 «쿼털리 리뷰»에 익명으로 게재된 어느 서평에 따르면, «설득»은 아마도 오스틴의 소설 "모두를 능가하는 작품"이며, "전반적으로도, 우리가 접해본 풍속소설 가운데 우아한 작품에 든다".

  «노생거 사원»과 «설득»은 저자의 유작임을 알리며 동시에 출간되었다. 헨리가 초판 서두에 ⟨저자 약전(Biographical Notice)⟩을 붙였고, 이를 통해 제인 오스틴이라는 저자명이 처음으로 책에 찍혔다. 저자명이 공식적으로 공개되는 순간이었다. 당연히 서평가들은 오스틴의 생애와 작품 전반에 대한 평가를 그들의 기사에 포함했고, 그들의 논평은 대체로 양면적이었다. 오늘날 우리가 아는 오스틴의 명성—영문학 최고의 소설가 중 한 명—은 시간이 지나 형성된 것이다. 당시에도 오스틴은 인정받는 작가였지만, 그녀의 소재가 너무 제한적이라는 것이 평단의 중론이기도 했다. 오스틴은 자신이 아는 것만 썼고, 이런 사실주의는 당대의 독자들에게 좋은 점이자 나쁜 점이었다. 1818년 3월호 «브리티시 크리틱»의 한 서평은 이렇게 말한다. "오스틴의 장점은 전적으로 뛰어난 관찰력에 있

다." 셜록 홈스도 탐냈을 재능이지만 그녀의 약점을 상쇄할 만큼 충분하지는 않았다. "[하지만] 종류를 불문하고 상상력 면에서는 극도의 결핍을 보인다. 줄거리에서 창의성을 전혀 찾아볼 수 없을 뿐만 아니라 인물, 사건, 정서 모두 명백히 경험에만 기대고 있다." 오스틴이 세상을 떠났을 당시만 해도 그녀의 작품이 훗날 오늘날의 기념비적 명성을 누리게 될 줄은 아무도 예상하지 못했다.

오스틴의 문학적 운명은 이제 가족의 손에 맡겨졌다. 우선 헨리가 《노생거 사원》과 《설득》을 출판하며 여기에 15페이지 분량의 〈저자 약전〉을 붙여서 오스틴의 이름을 세상에 공개했다. 사랑하는 여동생을 잃은 비통함이 절절히 배어 있는 이 추도문은 이후 수 세기 동안 우리가 오스틴을 바라보는 이미지의 토대가 되었다. 그만큼 중요한 문서 자료였기에 그 한계가 더더욱 안타깝다. 이를테면 현대 학자 에밀리 아우어바흐(Emily Auerbach)는 헨리가 '상냥한(sweet)'이라는 단어를 어떻게 남발했는지 분석한다. 그는 "'상냥한', '착한', '행복한', '온화한' 같은 형용사를 즐겨 사용했다. 예컨대 그는 여동생이 '지극히 상냥한' 목소리를 지녔으며, 타고난 재능으로 온 가족의 삶을 '매 순간 달콤하게' 해주었다고 썼다". 이 형용사는 나 역시 거북했다. 누가 나한테 '상냥하다'라는 말을 쓰면, 언제나 드는 생각은 하나였다. 뭐? 네가 나를 상당히 대충 보는구나. 헨리는 우리에게 천사를 보여주었을 뿐, 진실을 보여주지는 않았다.

헨리의 〈저자 약전〉 외에 오스틴의 생애에 대한 주요 정보원은 그녀가 남긴 편지들이다. 헨리는 그중 일부를 선택적으로 인용해 그녀의 독실함과, 그렇다, 그녀의 상냥함을 강조했다. 그런데 그가 인용한 편지 내용 중에 오스틴이 자신의 작업을 "너비 2인치[5]의 작은 상아 조각에 세필로 공들여 그리는 일, 붓이 작아 수고에 비해 애쓴 티가 나지 않는 일"에 비유한 말이 있었다. 오스틴이 자신의 문체를 어떻게 여겼는지 직접 표현한 말이었다. 이 한 문장이 수 세기 동안 귀한 보석처럼 감식되었다. 오랫동안 이 인용이 오스틴이 자신의 글쓰기에 대해 남긴 거의 유일한 진술이었다. 오스틴의 편지 대부분이 대중에게 공개되지 않았기 때문이다. 그러다 그녀의 현존 편지들이 차츰 출판되면서 오스틴에 대한 우리의 이해가 대폭 확장되었다.

오스틴이 세상을 떠난 후, 원고와 편지를 포함한 오스틴의 문학적 유품 일체가 언니 커샌드라의 손에 맡겨졌다. 불행히도 커샌드라는 이 책임에 사적인 편지들을 없애는 것도 포함된다고 생각했고, 상당량의 편지를 태웠다. 고인의 서신을 소각하는 것은 당시의 흔한 관행이었다. 공개를 염두에 두지 않고 쓴 말들을 비공개로 유지하려는 사생활 보호 조치였다. 사실 커샌드라가 편지를 모두 태워 없애지 않은 것이 놀라운 일이었다. 그럼에도 나는 파괴된 편지들에 어떤 이야기가 담겨 있었을지 자꾸 상상하게 된다. 프랜시스의 딸 중 한 명의 감질 나는 회고에 따르면, 커샌드라는 제인에게 받은 편지들을 수시로 꺼내 읽으며 "주위의 기혼 여성들을 능가하고, 근심

---

[5] 5센티미터.

없이 자유로운 삶을 누리는" 동생의 성공을 흐뭇해했다. 커샌드라의 신중함이 부른 소각 사태 탓에, 우리가 제인 오스틴의 삶에 대해 아는 것은 대개 친족의 기록이나 전언에 의존한다. 그중 하나가 헨리의 ‹저자 약전›이다.

1830년대 초, 출판사들이 오스틴의 책들을 재간행하기 위해 가족과 접촉하기 시작했다. 헨리는 출판업자 리처드 벤틀리에게 기출간 소설 여섯 편 모두의 판권을 넘겼다. 이 소설들은 벤틀리의 '스탠더드 노블스(Standard Novels)' 시리즈를 통해 다음 세대로 이어졌다. 이 시리즈 각 권의 표제지 맞은편에 전면 삽화가 들어갔는데, 이를 권두 삽화라 불렀다. 오스틴 소설의 영어권 최초 삽화 판본이었다. 엘리자베스 베넷이 다시의 이모에게 질책당하는 장면, 헨리 틸니가 비밀 통로를 사용한다고 의심하는 캐서린 몰랜드의 모습이 처음으로 독자들에게 시각적으로 제시되었다. 이 판본은 현재 수집가들 사이에 엄청난 인기를 누린다. 나도 기회 닿을 때마다 내 희귀서 서점에 들여놓는다. 이때를 기점으로 오스틴의 소설은 수많은 보급형 재간행을 통해 꾸준히 독자들을 만났다. 이 내용은 책 수집가이자 학자인 재닌 바커스(Janine Barchas)의 «제인 오스틴의 사라진 책들(The Lost Books of Jane Austen)»(2019)에 자세히 나와 있다. 이 책에서 바커스는 소박하지만 매혹적인 재간행 판본들의 값싸고, 낡아빠지고, 손때 가득한 책들을 추적한다.

오스틴은 사망 후 수십 년까지는 평단의 이렇다 할 주목을 받지 못했다. 하지만 옹호자들이 전혀 없지는 않았다. 문학평론가 조지 헨리 루이스(George Henry Lewes)는 여러 편의 비평을 발표해 오스틴이 마땅히 받아야 할 관심을 끌어내려 노력했다. 1859년, 그는 한 에세이의 서두에 이렇게 썼다. "반세기 가까이 영국은 최고의 예술가를 보유했고, 그 작품들이 널리 보급되었고, 그 작품성이 열렬히 향유되었건만, 정작 그 이름은 아직도 사람들의 입에 설다." (루이스의 연인이 빅토리아 시대의 위대한 소설가 중 한 명인 조지 엘리엇(George Eliot)이었는데, 정작 그녀는 오스틴을 루이스만큼 높이 평가하지 않았다.) 또한 루이스는 오스틴의 문학적 가치를 두고 샬럿 브론테와 논쟁을 벌이기도 했다. 브론테는 루이스가 《오만과 편견》을 극찬한 데 고무되어 직접 읽어보았다. 감흥이 전혀 없지는 않았다. 하지만 브론테는 이 소설이 "공들여 울타리 치고 정성껏 가꾼 정원, 단정히 구획되고 섬세한 꽃들로 가득한 정원이지만 (……) 드넓은 들판도, 신선한 공기도, 푸른 언덕도, 맑은 시냇물도 없다"고 평했다. 요컨대 기백이 없다는 의미였다. 오스틴은 초월적이기에는 너무 평범했다. 루이스에게 보낸 후속 편지에서 브론테는 이렇게 물었다. "시적 상상 없이 위대한 예술가라 할 수 있을까요?" 오스틴은 "분별 있고 현실적이지만(<u>진실보다는 현실을 다룰 뿐</u>), 위대하지는 못해요". 어떤 이들은 오스틴을 읽고 환호했지만, 어떤 이들은 그러지 않았다. 그럼에도 그녀는 계속해서 읽혔다. 오스틴 사후 수십 년 동안 그녀의 문학 유산은 승천과 망각이라는 양극단 사이를 떠돌았다.

  오스틴이 정전 작가로 부상하는 결정적 전환점은 1869년 12월 16일, 그녀의 탄생일에 찾아왔다. 이때를 기해 조카 제임스 에드워드 오스틴-리(James Edward Austen-Leigh)가 최초의 장편 오스틴 전기를 출간한 것이다. 그는 오스틴의 큰오빠 제임스의 아들로, 오스틴이 1817년 7월에 세상을 떠났을 때 열여덟 살이었다. 그의 «제인 오스틴 회고록(A Memoir of Jane Austen)»(표제지의 출간 연도는 1870년)은 언론의 큰 주목을 받았고, 오스틴 소설들이 새로이 평가받는 계기가 되었다. 이 회고록은 수십 년 전의 기억과 가족이 간직하고 있던 문서 자료에 의존했기에 다루는 범위가 한정적이었지만, 어쨌거나 비평가들에게 오스틴의 저작을 새로운 맥락에서 고찰할 수 있는 중요한 자료를 제공했다. 나는 이 조사의 당찬 첫걸음으로 이 책을 구해 내 컬렉션에 추가하기로 마음먹었다.

그런데 오스틴-리의 책을 구하기가 생각보다 어려웠다. 지금은 고서 시장에서도 찾아보기 힘든 희귀서였다. 그러다 마침내 런던에 있는 친구의 서점에서 아직 카탈로깅하지 않은 책 더미 위에 아무렇게나 놓여 있는 한 권을 보았다. 이 서점은 19세기 문학을 전문으로 하는데, 보통은 1층만 일반에게 개방한다. 내가 이 책을 발견한 곳은 희곡과 논픽션에 할당된 위층이었다. (18세기 문학은 맨 위층에 있었고, 낭만주의 문학은 직원용 주방이 있는 뒤편에 있었다.) 서점 매장에 정식으로 꽂혀 있는 책이 아니라서 나는 판매용이 아닐까봐 마음을 졸였다. 오랫동안 찾아 헤매던 책을 손에 넣었는데 다시 내려놓아야 한다면 얼마나 가슴이 찢어질 것인가! 아니면 친구가 내 예산을 훌쩍 넘는 가격을 부를 수도 있었다. 다행히 그는 내게 가격을 제시했고, 그것도 좋은 가격을 제시했다. 그 여행에서 그렇게 나는 오스틴-리와 함께 집에 돌아왔다(바이런 경을 모델로 삼은 악당이 등장하는 1820년의 고딕 로맨스 한 권도 함께 왔는데, 그 이야기는 훗날을 기약하자). 이 책은 지금 내 책장에 꽂혀 있다. 소박한 천 제본. 최소한의 금박 장식만 은은하게 얹은 앞뒤 표지와 책등. 제인 오스틴이 정전의 반열에 오르는 여정에서 중추적 역할을 한 책이다. 하지만 외양만 볼 때는 그 중요성을 짐작하기 쉽지 않다.

헨리 오스틴의 〈저자 약전〉과 마찬가지로 오스틴-리의 회고록도 오스틴의 가족에 대한 헌신과 — 역시나 — "한결같이 상냥한 성품"을 강조했다. 10대 시절 바라본 고모의 모습에 대한 조카의 견해로서 이해 못 할 내용은 아니었다. 하지만 빅토리아 시대 영국이 이상화하고 권장했던 여성성의 틀 안에 오스틴을 가두는 방식으로 제시된 것이 문제였다. 당대는 '가정 숭배'의 시대였다. 여성이 머물 '영역'은 가정이라는 믿음. 그것은 다름 아닌 빅토리아 여왕 본인이 신봉한 관념이었다. 친조카였던 오스틴-리에게는 오스틴이 그야말로 "사랑하는 제인 고모"였다. 문제는 이 이미지의 상징성이 그의 동시대 독자들에게 짙은 호소력을 발휘한 것이었다. 1870년의 한 서평가는 이 이미지에 감화된 나머지 자신도 오스틴을 "사랑하는 제인 고모"로 부르겠다고 선언하며 글을 맺었다. 빅토리아 시대의 오스틴 독자들은 이 이미지에 열렬히 호응했다. 평단이 그 이미지의 과하게 감상적인 요소들을 걷어내는 데는 또다시 수십 년이 걸렸다. (그러나 나처럼 '상냥한'이라는 형용사에 의문을 제기한 여성들이 적지 않았다. 2000년, 추리소설의 거장 P. D. 제임스(Phyllis Dorothy James)는 오스틴의 "한결같이 상냥한 성품" 신화에 반기를 들었다. "그 반대다. 오스틴은 상냥함과는 자주 거리가 멀었다. 그렇지 않았다면 우리는 그 여섯 편의 위대한 소설을 만나지 못했을 것이다.")

1871년, 오스틴-리는 오스틴의 미발표 원고들을 추가해달라는 요청을 받아들여 회고록의 제2판을 출간했다. 내가 읽은 것도 이 확장판이다. 며칠 동안 출근하기 전 아침에 노트북을 켜고 구글 북스로 읽었다. 회고록에 포함된 이 원고들은 커샌드라가 1845년에 사망할 때까지 보관하고 있던 것들로, 이후 여러 가족 구성원에게 유증되었다. 오스틴-리는 이 확장판에 《레이디 수전》과 《왓슨 가족》의 최초 인쇄본을 실었고, 미완성작인 《샌디턴》은 출간하기에 너무 단편적이라고 판단해 요약본으로 대체했다. 오스틴의 초판본 중에는 이렇게 1870년대에 나온 것도 있다는 사실! 책을 수집하다보면 이런 토막 정보들이 함께 따라온다. 오스틴 작품의 초판본은 모두 오스틴 생전이나 사후에 바로 나왔을 것으로 생각하지만, 꼭 그런 것은 아니다. (오스틴의 주베닐리아를 엮은 책 중 하나인 《제3권(Volume the Third)》은 1951년에야 출간되었고, 내가 본서를 쓰는 현재, 그 초판본은 고서상에서 25~100달러면 구매할 수 있다. 당연히 나도 한 권 샀다.) 1882년에 이르자 《회고록》 자체도 오스틴 필독서 목록에 들어갔다. 그해 벤틀리 출판사에서 나온 '스티븐턴 판(Steventon Edition)' 오스틴 전집에는 《레이디 수전》과 《왓슨 가족》과 더불어 《회고록》도 포함되었다. 당연한 말이지만 이 판본 역시 수집가들 사이에서 인기가 높다.

오스틴-리의 《회고록》은 이후 수십 년에 걸쳐 일어난

제인 오스틴의 폭발적 위상 상승의 기폭제가 되었다. «회고록»의 성공 이후, 오스틴의 조카손자인 브라본 경 에드워드가 «제인 오스틴의 편지들(Letters of Jane Austen)»(1884)을 두 권으로 출간했다. 오스틴의 셋째 오빠 에드워드의 장녀이자 자신의 어머니인 패니 나이트로부터 물려받은 편지 94통을 담은 책이었다. 브라본 경은 사적인 편지는 공개하지 않는다는 집안의 전통을 깬 셈이었다. «편지들»의 출간으로 공개된 자료는 오스틴-리의 «회고록»과 더불어 차세대 오스틴 연구의 장을 열었다.

미국에도 오스틴 옹호자들이 생겼다. 그중 한 명이 1889년부터 «하퍼스 매거진(Harper's Magazine)»에 대중 평론을 기고한 윌리엄 딘 하우얼스(William Dean Howells)였다. 그는 거기서 오스틴의 사실주의를 "소박하고 솔직하면서도 예술적인 글쓰기"로 찬미했다. 같은 해인 1889년, 미국 문학평론가 오스카 페이 애덤스(Oscar Fay Adams)가 최초의 오스틴 소설 주석판인 «제인 오스틴의 장(章)들(Chapters from Jane Austen)»을 출간했다. 이 책은 내가 지금까지 딱 한 부만 발견했는데, 이베이에 아주 합리적인 가격에 올라와 있었다. 젖은 자국(모종의 습기에 노출된 증거)이 심한 탓이었다. 지금 나는 더 나은 상태의 책을 기다리고 있다. 이 책의 후속작으로 애덤스는 1891년에 «제인 오스틴의 생애(The Story of Jane Austen's Life)»를 펴냈다. 이는 가족의 회상에 의지하지 않고 원전 연구와 분석에 기반한 최초의 오스틴 평전이다. 나는 이 책을 이베이에서 구매했고, 판매자가 더 신경 써서 포장해주길 바라는 마음으로 추가 배송비를 지불했다. 검증되지 않은 판매자가 많은 온라인 장터에는 늘 위험이 따른다. 특히 전문적인 포장을 기대하기 힘들다. 한번은 어슐러 K. 르 귄의 초판 저자 서명본이 크기가 맞지 않은 상자 속에 비스듬히 박혀서 배송된 것을 보고 울 뻔했다. 하지만 이번 책은 이베이에서는 보기 드문 방식으로 포장되어 도착했다. 내가 '엣시(Etsy) 스타일'이라 부르는 방식으로 왔다. 판매자는 책을 박엽지로 정성껏 싼 것도 모자라 연두색 리본으로 묶었고, 거기에 손 글씨 쪽지까지 달아서 보냈다.

오스틴에게 차세대 평단의 관심이 쏟아지는 동안 그녀의 독자층도 빠른 확장세에 있었다. 영국에서는 1870년의 초등교육법과 이후의 개정법들에 따라 공교육 체계가 크게 변했고, 특히 의무교육 시작 연령이 당겨졌다. 오스틴은 교육 현장에서 사랑받는 작가가 되었다. 교재 입성은 저자의 정전 입성으로 이어지는 결정적 경로 중 하나다. 실제로 많은 작가가 이 경로를 탔다. 한 세대 전체가 같은 텍스트를 필수로 읽게 되면, 그 텍스트는 그 세대의 공통 어휘가 된다. 1890년, 오스틴 전기 작가 중 한 명인 골드윈 스미스(Goldwin Smith)는 오스틴의 소설은 "고전으로 존중받으며 회자되지만, 고전답게 책장에서 쉬고 있다"고 꼬집었다. 즉 읽지 않는 책이 됐다는 뜻이다. 하지만 1897년 미국 교수 알로 베이츠(Arlo Bates)는 오스틴을 "교육받은 사람이면 당연히 읽었을 것으로 여겨지는 소설가"로 꼽았다.

오스틴의 소설은 끊임없이 인쇄되고 재인쇄되었다. 학자와 학생만 읽는 것도 아니었다. 일반 독자들이 즐겼다. 19세기 말은 오스틴의 제1물결 팬덤이 일어난 시기였다. 오늘날의 수집가들에게 가장 인기 높은 《오만과 편견》 판본 중 하나가 이 시기에 탄생했다. 흔히 '공작새' 《오만과 편견》으로 불리는 이 판본은 에메랄드빛 천 장정에 화려한 금박 공작새 디자인으로 유명하다. 사실 내가 조지타운 출장에서 버니의 《에블리나》가 포함된 에메랄드빛 장정본들의 시장 가치를 확신하며 덥석 인수한 것도, 《오만과 편견》의 이 '공작새' 판본을 취급해본 경험 때문이었다. 그때 내가 인수한 책들은 맥밀런 출판사 '크랜퍼드' 시리즈의 일부였다. 1891년에 빅토리아 시대 소설가 엘리자베스 개스켈(Elizabeth Gaskell)의 《크랜퍼드(Cranford)》를 시리즈의 첫 책으로 냈기 때문에 그런 이름이 붙었다. 가뜩이나 화려한 금박 장식이 진녹색 배경과 만나 더욱 빛을 발했고, 인기가 하늘을 찔렀으며, 많은 모방품을 낳았다. 그중 하나가 바로 1894년 조지 앨런(George Allen) 출판사가 낸 '공작새' 《오만과 편견》이었다.

  몇 해 전 이 '공작새' 판본을 시세보다 훨씬 싸게 구했던 때의 짜릿한 기분을 아직도 잊지 못한다. 나는 매주 습관처럼 서적상 웹사이트들을 돌며 신착 도서를 훑는데, 그날 어느 판매자가 이 판본의 중요성을 알아보지 못한 채 그저 19세기 재간행본으로만 생각하고 고작 100달러에 내놓은 것을 발견했다. 나는 바로 구매해서 몇 주 뒤 다른 서적상에게 1000달러에 되팔았다. 그 서적상은 나중에 더 높은 가격을 매겼을 것이고, 그 가격에도 팔렸을 것이다. 몇 년 뒤에는 나 역시 그 두 배 이상의 가격을 매겼다. 이 판본에 대한 수요는 하늘을 찔러서, 내가 본서를 쓰는 지금은 이 가격들을 진즉에 뛰어넘어 5000달러에 육박한다. 이 판본은 표지가 워낙 상징적이라서 모르는 사람이 없다. 그러나 이 판본이 오스틴 연구에서 중요한 위치를 점하는 데에는 다른 이유가 있다. 비평가 조지 세인츠버리(George Saintsbury)가 쓴 이 판본의 서문에 '제이나이트(Janite)'라는 용어가 처음 등장하기 때문이다. 제인 오스틴의 팬덤을 뜻하는 이 단어를 현재는 'Janeites'로 표기한다.

새롭게 부상한 팬덤은 제인 오스틴을 평단에만 맡겨두지 않았다. 이들은 직접 책을 펴내기 시작했다. 대표적인 예가 콘스턴스 힐과 엘런 힐(Constance Hill&Ellen Hill) 자매가 1902년에 출간해 베스트셀러가 된 《제인 오스틴의 집들과 친구들(Jane Austen: Her Homes and Her Friends)》이다. 이 책은 오스틴의 삶에서 중요한 자리를 점했던 장소들을 직접 찾아가는 '오스틴 순례'를 기록한 문학 기행서였다. 책의 장정은 "오스틴이 직접 새틴 스티치를 놓은 모슬린 스카프에서 따온" 자수 문양으로 장식되어 있다. 오스틴의 가정생활이라는 책의 주제를 반영한 디자인이다. 힐 자매는 스티븐턴, 바스, 사우샘프턴, 초턴, 고드머샴 등지를 탐방했다. 오스틴이 소설 출판을 본격화한 곳이라는 점에서 초턴 코티지는 특히 의미가 컸다. 1930년대에는 제인 오스틴 소사이어티(Jane Austen Society)가 설립되어 초턴 코티지를 매입해 "오스틴을 기리는 국가적 기념지"로 조성하는 일에 나섰다. 오늘날 이곳은 오스틴이 거주하던 당시의 모습으로 복원되어 박물관으로 쓰이고, 인근에 있는 에드워드 오스틴의 초턴 영지에는 여성 작가 중심 연구센터가 들어섰다. 왕성한 팬덤, 탄탄한 비평 체계, 지속적 재간행. 이제 오스틴은 정전이 되기 위한 모든 것을 갖추었다.

오스틴의 성공 서사는 파죽지세로 이어졌다. 제2차 세계대전 이후 학계의 연구가 꽃피었고, 오스틴이 세계적 명성을 얻으면서 그녀의 소설들을 각색한 영화와 TV 시리즈가 쏟아졌다. 그녀의 삶과 시대를 담은 자료를 보존하려는 수집가들과 팬 단체들의 활동도 확장되었다. 내가 처음 오스틴을 읽기 시작했던 10대 때는 그것을 자연스러운 선택으로만 생각했다. 오스틴 소설 읽기가 당연지사가 된 것이 그녀의 문학 유산에 일어난 이러한 변곡점들이 축적된 결과라고는 생각하지 못했다. 오스틴의 시작은 그저 평균 이상의 소설을 쓰는 익명의 작가였다. 그러나 세대마다 그녀의 작품을 애독하고 남들에게도 읽어볼 것을 권한 옹호자들이 있었다. 월터 스콧, 조지 헨리 루이스, 윌리엄 딘 하우얼스 등이 그들이다. 오스틴의 사실주의 문체가 평단의 호응을 얻던 시기에 마침 오스틴-리의 전기가 출간되며 재평가의 불씨를 댕겼다. 이후 오스틴의 새로운 독자들이 그녀의 고향을 방문하고, 팬클럽을 결성하고, 그녀의 저작을 수집하고, 박물관을 건립하고, 직접 책을 출판했다.

나는 성장기에 이런 내막을 전혀 알지 못했다. 그저 오스틴이 훌륭한 작가라는 말을 들었을 뿐이고(어디서 들었는지도 기억나지 않는다), 한번 읽어보자고 생각했을 뿐이다. 내 명단에 있는 다른 여성 작가들은 그런 기반이 없었다. 희귀서 업계에서 일하기 전까지 나는 프랜시스 버니의 이름을 들어본 적도 없었다. 이제 그 이유를 알아낼 때였다.

제2장

프랜시스 버니

Frances Burney
1752~1840

(……) 만약 그대들의 불행이 오만과 편견 때문이라면,
선과 악은 너무나 기막히게 균형을 이루는 법이니,
그 불행의 종식 또한 오만과 편견 덕분일 것입니다.

프랜시스 버니, 《서실리아》(1782)

프랜시스 버니에게는 나쁜 습관이 하나 있었다. 가족이 모두 잠든 밤, 혼자 늦게까지 깨어 있는 것이었다. 몇 년이나 이 습관을 고치려 애썼지만 허사였다. 멈출 수가 없었다. 그러다 열다섯 번째 생일이 막 지난 1767년의 어느 날, 그녀는 이제는 이를 그만둘 때라고 결심했다.

그 나쁜 습관이란? 사실 버니는 몰래 소설을 쓰고 있었다. 그녀는 이 일을 지독한 수치로 여겼다. 아버지가 여행으로 출타 중인 지금이 기회였다. 그녀는 비밀의 흔적을 모두 모아 정원에 잔뜩 쌓아놓고 불태웠다. 그녀의 비밀을 알고 있던 유일한 사람, 그녀의 여동생은 모닥불을 바라보며 눈물을 줄줄 흘렸다. 불길은 버니의 원고를 모두 집어삼켰다.

그 순간 버니는 가족의 명예를 위해 글쓰기를 버렸다. 이 결심은 한동안은 효과가 있었다. 하지만 얼마 안 가 버니의 마음은 다시 단어들로 차올랐다.

21세기에 사는 나는 버니의 이야기가 어떻게 끝날지 알고 있었다. 그녀는 계속 글을 썼다. 첫 소설을 익명으로 출판했지만, 익명 상태가 오래가지는 않았다. 이후 몇 년간 세 편의 소설을 더 출간했고, 모두 대중의 열렬한 사랑을 받았다. 그 독자들 가운데 햄프셔의 스티븐턴 마을에 사는 작가 지망생도 있었다. 그녀의 이름은 제인 오스틴이었다. 오스틴은 훗날 «노생거 사원»에서 소설 읽기를 열정적으로 옹호하며 "인간 정신의 위대한 힘을 유감없이 드러낸" 소설로 세 편을 꼽았는데, 그중 두 편이 버니의 작품이었다. 하지만 그보다 먼저 나온 버니의 첫 출간작이 바로 그녀가 그날 차마 불태우지 못했던 소설, «에블리나»였다.

버니가 남긴 네 편의 소설 가운데 «에블리나»는 버니 사후 가장 자주 재출간된 작품이다. 빅토리아 시대에 이 소설은 지나간 조지 시대의 가장 위대한 작품 중 하나로 칭송받았다. 20세기에도 최소한 10년에 한 번꼴로 재간행되어 책 수집가 A. 에드워드 뉴턴(A. Edward Newton) 같은 열혈 팬들을 끌어모았다. 뉴턴은 현재 이 분야의 고전이 된 그의 저서 «서적 수집의 즐거움(The Amenities of Book-Collecting)»(1918)에서도 «에블리나»를 언급했다. 내가 처음 버니에게 호기심을 품게 된 것도, 조지타운 출장 때 우연히 발견한 에메랄드빛 장정의 책, 20세기 초 판본의 «에블리나» 때문이었다.

«에블리나»는 시골의 후견인 집에서 자란 열일곱 살의 고아 소녀가 처음으로 런던을 방문하며 일어나는 일을 담은 서간체 소설이다. 에블리나는 다양한 구혼자—특히 능글맞

고 위험한 클레멘트 윌러비 경과 친절한 오빌 경 — 와 좌충우돌 엮이고, 후견인에게 보내는 편지들에 자신의 실수담을 풀어놓는다.

　　　이 소설의 기본 구조는 기존 성장 서사의 형식을 따른다. 즉 미숙한 주인공이 이런저런 시련을 거치며 성숙해지고, 늘 그렇듯 결혼으로 마무리된다. 다른 예로는 새뮤얼 리처드슨의 《패멀라(Pamela)》(1740)가 있다. 여기에는 부유한 남자의 구애를 계속 거절하다가 남자가 행실머리를 고치고 제대로 청혼하자 받아들이는 노동 계층 소녀가 나온다. 헨리 필딩(Henry Fielding)의 《업둥이 톰 존스(The History of Tom Jones, a Foundling)》(1749)도 있다. 고아 남자가 사생아라는 처지에서 비롯된 여러 난관을 헤치고 행복을 찾아가는 과정을 그린다. 나는 이 두 작가를 이미 알고 있었고, 이 책들도 이미 읽었다. 필딩과 리처드슨은 영국 소설 개론서에서 언제나 비중 있게 등장한다. 하지만 버니의 소설은 그들의 소설에는 없는 것을 보여주었다. 버니는 그들이 다루지 않은 성장 서사의 중요한 측면, 자신이 누구보다 잘 아는 측면을 강조했다. 그녀는 여주인공의 내면세계를 생생히 재현했다. 이때만 해도 소설은 새롭게 뜨던 문학 형식이었다. 《에블리나》는 당시 신생 소설에서는 보기 드물던 복잡한 감정선이 빛나는 작품이었다. 덕분에 버니의 책은 문학적 선풍을 일으켰고, 제인 오스틴이 가장 사랑한 소설 중 하나가 되었다.

　　　오스틴은 가족과 친지에게 쓴 편지들에 버니의 책들을 여러 차례 언급했다. 버니의 소설을 아는지를 취향의 지표로 여길 정도였다. 언니에게 보낸 한 편지에서 오스틴은 새로 알게 된 사람을 무시하는 근거로 «에블리나»를 이용한다. "그는 아주 젊은 친구야. 옥스퍼드에 갓 입학했고, 안경도 썼지만, «에블리나»를 존슨 박사가 쓴 책으로 알더라." (요즘으로 치면 그 젊은이는 «앵무새 죽이기»는 사실 트루먼 커포티가 썼다고 우기는 부류였다.) 오스틴은 다른 편지에서는 친구를 칭찬하는 방법으로 버니의 세 번째 소설 «커밀라»(1796)를 이용한다. "그 친구의 성격에서 마음에 드는 점이 두 가지 있어. 일단, «커밀라»를 좋아하고, 둘째, 차에 크림을 넣지 않아." 차와 책. 두 가지는 모든 우정의 든든한 기반이다.

　　버니가 오스틴에게 영향을 미친 사례들을 일단 찾기 시작하자, 그 증거가 곳곳에서 포착되었다. 오스틴이 "오만과 편견"이라는 문구를 버니의 두 번째 소설 «서실리아»(1782)에서 따왔다는 것은 이미 어딘가에서 읽은 적이 있었다. 인터넷 검색으로 해당 문구가 포함된 문장 전체를 찾았을 때, 나는 차용 사실뿐 아니라 그 수사적 균형미에 놀라고 말았다. "만약 그대들의 불행이 **오만과 편견** 때문이라면, 선과 악은 너무나 기막히게 균형을 이루는 법이니, 그 불행의 종식 또한 **오만과 편견** 덕분일 것입니다." 이 문장을 읽는 순간, 마치 유령의 속삭임을 들은 것처럼 양팔에 소름이 돋았다. 버니 자체에 대해 아는 바가 거의 없었어도 그녀의 작품이 남긴 메아리는 이미 내가 오래전부터 익숙하게 들어온 것임을 깨달았다.

　　그럼, 한때는 제인 오스틴의 작품을 형성할 만큼 유명하고 영향력 있던 버니의 책들이 어째서 지금은 서가에서 자취를 감추게 됐을까?

가장 빠르고 쉽게 떠오르는 답은 이것이다. 버니의 소설들이 훌륭하지 않기 때문에? 이것이 정전의 존재 이유 중 하나가 아닐까? 세상의 모든 책을 다 읽을 수 없으므로, 무엇에 우선순위를 둘지 정하기 위해서 종종 우리는 믿을 만한 독서가들의 의견을 구한다. 정전을 정하는 비평가들이 본질적으로 공평무사한 심판이라는 환상 따위는 애초에 내게 없었다. 하지만 '고전'이라 불리는 책들은 대개 수 세기에 걸쳐 그 가치를 입증하며 모든 시대의 독자에게 유의미성을 인정받은, 수준 높은 작품이라는 통념에는 나도 동의하는 편이었다. 버니의 소설이 더는 그 목록에 없다면, 그건 단지 그 책들이 훌륭하지 않아서가 아닐까?

하지만 이에 반하는 증거가 있었다. 바로 오스틴의 찬사다. 내가 오스틴의 책들을 사랑하고, 오스틴이 버니의 책들을 사랑했다면, 이 책들은 분명히 들여다볼 가치가 있었다. 오스틴을 향한 내 존경만으로도 버니의 책들은 정직한 평가를 받을 자격이 충분했다. 나는 조사에 착수했고, 이제 오스틴이 버니의 책들에서 본 것을 나도 확인할 차례였다. 나는 «에블리나»를 휴대폰에 내려받고 읽을 준비를 했다.

그래놓고 몇 달이나 열어보지 않았다.

오스틴의 추천에도 불구하고, 18세기 소설을 읽을 의욕을 내기가 쉽지 않았다. 현재는 거의 읽히지 않는 소설이라고 생각하니 더 그랬다. 하지만 나는 '생산적인 미루기'에 일가견이 있다. 나는 대신 세 권의 전기를 구해다가 버니가 어떻게

«에블리나»를 쓰게 되었는지 읽었다.

첫 번째로 읽은 책은 클레어 하먼의 «패니 버니 전기(Fanny Burney: A Biography)»(2000)로, 가장 최근에 일반 대중 대상으로 나온 정식 전기였다. 이 책을 구할 때도 평소처럼 독자이자 수집가의 성향이 발동해서 나는 굳이 초판본을 구했다. 비교적 최근에 만든 책인데도 벌써 종이가 누렇게 바래고 있었다. 나는 연필로 표시해가며 읽기 시작했다.

방금 귀를 의심했는가? 사람들 대부분은 책에 낙서하는 것을 금기시하지만, 서지학자들은 오히려 이를 환영한다. 서지학자들이 가장 답을 목말라하는 문제 중 하나가 이것이다. 당대의 평범한 독자들은 책에 어떻게 반응했을까? 전문가 서평은 인쇄물로 남지만, 일반 독자들의 반응은 후대에 거의 전해지지 않는다. 그렇다. 그래서 나는 책에 메모한다. 나를 위해서. 그리고 미래의 서지학자들을 위해서. 하지만 책을 수집할 때처럼, 여기에도 내 나름의 원칙이 있다. 우선, 항상 연필만 사용한다. 현대 보존법의 모범은 되돌릴 수 없는 일은 무엇도 책에 하지 않는 것이다. 둘째, 나와 '동시대' 책, 즉 내가 태어난 이후에 출간된 책에만 메모한다. 내 책, 내 규칙이다.

내 컬렉션이 불어나기 시작했다. 다음으로 구한 책은 좀 더 오래된 것이었다. 마거릿 앤 두디(Margaret Anne Doody)의 «프랜시스 버니: 작품 속의 삶(Frances Burney: The Life in the Works)»(1988)은 버니의 생애를 그녀의 저작을 통해 탐구한 책이었다. 나는 이 책이 내게 «에블리나»를 시작할 자극제가 되어주길 바랐다. 책은 탁월했지만, 자극은 없었다. 그다음에 구한 책은 조이스 헴로(Joyce Hemlow)의 «패니 버니의 역사(The History of Fanny Burney)»(1958)였다. 20세기의 버니 전기 가운데 가장 중요한 저작으로, 현대 학계에 버니에 대한 관심이 일어나는 전환점이 되었다. 나는 원래의 더스트 재킷이 그대로 있는 초판본을 구매했다. 어느 날 새벽 4시, 나는 불면증에 항복하고 알람이 울리기 몇 시간 전에 침대를 빠져나와서 이 책을 읽기 시작했다. 이 책은 희미한 여명 속에 내 곁을 지키며 잠을 잃은 것이 아쉽지 않을 만큼 흥미진진한 인생 이야기를 들려주었다.

프랜시스 버니는 1752년, 런던에서 북쪽으로 100마일쯤 떨어진 어느 항구도시에서 태어났다. 처음에는 여섯 자녀 중 셋째였지만, 1762년 어머니가 세상을 떠나고 몇 년 뒤 아버지가 재혼하면서 여덟 남매 중 하나로 자랐다. 버니가 여덟 살 되던 해 가족이 런던으로 이주했고, 그곳에서 버니 일가는 사회적, 경제적으로 꽃을 피웠다.

오늘날에는 버니 가족 중에서 프랜시스가 제일 유명하다. 하지만 한때는 형제자매 중 가장 모자란 아이로 취급받았다. 버니 가족은, J. D. 샐린저(J. D. Salinger)가 창조한 글래스 가족처럼, 구성원이 각기 다른 종류의 천재였다. 아버지 찰스는 카리스마 있는 음악가이자 역사서를 출간한 저술가였다. 그는 당시 연극계의 최고 스타 데이비드 개릭, 영국 회화를 대표하는 화가이자 왕립 미술 아카데미 설립에 참여한 조슈아 레이놀즈(Joshua Reynolds), 저명한 문학 후원자 헤스터 스레일(훗날의 피오치 부인) 등을 친한 친구로 두었고, 스레일의 소개로 당대 최고 문인이었던 새뮤얼 존슨도 만나 친분을 나누었다. 오빠 제임스는 쿡 선장의 항해에 두 차례 동참했고, 이후 쿡의 첫 항해 때 소시에테 제도에서 쿡을 따라 영국에 와서 런던 사교계의 총아가 된 오마이(Omai)의 비공식 통역자로 활동하기도 했다. 언니 에스터는 왕실의 갈채를 받던 음악 신동으로, 다음번 꼬마 천재들—볼프강 아마데우스 모차르트와 그의 누나 마리아 아나 모차르트—이 등장하기 전까지 당대 음악계에 선풍을 일으켰다. 남동생 찰스 주니어는 철없던 청소년기를 거쳐 집안의 지식인으로 성장했으며, 그의 장서는 훗날 영국 국립도서관의 일부가 되었다. 여동생 수전 역시 뛰어난 재능을 보여 에스터와 함께 해외에서 유학했다. 정작 프랜시스는 이렇다 할 장래성을 보이지 않아 버니가의 자녀 중 유일하게 정규교육을 받지 못했다. 그렇지만 남다른 가정환경 덕분에 상당한 문학적 교양을 흡수했고, 자라서는 아버지의 서기가 되어 그의 출판용 원고를 정서하는 일을 맡았다. 하지만 아버지의 책들은 어디까지나 비소설이었다. 찰스 버니는 논픽션만 출판했고, 그가 소장한 소설은 서재를 통틀어 단 한 권—헨리 필딩의 《어밀리아(Amelia)》—뿐이었다.

    버니 가족은 활동적이고 유대가 돈독했다. 그들은 게임, 연주회, 촌극 등을 함께했고, 언어유희 대회를 방불케 하는 열정과 정성으로 농담과 신조어를 만들어냈다. 이 가정은 학업만큼이나 재치를 중시하고, 창의 욕구만큼이나 연예 재능을 높이 샀다. 하지만 밤이 되면 프랜시스는 몰래 방을 빠져나와 "계단 두 줄 위의 벽장"에 숨어서 총명한 가족들이 잠든 사이에 글을 썼다. 그녀는 자신이 왜 그러는지 알지 못했다. 다만 멈출 수 없다는 것만 분명했다. 그녀가 첫 습작을 불태운 일은 결과적으로 작은 차질에 불과했다. 캐럴라인 에블린이라는 여성이 주인공인 원고는 폐기했지만, 그 주인공의 딸은 버니의 머릿속에서 좀처럼 사라지지 않았다. 그리고 수년 후, 그 딸의 이야기가 «에블리나»로 세상에 나왔다.

  버니의 어린 시절을 읽으며 나는 그녀가 소설 쓰기를 나쁜 습관으로 여긴 것에 놀랐다. 버니의 재기 넘치는 가족을 생각하면 그녀의 수치심이 더욱 의아했다. 오늘날 책을 쓰는 것은 가족과 친지의 축하가 따르는 일이기에 버니가 무엇을 그렇게 걱정했는지 이해되지 않았다. 실제로 몇 사람이나 읽게 될지 모른다는 전망이 데뷔 작가의 비애지만, 그렇다고 책 쓰는 것 자체가 창피한 일은 아니다. 그러다 깨달았다. 나는 현재의 관점에서 18세기 소설가 지망생의 입장을 바라보고 있었다.

  특정 사회의 일상적 기류들을 감 잡는 좋은 방법은 그 사회의 신문, 문예지, 에세이들의 바다를 헤엄쳐보는 것이다. 조금만 조사해도 18세기에는 소설이 해악으로 인식됐다는 것을 알 수 있다. 18세기는 영국 소설의 발흥기로 알려져 있다. 하지만 그 발흥은 우려 또한 대대적으로 불러일으켰다. 문예지 등 다양한 지면에서 에세이들이 소설을 "위험한 것"으로 규정했고, 특히 "지나친 외설성"을 문제 삼았다. 당시 젊은이(특히 젊은 여성)에게 품격, 예의범절, 취향을 가르친다는 명분으로 유행했던 장르가 있었다. 바로 품행서(conduct book)였다.

이 품행서들이 소설에 대해 특히나 비판적이었다. 당시 유명 저술가이자 논평가였던 해나 모어는 자신의 품행서 중 하나에서 "이런 책들이 초래하는 타락이 너무나 널리 퍼지고 너무나 깊이 침투한 나머지, 이제 우리 사회 해악의 근원 중에서도 가장 보편적이고 가장 치명적인 근원이 되고 말았다"고 단언했다. (뒤에서 말하겠지만 모어의 영향력이 내게 유독 섬뜩하게 다가왔다.) 제임스 포다이스(James Fordyce) 목사는 «젊은 여성을 위한 설교집(Sermons to Young Women)»(1766)에서 소설을 "치명적인 독"으로 규정했다. 포다이스의 책은 버니의 성장기에 가장 널리 읽히던 품행서 중 하나였다. 버니만 읽은 것이 아니었다. 제인 오스틴도 «오만과 편견»에서 이 책을 풍자했다. 오스틴은 소설에서 특정 책을 인물의 성격과 결부 지어 언급할 때가 많은데, 포다이스의 책도 «오만과 편견»에서 콜린스 씨의 성격을 전달하는 데 쓰였다. 베넷 씨가 그에게

> 숙녀들을 위해 책을 읽어달라고 청하자, 콜린스 씨는 선뜻 동의했고, 그런데 그는 꺼내 온 책을 보자 (……) 흠칫 놀라 몸을 빼더니, 자신은 소설은 절대 읽지 않는다면서 항의하듯 양해를 구했다. 키티는 그를 어이없다는 듯 쳐다보았고, 리디아는 놀라 소리를 질렀다. 다른 책들을 가져다주자, 그는 잠시 숙고하더니 포다이스의 설교집을 골랐다. 그가 책을 펼치자, 리디아는 하품했다. 그리고 그가 몹시도 지루하고 엄숙한 목소리로 세 페이지도 다 읽기 전에 불쑥 끼어들었다. (……)

자신의 «설교집»에서 포다이스는 당시에 유행하던 도발적인 소설을 하나라도 읽는 여자는 "세상의 평판이 어떻든, 그 영혼은 창녀나 다름없다"고 말했다.

실제 인용이다. 버젓이 책에 있는 문장이다.

포다이스는 한술 더 떠서 그런 소설을 읽는 이들은 "이마에 짐승의 표식을 받은 자들"이라고 맹비난했다. 포다이스에게 소설은 단테의 지옥에 있는 형벌 도구와 다름없었다. 소설은 "덕에 (……) 대한 대역죄"를 저지른 "지옥의 자식"이며, "모든 예법에 대한 끔찍한 유린"이었다.

그나마 온건한 평자들은 소설 읽기를 "쓸데없는 시간 낭비"로 치부했다. 그랬다. 소설이 여흥으로 읽힌다는 사실 자체가 일부에게는 문제였다. 해나 모어는 "소설이 정신의 이완을 부른다"고 말했다. 다시 말하지만, 이 말은 칭찬이 아니라 비난이었다. 모어는 소설이 젊은 여성에게 나태를 조장하고, 나태는 다시 도덕적 해이로 이어진다고 확신했다. 현대 독자는 이 논리적 비약이 믿기지 않을 것이다. 하지만 내게 증거가 있다. 모어는 재미가 목적인 소설이 "허영과 몽상이라는 나태를 조장해서 머리는 오류에, 마음은 유혹에 빠지게 한다"고 말했다. 오스틴도 읽은 것으로 알려진 토머스 기즈번(Thomas Gisborne)의 인기 품행서도 같은 맥락의 새침한 경고를 날린다. "[소설] 읽기에 탐닉하면 여러 면에서 해로운 결과를 초래할 위험이 있다." 소설은 너무 재미있어서 중독적이고, "그로 인해 마음이 저도 몰래 부패한다".

물론 소설은 남녀 모두 읽었다. 여성만, 혹은 젊은 여성만 읽은 것이 아니었다. 그런데 소설이 특히 젊은 여성들에게 위험하다는 비판이 지배적이었다. 그들은 외부 영향에 휘둘리기 쉬워서 읽은 것을 모방하기도 쉽다는 뜻이었다. 현대의 오스틴 학자 케이티 할시(Katie Halsey)에 따르면, 18세기에는 정규교육을 받지 못하는 소녀가 많았기 때문에, 품행서 저자들은 젊은 여성들이 개인적이고 비공식적인 독서를 통해 배울 수밖에 없다고 생각했다. 프랜시스 버니가 아홉 살이던 1761년, 세라 페닝턴(Sarah Pennington)이라는 젠트리 계층 여성이 딸들에게 보내는 편지 형태의 품행서를 발간해 인기를 끌었다. 이 책에서 페닝턴은 소설은 "마음을 걸핏하면 몽상으로 흐르게 하여, 종종 중대한 판단 착오와 치명적 행실 과오를 야기한다. 내가 이러한 사례를 자주 접했기에 하는 말이니, 부디 너희는 이들 '잡필가' 무리에 현혹되는 일이 없기를 당부한다"고 말했다. 1795년, 앤 윙그로브(Ann Wingrove)라는 또 다른 품행서 저자는 "자신의 로맨틱한 공상 속 행복한 결혼을 현실로 만들어줄 연인"을 만나지 못했다며 결혼을 거부하는 소설 애독자 소녀를 비판했다.

소설 독자들이 현실에서도 해피 엔딩을 바란다는 비판은 수십 년 전부터 있었다. 예컨대 1754년 《더 월드(The World)》의 한 사설은 "이상적 행복이라는 교리는 정신병원에서나 통할 허황한 소리"라고 못 박았다. 사설의 필자는 소설이 여성들에게 심는 "비합리적" 기대 수준을 노골적으로 비난했다. "내 말을 믿으라." 그는 말했다. "내가 아는 미혼 여성이 여럿인데, 어렸을 때 비뚤어진 상상력으로 낭만적 사랑이라는 허황한 생각에 빠지지 않았다면 이미 오래전에 현모양처가 되었을 사람들이다." 그렇다. 여성들이 소설 때문에 남자 보는 눈이 너무 높아져서 결혼을 기피한다니, 이 얼마나 끔찍한 일인가? 이런 평자들이 소설을 그토록 위험하게 여긴 것도 무리는 아니다! 사실 소설은 여성들이 결혼 상대를 고를 때 가문과 재정이라는 당시 상류층의 전형적인 결혼 조건을 우선시하기보다 상호 존경과 남성의 훌륭한 품행을 기준으로 삼을 것을 권장하는 면이 없지 않았다. 아니, 많았다. 앞서 '정신병원' 운운했던 필자는 "그런 남자들은 (……) 애초에 존재한 적이 없다"고 주장했다. 그럼에도 모두는 계속 소설을 읽었다.

책을 읽는 여성이 늘어나자 책을 쓰는 여성도 늘어났다. 현대 학자 주디스 필립스 스탠턴(Judith Phillips Stanton)에 따르면, 책을 내는 여성의 수가 "1760년대부터 10년마다 약 50퍼센트씩" 증가했다. 그러나 그들 대부분은 작가가 아니라 "잡필가(scribbler)"라는 비칭으로 불렸다. 이는 페닝턴의 의견이 아니라 독서계 전반의 태도였다. 이 신종 용어는 저급한 작가들을 싸잡아 부르는 말이었다. 원래는 돈을 위해 책을 쓰는 사람들을 일컬었는데, 빠르게 성차별적 함의들을 흡수하더니 결국에는 대중적 인기는 있을지 몰라도 진지한 평가의 가치는 없는 책을 쓰는 여성 작가들을 지칭하는 말이 되었다. 여성 작가들이 내는 책은 대개 소설이었다. 실제로 당시 출간된 소설의 50퍼센트 이상이 여성 저자의 책이었다.

포다이스는 자신의 품행서에서 소설가 한 명은 예외로 인정했다. 바로 수많은 여성 "잡필가들" 가운데 끼어 있는 청일점, 새뮤얼 리처드슨이었다. 오직 리처드슨만이 칭찬을 받을 자격이 있었다. 18세기 내내, 그리고 그 이후에도 리처드슨의 이름은 일종의 문학 문지기처럼 소환되었다. 리처드슨처럼 잘 쓸 수 없다면 나가라는 의미였다(여기에 여자는 전원 해당되었다). 리처드슨과 더불어 항상 예외적으로 칭찬받던 또 다른 소설가는 헨리 필딩이었다. 예를 들면 소설 붐이 막 일어나던 무렵, 어느 수필가가 어느 문예지 편집자에게 편지를 보내 이렇게 촉구했다. "귀하의 독자들이 (……) <u>리처드슨</u>이나 <u>필딩</u>의 이름이 찍힌 책이 아닌 이상, 귀하의 허가 없이 그 어떤 소설이나 로맨스를 펼치는 것은 그 시도조차 막아야 합니다." 이런 주장이 이후 두 세기 넘게 문학비평의 기조로 자리 잡았다. 나중에 비평가들은 이 명단에 이전 세대 소설가를 한 명씩 슬금슬금 끼워 넣었는데, 대표적인 예가 «로빈슨 크루소(Robinson Crusoe)»의 저자 대니얼 디포였다. 이 풍조가 18세기 소설을 다룬 20세기 연구서 중 가장 유명한 책인 이언 와트의 «소설의 등장: 디포, 리처드슨, 필딩 연구»(1957)에 잘 드러나 있다. 18세기 후반에는 소설의 대부분을 여성 작가가 썼다. 그런데도 비평가들은 여전히 이 남성 작가들만 논했다.

    18세기의 반응을 파헤치니 버니가 자신의 글쓰기를 숨긴 이유가 납득이 갔다. 이런 시대적 맥락 속에서 젊은 여성의 소설 쓰기는 그저 낯부끄러운 일일 뿐이었다. 버니는 훗날 이렇게 고백했다. "이런 부류의 글쓰기는 곧 치욕이라는 관념을 너무 일찍부터 주입받았기에, 청소년기의 나는, 어릴 적 손에 처음 펜을 쥐었던 순간부터 충동처럼 붙어버린 이 [글쓰기] 성향과 맞서 싸워야 했다." 당시의 많은 비평가가 소설 읽기를 좋게 말해 하찮은 오락으로, 나쁘게 말해 여성의 미덕과 심지어 영혼을 망치는 것으로 간주했다. 소설 읽기가 이 정도인데 소설을 <u>쓰는</u> 것은 더한 수치였다. 버니는 소설 창작이 자신의 평판을 넘어 집안의 입지까지 해칠까봐 두려워했다. 버니 집안은 신흥 중산층이었고, 부친의 신분 상승 야심은 거기에 그치지 않았다. 버니에게는 아버지의 실망이 자신의 낙심보다 더 무거운 굴레였다. 그녀는 훗날 아버지에 대한 회고록에 "글쓰기 열정을 불명예스럽게 여기고 억누르는 것을 자신의 도리로 여겼으며", 그래서 "자신의 속문(俗文) 성향을 불살라 영원히 재로 만들겠다는 굳은 결심으로" 원고를 태우기도 했다고 썼다.

그럼에도 버니는 자신을 멈출 수 없었다. 원고를 불태운 직후(쌓아놓으니 "정원에서 소각하는 것이 낫겠다는 생각이 들 정도로" 많았다), 버니는 다시 글을 쓰기 시작했다. 그녀의 일기에 다짐이 서서히 무너지는 과정이 잘 보인다. 일기 앞부분에서 그녀는 일기장마저도 이전 작품처럼 "불길 속에" 던져야 하지 않나 망설인다. 하지만 바로 다음 날짜의 일기는 그녀가 이미 틈틈이 시간을 내서 다시 쓰고 있음을 보여준다. "나는 죽기 살기로 다시 펜을 들기로 마음먹었다!" 그녀는 이번에는 글을 남들에게 공개하지 않고, 개인 일기에만 쓰는 것이니 아무 탈 없을 거라고 자신을 설득했다. "내 안의 희망과 두려움, 반성과 반감을 (……) 누구에게 털어놓을 수 있단 말인가?—아무도 없다." 나중에 나는 버니의 일기를 구매해서 직접 읽었다. 1842년, 버니 사후에 조카딸이 출간한 책이었다. 이 대목에서 외로움의 토로는 곧바로 결의로 변한다. "아무도 없다. 그렇다면 나는 나만의 일기를 쓰겠다!" 버니는 써야만 했고, '아무도'는 안전한 청중이었다. 그녀는 일기에 썼다. "아무도 없다면 두려울 것도 없다." (버니의 이 진지한 고백은, 출판이 초래할 노출의 불편함을 거부한 것으로 유명한 어떤 작가를 떠올리게 했다. 바로 에밀리 디킨슨(Emily Dickinson)이었다. 디킨슨의 유명한 시 중 하나는 이렇게 시작한다. "나는 아무도 아닙니다! 당신은 누구신가요? 당신도 아무도 아니신가요?")

그렇지만 프랜시스 버니 역시 그녀의 가족 못지않은 야심가였다. 20대에 이르자 '아무도'가 아닌 '누군가'를 향한 열망이 커져갔다. 그녀는 청중을 원했다. 하지만 버니는 기질적으로 겁이 많았다. 사람들 앞에서 얼마나 과묵하고 사늘없었던지 열한 살 나이에 가족에게 '노부인'이라고 놀림받을 정도였다. 심지어 가족끼리 있을 때도 버니는 특별한 관심을 받지 않으려 했다. 그녀는 일기에 가족 연극에서 차를 마시는 작은 역을 맡았을 때 "얼마나 한량없이, 무한정 떨렸는지" 적었다. 그녀는 "나는 구제 불능의 바보 같았다"고 회상했다. "한번 큰맘 먹고 차를 마셔보려 시도했지만, 손이 심하게 떨리는 바람에 드레스에 엎을까봐 즉시 컵을 내려놓고 말았다"고 말이다.

프랜시스 버니는 소심했다. 하지만 동시에 보기보다 자신감과 강단이 있었다. 결국 그녀는 자기 작품을 출간해줄 출판사를 찾는 대담한 행보를 보였다. 출판에 대한 열망은 그녀의 글쓰기가 단순한 충동 이상이라는 증거였다. 버니는 자기 작품이 세상에 내놓을 만큼 충분히 좋다는 것을 알고 있었다. 본인과 가족의 평판에 미칠 위험을 생각할 때, 뼛속 깊은 자신감 없이는 이 순간까지 오기 어려웠을 테니까.

아이러니하게도, 버니에게는 부친의 비서 겸 서기로 일한 경험 덕에 책 출판에 필요한 실무 지식이 있었다. 그녀는 출판사, 협상, 교정 및 수정에 대해 훤히 알았다. 버니는 필체를 변조해서 《에블리나》 원고를 제출했다. 아버지의 책을 찍었던 인쇄소에서 자신의 필체를 알아볼까 두려웠다. 하지만 책을 팔려면 도움이 필요했기에 형제자매에게는 비밀을 털어놓았다. 버니 남매는 이 과업 완수를 위해 가족 모의에 들어갔다. 당시 겨우 열아홉 살이던 남동생 찰스 주니어가 너무 헐렁한 옷을 걸치고, 가짜 티가 역력한 "킹 씨"라는 이름의 신사로 분했다. 그런 다음, "작품은 한 단어도 읽지 않았지만 호방하게" 대리인 행세를 하며 프랜시스의 원고를 유망 출판사들에 전달했다. 결국 《에블리나》의 판권은 출판업자 토머스 라운즈(Thomas Lowndes)에게 20기니(약 21파운드)라는 소박한 가격에 팔렸다. (비교를 위해 덧붙이자면, 같은 1770년대에 뜻밖의 베스트셀러 《감정의 인간(The Man of Feeling)》으로 데뷔한 헨리 매켄지(Henry Mackenzie)는 50기니(약 52파운드)를 받았다. 반면 제인 오스틴이 1803년에 처음 《수전》(훗날의 《노생거 사원》)을 출판사에 팔았을 때 받은 돈은 고작 10파운드였다.)

계약이 이루어지고 《에블리나》는 출판 수순을 밟았다. 버니의 요구대로 익명 출판이었다. 오늘날의 직관에는 반할지 몰라도 이 시대에는, 그리고 오스틴의 시대에도, 익명 출판은 존중받는 관행이었다. 인터넷에서 익명의 아바타를 이용하는 이유가 다양하듯 책을 익명으로 내려는 동기도 여러 가지였다. 어떤 경우는 남들을 공격하기 위해 익명을 쓴다(이는 18세기에나 지금이나 흔하고 공통된 동기다). 또 어떤 경우는 누가 썼는지와 무관하게 작품 자체의 가치로 평가받고자 익명을 택한다. 당시에는 귀족 필자들이 이 이유로 익명을 쓰고, 오늘날에는 스티븐 킹 같은 유명 작가가 같은 이유로 필명을 쓴다. (1984년, 킹은 «시너(Thinner)»를 리처드 바크먼(Richard Bachman)이라는 필명으로 출간했다. 킹에 따르면 당시 한 독자가 이렇게 말했다고 한다. "스티븐 킹이 잘만 쓰면 이렇게 쓸 것 같아.")

    어떤 이들은 익명을 자신의 평판을 보호하는 방패로 이용하기도 했다. 익명 출판은 저자가 시장과 점잖은 거리를 유지하는 방법이었다. 낭만주의 시대 이전에는 작가와 작품의 분리를 긍정적으로 여겼다. 이는 작가의 성별과는 관계없었다. 하지만 물론, 문단 입성을 원하는 여성에게 특히 매력적인 관행이긴 했다. 여성이 가정이라는 '사적' 영역에 머물 것을 권고받던 시대에, 책 출판을 통해 '공적' 영역에 감히 발을 들이는 일은 자주 공격의 대상이었다. 실제로 당시 여성들은 작품의 불온한 내용으로 비난받기 전에 작품 발표 행위 그 자체로 비난받았다. 당대는 여성의 저작 활동을 공개 비평이라는 부적절한 노출 상황에 자신을 내놓는 일로 여겼다. 이래저래 출판업자들은 소설의 익명 출판을 꺼리지 않았다.

    버니는 자신의 책이 출판된다는 사실에 들떴지만, 그 기쁨은 곧 두려움으로 변했다. 익명 뒤에 숨는다 해도 출판은 사람들이 자신의 책을 실제로 읽는 것을 의미했다. 버니는 "친한 친구들에게조차 꼭꼭 숨겨왔던 글이 이제 만천하에 드러나 <u>아무나</u>와 <u>누구나</u>에게 읽힐 것을 생각하니, 참으로 묘한 기분이 들었다"고 고백했다. 갑자기 무방비로 노출된 느낌이었다.

그런 불안감 때문이었는지, 버니는 《에블리나》 초판에 서로 다른 세 가지 서문을 붙였다. 첫 번째는 아버지에게 바치는 시였다. 부친의 이름은 빈칸으로 처리했다. 그 헌사에서 그녀는 자신의 작품은 아버지의 저작을 어설프게 모방한 것에 지나지 않으며, "아버지의 명성을 높이지는 못할망정 누를 끼칠 수는 없기에" 익명으로 출판한다는 뜻을 간절히 밝혔다. 그녀의 두 번째 헌사는 서평가들을 향한 것이었다. 버니는 그들이 책을 "경멸의 시선으로" 읽을 것이라 예상하고, 대놓고 그들에게 "보호"를 호소했다. 마지막으로 그녀는 "편집자"가 띄우는 짧은 편지 형태의 서문을 붙였다. 여기서는 "소설 읽기가 비록 유익하지는 않을지 몰라도, 적어도 해를 끼치지는 않는다"는 말로 소설이라는 장르를 미온적으로나마 변호했다. 버니는 자신의 독자층을 잘 알고 있었다. 그녀는 "문예 공화국에서 신분이 가장 미천하고, 필자 동포에게도 가장 천대받는 구성원은 한낱 소설가"라고 말했다. 현대 독자의 눈에는 이 서문들 모두가 다소 지나친 엄살로 보일 수 있다. 하지만 동시에 가슴을 울리기도 한다. 그녀에게 맹렬하게 일어났던 내적 갈등의 기록이자 그녀가 그것을 극복했다는 증거이기 때문이다.

1778년 1월, 버니는 자기 소설이 곧 출간된다는 것을 알고 있었지만, 실제 출간 소식은 우연히 접했다. 세월이 한참 흐른 뒤에도 버니는 그때 그 장면을 생생히 기억했다. 어느 날, 아침 식탁에서 새어머니가 평소처럼 신문에 난 공고들을 모두에게 큰 소리로 읽어주었다. 그날의 공고 중 하나가 《에블리나》 출간 광고였다. 새어머니는 바스락대는 신문지 소리와 쟁강대는 찻잔 소리 속에서 프랜시스의 얼굴이 불난 듯 달아오른 것을 알아차리지 못한 채 계속 신문을 읽었다. 비밀을 알고 있던 두 여동생은 웃음을 숨기려는 시도조차 하지 않았다.

출간 직후 버니는 폐렴을 앓았다. 회복 기간이 길어진 탓에 그녀는 《에블리나》의 초기 인기몰이 징후들을 놓쳤다. 버니가 처음으로 책의 성공을 감지한 것은 친척을 통해서였다. 여동생의 전언에 따르면, 그들의 고모가 병상에 누운 사촌에게 《에블리나》를 읽어주고 있었다. 회복세에 들었던 버니는 이 소식을 듣고 다시 몸살이 나서 그날 예정했던 고모 집 방문을 취소했다. 그녀는 일기에 "수천 가지 들통날 위험"을 떨면서 기다렸다고 적었다. 하지만 티타임 방문에서 돌아온 여동생이 그녀의 비밀이 아직 안전하다고 알려주었다. "그 집은 남자가 쓴 작품이라고 결론 내렸던데!"

다음 날, 버니는 안도한 마음으로 전날 취소했던 방문을 감행했다. 그녀는 겉으로는 태연한 척, 저자의 정체를 전혀 모르는 고모가 책을 소리 내어 읽으며 침이 마르게 칭찬하는 말을 들었다. "솔직히 몇 번이나 웃음을 참느라 애를 먹었다. 두 사람이 읽은 부분을 칭찬할 때마다 '정말 감사해요!'라고 말할 뻔했고, 감사 인사가 튀어나오며 고개가 절로 숙여지는데, 그걸 막기가 정말 힘들었다."

런던 전역의 독자들도 버니의 낌새채지 못한 가족만큼 열광적인 반응을 보였다. «에블리나»의 인기는 선풍적이었다. 이듬해 말까지 추가로 네 번 더 인쇄에 들어갔다. 버니가 서평가들의 혹평 세례를 두려워했던 것과 달리 문예지들도 «에블리나»를 좋아했다. «먼슬리 리뷰(Monthly Review)»는 이 책을 "최근 우리의 시선을 끌었던 이 분야 출간작 가운데 가장 활기차고, 재미있고, 유쾌한 소설 중 하나"로 평했다. 당연히 독자들은 작가의 정체를 궁금해했다. 버니는 일기에 여동생을 통해 들은 소식을 기록했다. 친지 두 명이 저자가 남자인지 여자인지를 두고 논쟁을 벌였다는 얘기였다. "엄청난 재능의 남자가 분명해!" 버니는 일기에 의기양양하게 덧붙였다. "자신들이 그처럼 칭송하는 작가가 자신들과 얼마나 가까운 사이인지 알지도 못하고 말이지!" 정체를 밝힐 생각은 여전히 없었지만, 그녀는 은밀히 그들의 찬사를 즐겼다. 그녀의 속내는 오직 그녀의 형제자매와 그녀의 일기장만이 알고 있었다.

«에블리나»의 인기가 눈덩이처럼 불어나자, 버니는 정체 발각이 시간문제라는 고민에 빠졌다. 여동생 중 한 명이 아버지에게 비밀을 털어놓자고 애원하면서 두려움이 더욱 커졌다. 그사이 새어머니에게도 많은 사람이 그 책을 추천했다. 독자와 평단 모두의 극찬은 기뻤지만, 그녀는 여전히 부모의 반응이 무서웠다. 딸이 '잡필가'라는 것이 알려질 경우, 수십 년 동안 공들여 쌓아온 아버지의 명망이 한순간에 무너질 수도 있었다. 버니는 글쓰기를 멈출 수 없는 자신을 "의식적이고 지적인 수치"로 여겼다. 현대 전기 작가 클레어 하먼의 표현처

럼, "그녀가 사생아를 임신했다 해도 이보다 필사적으로 은폐하지는 않았을 것이다".

버니가 집을 비운 사이에 여동생들이 아버지에게 가족이 모의해온 일을 조심스레 털어놓았다. 버니 본인은 아버지의 반응을 마주할 뱃심이 없으리라 여겼기 때문이다. 찰스 버니는 당장 당황하지는 않았다. 그의 유명 후원자인 헤스터 스레일도 이 소설을 칭찬하고 있었다(스레일에 대해서는 제8장에서 다룬다). 하지만 갑자기 불안감이 몰려왔다. 그는 «에블리나»를 직접 읽어보고 판단하겠다고 작심했다. 찰스 버니가 직접 남긴 말을 인용하자면, 그는 "두려움과 떨림 속에" 책을 읽기 시작했다. 그가 처음 읽은 페이지는 헌사였다. 그는 책이 자신에게 헌정됐음을 깨달았다. 헌사의 시구를 훑으며 그는 눈시울을 붉혔다. 계속 읽다보니 점점 긴장이 풀렸다. 이야기의 절정에 이르렀을 때는 딸이 만들어낸 감동적인 장면에 흠뻑 빠져 "흐느꼈다". 그는 이렇게 결론지었다. "이는 실로, 절묘한 방식으로 엮어낸 작품이다."

프랜시스 버니가 마음속에 키워온 단 하나의 소망이자 가장 큰 바람은 자신의 글에 대한 아버지의 인정이었다. 하지만 아버지가 모든 것을 무릅쓰고 그렇게 해주리라고는 기대하지 않았다. 아버지가 편지로 자신이 그 책을 얼마나 좋아하는지 말했을 때 그녀는 기절초풍했다. "내 평생 이토록 큰 영예를 누리게 될 줄은 꿈에도 몰랐다! 온 세상의 찬성을 한데 모은다 해도, 내 마음에는, 사랑하는 아버지 한 분의 인정에 대면 아무것도 아니다." 부녀가 다시 상봉했을 때 버니는 안도감에 북받쳐 눈물을 흘렸다.

하지만 "온 세상의 찬성"은 이제 막 시작이었다. 정치가이자 철학자 에드먼드 버크(Edmund Burke)와 화가 조슈아 레이놀즈도 이 소설에 홀딱 반했다. 헤스터 스레일은 새뮤얼 존슨에게 반드시 읽을 것을 권했다. 문학평론가로서 당대 최고의 권좌에 있던 존슨은 «에블리나»의 장면들을 통째로 암송할 정도였으며, "헨리 필딩조차" «에블리나»의 제2부에 "필적할 것을 내놓은 적이 없다"는 결론을 내렸다. 심지어 국왕과 왕비도 이 소설을 읽었다. '잡필가'는 슈퍼스타가 되었다. "변변찮은 작가에게 맡겨져 태생부터 망각을 자처했던 작품이 이렇게 세상에 나와 빛을 볼 줄이야." 만년에 버니는 이렇게 회고했다. "소설책 속 무엇보다 (……) 더 소설 같은 일이었다."

«에블리나»로 성공을 거두고 부친에게 자신이 저자임을 밝힌 후, 버니에게는 더 이상 글쓰기를 비밀에 붙일 이유가 없었다. 그녀는 본격적으로 문필의 길에 뛰어들었다. 그러나 일기에는 이렇게 고백했다.

> 두렵게도, 나는 이미 내 능력의 정점에 다다른 것 같다. 그러니 제자리에 가만히 있는 것이 내게는 최선의 방책일 것이다. 하지만 하늘 아래 그것만큼 어려운 일도 없다. 움직이기 위해 창조된 존재는 가만히 있으라는 회유와 유혹이 아무리 강해도 움직이지 않을 도리가 없다.

버니는 장차 자신이 얼마나 유명해질지 짐작하지 못했

다. 훗날 사람들이 «에블리나»를 읽는 데 그치지 않고, 그 집필 배경을 담은 일기까지 찾아내 읽을 줄은 꿈에도 몰랐다. «에블리나»가 출간됐을 때 버니는 스물여섯 살이었고, 여든일곱 살까지 장수했다. 이 공적이자 사적인 승리는 그녀가 이룩한 놀라운 경력의 시작에 불과했다. 버니는 이후에도 많은 책을 썼다. 소설 세 편—«서실리아»(1782), «커밀라»(1796), «방랑자(The Wanderer)»(1814)—을 더 썼고, 오늘날 평단의 재조명을 받는 희곡 여러 편을 남겼다. 그녀는 조지 3세와 샬럿 왕비의 궁정에 봉직했고, 프랑스 대혁명을 피해 망명한 귀족 장교와 결혼해 나중에는 마담 다르블레(Madame d'Arblay)로 불렸다.

버니는 또한 소심함을 극복하고 용기를 익혔다. 그녀는 마취 없이 유방 절제술을 견뎌냈다. 그녀가 그 경험을 기술한 글은 의료 문학 분야의 고전이 되었다. 1815년에는 워털루 전투의 전운에 휩싸인 브뤼셀에서 피난 생활을 했다(이때의 고투를 담은 버니의 일기는 훗날 윌리엄 메이크피스 새커리(William Makepeace Thackeray)가 «허영의 시장(Vanity Fair)»을 쓸 때 중요한 참고 자료가 되었다). 이 모든 상황에서도 버니는 글을 썼다. 써야만 했다. 버니의 나쁜 습관이 그녀를 당대 가장 존경받는 저자 중 하나로 만들었고, 제인 오스틴이 사랑한 작가 중 하나로 만들었다.

«에블리나»의 놀라운 성공담은 한 편의 동화 같았다. 그런데 이 행복한 결말과 오늘날의 위상 사이 어딘가에서 버니의 평판이 흔들리기 시작했다. 내 컬렉션 과정에서 그 이유로 이어지는 단서들이 서서히 드러났다. 나는 버니 작품의 여

러 판본과 그녀에 대한 여러 평전을 찾아보면서, 세기를 거치며 평단의 평가에 일어난 변곡점을 한 권 한 권 추적했다. 책들이 내 서가에 차례차례 늘어서자 버니의 문학 유산이 어떤 변화를 거쳤는지 한눈에 보였다. 그 변화를 그야말로 책에서 책으로 따라갈 수 있었다.

18세기 후반에서 19세기 초까지 버니는 사실주의 작가로 찬사받았다. 특히 특유의 풍자적 시선으로 영국 사회를 인상적이고 폭넓게 포착해낸다는 평을 받았다. 어느 파티에서 화가 조슈아 레이놀즈는 저명한 역사학자 에드워드 기번(Edward Gibbon)이 유난히 과묵하게 있는 것을 보고 버니에게 이런 농담을 건넸다. "당신이 다음 책에서 자기를 등장인물로 써먹을까봐 잔뜩 얼어 있어요!" 1810년, 《영국의 소설가들(The British Novelists)》— 영국 소설 정전을 망라한 선집 — 을 편집한 애나 레티샤 바볼드(Anna Laetitia Barbauld)는 "소설가 명단에서 미스 버니의 이름보다 더 높이 위치한 이름은 거의 또는 전혀 없다"고 말했다. 버니의 마지막 소설이자 엄청난 기대를 모았던 소설 《방랑자》(1814)는 혹평을 받았지만, 1823년에도 비평가들은 여전히 버니의 소설들을 "천재성의 기념비"로 불렀다. 이는 《레트로스펙티브 리뷰(Retrospective Review)》에 실린 어느 익명 서평에 등장한 표현이었다.

그러다 19세기 중엽에 제인 오스틴의 명성이 서서히 높아지기 시작해 세기 전환기에 이르러 급격히 상승하면서, 내가 찾은 책들에서도 버니에 대한 평가가 달라지기 시작했다. 두 작가가 비슷한 배경과 주제를 다루었기에 둘은 자주 비교 대상이 되었다. 그 결과 버니는 오스틴 찬미자들에 의해 거듭 소환되었고, 그 비교는 버니를 폄하하는 방향으로 이루어졌다. 사실은 앞에 언급한 1823년 《레트로스펙티브 리뷰》의 서평도 딱 이런 논조였다. "[버니와] 같은 사회계층에서 태어나 같은 부류의 사람들과 교류했다. 똑같이 조숙했고, 인물에 대한 생동감 넘치는 상상과 날카로운 통찰을 지닌 것도 같았다. 이점이라고는 [버니보다] 한 세대 후에 태어났다는 것밖에 없었다. 그런데도 [오스틴은] 작품에 한층 더 신선한 활력, 한층 더 달콤한 정취, 한층 더 순수한 정신을 담아냈다."

영국 북부 해안의 어느 잘 정리된 고서점에서 나는 토머스 매콜리(Thomas Macaulay)가 《에든버러 리뷰(Edinburgh Review)》에 기고한 서평을 모은 평론집을 발견했다. 초판은 아니지만, 도저히 그냥 지나칠 수 없었다. 장정이 멋들어졌다. 책 등에 금박 장식이 어찌나 빼곡히 찍혀 있는지, 황갈색 가죽이 보이지 않을 지경이었다. 1843년에 처음 출간된 매콜리의 버니 평론은 그녀의 삶과 작품에 대한 영향력 있는 분석으로 꼽힌다. 매콜리에게 《에블리나》는 "비범한" 작품이었고, 두 번째 소설 《서실리아》는 "영국의 고전소설 중 하나"였다. 하지만 그는 끝에 두 명의 소설가가 버니를 "능가했다"는 평을 붙였다. 그 두 명은 제인 오스틴과 마리아 에지워스였다. 이런 식의 비평들은 아무리 호의적이라 해도, 결국 하나의 특정한 메시지에 동력을 제공했다. 그 메시지란, 버니는 오스틴을 희석한 버전이라는 것이었다.

이런 비평이 집요하게 이어졌다. 세월이 흘러 20세기 중반, 이언 와트는 그의 저서 «소설의 등장: 디포, 리처드슨, 필딩 연구»(1957)에서 버니의 경력 전체를 딱 한 줄의 주장으로 요약했다. "패니 버니가 시작한 일을 완성했을 뿐 아니라, 훨씬 더 중대한 맥락에서 남성 특권에 도전한 이가 있었으니, 그가 바로 제인 오스틴이다." 이 책의 출간 이후 많은 것이 달라졌다. 학자들이 버니의 저작을 재조명해서 보다 정교하고 심층적인 연구 결과를 내놓았다. 하지만 그보다 먼저 그들은 와트 같은 비평가들이 만들어놓은 지배적 서사에 맞서야 했다.

와트와 동시대에 활약한 비평가 중에 이 투쟁의 선봉에 섰던 인물이 조이스 헴로였다. 내가 초기에 읽은 버니 전기 중 하나가 헴로의 1958년 책이었다. 버니 센터(Burney Center) 소장 라스 E. 트로이드(Lars E. Troide)에 따르면, 그는 "오늘날 버니의 명성을 되살리는 데 누구보다 많이 기여한 인물"이다. 물론 학계 일부에서는 버니의 명성이 애초에 쇠퇴한 적이 없었다. 하지만 나는 그런 학계 바깥에 있었다. 솔직히 내 지식은 깊지 않았다. 대학 때 문학개론 강의를 몇 번 듣고, 와트의 저서 같은 '권위 있는' 18세기 개론서를 몇 권 읽은 정도였다. 나는 학자가 아니었다. 나는 비전문 독자를 위한 책들을 읽었고, 그런 책들은 와트 같은 주류 비평가들의 견해를 따랐다. 그중 하나가 «제인 오스틴 비평 개괄(Critical Companion to Jane Austen)»(2008)이었다. 이 책은 버니의 영향력을 인정하면서도, 그녀의 소설을 <u>읽어야 할 이유는 없다</u>고 못 박았다. "요컨대 제인 오스틴이 패니 버니의 소설 창작 기법을 존경하고 배운 것은 맞다. (……) 하지만 패니 버니를 읽어보아야만 제인 오스틴의 예술적 성취가 얼마나 더 뛰어난지 실감할 수 있다."

이런 언술은 사실을 드러내기보다 순위를 매기는 데 비평을 이용한다. 1988년에 펴낸 버니 전기에서 마거릿 앤 두디가 바로 그 점을 지적했다. "마치 여성 소설가에게 할당량이 있는 것 같다. 한 세기당 한 명, 끽해야 반 세기당 한 명이면 족하다는 투다. 우리에게 이미 제인 오스틴이 있으니 그 자리가 찬 것이다." 오늘날 우리는 이 현상을 '스머페트의 법칙(Smurfette Principle)'이라고 부른다. 비평가 카사 폴릿(Katha Pollitt)이 1991년 《뉴욕 타임스》 기고문에서 처음 사용한 표현이다. 폴릿은 각종 미디어의 서사들이 대개 남성 집단을 중심으로 전개되고, 거기에 "여성은 한 명만 곁들여지고, 그나마도 정형화된 이미지로 등장한다"고 지적했다. 스머페트의 법칙은 서양 문학 정전의 형성 과정에 특히 부합한다. 여성 작가의 경우 최고로 판명 나지 않으면 무대에 오를 기회조차 없다.

따라서 이유는 버니의 소설이 좋지 않아서가 아니었다. 다만 몇몇 영향력 있는 남성 평론가가 오랜 세월 그녀가 오스틴만큼 뛰어나지 않다고 주장했을 뿐이다. 희귀서 시장에서 버니의 책을 주시하며 조사를 이어갈수록 나는 더 많은 증거를 마주했다. 숱하게 카탈로그를 보고, 장서를 둘러봤지만, 1850년경부터 1890년대 사이에 출간된 《에블리나》는 찾기가 어려웠다. 19세기 중엽부터 버니의 소설들은 간행 빈도가 줄었다. 그 자리를 대신한 것이 그녀의 일기와 편지였다. 나 역시 버니의 소설들을 읽다가 옆길로 새서 소설가 본인의 삶의 기록에 빠진 적이 있었다. 이 우연이 예사롭지 않게 느껴졌다.

버니와 오스틴은 사후에도 자주 함께 언급되었다. 각각 자기 세대를 대표하는 작가 중 하나로 평가됐지만, 우열 비교에서 이기는 쪽은 언제나 오스틴이었다. (참고로 둘 중 더 오래 산 쪽은 1840년에 사망한 버니였다.) 그러다 빅토리아 시대에 이르러 버니는 소설가에서 일기 작가로 탈바꿈했다. 버니가 세상을 떠나고 2년 뒤, 조카 샬럿 배럿(Charlotte Barrett)이 «마담 다르블레의 일기와 편지(Diary and Letters of Madame d'Arblay, Author of Evelina, Cecilia, etc.)»를 일곱 권짜리 세트로 펴냈다(저자명을 버니의 결혼 후 호칭인 '마담 다르블레'로 표기했고, 그녀의 책에 필명처럼 붙던 '«에블리나»의 저자'도 병기했다). 이 세트는 엄청난 호응을 얻었고, 현대 학자 수전 서발리(Susan Civale)에 따르면, 버니를 "시대의 상징 같은 인물"로 만들었다. 이 세트는 이후 수십 년 동안 계속 중쇄를 찍었다.

이 «일기» 세트는 발행 부수가 워낙 많았던 터라 오늘날에도 시장에 흔하다. 지역 희귀서 경매장에 꽤 자주 등장하는 까닭에 이 책을 보면 이웃을 만난 듯 친숙하다. 한두 권 결본이 있는 낙질은 고서점들을 떠돌지만, 정성 들여 장정한 완질본은 프리미엄 가격에 거래되기도 한다. 마담 다르블레의 «일기» 세트는 19세기 후반의 서재에 딱 어울릴 법한 고전적인 모습이다. 검은 목재 책장 높은 칸을 나란히 채운 금박 책등이 촛불에 반짝이는 모습이 자연스럽게 떠오른다.

이 세트는 내 개인 서가에 들이기에는 너무 비쌌다. 하지만 내 희귀서 회사의 상품으로는 꼭 확보하고 싶었다. 워낙 인기가 높고, 시장에 나와 있는 것도 많았기에 까다롭게 고를 수 있었다. 나는 마음에 차는 것이 나올 때까지 여러 세트를 지나쳤다. 그러던 어느 날, 가죽 장정이 빳빳하게 살아 있는 세트를 발견했다. 가격은 뜻밖에도 낮았다. 그 세트를 내게 넘긴 딜러는 책등에 새겨진 '마담 다르블레의 일기와 편지'라는 제목만 보고 아무도 읽고 싶어 하지 않을 거라 판단한 것이 분명했다.

    세트가 도착했고, 나는 스마트폰 선물을 기대하는 열두 살짜리처럼 들뜬 마음으로 한 권 한 권 풀었다. 그러다 이 세트를 내가 소장해야겠다는 생각이 들었다. 내가 정한 원칙 중 하나를 어긴 셈이었다. 희귀서 딜러는 판매용 재고와 개인 소장품의 경계를 명확히 해야 한다. 판매할 때마다 자기 컬렉션의 보물을 내주는 상실감을 느낀다면 이 사업을 오래 하기 어렵다. 어쩌면 이런 점이 희귀서 서점들에서 으레 느껴지는 심술궂은 분위기의 이유일지 모른다.

    일단 내가 소장하기로 정하자 서두를 이유가 없었다. 나는 세트를 곧바로 집에 가져가 느긋하게 살폈다. 나는 책을 살필 때 내용만 보지 않는다. 책의 제본 방식, 인쇄 상태, 판매 형태까지 주의 깊게 본다. 이 《마담 다르블레의 일기와 편지》 세트를 검토할 때는 세월에 따라 버니의 명칭이 인쇄 지면에서 변해온 과정을 생각했다. 버니의 위상이 겪은 부침을 생각할 때, 이 명칭 변화는 시대에 따른 그녀의 위상 변화를 반영하는 하나의 단서였다. 가족에게 보내는 편지에서 프랜시스는 애칭인 '패니'로 불렸다. 버니가 일기 작가로 명성을 떨치면서, 버니의 편지를 읽은 독자들도 기꺼이 이 애칭을 사용했다. 심지어 책 표제지에 그녀의 이름이 마담 다르블레로 버젓이 찍혀 있는데도 그랬다.

나는 19세기 후반에 나온 버니 관련 책들을 더 찾아보았고, 그 과정에서 이 애칭이 퍼져나간 양상을 포착했다. 먼저 발견한 것은 1890년에 L. B. 실리(L. B. Seeley)가 펴낸 «패니 버니와 그녀의 친구들(Fanny Burney and Her Friends)»이라는 버니 전기였다. 파란색 천에 금박 테두리를 넣은 우아한 장정의 책으로, 버니의 일기와 편지를 간추린 뒤 뽑은 일화들을 연결하기 위해 해설을 곁들인 일종의 요약본이었다. 책 제목에 저자의 애칭을 사용한 것이 책 내용의 사적 성격을 드러내려는 의도로 보였다.

다음에는 오스틴 돕슨(Austin Dobson)이 1903년에 출간한 전기를 발견했다. 흥미로운 책이었다. 돕슨의 버니 전기는 '영국 문인 총서(English Men of Letters series)'의 한 권이었다. 그뿐 아니었다. 이 총서에는 더 큰 의미가 있었다. '영국 문인 총서'는 고전 작가들을 규정하고 소개하는, 다시 말해 정전을 구성하는 취지의 총서였고, 버니는 여기 포함된 최초의 여성 작가 중 하나였다. (오스틴은 이 총서에 10년 뒤인 1913년에 들어왔다.) 더구나 돕슨의 전기는 버니를 다룬 최초의 장편 전기였다. 이로써 돕슨은 제2차 세계대전 이후 조이스 헴로와 그녀의 동료들이 일으킬 버니 연구 부흥의 초석을 놓은 비평가 중 한 명이 되었다. 그는 이 역사적 전기의 제목을 '패니 버니(마담 다르블레)(Fanny Burney(Madame d'Arblay))'로 붙였고, 이 제목은 버니의 애칭을 평단의 공식 호칭으로 굳히는 데 일조했다.

그런데 이 전기의 결론에서 돕슨은 버니의 «일기»를 "[그녀의] 소설보다 훨씬 높은 위치에" 두었다. 버니를 소설가로 옹호하는 데 딱히 도움이 되는 평가는 아니었다. 어쨌거나 돕슨은 같은 해에 휴 톰슨(Hugh Thomson)의 삽화가 들어간 «에블리나» 특별판의 서문을 썼다. 휴 톰슨은 전설적인 1894년판 '공작새' «오만과 편견»의 삽화를 맡은 예술가이기도 했다. 훗날 수집가들 사이에서 높은 인기를 구가하게 된 이 «에블리나» 특별판이 바로 이 프로젝트의 출발점이 된 책, 내가 그날의 조지타운 출장에서 운명처럼 발견한 그 에메랄드빛 장정의 책이다. 앞표지 하단 귀퉁이에 금박으로 이렇게 새겨져 있다. "에블리나, 패니 버니 지음, 휴 톰슨 그림."

1980년대가 되어서야 몇몇 학자가 '패니'라는 애칭의 적절성에 공개적으로 의문을 제기하며 '프랜시스' 버니로의 회귀를 주장했다. 그들은 작가의 명칭이 평단과 독자가 해당 작가의 작품을 받아들이는 방식에 실질적인 영향을 미친다고 여겼다. 영문학자 두디에 따르면, "'패니'는 낮잡아 보는 약칭이다. 이 호칭은 버니에게 무해하고 유치하고 내숭 떠는 어린 여성의 인상, 비평가 다수가 그녀에게 바라는 이미지를 심는다". 두디의 지적처럼, 이 약칭을 계속 사용할 논리적 근거는 전혀 없으며, 오히려 그 사용을 중지해야 할 이유만 여럿이다. 우선, 이는 시대착오적이다. 버니 시대의 어느 작가도 인쇄물에서 그녀를 그렇게 불렀을 리 없다. 다음으로, '패니'는 버니 본인이 공개적으로 선호한 호칭이 아니다. 마지막으로, 이는 이중 잣대다. 존슨이 헨리 필딩을 '해리'라고 불렀고, 두디가 제임스 보즈웰을 '제미'라고 불렀지만, 우리는 누구도 그들을 그렇게 부르지 않는다.

"버니에게 어른의 이름을 돌려주자." 두디는 1988년에 펴낸 버니 전기에서 이렇게 선언했다(나도 내 책에 연필로 힘주어 "옳소!!!"라고 썼다). 그럼에도, 두디의 선언 이후에 나온 두 편의 굵직한 정식 전기 역시 그녀를 '패니' 버니로 지칭했다. 이 약칭은 좀처럼 사라지지 않는다. 차라리 공평하게 모든 작가에게 약식 애칭을 붙이고 싶을 정도다. '척 다윈'이나 '어니 헤밍웨이'도 나름 귀엽지 않은가. 본인은 절대 이런 이름으로 알려지고 싶지 않았겠지만.

이제 나는 «에블리나»를 선뜻 읽을 의욕이 나지 않았던 이유 중 하나를 알았다. 버니가 힘들여 쌓은 명성이 점차 퇴색하면서 오늘날 그녀는 영문학사에서 부차적인 존재─희석한 제인 오스틴, 새뮤얼 리처드슨과 헨리 필딩에 비하면 하찮은 '패니' 버니─가 되었고, 이런 인식이 내 미온적인 반응에 미묘하면서도 강력한 영향을 미친 것이다.

하지만 내가 오랫동안 버니를 과소평가해온 마지막 이유이자 보다 개인적인 이유가 하나 더 있었다. 아무리 중요한 작품이어도 «에블리나»는 어쩔 수 없이 구혼 소설이었다. 사랑을 찾는 여정과 행복한 결말이 있는 이야기. 오늘날은 이를 로맨스 소설이라 부른다. 30대가 되기 전까지 나는 로맨스 소설을 좋아하지 않았다. 대체로 그랬다. 일단, '고전'문학에 대한 애호가 내가 희귀서 업계에 입문할 때 큰 도움이 되었다. 동시에 나는 SF, 판타지, 미스터리 장르의 소설도 좋아했다.

제인 오스틴처럼 책벌레 가정에서 태어나 책 읽는 습관을 숨 쉬기처럼 자연스럽게 체득하며 자란 덕분이었다. 나는 여러 종류의 책을 섭렵했다. 하지만 로맨스 소설은 아니었다. 나는 그런 책은 내 취향이 아니라고 생각했다.

돌이켜보면 이렇게 활자로 박제하기 부끄러운 고백이다. 과잉 반응이라 해도 할 말 없을 얘기다. 나는 아이다호의 보수적인 소도시에서 말괄량이로 자랐다. 매주 성별에 따라 나눈 활동에 참여해야 했다. 여자아이들은 화장법, 브라우니 굽는 법, 아이 돌보는 법을 배우고, 남자아이들은 농구나 급류 타기를 하러 가는 식이었다. 나는 급류 타기를 하고 싶었다. 나는 내 기질과 따로 노는 기대 사항들에 짜증이 났다. 현대 페미니스트 학자 세라 아메드(Sara Ahmed)는 이런 순간을 "우리가 성별을 가능성의 제약으로 체험하기 시작하는" 시점이라 부른다. 그게 바로 내가 느낀 것이었다. 매일 사소한 방식으로 변주되며 끝없이 이어지는 특정 종류의 무력감.

내 본능이 나를 어떻게 정의하든 이 세상은 내게 세상이 정한 이미지를 강요했다. 교회에 무엇을 입고 갈지에 대한 선택권은 없었다. 무조건 원피스였다. 나도 급류 타러 가겠다고 말할 수는 있었지만, 안 된다는 대답만 돌아올 것이 뻔했고, 실제로 그랬다. 그래서 나도 같은 방식으로, 수없이 많고 사소한 방식으로 저항했다. 그런 저항 행위들이 통제감을 얼마간 되돌려주었다. 나는 이 싸움을 위해 갑옷을 만들었고, 그것은 '여성적'이라 불리는 모든 것에 대한 반발의 형태로 나타났다. 나는 분홍색, 하트 모양, 아기 사진, 꽃무늬를 싫어하게 되었다.

이것이 내가 로맨스 소설을 싫어하게 된 이유다. 독서는 불가피하게 개인적인 행위다. 로맨스 장르는 내게 유년기의 사회 문화를 대변했고, 그 문화는 내게 다른 무엇보다 아내가 되기를 요구했다. 결혼이 여자 인생의 최대 목표여야 한다는 이념이 나를 끝없이 압박했다. 그래서 나는 사랑을 찾아가는 여자가 나오는 책은 종류 불문 내 독서 목록에서 쳐냈다. 《에블리나》 같은 책들이 배제 대상에 포함됐다. (오스틴은 물론 예외였다. 오스틴은 정전이었으니까.)

하지만 나는 더는 그때의 아이가 아니었다. 이제 내 삶의 조건은 내가 정한다. 지금껏 나는 내가 로맨스 소설을 싫어한다고 확신했다. 정작 한 권도 읽어본 적 없었으면서.

세기가 달라졌어도 그 문제는 여전했다. 바로 로맨스 작가를 '잡필가' 취급하는 문제.

로맨스는 철저히 여성적으로 인식되는 유일한 장르다. 또한 로맨스는 오랫동안 장르 소설 중에 가장 경멸받아왔다. 나는 이 두 사실이 넓게 겹쳐 있는 것이 단지 우연이 아니라는 생각을 해보지 못했다. 그러고도 페미니즘을 논했다니!

나는 내 위선을 직시했다. 오늘날 로맨스 장르에 흔히 가해지는 비판을 여성 작가나 여성 독자와 딱히 연관성이 없는 장르에 적용해보자. 그 비판이 순식간에 유효성을 잃는다. 예컨대 흔한 비판 중에 로맨스 소설은 '정형적'이라는 말이 있다. 아닌 게 아니라 로맨스 소설에는 일종의 공식이 존재한다. 또는 적어도 결말이 예측 가능하다. 오늘날 미국 독자들의 눈에 로맨스로 분류되려면, 일단 책이 연인 관계에 초점을 두어야 하고, '꽉 막힌 해피 엔딩'으로 끝나야 한다. 하지만 직업상 하루의 많은 시간을 소포클레스 15세기 판본, 《한여름 밤의 꿈》 17세기 판본, 에드거 앨런 포 단편집 1845년 판본 사이를 바삐 오가며 보내는 나로서는, 이 비판이 얼마나 맥락도 근거도 없는 이중 잣대인지 보여주는 책들을 수없이 접한다.

'정형적'인 장르는 수두룩하다. 소포클레스의 《오이디푸스 왕》은 처음부터 예고된 비극—왕이 부왕을 죽이고 어머니와 결혼한다—에서 한 치의 어긋남 없이 끝난다. 그렇지만 이 '예언 실현'의 플롯을 두고 '한정적'이라며 무시하는 비평가는 없다. 셰익스피어의 희극들이 항상 결혼, 즉 해피 엔딩으로 막을 내린다고 해서 그 자체로 열등한 장르인가? 소포클레스와 셰익스피어를 예찬하는 문화에서, 결말이 정해져 있다는 것이 로맨스를 비판하는 이유가 될 수 있나? 우리는 공식에 어떤 유감도 표하지 않는다. 그게 로맨스일 때만 제외하면 그렇다.

현대 대중 로맨스 장르는 '목적지보다 여정' 원칙을 따른다. 그런데 이 원칙은 현대 대중 미스터리 장르에도 마찬가지로 적용된다. 오늘날의 추리소설을 낳은 초기 실험으로 평가되는 에드거 앨런 포의 '추리담(tales of ratiocination)'이 좋은 예다. 포의 단편 〈도둑맞은 편지(The Purloined Letter)〉는 탐정 오귀스트 뒤팽이 도둑맞았던 편지를 찾아 경찰에게 넘기는 장면에서 과거로 돌아간다. 다시 말해 이야기가 결말을 알려주며 시작한다. 이후의 내용은 뒤팽이 편지를 어떻게 찾아냈는지에 대한 설명이다. 포는 이야기를 미니 퍼즐처럼 구상했다. 독자는 먼저 답을 제시받은 다음, 서사 진행을 통해 해답 풀이에 이른다. 포의 이야기들은 도착지가 아닌 여정을 다룬다. 대개의 미스터리는 범죄로 시작해서 사건 해결로 끝난다. 대개의 로맨스는 설렘에서 시작해서 행복한 연애로 끝난다. 독자가 미스터리와 로맨스에서 즐기는 것은 서사를 관통하는 '밀당'의 긴장감이다. 두 장르 모두 점진적 발각의 미학에 업혀 번성한다.

내가 이를 깨달은 것은 내 편견을 직시하고 현대 로맨스를 읽기 시작한 후였다. 마침내 로맨스의 원조인 구혼 소설 《에블리나》를 읽기 전까지 나는 이미 많은 현대 로맨스를 읽었다. 줄리 가우드(Julie Garwood)의 《신부(The Bride)》(1989), 로레타 체이스(Loretta Chase)의 《불한당 후작(Lord of Scoundrels)》(1995), 베벌리 젱킨스(Beverly Jenkins)의 《인디고(Indigo)》(1996) 같은 고전물도 읽었고, 얼리사 콜(Alyssa Cole)의 《비범한 연방(An Extraordinary Union)》(2017) 같은 최신작도 읽었다. 이 책들에서 나는 로맨스 장르의 정형적 구조가 수행하는 또 하나의 중요한 역할을 보았다. 그 구조는 인간관계에 내재한 복잡성을 심도 있게 탐색할 장(場)으로 기능한다. 예컨대 콜의 《비범한 연방》은 미국 남북전쟁을 배경으로 한 역사 로맨스로, 흑인 여주인공은 남부 연합 가문에 노예로 침투한 스파이이고, 백인 남주인공은 남부 연합 병사로 위장한 핑커턴 탐정 사무소 요원이다. 로맨스 장르의 관행은 이 책의 서사에 안정적 얼개를 유지함으로써 작가에게 권력과 합의, 자유와 통제, 소통과 내밀함—'위대한 문학'의 탐구 영역으로 알려진 인간 경험의 근본 요소들—의 문제와 씨름할 안정적인 토대를 제공한다.

이 책들을 실제로 읽고 나니, 로맨스물에 흔히 제기되는 여타 비판들도 허수아비 때리기(straw man fallacy)[6]처럼 느껴지기 시작했다. 그중 가장 흔한 비판이 아마도 행복할 결말에 대한 반감일 것이다. 많은 이가 연애 성공이 행복의 필수 조건처럼 제시되는 것을 불쾌하게 여긴다. 나 역시 그렇게 느꼈다. 하지만 더 깊이 들여다보면, 사랑과 결혼의 문제는 역사적으로 여성의 삶과 운을 결정짓는 문제였다. 법적 의미와 경제적 차원 모두에서 그랬다. 나는 프랜시스 버니와 제인 오스틴 시대의 영미권 여성이 법적으로 얼마나 불리한 위치에 있었고, 그 때문에 어떤 사회적 함의들이 형성됐는지 점차 이해하게 되었다. 이런 맥락에서, 여주인공이 해피 엔딩을 맞는 이야기는 그녀가 원하는 것과 마땅히 받아야 할 것을 모두 손에 넣는 완벽한 승리를 상징한다. 더구나 그것은 그녀의 선택권을 뺏지 못해 안달인 세상을 상대로 얻은 승리다. 기억하자. 18세기 비평가들이 소설을 위험하게 본 주된 이유는 그것이 여자들에게 연애 상대를 까다롭게 고를 것을 부추기기 때문이었다! 여성의 선택이 승리하는 것을 최대 특징으로 내세우는 장르? 어떤 이들에게는 불편할 수도 있겠다는 생각이 든다.

로맨스를 실제로 읽기 시작한 후, 나는 놓친 시간을 만회하듯 탐독했다. 하트 모양이나 분홍색 계열은 여전히 좋아

[6] 왜곡과 과장을 통한 공박.

하지 않고 꽃무늬 옷은 여전히 입을 생각이 없지만, 이제 로맨스 소설은 좋아한다. 곧바로 나는 특히 좋았던 책들을 수집하기 시작했다. 수집은 한 번도 내게 실망을 안긴 적이 없다. 수집을 통해서만 발견할 수 있는 책의 진실들이 반드시 있었다. 한때 나는 1990년대에 흑인 로맨스 전문 출판사였던 오디세이 북스(Odyssey Books)라는 인디 출판사에 빠졌었다. 당시 메이저 출판사들이 흑인 로맨스에 대한 시장 수요에 대응하지 않자 이를 대신하기 위해 여러 작은 출판사가 생겨났는데, 오디세이 북스가 그중 가장 두각을 보인 곳 중 하나였다. 오디세이는 바버라 스티븐스(Barbara Stephens)나 샌드라 킷(Sandra Kitt) 같은 업계 베테랑 작가들의 책도 냈지만, 신인 작가들의 첫 책도 많이 선보였다. 주류 시장이 아직 받아주지 않던 오디세이의 신인 중에 나중에 메이저 출판사에서 빛나는 경력을 이어간 이들이 많았다. 도나 힐(Donna Hill), 에보니 스노(Eboni Snoe), 프랜시스 레이(Francis Ray)도 그렇게 오디세이에서 데뷔했고, 1994년에 흑인 로맨스를 전문으로 하는 최초의 대형 출판사 임프린트 아라베스크(Arabesque)가 출범하자 모두 그곳에서 책을 냈다.

오디세이 북스는 러티샤 피플스(Leticia Peoples)가 워싱턴 D. C. 교외인 메릴랜드주 실버스프링에 설립한 출판사였다. 그곳은 내가 살고 일했던 도시였다. 내 도시에 그렇게나 중요한 독립 출판사가 있었다니! 나는 오디세이에서 나온 책을 모두 모으고 싶어졌다. 문제는 오디세이가 책을 몇 종 냈는지, 또는 어떤 책들을 냈는지조차 파악할 수 없다는 것이었다.

온라인과 인쇄물 어디에도 종합적인 자료는커녕 그 비슷한 것도 없었다. 그래서 나는 수집을 통해 알아내기로 했다. 수집이라는 렌즈를 통해서 책을 보면 텍스트 이상의 것들이 보인다. 페이퍼백 책에는 본문 앞이나 뒤에 같은 출판사의 다른 책들을 광고하는 페이지가 있을 때가 많다. 내가 이미 아는 오디세이 소설이 몇 종 있었다. 그 책들을 입수한 다음, 책의 광고 페이지를 이용해 오디세이의 출간 목록을 만들어나갔다. 아주 재미있는 작업이었다. 또다시 버니 읽기를 미룰 핑계이기도 했다. (이때도 나는 차일피일하고 있었다. 이제는 나조차 이유를 모르겠다!)

    수집 과정에서 나는 제2차 세계대전 이후 페이퍼백 산업의 역사도 파고들었다. 전후 페이퍼백 로맨스의 유통은 전통적 출판과 전혀 다르게 작동했다. 하드커버 신간을 시즌제로 서점에 납품하는 대신, 할리퀸(Harlequin) 같은 회사들은 얇은 페이퍼백을 슈퍼마켓 매대에서 파는 방식을 도입했다. 이 책들은 잡지처럼 몇 주마다 교체되었다. 이 때문에, 빈티지 로맨스는 실제보다 흔하다는 인상을 준다. 로맨스를 많이 취급하는 헌책방에 가본 사람은 알겠지만, 오래된 할리퀸 로맨스들이 중고 시장에 넘쳐난다. 하지만 실상은 다르다. 중요한 초판본들의 경우 오히려 헤밍웨이의 «노인과 바다» 초판본보다도 훨씬 구하기 어렵다. 예를 들어 할리퀸이 런던의 로맨스 전문 출판사 밀스 앤드 분(Mills&Boon)과 계약해서 출판한 첫 두 책은 시범적으로 1000부만 찍었다. 오늘날 이 책들의 초판을, 그것도 상태가 좋은 초판을 만나기란 지극히 어렵다.

나는 이 사실을 직접 로맨스를 모으고 사업 목적의 카탈로그를 작성하며 실전으로 배웠다. 내 컬렉션 — 할리퀸과 '보디스 리퍼(bodice-ripper)'[7]를 비롯한 현대 로맨스물들 — 을 정리하고, 기록하고, 역사적 맥락에 위치시키며 배웠다. 멋진 초판본 한 권을 찾는 것은 다른 수백 권을 외면하는 일이었다. 그 일이 싫지는 않았다. 그 한 권을 찾아 헌책방의 좁은 통로를 누비며 눈으로 책등을 훑는 일. 오후를 보내기에 그보다 좋은 방법도 없다. 내게는 꿈이 있었다. 언젠가 내 로맨스 컬렉션을 연구와 교육을 위해 대학 도서관에 매각하겠다는 꿈이었다.

결국 내가 《에블리나》를 읽게 된 것도 이 로맨스 프로젝트 덕분이었다. 강연 요청을 받아 방문한 대학에서 한 영문학 교수와 대화를 나누던 중에 내 로맨스 컬렉션 얘기가 나왔다. 놀랍게도 그녀는 내 얘기에 반색했다. 자신이 1학년 대상 '독서의 역사' 수업을 맡고 있다면서, 내게 어차피 온 김에 내 로맨스 컬렉션을 기반으로 워크숍을 열면 어떻겠냐고 물었다. 그것은 세상 모든 희귀서 딜러가 꿈꾸는 제안이었다. <u>당신이 하고 있다는 그 틈새 프로젝트 말이에요. 네, 당신이 입에 올릴 때마다 가족과 친구의 눈에서 생기가 꺼지는 바로 그 프로젝트요. 부디 오셔서, 강의실에 꼼짝없이 앉아서 열심히 들을 수밖에 없는 제 학생들 앞에서, 몇 시간이라도 좋으니 그 프로젝트에 대해 떠들어주세요. 학생들의 집중도가 성적에 반영되거든요!</u>

---

7   마초 남주인공이 나오는 격정 로맨스.

나는 신나게 워크숍을 준비했다. 딱 하나 걸림돌이 있었다. 현대 로맨스의 원조인 구혼 소설의 초창기 사례가 필요했다. 제인 오스틴이 완벽한 선택지였지만, 내가 보유한 《오만과 편견》 초판본은 10만 달러가 훌쩍 넘었다. 여섯 자리 가격의 책을 체험 중심 워크숍에서 함부로 굴릴 수는 없었다. 학생들이 부담 없이 만질 수 있는 책이 필요했다. 책을 '사물'로 탐구하는 것은 오감 만족 경험이다. 18세기 영국에서 제작한 종이는 2010년의 책 종이와 손에 닿는 느낌부터 다르다. 오늘날의 어떤 종이보다 풍성하고 도톰하다. 거의 리넨의 질감이다. 그 시대에는 해진 천을 종이 제작에 재활용했다는 점을 생각하면 그리 놀랄 일도 아니다. 각각의 책은 그것이 탄생한 시대와 장소를 이야기한다. 우리가 현재 익숙한 책들과는 외관도, 촉감도, 심지어 냄새까지 다르다. 나는 학생들이 18세기에서 온 실제 책을 통해 그것을 체감할 기회를 주고 싶었다.

내 사무실 서가를 다시 훑어보던 중, 《에블리나》가 눈에 들어왔다. 두 권으로 분권한 작고 예쁜 책이었다. 무늬 없는 보드지 표지에 송아지 가죽을 부분적으로 대고, 책등에 금박을 찍은 반(半)가죽 장정본이었다. 조지타운의 그 에메랄드빛 장정본은 아니었다. 그보다 더 오래된 18세기 판본이었다. 이 책을 처음 어디서 입수했는지도 기억나지 않았다. 하지만 중요한 것은, 제인 오스틴 책은 아니라는 점이었다. 다시 말해 1794년에 출판된 책이지만, 가격은 고작 수백 달러 선이었다. 아이러니한 일이었다. 버니는 수집가들 사이에서 오스틴에 비해 인기가 없었기 때문에 오히려 내 강연에 포함될 수 있었다.

나는 그렇게 《에블리나》로 돌아왔다. 내게 내면화된 성차별주의를 씩씩하게 인정했기 때문이 아니었다. 성 편견이 내 망설임의 주원인이라는 것을 알게 된 후에도, 버니 전기들을 읽은 후에도, 로맨스 소설에 대한 선입견을 극복한 후에도 나는 이 책을 서둘러 읽지 않았다. 결국 내가 《에블리나》를 읽은 계기는, 내 자존심이 대학 신입생들 앞에서 읽지도 않은 책에 대해 떠드는 것을 허락하지 않아서였다.

나는 소파와 고양이와 담요 사이에 몸을 묻고, 제인 오스틴이 애독했던 책을 읽기 시작했다. 몇 페이지 읽기도 전에 나는 주인공에게 애착을 느꼈다. 신기한 일이었다. 18세기의 여주인공들은 으레 덕성스럽다못해 평면적으로 느껴지기 때문이다. (리처드슨의 패멀라가 납작하기로 유명하다.) 나 같은 21세기의 여성에게 순수하고 완벽한 여주인공은 찬탄보다 짜증을 유발하기 십상이다. 하지만 에블리나는, 그녀의 창작자처럼, 훨씬 복합적인 존재였다.

에블리나는 도덕적으로 더없이 강직하다. 사실 그래야만 했다. 가뜩이나 비평가들이 "이마에 짐승의 표식을 받은" 타락한 소설을 성토하던 시대에, 버니가 음침한 여주인공을 쓸 리 없었다. 그럼에도 에블리나는 완벽함과는 거리가 멀다. 그녀는 끊임없이 실수를 저지르고, 그것들은 열일곱 살 소녀에게 충분히 있을 법한 실책이고 허물이다. 그녀는 편지로 멘토에게 조언을 구한다. 무도회 초대를 수락해야 할지, 할머니의 간섭에 맞서야 할지 등등. 하지만 답신은 며칠이 지나서야 우편으로 도착할 뿐이다. 결국 에블리나는 자신의 판단에 따라 독자적으로 행동하는 법을 배워야 한다. 그녀의 좌충우돌은 때로 정말로 웃음을 자아낸다. 예컨대 어느 날 저녁 외출 중에 친구들을 놓치고 길을 잃은 에블리나는 근처에 있던 두 여성에게 도움을 청한다. 그녀는 그들이 매춘부인 것을 까맣게 모른다. "그들이 분명히 그랬어요. 내가 자기들과 함께 있는 한 친구가 부족할 일은 없을 거라고." 이 대목에서 나는 웃음이 터졌다. 동시에 에블리나가 짠했다. 이 장면을 읽는 동안 나는 소파에 앉았다 일어서기를 반복했다. 나라도 개입해서 에블리나를 돕고 싶어서였다.

에블리나는 납작하지 않다. 생생하게 살아 움직인다. 그 이유 중 하나는 버니가 자신의 경험을 인물에 불어넣은 데 있다. 주인공 에블리나처럼 프랜시스 버니도 시골에서 자라다가 런던으로 왔다. 전기 작가 클레어 하먼은 버니가 자기 삶의 요소들을 소설로 풀어낸 것에 대해 다음과 같이 말한다.

> 에블리나가 후견인 빌라스 씨에게 보내는 숨 가쁜 편지들은 저자 자신의 어릴 적 경험을 반영한다. 버니가 1760년, 여덟 살 나이에 런던에 처음 도착해서 넋 나간 마음과 휘둥그레진 눈과 쩍 벌어진 입으로 수도의 북적이고, 화려하고, 소란스럽고, 냄새나고, 위험한 삶을 마주했을 때의 모습을 담고 있다.

하먼은 에블리나의 편지를 "숨 가쁜"이라고 표현했는데, 딱 맞는 말이다. 버니의 문장은 생동감이 넘쳐서 에블리나가 정말로 살아 숨 쉬는 것 같다. (당황했을 때는 숨쉬기를 종종 까먹기는 한다.)

에블리나는 당황하면 더 서툴러지고, 잔뜩 풀이 죽는 탓에 친구들이 어디 아픈지 걱정할 정도다. 그녀가 자신을 투명 인간처럼 지우려 애쓰는 모습이 눈에 그려진다. 같은 문제를 직접 겪어본 사람만이 이렇게 능란하게 풀어낼 수 있다. 붙임성이 없어서 '노부인'으로 놀림받던 버니가 여기에도 있다. 버니의 기록 중에는 조지 3세가 던진 질문에 얼어붙었던 일화도 있다. (앞서 말했듯 국왕은 «에블리나»의 팬이었다.)

> 그러자 가까이 다가와 물으셨다.
> "그런데 어떻게? 어떻게? 어떻게 한 거죠?"
> "예?" 나는 기겁했다. 하문의 뜻을 알 수 없었다.
> "어쩌다가— 어떤 계기로— 어떻게? 어떻게?"
> "저는 그저 재미 삼아 글을 썼을 뿐입니다. 그저 가끔, 남는 시간에요."
> "하지만 출판하고, 인쇄했잖아요. 어떻게 한 거요?"
> "그건 그저, 전하— 그냥—"
> 나는 너무나 형편없이 머뭇거렸다. (……)
> 그러자 그 "어떻게!" 질문이 너무나 진지하신 눈빛과 함께 다시 시작됐고, 나는 무슨 대답이라도 해야 한다는 절박감에 더듬대며 말했다.
> "저는, 전하, 그걸 인쇄하면 멋져 보일 것 같다고 생각했습니다!"

지금도 나는 이것이 내가 평생 한 말 중에 가장 멍청한 말이었다고 자부한다!

이 일화는 버니의 필력을 잘 보여준다. 그녀에게는 삶의 순간들을 종이 위에 놀랍도록 현장감 있게 재현하는 재능이 있었다. 이 능력의 일부는 집안 내력의 천재성에서 왔다. 그녀는 여러 형제자매처럼 포토그래픽 메모리에 가까운 기억력을 자랑했다. 그녀에게는 유머의 타이밍을 포착하는 재능도 있었다. 이는 즉흥극과 뮤지컬을 비롯해 언어유희와 공연을 즐기는 가정환경에서 자란 영향이 컸다. 찰스 버니의 무심한 한마디에도 버니 집안 특유의 분위기가 드러난다. "우리는 늘 유쾌했고, 늘 크게 웃었다. 그게 버니다운 거였다."

이런 패기 넘치는 삶의 태도가 《에블리나》에도 당연히 스며들었다. 이 분위기가 책의 성공에 결정적인 역할을 했고, 당대의 비평가들 역시 《에블리나》의 희극적 사실주의를 높이 평가했다. 저자의 정체가 밝혀진 후 버니는 문학 후원자 헤스터 스레일이 새뮤얼 존슨과 함께 주최하는 디너에 자주 초대받았다. 한번은 통찰이 뛰어난 스레일 부인이 그녀를 놀렸다. "이렇게 얌전하고 조용한 미스 버니 속에 이렇게 익살맞은 소녀가 들어앉아 있을 줄 누가 알았겠어요." 그날 버니가 몸 둘 바를 몰랐던 일은 또 있었다. 그녀의 풍자적 등장인물 중 하나―에블리나의 성가신 구혼자 중 한 명―를 두고 존슨이 박장대소한 것이다. "아, 스미스 씨, 스미스 씨는 정말 인물이야!" 존슨이 폭소하며 외쳤다. "해리 필딩도 인물을 이렇게 잘 그리진 못했어!" 여전히 지독하게 숫기가 없었던 버니는, 에블리나처럼, 의자에서 한없이 오그라들었다. 하지만 속으로는 기뻐 환호했다.

"익살맞은 소녀"이자 "얌전하고 조용한" 소녀. 버니는 눈부시게 복합적인 사람이었다. 당시 그녀는 깊은 속내를 가까운 친구와 가족에게만 말했다. 하지만 오늘날 우리는 버니의 성정을 당대 어느 여성의 마음보다 생생히 들여다본다. 버니와 그녀의 가족이 남긴 방대한 양의 편지와 일기 덕분이다. 내가 구한 빅토리아 시대 세트도 그중 몇 분의 일에 불과하다. 하지만 여러 버니 전기를 탐독하던 중에, 맥길 대학교 버니 센터가 더 많은 자료를 온라인으로 제공한다는 것을 알게 되었다. 이 디지털화 작업은 20세기 버니 연구의 대표 주자였던 조이스 헴로의 주도로 이루어졌다. 버니의 소설이 흡인력 있는 이유는 그녀 성격의 풍부하고 다채로운 결들이 작품에도 반영되어 있기 때문이다.

«에블리나»에서는 코미디 못지않게 공포와 불안이 서사를 형성한다. 버니의 주인공이 남자들의 문제 행동에 직면할 때 특히 그렇다. 에블리나의 경우는 성적 약탈자들에 대한 공포가 매일의 현실이며, 실제로 플롯의 상당 부분을 추동한다. 에블리나의 문제는 놀랄 만큼 아름답고 동시에 출신은 불분명하다는 점이다. 이는 정부를 찾는 문란한 상류층 남자들에게 매력적인 조합이다. 여기에 경험 부족에서 오는 "미숙함과 순진함의 분위기"까지 더해져서, 그녀는 쉽게 고립시켜 통제할 희생자를 물색하는 남자들에게 뚜렷한 표적이 된다. 소

설 전체에서 에블리나는 그녀를 정부로 만드는 것이 목표인 어느 준남작의 집요한 구애에 시달린다. 이 준남작, 클레멘트 윌러비 경은 그녀의 거절을 오히려 도전으로 받아들인다. 어느 무도회에서 에블리나는 클레멘트 경의 접근을 피하려 즉흥적으로 거짓말을 했다가 오히려 후회할 상황을 맞는다. 그녀는 이미 다음 춤을 약속한 사람이 있다고 말한다.

> 하지만 내 자의식이 내 책략을 드러낸 모양이었다. 그는 믿지 못하겠다는 눈으로 나를 보더니, 내 바람대로 내 대답을 수긍하고 물러나기는커녕, 오히려 너무나 천연덕스러운 태도로 내 옆에 붙어 서서, 오래 알고 지낸 친한 사이에나 가능한 허물없는 말투로 대화를 시작했다.

단 몇 문장만으로 버니는 거절을 받아들일 줄 모르는 남자들의 흔한 행태를 효과적으로 요약한다. 결코 거절당할 수 있다고 믿지 말 것. 거절당하더라도, 상대 여성의 말을 곧이곧대로 받아들이지 말 것. 대화를 억지로 더 사적인 영역으로 몰아갈 것. 그리고 상대를 가만 놔두지 말 것. 나는 버니가 이런 상황에 놓인 여성의 심정을 이토록 명확히 포착한 것에 감탄을 금치 못했다. 21세기에도 이것은 끝난 상황이 아니다. 이것은 희석한 오스틴이 아니었다.

무도회 내내 에블리나는 자기 기분을 분명하게 표현한다. 하지만 클레멘트 경은 능청맞게 모르는 척하고, 그녀는 결국 애원한다. "제발 저를 그냥 내버려두세요. 제발 그렇게 해주세요!" 그는 그녀의 감정을 무지의 소치로 웃어넘기며 선언한다. "당신은 앞으로 내게 완전히 반하게 될 거요." 에블리나가 "그런 일은 절대—"라고 받아치려 하자 클레멘트 경은 그녀의 말을 가로막는다. 에블리나는 이후의 상황을 이렇게 전한다. 그 시점에서 "나는 결국 정신 줄을 놓았고", 사람들이 보는 앞에서 "울음이 터지고 말았다". 이를 본 사람들의 반응은? "그들 모두 충격받고 황당해했다." 결국 비이성적인 사람으로 몰리는 쪽은 에블리나다.

버니가 이 장면을 쓴 지 수백 년이 흘렀다. 하지만 나는 이 무도회의 밤을 방금 일어난 일처럼, 나도 그곳에 있었던 것처럼 느꼈다. 내게도 실제로 있었던 일이었다. 이런 일은 내게도 수없이 사소하고 반복적인 방식으로 일어나 내 판단 자체를 의심하게 했다. 한번은 한 남자애가 첫 데이트로 나를 영화관에 데려갔다. ‹쥬랜더›를 봤는데, 나는 재미있었지만, 그 애는 아니었다. 우리는 다시 만나지 않았다. 몇 주 뒤 한 파티에서 내가 다른 남자애와 있는 것을 보자 그 애는 이렇게 외쳤다. "내 돈 돌려줘, 나쁜 년." 이런 적도 있었다. 다른 남자애가 내게 함께 영화 보러 가자고 했고, 나는 공포 영화만 아니면 좋다고 했다. 영화관에 들어가 앉은 다음에야 나는 '놀랍게도' 그 남자애가 내가 처음 들어본 공포 영화를 골랐다는 것을 알았다(남자애는 "무서우면 매달려도 된다"는 변명을 붙였다). 두 경험 모두 내가 열일곱 살 때로, 에블리나와 같은 나이였다. 내가 화를 내면 돌아오는 반응은 매번 어이없다는 태도였다. 나만 유난 떠는 사람이 되었다. 그 애들은 그저 재미있는 시간을 보내고 싶을 뿐이었다. "그들 모두 충격받고 황당해했다."

이것이 우리가 출판된 지 수백 년 지난 책들을 여전히 읽는 이유다. 일부 비평가가 주장하듯 '완성도'라는 모종의 주관적 기준에 도달했기 때문이 아니다. 그 책들이 여전히 우리에게 의미 있는 말을 건네기 때문이다. 내게는 이런 이야기가 많다. 에블리나도 마찬가지다. 흔히 우리는, 페미니즘 운동 이전에는 여성들이 그들이 <u>여자로서</u> 겪는 고충을 항변하지 않았을 것으로 추정한다. 하지만 책을 조금만 읽어봐도 그렇지 않다는 것을 알 수 있다. 버니만 해도, 에블리나의 공포를 표현할 때 절대 에둘러 말하지 않는다. 수백 년 전에 이미 버니는 오늘날에도 여전히 우리가 극복하려 애쓰는 문제들에 목소리를 내고 있었다. 유사한 점이 많지만, 오스틴의 소설에는 이처럼 공포와 정면 승부 하는 장면을 찾아보기 어렵다. 이것이 내가 《에블리나》에 가장 강하게 호응한 지점이었다. 에블리나가 느낀 것을 나 역시 느꼈다. 이 책을 읽으며 내가 혼자가 아니라는 것을 알았다.

《에블리나》에서 주인공의 불편함을 일관되게 인정하는 유일한 남성이 오빌 경이다. 그는 인정에 그치지 않고 불편함을 덜어주려 애쓰고, 다른 남자들의 무례한 행동을 지적한다. 일부 비평가들은 오빌 경이라는 인물이 너무 완벽해서 비현실적이라고 말한다. 하지만 소설에는 그가 질투심, 편협함, 냉담함 등 여러 가지로 결점을 드러내는 장면들도 나온다. 다시 씨처럼, 그도 영웅이지만 불완전한 영웅이다. 그런 결점들에도 불구하고 오빌 경이 다정하고 사려 깊은 남자인 것이 비현실적이라는 뜻이라면 수긍이 갈 정도다.

스포일러 조심. 에블리나와 오빌 경은 결국 사랑에 빠진다. 그러나 더 중요한 것이 있다. 에블리나 같은 여자가 진정한 사랑을 찾는 이야기는 곧 그녀가 자신의 판단을 믿게 되는 성장 서사이기도 하다. 에블리나는 자신이 직접 행복한 결말을 고를 권리를 주장하고, 승리한다. «에블리나»에서 버니는 여성의 관점에서 권력을 탐구한다.

❇

버니도 나처럼, 결혼에 대한 성차별적 기대와 싸우며 살았다. 첫 소설을 출간하기 전 그녀는 '진정한 사랑'의 문제를 두고 가족과 심각한 갈등을 빚었다. 한 청년이 단 한 번의 만남으로 그녀에게 반해 청혼했다. 성급한 행동 외에는 크게 흠잡을 데 없는 청년이었지만 그녀는 현명하게 거절했다. 이 거절이 집안에 일대 소동을 불렀고, 가족은 그녀의 마음을 돌리기 위해 공모했다. 그녀의 멘토였던 극작가 새뮤얼 크리스프(Samuel Crisp)는 그녀의 선택을 비판하면서, 여성의 경제적 취약성에 따른 현실적 우려를 강조했다. "네 부친이 작고했을 때를 생각해보거라. 모든 가능성을 고려해야 한다. 보호책도 생계 수단도 없는 여성의 처지를 생각해봐." 아버지마저 가족의 반발에 뜻을 같이한다는 것을 알게 되자 버니는 "아이처럼 엉엉 울었다". 버니는 자신에게 마음을 바꿀 것을 종용하는 그들을 깊이 사랑했다. 활기찬 아버지, 재기발랄한 여동생들, 존경해마지않는 멘토. 그럼에도 그녀는 뜻을 굽히지 않았다. 헤스터 스레일은 그녀를 순둥이라 불렀지만, 버니에게는 강단과 패기도 있었다. 몇 년 후 그녀는 프랑스 혁명으로 모든 것을 잃고 망명한 귀족 알렉상드르 다르블레와 사랑에 빠졌고, 그와 결혼해 마담 다르블레가 되었다. 부부는 그녀의 세 번째 소설 «커밀라»(1796)의 인세로 신혼집을 마련했다.

여기서 짚고 넘어가야 할 접점이 있다. 버니는 기질적으로 극히 보수적이었다. 정치적으로도 그녀는 현대의 기준으로는 물론이고 당시의 관점에서도 페미니스트가 아니었다. 다만 그녀는 여성이 자신의 인생행로에 개입하는 억압적 상황에 맞설 목소리를 낼 수 있어야 하며, 이 같은 발언권이 곧 권위를 의미한다고 믿었다. 나는 이 점을 버니에 대한 전기들을 읽을 때나 버니가 남긴 일기와 편지를 읽을 때가 아니라, 마침내 «에블리나»를 읽으면서 알게 되었다.

나는 이 소설이 좋았다. 나아가 이제는 진심으로 '이단'의 고백도 할 수 있다. 나는 «에블리나»가 오스틴의 소설들보다 더 좋았다. 그래서 내 컬렉션에 «에블리나» 초판본을 반드시, 간절히, 소장하고 싶었다. 그때껏 나는 리처드슨의 «패멀라»와 필딩의 «톰 존스» 초판본들을 여러 차례 거래했다. «에블리나»를 추적하는 일이 유난히 더 어려울 것 같지는 않았다. 나와 딴판인 누군가의 말을 인용하자면, 내게는 "고도의 특수 스킬 세트(a very particular set of skills)"[8]가 있으니까. 나는 탐색에 들어갔다.

1778년, «에블리나»는 세 권짜리 세트로 출간되었다.

출판사는 이 책을 팔림새를 장담하기 어려운 모험으로 생각해 단 500부만 찍었다. 희귀서 수집가들에게 이는 익숙한 일이다. 사람들은 «해리 포터와 마법사의 돌(Harry Potter and the Philosopher's Stone)» 같은 세계적 히트작의 하드커버 초판본이 고작 500부만 발행됐다는 사실에 놀란다. 하지만 이는 우리가 결과를 알기 때문에 생기는 놀라움일 뿐이다. 출판사가 이 책을 발간할 당시 해리 포터는 세계적 신드롬이 아니었다. 더구나 초판 발행 부수만으로 책의 생존율을 예측하기도 어렵다. («마법사의 돌» 초판본 중 약 300부는 도서관으로 갔고, 이것이 생존율을 더욱 낮췄다. 도서관 책은 대개 가혹한 운명을 맞는다.) 하지만 어쨌거나 발행 부수가 극히 적었던 책들은 나중에 희귀서 시장에서 희소성이 높을 수밖에 없다.

«에블리나» 초판본 세트는 21세기 들어 단 두 차례 경매에 등장했다. 마지막으로 나왔을 때 낙찰가는 무려 1만 파운드였다. 나는 이것이 무엇을 의미하는지 바로 알았다. 만약 다시 경매에 나오면 적어도 같은 액수에 팔리거나 호가가 훌쩍 높아질 게 분명했다. 딜러가 입수하게 되더라도 최소한 같은 가격을 매기거나 더 높은 가격을 책정할 것이 분명했다. 내게는 이런 책을 내 개인 컬렉션에 추가할 자금이 없었다. 책이 시장에 나온다 해도 개인 소장이 아니라 사업상의 결정, 즉 내 희귀서 서점을 통한 재판매 목적의 구매를 고민해야 했다. 하

8 　영화 ‹테이큰›에서 정예 정보 요원 출신인 주인공의 대사에 나오는 표현이다.

지만 지금은 그런 고민을 해볼 기회나 있을지, 그 가능성조차 요원했다.

　　나는 1년을 노린 끝에 첫 기회를 잡았다. «에블리나» 초판본 한 질이 경매에 나온다는 소식을 들었다. 처음 그 출품 목록을 봤을 때 심장이 튀어나올 뻔했다. 애타게 기다리던 기회였다. 작은 규모의 경매였다. '지역 경매'—특정 지역에서 확보한 물품과 인근 지역민을 대상으로 열리는 경매—처럼 작지는 않았지만, 희귀서 전문 경매라고 할 만큼 크지도 않았다. 그래서 나는 이 경매에 쏠리는 이목이 적고, 따라서 입찰자도 적을지 모른다는 희망을 품었다. 경매 호가는 볼룸 댄스와 같다. 잠재가 실현되려면 적어도 두 사람이 필요하다. 어쩌면 아무도 눈여겨보지 않는 보물을 내가 슬쩍할 수도 있지 않을까?

　　하지만 내 희망은 '상태 불문 희귀(Rare in any condition)'라는 문구를 본 순간 무너져 내렸다. 이는 희귀서 업계에서 통용되는 완곡어법으로, 해당 서적의 상태가 완전히 엉망진창이라는 뜻이다. 10여 년 방치된 침수 건물의 지하에서 꺼낸 책일 때? '상태 불문 희귀.' 뒤표지에서 버섯이 자라고 있다면? '상태 불문 희귀.' 표제지가 없는 경우? '상태 불문 희귀.' 이번 «에블리나»는 알고 보니 세 권 중 두 권에서 표제지가 결실된 상태였다. 출품 목록의 끝에는 이렇게 적혀 있었다. "하자 포함 판매(Sold with all faults)." 이것 역시 업계에서 흔히 쓰는 완곡어법이다. 때로 'w. a. f.'로 줄여 쓴다. 희귀서 세계가 정부 기관 못지않게 약어로 넘쳐나는 것을 미처 몰랐던 초보 수집가들은 당황스러울 수밖에 없다. 나는 차마 입찰할 수 없었다. 경매인이 그 '상태 불문 희귀' 판본에 매긴 예상 낙찰가는 2000~3000달러였지만, 실제 낙찰가는 630달러였다. 나는 후회하지 않는다.

  대신 내게 의미 있는 다른 판본을 찾기로 했다. 그게 어떤 판본인지도 알고 있었다. 조지타운의 은퇴한 고서상 자택을 방문했을 때, 반짝이는 금박 장정으로 나를 사로잡았던 그 책을 잊을 수 없었다. 나는 오스틴 돕슨이 서문을 쓴 1903년판 «에블리나»를 원했다. 그날의 조지타운 출장은 내게 중요한 시작이었다. 하지만 나는 그날 입수한 책은 착실하게 카탈로깅해서 판매했다. 내가 사업 차원에서 매입하는 대부분의 책이 맞는 운명이다. (그리고 그건 내가 사업을 잘한다는 뜻이다.) 이후 나는 같은 판본을 다시 입수할 기회를 노리기 시작했다. 도서전, 경매장, 온라인을 꾸준히 뒤지며 책 상태와 매입가를 저울질했다. 그러다 마침내, 영국의 어느 온라인 서점에서 내 취향에 부합하는 책을 찾아냈다. 최상급 상태의 책은 아니었다. 애초에 최상급 책의 프리미엄 가격을 감당할 각오까지는 아니었다. 하지만 매우 양호한 상태였고, 그에 비해 가격도 착했다. 마치 그 책이 나를 기다리고 있었던 것 같았다. 참을성 있게 내가 찾아내기를 기다리고 있었다.

  이때쯤 나는 «에블리나»를 진심으로 사랑했다. 제인 오스틴이 그랬던 것처럼. «에블리나»를 읽으며 얻은 최대 수확은 오스틴이 버니의 작품을 왜 그렇게 칭찬했는지 직접 체감한 것이었다. 오스틴은 로맨스의 여왕이라는 칭호를 당당히 따냈고, 그녀의 위상은 철옹성이다. 나 역시 여전히 《오만과 편견》을 《에블리나》보다 좋아한다. 하지만 《에블리나》를 읽으면서 나는 오스틴에게서 처음 유래한 줄 알았던 이 장르의 특징들을 곳곳에서 보았다. 인물들의 희로애락에 따라 나도 함께 소리치게 되는 짜릿한 감정이입 ― 앗, 둘이 통했어, 앗, 또 오해했어 ― 은 오스틴의 최대 재능 중 하나다. 《오만과 편견》에서 엘리자베스와 다시는 무도회에서 처음 만난다. 그곳에서 엘리자베스는 다시가 "이 방에는 마주 서는 것 자체가 형벌이 아닌 여자"가 없다면서 춤을 추지 않겠다며 불평하는 말을 우연히 듣는다. 그런데 《오만과 편견》보다 35년 앞서 출간된 《에블리나》에도 잠재적 연인 사이에 동일한 역학 관계가 전개된다. 초반에 역시 무도회 장면이 나오고, 오빌 경이 에블리나의 경험 부족을 오해해서 그녀를 "가엾고 나약한 소녀"라고 부른다. 이 말을 에블리나의 친구가 듣고, 친구에게 그 말을 전해 들은 에블리나는 굴욕감에 빠진다. 이 장면이 오스틴의 첫 출간작 《이성과 감성》(1811)보다 수십 년 앞선 작품에 등장했으니 망정이지, 그렇지 않았으면 나는 제인 오스틴의 소설에서 본뜬 장면이라고 했을 것이다.

  실상은 정반대였다. 제인 오스틴의 이름이 처음 인쇄된 지면도 오스틴 본인의 책이 아니라 버니의 책이었다. 1796년 6월, 버니의 세 번째 소설 《커밀라》가 예약 출판 방식으로 발간되었다. 예약 출판이란 독자들이 출판 비용을 대거나 저자의 수익을 늘려주기 위해서 책값을 미리 지급하는 것을 말한다. 현대의 크라우드 펀딩과 비슷하다. 또한 현대의 많은 펀딩

제작물처럼, 기여자들의 이름이 책에 인쇄되어 기록으로 남았다. 《커밀라》 초판본의 예약 구매자 명단에 오스틴의 이름이 "미스 J. 오스틴, 스티븐턴"이라고 찍혀 있다. 불과 몇 달 후인 1796년 10월, 오스틴은 《첫인상》 초고를 쓰기 시작했고, 곧이어 오스틴의 아버지는 버니의 《커밀라》를 낸 출판사에 편지를 보내 《첫인상》을 "미스 버니의 《에블리나》와 비슷한 분량의 세 권짜리 소설 원고"로 소개했다. 이때는 출간 제의를 거절당했지만, 훗날 이 원고는 '오만과 편견'이라는 제목으로 세상에 나오게 된다. 버니에 대한 책과 오스틴에 대한 책을 모두 저술한 클레어 하먼은 《오만과 편견》이 "《커밀라》와 유사성이 매우 많아서 정교한 오마주라고 할 수 있을 정도"라고 평했다.

　　버니의 이름 역시 오스틴의 소설에 등장한다. 《노생거 사원》에서 오스틴은 버니의 소설을 애호하는지 여부를 인물의 식견을 판단하는 지표로 이용한다. 《노생거 사원》은 시골 출신 독서광인 10대 소녀 캐서린 몰랜드가 바스에 와서 처음으로 사교계를 접하며 겪는 일을 다룬다. 멍청한 존 소프는 캐서린의 환심을 사려 수작을 부리다가 자신이 무슨 실언을 하는지도 모르고 지껄인다. "나는 소설 안 읽어요. 나는 할 일이 많거든요." 캐서린은 "민망하고 무안한 기분이 들었고, 사과하려 했지만", 소프는 그녀의 말을 끊는다. 클레멘트 경이 에블리나에게 했던 행동과 판박이다. 소프는 읽어본 소설의 제목을 떠올리려 애쓰며 말한다. "뭐더라, 멍청한 책이었는데—" 캐서린은 그가 말하는 책이 버니의 《커밀라》인 것을 알아차린다. "제1권을 한번 집어 들고 훑어봤는데 금세 이건 아니다 싶더라고요. 사실은 보기도 전부터 어떤 책일지 짐작이 가긴 했죠." 이 마지막 문장에서 나는 예전의 내가 떠올라 괜히 오싹했다.

하지만 나는 예전의 내가 아니었고, 내 컬렉션도 계속 커가는 중이었다. 소용없었지만 즐거웠던 탐색의 시간을 들여 마음에 드는 《노생거 사원》 판본을 찾던 끝에 나는 현대의 재간행본으로 마음을 정했다. 내가 좋아하는 이 분야 아티스트 중 한 명인 코럴리 빅퍼드-스미스(Coralie Bickford-Smith)가 표지 디자인을 맡은 책이었다. 거친 천 질감의 표지가 책을 읽는 동안 손바닥에 사각대는 마찰감을 주고, 차분한 황갈색 바탕에 대담한 진홍색의 열쇠 무늬가 멋진 대조를 이룬다. 이 비싸지 않은 21세기 판본은 현재 나만의 주관적인 연필 주석을 잔뜩 달고서, 빅토리아 시대에 정교하게 제본된 버니의 《일기와 편지》 세트와 나란히 꽂혀 있다. 각기 다른 시간과 역사를 지닌 책들이 만나서 새로운 이야기를 들려준다.

내 컬렉션의 책들이 한 권씩 각자의 옆자리를 채우며 버니의 서사—소설가로서 부침을 겪고, 다음에는 일기 작가로서 두 번째 부침을 겪고, 마침내 18세기 영국 소설을 대표하는 작가 중 하나로 재조명되는 과정—를 재구성했다. 버니의 조카딸이 펴낸 《일기와 편지》(1842~1846) 세트는 버니가 논픽션 작가로 새로운 명성을 얻던 전환점을 대변한다. 1890년에 선물용 책으로 출시된 새파란 표지의 《패니 버니와 그녀의 친구들》은 《일기와 편지》를 재편집한 것으로, 버니가 대중에게 '패니' 버니로 불리기 시작한 시기를 접한다. 이 책 옆에는 돕슨이 세기 전환기에 발표해 많은 영향을 끼친 «패니 버니»(1903)가 있다. 상대적으로 차분한 적갈색 천으로 제본한 이 전기에서 돕슨은 버니가 마지막 소설 «방랑자»(1814)로 큰돈을 벌어들인 해에 오스틴의 «맨스필드 파크»가 출간된 일을 언급하며 이를 버니의 해가 지고 오스틴의 태양이 뜨는 전환기에 일어난 "아이러니"로 보았다.

다음에는 내 컬렉션의 에메랄드, 금박과 초록 장정의 1903년판 «에블리나»가 빛을 받아 반짝인다. 조지타운에서 입수한 책을 판매한 후에 같은 판본으로 다시 구한 책이다. 이 책 다음에는 상대적으로 고리타분해 보이는 20세기 중엽의 출판물들이 이어진다. 조이스 헴로의 전기 «패니 버니의 역사»(1958) 초판본이 그중 하나다. 옥스퍼드 대학교 출판부에서 펴낸 책으로, 짙은 남색 천으로 제본하고 더스트 재킷 앞면에 버니의 흑백 초상화를 넣었다. 버니의 삶과 작품에 대한 평단의 재평가라는 조용한 혁명의 시작이 된 책이다. 나는 이렇게 증거를 모았고, 그것을 내 서가에 펼쳐놓았다.

제인 오스틴이 로맨스의 여왕인 것은 이미 알고 있었다. 이제 나는 프랜시스 버니가 여왕의 어머니로 불릴 자격이 있다는 것을 안다. 이 책들을 수집하며 버니의 생애와 문학적 명성을 밟아가는 동안, 이것 하나는 부인할 수 없는 사실이 되었다. 오스틴은 진공상태에서 글을 쓰지 않았다.

현대 비평가들은, 심지어 악명 높은 남성 중심적 권위자들인 이언 와트부터 해럴드 블룸(Harold Bloom)조차 오스틴을 영어권 최고의 작가 중 한 사람으로 꾸준히 꼽는다. 정전의 자리를 건 결투가 있다면, 오스틴은 단연 명사수다. 하지만 우리는 이 대결을 서양 정전의 '기본값'에 속하지 않는 이들에게만 강요하는 듯하다. 여성 소설가, LGBTQ+ 작가, 비백인 저자들이 거기 해당한다. 나는 새뮤얼 리처드슨의 소설이 오스틴의 소설만큼 훌륭하지 않다는 이유로 그의 작품을 읽지 말라고 주장하는 비평가나 사학자를 본 적이 없다. 그런데 버니는 오스틴과의 결투에 빠짐없이 끌려 나온다. 거기서 지면 그대로 끝이다. 정전 명단에서 바로 지워진다. 반면 애초에 결투에 소환된 적조차 없는 리처드슨은 아무 도전 없이 같은 명단에 당당히 남아 있다.

  그래서 나는 버니를 나만의 명단에 올리기로 했다. 나는 영국에 있는 몇몇 희귀서 업계 인맥의 도움을 받아 «커밀라» 세트 초판본을 구했다. 초판 예약 구매자 명단이 들어 있는, 제인 오스틴의 이름이 최초로 활자화된 바로 그 판본이었다. 눈부신 세트였다. 모두 다섯 권이었는데, 송아지 가죽 제본이었고, 책등 이랑—가죽 장정 고서의 책등에 대나무 마디처럼 솟은 수평 돌기들—사이에는 붉은 염소 가죽에 금박으로 제목을 박은 라벨이 있었다. 붉은색 책등 라벨이 드문 것은 아니었다. 대개 갈색인 가죽 장정과 대비되는 원색을 택하는 것이 오랜 관행이다. 제본 기술자는 예술가이기도 하다. 그들은 책이 서가에 꽂혔을 때 제목이 돋보이기를 원한다. 고급 수제 종이로 만든 내지는 빳빳하고 두꺼웠고, 책장을 넘길 때 삭삭대는 마찰음을 냈다. 하지만 나는 이 세트를 내 것으로 소장하지 않았다. 내게는 다른 계획이 있었다.

당시 나는 로맨스 소설의 문학 계보를 일목요연하게 보여주는 컬렉션을 구축 중이었다. 이 «커밀라» 판본이 있어야 할 자리는 그 컬렉션이었다. 나는 로맨스 컬렉션을 완성한 후 구성 내용을 담은 카탈로그를 작성해서, 해당 주제에 나 못지않은 열정을 가진 어느 희귀서 사서에게 보냈다. 그 결과 이 컬렉션은 현재 학자의 연구와 교수의 강의와 학생의 발견을 위한 자리에, 구체적으로는 명망 높은 인디애나 대학교 릴리 라이브러리(Lilly Library)에 있다. 릴리 라이브러리의 방침에 따라, 열람을 요청하는 누구에게나 열려 있다. 동시에 나는 이 컬렉션의 카탈로그를 하드커버 책자로 제작해서 개인 수집가들과 전국의 희귀서 기관에 참고 도서로 판매했다. 현재 하버드, NYU, 스탠퍼드, 펜실베이니아 대학교 등의 특별 장서관에도 비치되어 있다. 누구라도 이 컬렉션의 체계적인 구성을 본다면, 로맨스 소설이 영국 소설사에서 차지하는 중요성을 더는 부인할 수 없을 것이다. 이 컬렉션은 내가 지금까지 희귀서 딜러로 이룬 가장 자랑스러운 성과 중 하나다.

로맨스 컬렉션은 매각했지만, 나는 지금도 버니의 책을 볼 때마다 구매한다. (가장 최근에 구매한 책은 1888년에 나온 선홍색 천 장정의 «에블리나»다. '커셀 레드 라이브러리(Cassell's Red Library)'라는 출판사 총서의 일부였는데, 버니의 이름을 아직 '프랜시스'로 표기하고 있다.) «에블리나»를 읽으며 나는 비슷한 작풍의 저자들을 비교하는 일이, 독서를 대결로 변질시키지 않는 한 유익할 수 있다는 것을 배웠다. 비교의 예를 들자면 이렇다. 오스틴은 버니보다 확실히 더 은근하게 쓴다. 반면 버니의 풍자에는 힘이 있다. 사실 오스틴 특유의 미묘한 풍자는 버니의 방식과 나란히 놓으면 단점처럼 보인다. 즉 직설을 꺼리는 오스틴의 경향은, 버니가 거침없이 정면으로 다루는 여러 문제—이를테면 노상 성희롱—를 외면하는 결과를 낳기도 한다.

또한 버니의 코믹 장면들은 오스틴의 것보다 폭력성이 짙은 편이다. 이는 현대의 독자 취향에는 맞지 않을 수 있다. 하지만 폭력의 뉘앙스를 도입한 것은 저자의 의식적 선택이며, 오스틴의 작품은 내지 못하는 효과를 자아낸다. 이런 장면들은 미심쩍은 인물이 어떻게 실제 위협으로 돌변할 수 있는지 보여줌으로써, 현실에서 만날 수 있는 위험의 수위는 오스틴 소설에서처럼 신사가 그저 발끈하며 자리를 박차고 나가는 선보다 훨씬 높다는 불행한 진실을 전달한다. 이는 오스틴에 대한 비판이 아니다. 버니에 대한 찬사다.

순수한 호기심에서 접근한다면, 이런 종류의 비교는 담론을 종결짓기보다 오히려 일으킨다. 소설에서나 개인 편지에서나 오스틴은 읽어보지도 않고 버니를 폄하하는 이들을 좋게 보지 않았다. 셜록 홈스의 철학—보기만 하지 말고 **뜯어보라**—을 실천에 옮기고 나서야 나도 비로소 오스틴이 우리에게 내내 말하고 있던 것을 이해하게 되었다. 오스틴은 자신을 자기 시대의 유일하게 위대한 여성 작가로 여기지 않았다. 그리고 실제로도 그렇지 않았다.

제3장

앤 래드클리프

Ann Radcliffe

1764~1823

❖

"(……) «우돌포»를 읽는 동안만큼은
누구도 나를 비참하게 하지 못할 것 같아."

《노생거 사원》의 캐서린 몰랜드

제인 오스틴 독자 중에 «노생거 사원»을 최애로 꼽는 사람은 흔치 않다. 하지만 내가 그 흔치 않은 사람 중 하나다. 어쨌거나 나는 책을 다루는 일을 하는 사람이다. 주인공 캐서린의 독서 열정이 플롯을 구동한다는 점이 내게는 이 소설의 최대 매력이다. 이야기의 시작 시점에서 캐서린은 앤 래드클리프의 고딕 로맨스 «우돌포의 비밀(The Mysteries of Udolpho)»을 읽는 중이다. 캐서린처럼 소설을 애독하는 친구가 캐서린에게 책에 대한 소감을 묻는다.

"그런데 캐서린, 오전 내내 뭐 하며 보냈어? 계속 «우돌포» 읽었어?"
"응, 눈뜨자마자부터 계속 읽었어. 검은 베일이 나오는 데까지 읽었어."
"정말? 좋았어! 아! 그 검은 베일 뒤에 뭐가 있는지는 절대 말하지 않겠어! 궁금해 죽겠지?"

"너무 궁금해! 대체 뭘까? 아니, 절대 말하지 마. 무슨 일이 있어도 듣지 않을래. 해골일 게 뻔해. 틀림없이 로렌티나의 해골일 거야. 나 이 책 너무 좋아! 평생 이 책을 읽으며 살고 싶을 정도야. 너를 만날 약속만 아니었으면, 천금을 줘도 책을 놓고 나오지 않았을 거야."

캐서린은 끝내주는 책을 만나는 기쁨이 무엇인지 안다. 그녀는 말한다. "《우돌포》를 읽는 동안만큼은 누구도 나를 비참하게 하지 못할 것 같아." 반면 《노생거 사원》 속 최악의 밉상인 존 소프는 이 책 읽기를 거부한다. 그러나 우리의 남주인공 헨리 틸니는 민망한 기색 하나 없이 당당히 말한다. "일단 읽기 시작하니 손에서 놓을 수가 없더군요. 이틀 만에 다 읽은 기억이 나요. 읽는 내내 머리카락이 곤두섰어요."

《노생거 사원》의 주요 인물들은 《우돌포의 비밀》을 좋아한다. 나는 《노생거 사원》을 좋아했다. 그렇다면 일종의 추이 법칙에 따라 나도 《우돌포의 비밀》을 사랑해야 마땅하다. 그런데 그때껏 나는 《우돌포의 비밀》을 읽을 생각조차 해본 적 없었다.

캐런 조이 파울러(Karen Joy Fowler)의 현대소설 《제인 오스틴 북클럽(The Jane Austen Book Club)》(2004)에 등장하는 "오직 제인 오스틴만을 위한 독서 모임"의 회원들 역시 《우돌포의 비밀》은 읽지 않았다. 《노생거 사원》을 논하는 날이 왔을 때도 이 책을 읽은 회원은 오직 한 명뿐이었다.

"«우돌포의 비밀» 읽은 사람 있어요?" 앨리그라가 물었다. "검은 베일과 로렌티나의 해골 말이죠? 물론이죠. 흥미를 확 끌지 않아요?"

우리에게는 아니었다. 우리는 그 책을 과열되고, 과장되고, 고루하게 선정적인 책으로 느꼈다. 내용이 터무니없을 것 같았다.

사실 우리 중 누구도 그 책을 읽을 생각조차 하지 않았다. 심지어 우리 중 일부는 그 책이 실제로 존재하는 책인 줄도 몰랐다.

그래도 나는 그 책이 진짜 책이라는 건 알고 있었다. 심지어 '문제작'이란 것도 알고 있었다. «우돌포의 비밀»은 문학사 개론서에서 고딕소설 몇 편을 후다닥 언급하고 넘어가는 문장에 등장한다. 고딕소설이라는 장르를 대중화시킨 것이 바로 «우돌포의 비밀»이었다(이에 대해서는 뒤에 더 자세히 나온다). 하지만 솔직히 말해서, 그렇게 휙 지나가는 언급들이 직접 책을 알아봐야겠다는 동기가 되지는 못했다. 이 책과 연관 지어 떠오르는 단어는 이것뿐이었다. 멜로드라마.

18세기에는 독자와 평론가 모두 «우돌포의 비밀»을 걸작으로 여겼다. 오스틴의 «노생거 사원»의 남주인공도 이 책을 "머리카락이 곤두선" 상태로 단숨에 읽었다. 그런데 200년이 흐른 후, 캐런 조이 파울러의 21세기 소설 속 등장인물들은 이 책을 읽어보지도 않고 "과열되고, 과장되고, 고루하게 선정적"인 책으로 간주한다. 누구 말이 맞을까? 버니에 대한 내 선

부른 판단이 틀렸음을 알게 된 기쁨이 가시기도 전에, 나는 래드클리프를 내 책장에 추가할 다음 저자로 점찍었다.

※

앤 래드클리프는 1764년 런던에서 태어났다. 버니보다 열두 살 어렸고, 오스틴보다 열한 살 많았다. 그녀의 생애에 대해 전하는 바는 많지 않지만, 알려진 사실만도 매우 흥미롭다. 18세기 기준으로나 21세기 기준으로나 어린 앤이 받은 교육은 비관습적이었다. 젠트리 계층 출신인 그녀는 당시 같은 계층 소년들이 받던 폭넓은 고전 교육에서는 배제되었지만, 같은 세대 아이 대부분이 필적하지 못할 교양을 쌓았다. 앤은 아버지가 여러 직업을 전전하던 어린 시절, 삼촌 토머스 벤틀리의 후견을 받았다. 벤틀리는 요업 분야에서 혁신을 일으키며 영국의 고급 도자기와 식기를 대표하는 제작자로 등극한 조사이아 웨지우드(Josiah Wedgwood)의 사업 파트너였던 인물이다. 또한 벤틀리는 여행 경험과 학식을 두루 갖춘 사람으로, 웨지우드 도자기에 많은 예술적 영감을 불어넣었다. 현대의 래드클리프 전기 작가 릭터 노턴(Rictor Norton)은 두 사람의 파트너십을 "웨지우드가 과학을 담당했다면 벤틀리는 취향을 공급했다"는 말로 요약했다. 오늘날도 수집가들은 "웨지우드&벤틀리" 마크가 찍힌 도자기를 찾는다. 벤틀리는 이 사업을 통해 일종의 미술사학자가 되어 책과 인쇄물을 수집하며 고미술을 연구했고, 나중에는 예술가들과의 협업을 통해 연구 결과를 당대의 취향에 접목했다. 어린 앤이 벤틀리의 피후견인이 되어 그의 집에 들어온 시기는 그가 고딕 건축 전시회를 위한 연구를 막 시작하던 때였다.

벤틀리의 저택은 고딕 건축과 관련해 시중에서 구할 수 있는 온갖 서적과 판화로 가득했고, 예술가들에게 직접 의뢰한 원화들도 있었다. 중세 후기의 고딕 교회와 유적을 담은 그림들이었다. 이 그림들은 기둥 꼭대기를 감싼 꽃무늬부터 측창을 나뭇가지처럼 덮은 창틀까지 작은 장식 요소들을 하나하나 세밀하게 묘사했다. 열 살의 어린 앤은 고딕 양식이 가득한 집 안을 뛰어다니며 삼촌이 자료를 체계적으로 기술하고 분류하는 것을 지켜보았다. 동그래진 눈을 반짝이며 오래된 책들과 손으로 채색한 판화들 사이를 돌아다니는 어린 소녀를 상상하기란 어렵지 않다. 어쩌면 그때부터 이미 소녀는 그림들에서 본 원대한 풍경 속에 길을 잃은 다른 소녀들의 이야기를 구상하고 있었을지 모른다. 당시에나 지금이나 이 같은 몰입식 미술사 교육을 경험하는 아동은 흔치 않다. 훗날 그녀가 묘사한 고성과 수도원이 생생하고 실감 나는 것은 어쩌면 당연한 일이다. 그것은 그녀가 어린 시절부터 익숙하게 보아왔던 세계였다.

1787년, 스물세 살의 앤은 윌리엄 래드클리프와 결혼했다. 당시 윌리엄은 의회 기자로 경력을 쌓는 중이었고, 매일 하원에 나가 의원들이 자잘한 입법 쟁점부터 영국의 노예무역 폐지 같은 중대한 입안까지 국가의 대소사를 논하는 모습을 지켜본 뒤, 스트랜드가에 있는 사무실로 돌아와 그날 있었던 일을 요약해서 다음 날 조간신문에 실을 기사를 썼다. 당대의 한 출판업자는 신문사 인쇄소가 밀집한 이 거리를 "런던 문필 활동의 온상"이라 묘사했다. "의회가 회기 중이고 정당 간 논쟁이 격화될 때는, 이 지역의 분주함과 열기가 분봉 시기 들끓는 벌통에 비견된다." 윌리엄 같은 기자들은 밤늦게까지 사무실에 머물렀고, 일대가 불 밝힌 건물들로 타오르는 듯했으며, 인쇄기가 "쉴 새 없이 덜컹대며 돌아가는 소음"만이 조용한 거리를 채웠다.

  그동안 앤 래드클리프는 집에 혼자 있었다. 그녀는 무료했다. 최초의 래드클리프 전기를 쓴 토머스 텔퍼드(Thomas Talfourd)에 따르면, 앤은 혼자 저녁 시간을 보내는 방법으로 글쓰기를 시작했다. 그녀는 황폐한 수도원에 은신한 도망자들과 그 뒤를 바싹 쫓는 정체 모를 추격자들의 이야기를 썼다. 갇혀서 죽은 이가 남긴 단편적인 원고에 대해 썼고, 죽은 자의 피가 관에서 흘러나와 온 방을 적시는 불길한 꿈에 대해 썼다. 윌리엄이 귀가하면 앤은 그에게 자신이 쓴 것을 읽어보라고 청했다. 늦은 밤, 혼자 있는 집에서 공포의 장면들을 쓰는 젊은 여인. 어떤 이들에게는 기괴한 취미로 보였을 것이다. 실제로 훗날, 이 습관이 그녀에게 정신이상을 일으켰다는 말이 돌았다. 윌리엄의 도움을 받아 앤 래드클리프 전기를 집필한 텔퍼드는 세간의 의심을 일축하며 다음과 같은 인상적인 설명을 붙였다. "그녀가 자신이 만든 공포에 시달렸다는 말은 터무니없다. 시달리기는커녕 종종 장난스럽게 웃으며 래드클리프 씨에게 원고를 건넸다. 혼자서는 무서워서 읽지 못했던 쪽은 오히려 그였다." 자신의 글이 얼마나 훌륭한지, 얼마나 섬뜩한지 아는 래드클리프가 신난 얼굴로 남편을 기다리는 모습을 자꾸 상상하게 된다.

래드클리프는 얼마 후 출판사를 찾았고, 첫 책 «애슬린성과 던베인성(The Castles of Athlin and Dunbayne)»(1789)을 익명으로 출판했다. 앞서 말했듯, 당시에는 소설의 경우 저자의 성별에 상관없이 익명 출판이 흔했다. 글쓰기는 좋아해도 이목을 끄는 것은 꺼렸던 래드클리프에게는 오히려 반가운 관행이었다. «애슬린성과 던베인성»은 그다지 주목받지 못했다. 다만 한 명 이상의 서평가가 이 익명의 저자를 남성으로 추정했다.

1824년, 스코틀랜드 작가 월터 스콧은 래드클리프의 생애를 반추한 글에서 그녀의 두 번째 책 «시칠리아 로맨스(A Sicilian Romance)»(1790)가 "예사롭지 않은 수준의 대중적 관심을 끌었다"고 회고했다. 그에 따르면 이 소설은 "눈부시게 빠른 전개 속에 모험이 첩첩이 쌓이고, 간발의 탈출과 생포의 순간들이 넘치는 이야기였다". 래드클리프는 세 번째 소설 «숲속의 로맨스(The Romance of the Forest)»(1791)로 작가의 명성을 제대로 확립했다. 주인공 고아 소녀 아델라인은 도망자 신세의 부부와 함께 어느 황폐한 수도원에 은신하는데, 이 수도원은 마을 사람들이 유령이 출몰한다고 믿는 곳이다. 얼마 후면 자신도 유명 소설가가 되어 제인 오스틴을 애독자로 두게 될 마리아 에지워스는 이때 사촌에게 보내는 편지에 이렇게 전했다. "요즘 여기서 유행하는 소설이야. (……) 이것을 읽고 말하지 않는 사람이 없어." 가장 중요한 것은 이 작품의 인기가 래드클리프에게 실명으로 책을 출간할 자신감을 심어주었다는 점이다. 초판이 금세 완판된 후 재판부터는 그녀의 이름이 책에 올라갔다.

《숲속의 로맨스》는 제목과 달리 구혼 소설이 아니었다. 이는 중요한 구분이다. 비평가들이 래드클리프의 소설을 어떻게 분류했는지가 그녀의 문학 유산 형성에 지대한 영향을 미쳤기 때문이다. 중세 유럽에서 '로맨스(romance)'라는 용어는 (라틴어가 아닌) 자국어로 쓰인 창작물을 일컫는 말로 등장했고, 이후 역사적 사실에 기반하지 않는 글을 지칭하는 말로 변했다. 예컨대 '아서왕 이야기(Arthurian romance)'가 이에 해당한다. 18세기 이전까지도 셰익스피어의 《한여름 밤의 꿈》처럼 판타지 요소가 있는 모든 작품을 '로맨스'라고 불렀다. 《스타워즈》의 '옛날 옛적 머나먼 은하'처럼 불분명한 시간과 장소가 배경인 작품도 '로맨스'였고, 역사책에 등장하지 않는 평범한 민초의 삶을 담은 이야기도 '로맨스'였다. 이 언어학적 계보의 흔적이 일부 유럽어에 남아 있다. 예컨대 프랑스어와 이탈리아어에서 '소설'을 뜻하는 단어는 각각 roman과 romanzo다.

'novel'이 현재는 '소설'을 두루 지칭하지만, 원래는 '로맨스'라는 넓은 범주에 속하는 특정 유형의 이야기를 지칭했다. 원래의 'novel'은 당대의 세상사를 다룬 이야기를 뜻했다. ('novel'은 'news'와 어원이 같다.) 하지만 래드클리프가 작품을 발표하기 시작한 1780년대 후반에는 '로맨스'가 더 이상 'novel'의 상위 범주가 아니라 'novel'과 구분되는 별개의 범주였다. 동시대 소설가 클라라 리브(Clara Reeve)는 이 무렵 《로맨스의 발전

(The Progress of Romance)»(1785)이라는 중요한 비평서를 내고 로맨스를 "허구의 인물과 사건을 다루는 영웅적 우화"로 정의했다. 반면 'novel'은 "현실의 삶과 풍속, 그리고 집필 당시의 시대를 그려낸 것"이었다. 다시 말해 '로맨스'는 판타지를, 소설은 사실주의를 지향했다. 따라서 이때의 비평가가 래드클리프를 "로맨스 분야의 셰익스피어"로 칭했다면, 그것은 그녀가 사랑 이야기를 썼다는 뜻이 아니었다.

이 용어들의 변천사는 18세기에 소설이라는 이 새로운 문학 형식이 얼마나 빠르게 변화했는지 보여준다. 정의는 계속 진화해서 결국 원래 의미와 딴판으로 변했다. 'novel'이라는 용어는 픽션(허구 서사)을 통칭하는 보편적 용어가 되었고, 이에 따라 'romance'는 'novel(소설)'의 하위 장르가 되었다. 따라서 래드클리프 시대의 '로맨스'는 오늘날 우리가 '장르 소설(genre fiction)'이라 부르는 것, 그중에서도 특히 SF, 판타지, 호러 같은 사변 소설(speculative fiction)에 가깝다. 즉 소설은 소설이지만, 특정 유형의 소설이었다. 18세기의 정의에 따르면 «반지의 제왕», «드라큘라», «우주 전쟁» 모두 로맨스다. 실제로 H. G. 웰스의 과학소설들은 당시에 '과학 로맨스'라 불렸다. 현대의 장르 소설처럼, 래드클리프 시대의 로맨스 역시 몰입감 넘치는 전개로 대중적으로 널리 사랑받았지만, 동시에 문학적 수준이 낮은 부류로 취급받았다. 이 괴리는 래드클리프가 문단의 총애를 잃게 된 경위와 밀접히 연결되어 있다.

하지만 그건 아직 훗날의 일이었다. 이 시점에서 래드클리프의 작가 경력은 «시칠리아 로맨스»와 «숲속의 로맨스»

의 연속 히트로 정점에 올랐다. 이 작품들은 먼 과거를 배경으로 한 모험물로, 동시대에 버니 같은 작가들이 유행시킨 구혼 소설과는 판연히 달랐다. 극작가들이 래드클리프의 소설들을 각색해 무대에 올렸고, 이를 통해 더 많은 사람에게 닿았다. 래드클리프의 모방작들을 비롯해 '로맨스' 소설이 쏟아져 나왔고, 이 유행이 출판 시장의 판도를 바꿨다. 1794년, 당대 최대 문예지 중 하나가 자사의 월간 '소설' 카탈로그를 '소설과 로맨스'로 확대했다. 래드클리프는 한 세대 작가 전체, 특히 그녀의 선례를 따르는 여성 작가들에게 강한 영감을 주었다.

래드클리프는 《우돌포의 비밀》(1794)의 원고를 출판사에 넘기고 500파운드를 받았다. 이는 그때까지 영국 여성 작가가 받은 최고액의 두 배가 넘는 금액이었다. (그때까지의 최고 기록은 다름 아닌 프랜시스 버니가 두 번째 소설 《서실리아》로 받은 200파운드였다.) 버니의 출판업자 중 하나였던 커델은 이 금액이 과장된 헛소문이라고 철석같이 믿고 10파운드 내기를 했다. 그는 내기에 졌을 뿐 아니라, 나중에 자신은 래드클리프의 차기작 판권에 더 많은 돈을 지불했다. 버니가 여성도 리처드슨이나 필딩 못지않은 소설을 쓸 수 있다는 것을 증명했다면, 이제 래드클리프는 여성도 그에 합당한 돈을 요구할 수 있다는 것을 증명하고 있었다. 그녀는 곧 남편보다 훨씬 많은 수입을 올리게 되었다. 각종 증언에 따르면 그녀의 남편은 칭찬받아 마땅하게도 아내의 저작 활동을 전폭적으로 지원했다.

래드클리프에게는 그만한 투자의 가치가 있었다. 독자들은 《우돌포의 비밀》의 끝을 보기 위해 밤새워 읽었다. 시인들은 거기서 영감을 받은 송시를 발표했다. 그녀의 책들 모두 생전에 찬사를 받았지만, «우돌포의 비밀»만큼 갈채를 받은 작품은 없었다. «우돌포의 비밀»이 출간되던 해, 한 서평가는 "영어로 쓰인 소설 중 가장 흥미진진한 작품"이라는 평을 내놓았다. 이 책은 래드클리프를 명실상부한 유명 작가로 우뚝 세웠을 뿐 아니라 천재 작가로 자리매김하게 했다. 나도 읽지 않을 수 없었다.

  하지만 내가 «우돌포의 비밀»을 시작하기까지 몇 주가 걸렸다. 알다시피 나는 아무 판본이나 읽을 수 없었기 때문이다. 나는 수집 중이었고, 역사적 의미가 있는 판본을 원했다. 나는 온라인 장터들을 샅샅이 훑으며 시중의 선택지들과 시세를 파악했다. 온라인으로 책을 찾는 일이 겉보기에는 쉬워 보이지만, 접근성이 뛰어난 만큼 나름의 어려움도 따른다. 가장 큰 문제는 바로 지나친 접근성이다. 전문 딜러가 공들여 카탈로깅한 목록이 아마추어의 것들과 나란히 뜬다. 후자는 전문 용어를 잘못 쓰기 일쑤고, 희귀성에 대한 맥락적 판단이 부족하고, 책 상태를 어설프게 미화하거나 축소한다. 전문성과 기회주의를 판별하는 능력은 책 수집가에게 꼭 필요한 것이며, 오직 실전을 통해서만 길러지는 기술이다. 하지만 바로 이 점이 수집의 매력이기도 하다. 본서를 준비할 때도, 글을 쓰려고 앉았다가 내 컬렉션을 위한 온라인 탐색에 빠지는 일이 한두 번이 아니었다. 그러다 아이들이 방에 쳐들어오거나, 옆길로 오래 새는 것을 막기 위해 설정해둔 알람이 울린 다음에야 노트북의 퍼런 빛에서 얼굴을 들고 어느새 몇 시간이 지나 있는 것에 놀라곤 했다.

마침내 나는 내가 원하던 판본을 찾았다. 내 선택은 에브리맨스 라이브러리(Everyman's Library) 시리즈에서 1931년에 나온 작고 우아한 두 권짜리 문고판이었다. 에브리맨스 라이브러리는 20세기에 나온 가장 성공적인 "세계 고전" 재간행 시리즈 가운데 하나였다. 나는 출판사가 래드클리프를 '고전'으로 인정한 점도 마음에 들었고, 전문가가 아닌 일반 독자를 겨냥한 점도 마음에 들었다. 더구나 내가 입수한 책은 희귀서 딜러라면 누구나 부러워할 수확이었다. 원래의 붉은색 더스트 재킷이 그대로 남아 있었기 때문이다. 이 시리즈에서 1930년 대에 나온 책들 중에 더스트 재킷이 온전한 것은 극히 드물다. 이 판본은 까슬한 감촉의 선홍색 천으로 장정하고, 표지에 어울리는 붉은 무늬 면지를 대서 책 자체로도 이뻤다.

나는 첫 페이지를 읽고, 이어 두 번째 페이지를 읽었다. 헨리 틸니—《노생거 사원》의 그 잘난 척하는 매력적인 남자—가 옳았다는 것을 깨닫는 데는 오래 걸리지 않았다. 《우돌포의 비밀》은 내 평생 최고의 독서 경험 중 하나였다. 나는 계속 잠을 미루며 '한 장만 더' 읽었다. 일을 쉬는 날에는 심지어 샤워도 하지 않고, 옷도 갈아입지 않고 읽었다. 어느 날 아침에는 책에 빠져서 커피 메이커의 엉뚱한 칸에 물을 붓는 바람에 카운터가 흥건해지는데도 알아채지 못했다.

《우돌포의 비밀》은 18세기 정의로는 '로맨스'다. 구체적으로는 로맨스 중에서도 오늘날 '고딕소설'이라 부르는 장르에 속한다. 이 장르의 지배적 분위기는 공포다. 플롯은 주인공 에밀리가 성년이 되면서 맞는 운명을 따라간다. 그녀는 아버지와 함께 남프랑스를 여행하며 절경을 즐기고, 아버지가 세상을 떠나자 잠시 베네치아에 있는 이모와 살게 된다. 이제 고아이자 상속자가 된 에밀리는 사악한 이모부 몬토니 경에게 납치당해 음산한 우돌포성으로 끌려가고, 사실상 감금 상태로 상속권을 넘길 것을 강요받는다. 에밀리가 성에서 점점 더 위험한 상황에 빠지면서, 이 책에 명성을 안긴 미스터리의 짜릿함도 점점 더 고조된다. 그중에서도 특히 전율을 부르는 것이 오스틴의 《노생거 사원》에서 언급된 '검은 베일'이다. 위협에 쫓겨 성을 헤매던 에밀리는 우연히 어떤 방에서, 거대하고 움직이지 않는 무언가가 검은 베일로 덮여 있는 것을 본다. 베일 아래를 들여다본 그녀는 너무 끔찍해서 기절한다. 그녀가 베일 아래서 무엇을 보았는지, 독자는 소설 끝에 가서야 알게 된다.

　　이 요약은 《우돌포의 비밀》의 재미를 전혀 전하지 못한다. 그 재미를 제대로 느끼려면 직접 읽는 수밖에 없다. 래드클리프는 건축하듯 공포를 짓는다. 서서히 정교하게. 돌을 하나씩 쌓아 올리듯이. 현대의 독자에게는 이 속도가 느리게 느껴질 수 있다. 하지만 애타기 좋은 만큼만 느리다. 래드클리프는 독자들이 다음 일별, 다음 전개, 다음 위기를 애걸하게 만든다. 그녀가 장 말미마다 배치한 클리프행어 엔딩은 집필 시점에서 200년이 흐른 지금도 독자들을 사로잡고 계속 페이지를 넘기게 한다.

　　래드클리프는 독자를 차츰차츰 애태운다. 다음에 벌어질 일에 대한 섬뜩한 일별만 허용하고는 독자를 다시 어둠 속에 집어넣는다. 그녀는 내가 후대의 고전들에서 익숙하게 봤던 장치들을 사용한다. 예컨대 고요 속에 갑자기 울리는 설명 불가의 소리(러브크래프트의 «광기의 산맥에서»), 정체와 의도를 알 수 없이 어른대는 그림자(메리 셸리의 «프랑켄슈타인»), 꿈속인 양 버려진 방들을 헤매는 장면(브램 스토커의 «드라큘라»). (그리고 내가 앞서 언급한 피로 물드는 방의 이미지는 «샤이닝(The Shining)»을 떠올리게 하지 않는가?) 익히 아는 장치들인데도 나는 래드클리프 특유의 사용 방식에 강하게 감응했다. 맥박이 빨라졌고, 숨이 막혔고, 몸이 굳었다. 그 고성의 긴긴 회랑과 아득한 계단 공동(空洞) 아래로 던져진 기분이었다.

래드클리프의 동시대 독자들의 경험도 다르지 않았다. 래드클리프 작품에 대한 첫 주류 비평서인 존 던롭(John Dunlop)의 «픽션의 역사(The History of Fiction)»(1814)는 그녀의 문학적 역량을 이렇게 묘사했다. "래드클리프 부인의 손에서는 말발굽 소리나 바람이 멎는 순간뿐 아니라, 상황에 따라 흔한 발소리나 문 닫는 소리조차 숭고하고 무시무시해진다." 래드클리프가 짓는 공포의 건축은 어느 시대의 작가도, 설사 정전 작가라 해도 달성하기 어려운 방식과 강도로 독자를 사로잡는다. 실제로 찰스 디킨스 같은 작가들은 래드클리프의 책을 교본처럼 읽으며 전개 속도, 클리프행어 기법 활용, 분위기 조성을 연구했다. 래드클리프는 후대 작가들이 배움을 구하는 스승이었다.

스포일러 없이 «우돌포의 비밀»을 오래 논하기는 어렵지만, 내가 기꺼이 그 어려움에 도전해보겠다. 오래전 작품의 재간행에 부치는 현대의 서문은 독자에게 플롯 전체를 거리낌 없이 노출하면서 작품을 소개하는 경향이 있다. 하지만 나는 여기서 결말을 누설하고 싶지는 않다. 《노생거 사원》에서 캐서린의 친구가 약 올리듯 말한다. "궁금해 죽겠지?" 그렇다. 나 역시 그 검은 베일 뒤에 무엇이 있는지 정말 궁금했다. 나는 내가 세운 원칙을 깨고 내 1931년판 《우돌포의 비밀》의 여백에 연필로 이렇게 쓰고 말았다. "으아아 대체 뭘 본 거야 아아아!" 한 가지만 밝히자면, 래드클리프의 소설에서 공포는 처음에는 망상으로 보이지만, 나중에는 모두 논리적으로 설명되는 현상으로 밝혀진다. 이런 식의 결말을 전문용어로 '해명된 초자연'이라고 하는데, 이것이 래드클리프 소설에서 가장 논란이 되는 측면이다. 일부 독자들은 미지의 공포로 움직이던 소설이 그 어둠을 명징한 논리로 풀어버리는 것은 이 장르가 저지를 수 있는 최대의 배신이라고 주장했다. 그들은 '마법사' 래드클리프가 손가락을 탁 튕겨서 마법을 걷어내버린 것에 당혹감을 느꼈다. 1814년, 던롭은 래드클리프 작품 속 고딕 건축에 빗댄 비유를 통해 이 점을 비판했다. 그는 논리적 설명으로 귀결되는 공포를 이렇게 불렀다. "어디로도 이어지지 않는 통로들."

하지만 책을 직접 읽은 내 생각은 달랐다. 결말의 한 측면에만 과하게 집중하는 것은 독서 경험의 대부분을 날리는 일이다. 특히 서사가 쌓이며 자아내는 절묘한 공포감을 제대로 느낄 기회를 놓친다. 래드클리프에게 핵심은 분위기다. 이는 책 자체만 봐도 분명하다. 현대 페이퍼백 판형은 대체로

500페이지를 웃도는데, 주요 미스터리의 해답은 마지막 다섯 페이지에 집중되어 있다. 래드클리프의 목표는 독자의 심장에 공포를 일으키고, 심장을 그 공포로 흠뻑 적시는 것이었다. «우돌포의 비밀»은 독자의 속도를 늦추는 책이다. 문제 해결을 급하게 서두를수록 만족감이 떨어진다. 무엇도 채근하지 말고, 그저 흐름에 몸을 맡기는 것이 좋다. (그러고 보니 제인 오스틴의 몇몇 여주인공에게 요긴한 인생 교훈이라는 생각이 든다. 특히 에마가 배워야 할 점이다. 그리고 «노생거 사원»의 캐서린에게도 만만찮게 필요한 교훈이다.)

 «우돌포의 비밀»은 분명히 내 최고의 독서 경험 중 하나였다. 그렇다고 그것이 완벽한 소설이라는 뜻은 아니다. 나는 소설 곳곳에 등장하는 장황한 풍경 묘사에 애를 먹었다. 특히 초반에 에밀리 부녀가 남프랑스를 유람할 때의 목가적 여정이 내 취향에는 지나치게 길었다. (이 책을 읽을 분들에게 미리 당부한다. 우돌포성이 나올 때까지 제발 포기하지 마시길!) 그런데 래드클리프의 동 세대 독자 중에는 오히려 이 부분을 좋아하는 이들이 많았다. 그들은 절벽, 강, 계곡, 그늘에 대한 그녀의 장황한 묘사를 '화려하다'고 칭찬했다. 한 서평가는 베네치아 장면들을 두고 "어느 언어로든 이처럼 완성도 높은 회화적 표현은 찾아보기 힘들 정도"라고 평했다. 래드클리프의 풍광 묘사가 워낙 탁월했기에 동시대인들은 당연히 그녀가 프랑스와 이탈리아의 그 화려한 장소들을 직접 가봤을 것이라 생각했다. 하지만 사실 그때까지 그녀는 영국 밖으로 나가본 적이 없었다. 다시 말해 풍경 묘사에 대한 불만은 아마도 개인적,

혹은 세대적 취향의 문제일 수 있다. 더 중요한 것은 이런 사소한 불만이 《우돌포의 비밀》에 대한 내 애정을 조금도 흔들지 못했다는 점이다. 내가 읽은 책 중에는 기술적으로는 완벽해 보이지만 아무 감흥을 주지 못했던 책도 여럿 있었다. 《우돌포의 비밀》에는 결점이 없지 않다. 하지만 외견상 나무랄 데 없었던 그 책들보다 훨씬 큰 감동을 주었다. 이 책에는 오스틴에게 아쉬움을 표했던 19세기 비평가들, 이를테면 샬럿 브론테가 추구했던 바로 그 초월성의 자질이 있었다.

이제 나는 《우돌포의 비밀》을 읽고 사랑하게 되었고, 더 원했다. 1790년대 대중도 마찬가지였다. 래드클리프가 전례 없는 성공을 거둔 데 이어 고딕소설이 영국의 소설 시장에서 최대 유행 중 하나로 부상했다. 래드클리프가 고딕소설을 창안한 것은 아니지만, 크게 대중화한 것은 분명했다.

래드클리프가 주도한 고딕 붐은 18세기 영국의 3대 문학 운동이 정점에서 집약된 결과였다. 첫째, '숭고미'에 대한 평단의 관심이 부상하며 중요한 토대가 놓였다. 둘째, 셰익스피어를 영국 최고의 문호로 받드는 추세가 이에 한몫했다. 셋째, 빠르게 성숙하는 출판 시장에서 소설이 서사시나 민담, 예전의 '로맨스(모험담)'와 구분된 독자적인 문학 장르로 확실히 자리 잡았다. 이 시기 소설의 급성장에 대해서는 앞서 버니의 출판 불안감을 말할 때 이미 살펴보았다. 래드클리프의 문학사적 위치와 내 컬렉션 내 위상을 제대로 이해하기 위해서는 첫째 요인과 둘째 요인도 간략히 짚고 넘어갈 필요가 있다.

1757년, 정치가이자 철학자 에드먼드 버크가 《숭고미의 기원에 대한 철학적 탐구(A Philosophical Enquiry into the Origin of Our Ideas of the Sublime and Beautiful)》라는 저작을 통해 영국에서 '숭고'에 대한 관심을 촉발했다. 버크는 숭고를 특정 종류의 정서 반응으로 정의하고 찬미했다. 숭고는 두려움 속에서 경험하는 스릴감이었다. 깎아지른 절벽을 내려다볼 때나 사납게 요동치는 바다를 마주할 때 느끼는 짜릿한 공포가 바로 숭고였다. 버크는 이 책의 한 장에서 "유령과 마귀" 이야기를 예로 들며 숭고의 감정을 설명하기도 했다. 대자연 앞에서 경외감에 사로잡힐 때나, 자기 집의 호젓함에 문득 오싹함을 느낄 때 등 버크는 인간이 공포를 즐기는 다양한 방식을 제시했다. 영국이 냉정한 논리의 완성을 추구하는 신고전주의에서 벗어나 개인의 정서 체험을 찬양하는 낭만주의로 나아가던 이때, 버크의 숭고 예찬은 어둠과 야성과 공포를 수용하기 위한 지적 기반을 제공했다.

때를 같이해 셰익스피어 희곡에 대한 평단의 열광도 그 어느 때보다 고조되고 있었다. 1616년에 세상을 떠날 당시에도 이미 셰익스피어는 스타 극작가였지만, 그렇다고 훗날 영국의 '국민 시인'으로 추대되리란 것까지 기정사실은 아니었다. 셰익스피어 사후 100년 동안 크게 네 차례에 걸쳐 그의 작품집이 간행되었다. 그중 1623년에 처음 출간된 초판본을 오늘날 '퍼스트 폴리오(First Folio)'라 부른다. 이 초판본이 희귀서 시장에 뜨는 날에는 수백만 파운드를 호가하며 신문 헤드라인을 장식한다. (내 경우 1632년의 제2차 폴리오와 1685년의 제4차 폴리오의 책들은 거래해봤지만, 퍼스트 폴리오는 아직이다. 그것은 내

버킷 리스트에 있다.) 18세기에 이 작품집들이 셰익스피어의 명성을 지키는 첨병 역할을 하는 동시에 그의 희곡이 쉬지 않고 무대에 오르는 사다리 역할을 했다. 셰익스피어가 영문학사 최고의 문호이자 아이콘으로 격상된 것이 이 시기였다. 중요한 변곡점들이 대개 그렇듯 셰익스피어의 등극 역시, 당대의 문화적 변동들과 적시에 행동에 나선 개인들 이 두 가지가 맞물려 이루어진 것이었다.

이런 문화적 맥락이 18세기 초 영국, 이른바 아우구스투스 시대(Augustan Age)[9]에 이미 형성되기 시작했다. 당시 작가들은 고대 그리스와 로마의 고전 전통에서 영감과 압박감을 동시에 느꼈다. 이 시대의 대표적인 시인 알렉산더 포프(Alexander Pope)의 경우, 호라티우스와 베르길리우스 같은 고대 시인들에게 영감을 받은 시를 썼을 뿐 아니라, 호메로스의 《일리아스》(1715~1720)와 《오디세이》(1725~1726)를 영어로 번역해 상업적 성공까지 거두었다. 영국 문단은 고대 그리스와 로마에 비견되고 근대 프랑스와 맞먹을 만한 그들만의 강력한 문학 전통을 구축하고자 했다. 코르네유와 라신 같은 위대한 극작가들을 배출하고 자랑하는 프랑스에 맞서 영국도 자국의 극작가들을 내세우기 시작했다. 18세기 동안 프랑스와의 문화 전쟁 속에서 셰익스피어의 명성은 비약적으로 상승했다.

이 운동의 선봉에 섰던 인물 중 하나가 바로 버니 가문과 친분이 있던 데이비드 개릭이었다. 개릭은 당대 최고의 인

---

[9] 라틴 문학 융성기.

기 배우였고, 나중에는 런던 공인 극장 세 곳 중 하나를 운영했다. 개릭은 <리처드 3세>를 연기하며 배우로 처음 성공을 거둔 이래 출세와 명성을 셰익스피어에게 직접적으로 빚지고 있던 인물인 만큼 셰익스피어를 국가적 영웅으로 우상시하는 운동에 앞장섰다. 여기에 비평가들이 대거 합세해 셰익스피어 희곡을 천재의 작품이라 찬양했다. 셰익스피어의 부상은 래드클리프 같은 작가들에게 비옥한 창작의 토양을 마련해주었다. 셰익스피어의 비극들이 문학에서 숭고미의 전범(典範)으로 자주 인용되었기 때문이다. "눈앞의 공포는/상상이 낳는 공포에 비하면 아무것도 아니다"라는 맥베스의 고백보다 더 숭고한 것이 있을까?

소설이라는 문학 형식이 부상하던 곳에서 숭고와 셰익스피어라는 두 기류가 만나 영국 픽션의 풍광에 뭔가 새롭고 흥미로운 바람을 일으켰다. 바로 고딕풍이었다. 작가들이 픽션을 통한 숭고미 추구에 관심을 가지기 시작했고, 그들이 처음 영감을 구한 선대 저자 중 영순위는 셰익스피어였다. 이를 잘 보여주는 사례가 '최초의 고딕소설'이라는 명예로운 꼬리표가 따라다니는 책, 바로 호러스 월폴(Horace Walpole)의 《오트란토성(The Castle of Otranto)》(1764)이다. 월폴은 이 작품에 '고딕 이야기(A Gothic Story)'라는 부제를 붙였는데, 소설의 배경이 고트족이 로마를 약탈한 이후의 중세 시대이기 때문이었다. 하지만 월폴이 셰익스피어의 극작을 본떠서 《오트란토성》을 지은 것은 우연이 아니었다.

《오트란토성》의 성주는 자신의 왕국을 지키려고 유령

의 경고를 무시하다가 결국(나는 이 작품에 대해서는 스포일러를 아끼지 않을 생각이다) 자신의 후계자들이 비극적으로 살해당하는 결과를 맞게 된다. 마지막에는 미천한 출신의 기사가 성의 진정한 후계자였음이 밝혀진다. 소설 속 왕위 계승을 둘러싼 쟁투는 «리어왕»과 «맥베스»를, 성주의 딸이 엉뚱한 사고로 죽는 장면은 «로미오와 줄리엣»을, 망령의 전조는 «햄릿»을 떠올리게 한다. 월폴은 숭고미 개념을 실험하면서 셰익스피어 모방을 실험의 방패로 삼았음을 인정했다. 그는 "적어도 내 대담한 시도를 이 나라가 낳은 가장 빛나는 천재의 정전 아래에 숨겨주고 싶었다"고 고백했다. 그의 고딕 실험은 새로운 장르를 개척하는 원대한 시도보다는 그저 하나의 예술적 기행에 가까웠다. 하지만 이 소설은 장차 고딕 전통을 구성하게 될 특징을 다수 포함하고 있었다. 광대한 영지, 유령의 출현, 비밀 통로 등.

  «오트란토성»이 출간된 지 10여 년 후, 클라라 리브가 «올드 잉글랜드 남작(The Old English Baron)»(1778)을 발표해 고딕소설의 다음 단계를 열었다. «올드 잉글랜드 남작»은 셰익스피어 팬픽 수준의 독특함에 머물렀던 «오트란토성»에서 크게 발전해 고딕소설에 보다 매끄러운 서사 구조를 부여했다. 리브는 서문에서 "고전 로맨스와 현대소설의 가장 매혹적이고 흥미로운 요소들을 결합하고자 했다"는 소신을 밝혔다. 이 작품 역시 «오트란토성»처럼 중세를 배경으로 도덕적인 고아가 선대에서 배신으로 빼앗긴 영지를 되찾는 과정을 플롯으로 한다. 하지만 «오트란토성»에 비해 희곡보다는 일반 소설처럼 서사가 전개되고, 설정도 훨씬 현실적이다(거대한 검은 등장

하지 않는다).

　　월폴과 리브가 주로 남성 주인공의 영웅적 투쟁에 초점을 두었다면, 그 뒤를 이은 소피아 리(Sophia Lee)는 《지하 궁전(The Recess)》(1783~1785)에서 여성 주인공들을 전면에 세웠다. 엘리자베스 시대를 배경으로 두 귀족 자매―스코틀랜드의 메리 여왕이 몰래 낳은 쌍둥이―를 둘러싼 사건들이 폐허, 동굴, 지하 통로 같은 공간들과 어우러진다. (소피아 리는 제인 오스틴과 함께 버니의 《커밀라》 예약 구매자 명단에도 이름을 올렸다.) 그러다 마침내, 래드클리프의 첫 책이 세상에 나오기 1년 전, 또 하나의 인기작이 등장해 고딕소설을 진일보시켰다. 바로 샬럿 스미스의 《에멀린(Emmeline)》(1788)이었다. 《에멀린》은 버니풍의 구혼 소설에 고딕 요소들을 도입했다. 찾는 이 없는 성에서 성장하는 고아 소녀라는 고딕적 설정으로 시작하지만, 이내 분위기가 바뀌어서 줄거리 대부분이 우아한 저택의 응접실에서 전개된다. 래드클리프가 이 형식을 이어받았다. 그녀는 여주인공의 품격을 중시하는 전통은 유지하는 한편, 고딕소설의 공포스러운 공간들―버려진 수도원, 외딴 성, 과거의 폭력으로 얼룩진 방―도 완벽하게 구축했다. 공포의 건축은 고딕소설의 트레이드마크가 되었고, 이 방면에서 래드클리프는 타의 추종을 불허했다.

　　래드클리프의 성공 덕분에 고딕소설이 폭발적으로 유행했다. 《오트란토성》 이후로는 몇 편만 출간됐을 뿐이지만, 래드클리프 이후에는 모방작들이 우후죽순 쏟아졌고, 곧 전체 소설 시장의 최소 삼분의 일을 차지했다. 여기에는 대형 호재가 작용했다. 고딕소설은 때마침 문해율 상승과 순회문고의 유행이 영국 독서 대중의 저변을 급격히 확대하던 시기에 등장했다. 고딕소설의 시장 장악은 1798년 «젠틀맨스 매거진(Gentleman's Magazine)»의 표현처럼 "지극히 이례적인 혁명"이었다. 미네르바 프레스(Minerva Press) 같은 출판사는 전체 사업의 삼분의 일 이상을 오직 고딕소설 출판에 할애할 정도였다.

  «우돌포의 비밀»은 이렇게 시장을 통째로 창출했다. 직접 읽어보니 나도 그 이유를 알 만했다. "과열되고, 과장되고, 고루하게 선정적"이라는 평판을 그대로 믿었던 내 실수를 깨달았다. 개인적으로 «에블리나»를 오판했던 전과가 있었던 터라 이 실수가 새삼 놀랍지는 않았다. 나는 또 틀렸다. 다만 이번에는 틀린 양상이 달랐다. 이번에는 래드클리프를 오스틴의 열등한 버전으로 생각하지 않았다. 나는 래드클리프를 그저 열등한 작가로 간주해버렸다.

  나는 조사를 계속했다. 래드클리프의 소설들을 즐기고, 전기와 평론들을 읽고, 그녀의 책을 수집했다. 그 과정에서 알게 된 사실들은 흥미와 분노를 모두 일으켰다. 흥미로웠던 것은 100년이 넘는 세월 동안 비평가들의 논조 변화를 직접 확인할 수 있었기 때문이고, 분노가 치민 이유는, 음, 곧 알게 될 것이다.

래드클리프의 몰락의 씨는 1797년에 처음 뿌려졌다. 그해 그녀의 다섯 번째 소설 «이탈리아인(The Italian)»이 출간되었다. 이 작품에는 래드클리프가 창조한 악당 중 가장 흥미로운 악당 — 어두운 과거를 지닌 스케도니 신부 — 이 등장해서 주인공 남녀의 결혼을 방해한다. 당시 비평은 다소 엇갈렸으나 («우돌포»를 더 선호한 평자가 있었는데, 사실 탓하기 어렵다), 독자들은 열광했다. 1798년, 이 책에 감명받은 한 작가는 래드클리프를 "로맨스 분야의 셰익스피어"로 칭했다. «이탈리아인»은 초판 발행 부수가 당시로서는 상당히 많은 2000부였는데도, 몇 달 되지 않아 중판에 들어갔다. 래드클리프의 책이 다시 한번 모두의 화제에 올랐다.

그러다 아무 설명 없이 그녀는 돌연 출판을 중단했다.

처음에는 많은 이가 래드클리프를 죽었다고 생각했다. 내가 특히 흥미롭게 본 사례는 그녀의 팬이 많았던 프랑스에서 일어났다. 1809년, 래드클리프의 시어머니가 사망했을 때 영국 신문에 난 부고를 프랑스 언론이 작가 본인의 사망 기사로 오인하는 일이 벌어졌다. 프랑스 애독자들은 19세기 특유의 과장된 방식으로 그녀의 죽음을 애도했다. 래드클리프의 이름으로 가짜 '유작'을 대거 출간한 것이다. 나는 이 책들의 존재를 노턴의 래드클리프 전기를 통해 처음 알게 되었고, 이후 데버라 D. 로저스(Deborah D. Rogers)의 «앤 래드클리프: 전기적 문헌 목록(Ann Radcliffe: A Bio-Bibliography)»에 부록으로 실린 "허위 저작 목록"에서 구체적인 출판 정보를 확인했다. 내 다음 목표는 그 책들을 찾는 것이 되었다. 다음번에 파리로 출장 갔을 때, 나는 고서점들을 돌면서 래드클리프의 실제 사망

연도인 1823년 이전에 출간된 책이 있는지 꼬박꼬박 물었다. 성과는 없었다. 래드클리프의 진짜 저작은 아니었지만, 어쨌든 그 책들도 19세기 초에 나온 고서였고, 따라서 역시 희귀했다. (정말 속상하게도) 나는 여태 단 한 권도 손에 넣지 못했다. 하지만 언젠가는 반드시 나폴레옹 시대 말기의 해적판 책으로 가득한 가방을 들고 귀국하는 동시에, 파리 전역에 "래드클리프를 찾는 이상한 여자"라는 명성을 남기는 이중 목적을 이루고야 말 것이다. 고서 수집은 별난 기질이 이점인 분야 중 하나다.

래드클리프 사망설은 프랑스뿐 아니라 더 멀리까지 퍼졌다. 대중에게는 그녀의 침묵이 도저히 이해할 수 없는 것이었기 때문이다. 성공 가도를 달리던 작가가 왜 갑자기 은퇴한단 말인가? 래드클리프는 화려한 조명을 받으며, 그녀를 디너 파티의 귀빈으로 모시려 안달인 런던 사교계 인사들의 식탁에서 빛을 발하며 살 수 있었다. 하지만 실제는 예상과 달랐다. 래드클리프는 인세로 번 돈으로 영국 시골에 집을 장만하고 조용히 살았다. 그리고 충분한 자금이 모이자 남편과 함께 영국 각지로, 독일과 네덜란드 등 해외로 여행을 다녔다. 그녀는 여행 중에도 일기를 썼다. 일기는 예술가의 눈으로 포착한 장엄하고 소름 돋는 경관에 대한 글들로 가득했다. "탑의 높은 창에 어린 빛. 어두운 탑 아래에서 그 높이를 따라 하늘과 별을 올려다보는 느낌은 너무나 숭고하다."

불가피하게 가끔 런던을 방문할 때도 래드클리프는 주목받는 것을 꺼렸고, 실제로 피했다. 예를 들어 극장에 가는 것은 좋아했지만 대신 항상 일반 객석에서 잘 보이지 않는 오케스트라석에 앉았다. 사람들이 있는 곳에서 그녀는 눈길을 피했다. 그리고 마침내 사람들은 그녀가 세상에서 사라졌다고 믿게 되었다.

　　래드클리프의 잠적을 둘러싼 논란은 어떤 면에서는 애초에 대중이 그녀에 대해 아는 바가 몹시 적었다는 사실에 기인했다. 이 정도 위상의 작가치고, 래드클리프에 대한 알려진 전기적 정보는 답답할 정도로 적다. 그녀가 대중의 관심을 싫어한 까닭에 생전에 인쇄 매체에 공개된 사적 정보가 극히 적었고, 그녀의 편지, 일기, 그 밖의 미출간 글도 대부분 후대가 출판할 기회를 얻기 전에 유실되거나 폐기되었다.

　　이 상황은 훗날 그녀를 연구하려는 이들에게 심각한 장벽이 되었다. 빅토리아 시대의 위대한 시인 크리스티나 로제티(Christina Rossetti)는 10대 시절부터 래드클리프의 작품을 사랑했다. 로제티는 1880년대에 자신의 우상에 대한 전기를 쓰고자 했다. 하지만 "그녀에 대해 아는 것이 전무하다시피 했다". 로제티는 영국 박물관의 기록보관소에 갔고, 사학자들과 문학 연구자들과 의논했고, 나중에는 한 잡지사를 통해 공개적으로 자료 제보를 요청하기도 했다. 하지만 남아 있는 정보가 거의 없다는 것을 깨닫고 신명이 꺾였다. 그녀는 결국 편집자에게 항복을 선언했다. "나는 절망하여 물러납니다."

　　이런 좌절된 시도들이 래드클리프의 사후 명성에 상당한 악영향을 미쳤다. 래드클리프의 정전 위상이 퇴색하던 시기에 빅토리아 시대 최고 작가 중 한 명이 쓴 전기가 있었더라면, 다음 세대에 래드클리프를 되살리는 계기가 되었을 것이다. 실제로 제인 오스틴의 경우가 그랬다. 오스틴에 대한 대중과 평단의 관심을 재점화한 것이 조카 제임스 에드워드 오스틴-리가 1869년에 출간한 «제인 오스틴 회고록»이었다. 현대 영문학자 B. C. 사우섬(Brian Charles Southam)도 그 책이 "사실상 잊혔던 작가에 대한 대중의 관심을 일깨웠다"고 평했다. 그러나 래드클리프의 경우는 로제티가 참고 자료를 확보하지 못했기에 그 비슷한 전기가 끝내 탄생하지 못했다.

    래드클리프가 출판을 중단한 지 몇 년이 지나 많은 이가 그녀를 죽었다고 생각할 때, 또 다른 소문이 돌기 시작했다. 이번에는 그녀가 정신이상이었다는 소문이었다. 비평가들은 그녀가 펜으로 창조한 공포들이 그녀 자신의 정신을 파괴했을 거라는 추론을 꺼내 들었다. 이 유언비어의 유포자들은 소설 읽기가 독서광 딸들에게 미칠 해악에 대한 최악의 공포를 종적이 묘연한 당대의 스타 작가 래드클리프에게 투사했다. 이 소문은 1810년에 절정에 이르렀다. 거만했지만 인맥은 넓었던 찰스 휠라이트(Charles Wheelwright)라는 시인이 자기 책에 이 유언비어를 사실인 양 쓴 것이 화근이었다. 그는 시 중 하나에서 래드클리프를 언급하며 다음과 같은 근거 없는 각주를 달았다. "재능 있던 여성 작가 앤 래드클리프 부인이 (······) '호러병(the horrors)'이라는 병명으로 알려진 일종의 정신착란 상태에서 사망했다고 전해진다." '호러병'은 당시의 실제 의학 용어인데, («메리엄-웹스터(Merriam-Webster)» 사전에 따르면) "섬망 상태에서 나타나는 발작적 우울증이나 공포증"을 뜻했다. 다시 말해 이 인쇄된 낭설에 따르면, 래드클리프는 정신병으로 사망한 것이다.

문학계가 그녀의 죽음과 광기에 대한 상상에 빠져 있을 때, 래드클리프는 멀쩡히 살아서 개와 함께 공원을 산책하고, 남편과 휴가지에서 묵었던 호텔의 서비스를 불평하고 있었다. 헛소문이 처음 돌던 무렵, 몸도 마음도 온전하게 살아 있었던 래드클리프는 어떻게 대응해야 할지 알지 못했다. 신문사들에 편지를 돌려 "아니요, 저는 미치지 않았습니다"라고 말해야 했을까? 그녀 성격에 불가능한 일이었다. 그런 황망한 편지를 쓴다는 생각만 해도 몸서리가 쳐질 지경이었다. 자신의 '호러'를 쓸 때보다 더 오싹한 일이었다. 그래서 그녀는 아무것도 하지 않았다.

래드클리프가 실제로 세상을 떠난 1823년, 남편 윌리엄은 그녀의 평판을 회복하고 문학 유산을 보전하기 위해 변호사이자 작가였던 토머스 탤퍼드의 전기 출판을 허락했다. 이것이 최초로 래드클리프의 생애를 상술한 책이자 고인의 남편이 인정한 공식 전기였다. 이 책에서 탤퍼드는 정신병에 대한 모든 의혹을 일축했다. 대신 오케스트라석에서 음악을 듣거나 숲을 산책하는 등 일상적인 활동으로 보낸 래드클리프의 은퇴 생활을 자세히 전했다. 또한 래드클리프의 여행 일기에서 발췌한 내용들을 통해 그녀가 더는 재능을 수익화할 뜻이 없었을 뿐, 그녀의 필력은 녹슨 적이 없었음을 입증했다.

하지만 탤퍼드의 전기는 동시대인들에게는 뒤늦은 해명에 불과했다. 탤퍼드와 래드클리프의 남편은 정신이상설이 좀처럼 불식되지 않자 아연실색했다. 대중에게 이들의 노력은, 마치 래드클리프 소설의 '해명된 초자연' 결말처럼, 감정적 주장을 논리로 풀겠다는 의도로 보였다. 그녀의 광기는 시적 개념이었고, 이는 그녀의 이미지에 맞아떨어졌다. 래드클리프는 수많은 독자에게 정신착란을 부르는 공포 체험을 선사했기에, 그 과정에서 그녀 자신의 정신도 뒤틀리고 말았을 거라는 믿음이 오히려 이성적이었다. 그 천재적인 래드클리프가 그저 남들보다 산책을 좋아한 보통 여성일 리 없었다. 이런 우상시는 래드클리프 수준의 명성을 얻은 사람들에게만 일어나는 일이 아니다. 공인 대부분에게 일어난다. (희귀서 딜러인 내가 전자책 다운로드를 언급할 때 사람들이 놀라는 것도 비슷한 맥락이다.)

    대중이 광기 서사를 적극 수용한 사건은 에드먼드 버크가 18세기 영국 대중 앞에 숭고미 이론을 펼쳐 보이며 했던 말을 떠올리게 한다. 버크는 숭고미의 힘은 모호함에서 비롯되며, 따라서 우리가 대상의 실체를 명확히 알지 못할 때 더한 두려움을 느낀다고 주장했다. "우리가 위험의 전모를 알게 되고 우리 눈이 거기에 익숙해지면, 불안은 상당 부분 사라진다." 이 원리는 가십의 세계에도 유효하게 적용된다. 정보가 부족할 때 우리 뇌는 그 공백을 가장 개연성 높은 해석보다는 최악의 경우들로 채우는 경향이 있다. 이것이 래드클리프의 문학 유산에 일어난 일에 대한 설명이다. 래드클리프가 대중의 시야에서 사라질 때 그녀는 등 뒤에 정보의 부재를 남겼고, 그 공백은 채워져야 했다. 래드클리프는 미해명의 영역에 은거한 채 우리 내면의 가장 깊은 공포를 자극했다. 그녀의 독자들은 공백을 메우러 달려들었다. 사망 소문은 사실로 반박될 수 있었다. 하지만 광기는? '다락방의 미친 여자'는 «제인 에어»가 등장하기 훨씬 이전부터 영국인들에게 매혹적인 개념이었다.

하지만 이것만으로는 래드클리프의 문학사적 몰락이 다 설명되지 않는다. 문제는 일반적으로 광기가 예술가의 평판을 망치는 이유로 다소 약하다는 것이다. 오히려 우리는 창작자들에게 약간의 광기를 기대한다. 반 고흐, 윌리엄 블레이크, 헌터 S. 톰프슨…… 정확히 말하면, 남성 창작자들에게.

나는 소문과 이에 대한 반박이 시간이 흐르며 어떻게 변했는지 추적하기 위해 관련 인쇄물을 수집하기 시작했다. (멀쩡히 살아 있는) 래드클리프가 '호러병'으로 사망했다는 악명 높은 소문을 담은 휠라이트의 책부터 확보하려 잽싸게 움직였다. 내 수집 인맥을 다 동원해도 시중에 나와 있는 책은 딱 한 권이었다. 하지만 기분 좋게도, 래드클리프의 초판본들에 비하면 푼돈에 불과한 가격에 구입할 수 있었다. 희귀서 수집 시장에서도 고가품 영역은 전통적으로 남성 수집가들이 주도해왔고, 그들은 여성 저자를 남성 저자만큼 높이 평가하지 않는 경향이 있다. 이런 맥락에서 볼 때, 이 남성 작가의 초판본이, 심지어 동시대 가죽 제본에 상태도 좋은 초판본이 헐값에 거래된다는 사실은 시사하는 바가 컸다.

다음으로 나는 래드클리프 사망 직후 남편이 공식적으로 허가한 텔퍼드의 전기 초판본을 입수했다. 이 전기는 내 서가에서 예상보다 자리를 많이 차지했다. 래드클리프 사후에 출간된 마지막 소설 《가스통 드 블롱드빌(Gaston de Blondeville)》 (1826)에 이 전기가 서문으로 붙어 있는 것을 구했기 때문인데, 이 소설이 장장 네 권짜리였다. 하지만 책등 이랑과 그 사이사이에 찍힌 금박이 예뻐서 이 책을 반갑게 맞았다. 아직은 내 서가에 공간이 넉넉했으므로. 아직은.

  내 컬렉션은 이제 래드클리프의 '사후 생애'를 얘기하기 시작했다. 그녀의 생전에는 그녀가 미쳤다는 유언비어가 돌았다. 그녀의 사후에는 새로운 루머가 출현했다. 비평가들이 그녀의 저작이 형편없다고 말하기 시작한 것이다. 하지만 나는 래드클리프의 책들을 읽었고, 더는 그런 평가를 믿지 않았다. 그래서 그런 비판이 점차 사실로 굳어진 내막에 대한 증거를 찾기 시작했다. 내 서가에 들어올 책이 아직 더 남았다.

  내가 찾던 책들 가운데 특히 중요했던 것이 던롭의 《픽션의 역사》(1814)였다. 앞서 내가 래드클리프 작품에 대한 초창기 주류 비평서로 언급했던 바로 그 책이다. 래드클리프의 동시대 비평가들은 그녀의 책이 출간될 때마다 문예지들에 짧은 서평을 냈을 뿐이었다. 이에 비해 던롭의 저서는 래드클리프의 작품 전체를 조망하는 최초의 종합비평이었다. 래드클리프가 생존해 있을 때 출간되었고, 내용도 대단히 호의적이었다. 던롭은 래드클리프를 셰익스피어와 비견한 비평가 중 한 명이었다. 그는 그녀가 창조하는 공포는 "죄의식, 경악, 회한의 서술을 통해 고양되는 공포이며, 이는 셰익스피어조차 필적한 적은 있어도 능가하지는 못한" 능력이라고 평했다.

  나는 던롭의 책을 아는 딜러의 웹사이트에서 발견한 뒤

몇 달이나 들락거리며 고민했다. 이 책을 입수하는 데 감당해야 할 금액이 만만치 않았다. 그러던 어느 여름, 희귀서 딜러 지망생들을 위한 세미나에 강사로 참여하고 소정의 사례비를 받았다. 나로서는 뜻밖의 수입이었다. 나는 결국 유혹에 항복하고 던롭의 초판본을 주문했다. 어떤 이들은 핸드백이나 콘서트 표나 주말여행에 과감히 지출한다. 나도 골고루 해봤지만, 내게 과소비 유혹이 가장 강한 대상은 역시 초판본이다.

던롭의 책은 래드클리프의 문학 이력에서 긍정적 변곡점이었다. 어쨌거나 그녀를 셰익스피어에 비견한 책이니까. 래드클리프와 셰익스피어의 연계는 숭고를 일으키는 공통된 재능에서 비롯되었다. 사실 그녀는 미학 이론을 놀랄 만큼 치밀하게 구현했기 때문에—그녀가 각별한 미술사 교육의 수혜자임을 잊지 말자—당시의 문학비평에서 월폴 같은 동시대 소설가들보다는 오히려 밀턴 같은 시인들과 비교되는 경우가 더 많았다. 시인은 예술가였지만, 소설가는 그렇게 불리는 일이 드물었다. 1815년에 그녀의 소설에서 무단으로 문장들을 뽑아 시집으로 꾸민 책이 있었다. 이 무허가 시집의 편집자는 "그녀의 천재성은 시적 능력에 있으며, 이는 그녀의 로맨스들에 넘쳐나는 아름답고 숭고한 풍경 묘사들이 증명한다"고 주장했다. 당시는 소설가 전체가 젊은 여성들의 정신을 타락시킨다는 혐의(이른바 "짐승의 표식")를 쓰고 여전히 불신의 눈초리를 받던 시대였다. 그런 시대에 비평가들이 그녀에게는 월계관을 씌우는 데 거리낌 없었던 것은 그녀의 문장이 "시적"으로 평가됐기 때문이다. 래드클리프가 살아 있었을 때 그녀의 글은 셰익스피어, 밀턴, 단테처럼 "숭고"했다. 그런데 그녀가 사망하자 저마다의 의도를 가진 비평가들이 그녀를 그저 '로맨스' 작가로 규정했다.

여기서 말하는 로맨스는 사랑 이야기가 아니었다. 상상의 이야기였다. 이것이 내 조사에서 중요하게 기억할 점이었다. 래드클리프의 시대에 이르러 '소설(novel)'이 허구적 산문 서사를 통칭하는 용어로 굳어졌고, '로맨스'는 소설의 하위 범주였다. 비현실적인 요소나 줄거리를 가진 소설, 즉 오늘날 '사변 소설'로 분류할 만한 이야기를 당시에는 로맨스라고 불렀다. (한 비평가가 같은 서평에서 '소설'과 '로맨스'를 같은 뜻으로 병용하는 일도 많았다.) 래드클리프는 독자에게 공포를 유발하는 로맨스를 썼다. 오늘날 고딕소설이라 부르는 것이다. 책을 읽고 수집하면서 계속 느낀 점이 있었다. 비평가들은 개별 소설은 때로 호평하면서도, 로맨스라는 범주는 거의 예외 없이 경시했다. 나는 래드클리프가 정전에서 밀려난 이유가 작품의 플롯보다 작품이 속한 장르에 있지 않을까 하는 생각이 들었다.

당대의 비평을 읽어보면 분명히 알 수 있다. 이 부류의 허구 문학은 언제나 '열등한' 장르로 취급받았다. 그리고 앤 래드클리프의 이름은 해당 장르와 불가분하게 묶여 있었다. 1797년, 래드클리프가 «이탈리아인»을 출간했을 때, 주요 비평 중 하나가 이를 장르 간 위계를 명확히 규정할 기회로 삼았다. 물론 «먼슬리 리뷰»는 래드클리프를 로맨스 작가들 가운데 '군계일학'으로 인정했다. 하지만 동시에, 로맨스는 사실주의 소설보다 열등한 부류라는 점을 기를 쓰고 강조했다. 평자는 이렇게 단언했다. "가장 탁월하면서도 가장 난이도 있는 소설 쓰기 방식은 풍속과 인물들을 현실 사회에 있는 그대로 정확하고 흥미롭게 재현하는 것이다." 비평가들은 래드클리프는 칭송하면서도 그녀의 장르는 칭송할 줄 몰랐다.

이런 관점이 일반화된 데는 고딕 로맨스가 당대 남성 인플루언서들이 혐오하던 두 가지 속성을 보였기 때문이다. 하나는 통속적 상업성, 하나는 여성의 예술 주도권이었다. 1796년, 브리스틀에서 발행되는 한 잡지의 독자 투고란에 다음과 같은 불만의 글이 실렸다. "남녀 주인공을 유령과 환영과 귀신과 해골로 가득한 음침한 성에 가두고, 공포를 일상으로 만드는 것이 작금의 유행이다." 대표적인 사례가 아마도 앞서 언급한 미네르바 프레스였을 것이다. 이 출판사는 잘 팔리는 작품이면 그게 뭐든 모방작을 시장에 쏟아내기로 악명 높았고, 평단은 이를 예술보다 이윤을 앞세우는 행태로 백안시했다. 1939년에 도러시 블레이키(Dorothy Blakey)가 발표한 미네르바 프레스에 관한 연구에 따르면, "이 유명 출판사는 싸구려 통속소설과 너무도 밀접히 엮여 있었기에 (……) 19세기 비평가들에게 미네르바라는 이름은 그저 경멸의 편리한 별칭에 지나지 않았다". 래드클리프 덕분에 고딕 로맨스는 잘 팔리는 장르가 되었고, "경멸스러운" 미네르바 프레스는 시장을 해당 장르로 뒤덮었다. 1798년, 《크리티컬 리뷰》는 "래드클리프 부인의 천재적 창의성과 묘사 능력" 탓에 "시시하고 비굴한 아류작들"이 범람하는 사태를 개탄했다.

여성 작가들이 이 분야를 주도한 점도 미움받는 이유였

다. 래드클리프, 버니, 오스틴이 활발히 작품을 발표하던 시기에는 소설 출간작의 저자가 남성보다 여성이 많았고, 그중 다수가 래드클리프 스타일의 고딕 로맨스를 출간했다. 고딕 장르는 여성이 주도한 장르였다. 고딕소설의 대다수는 여성 작가가 썼고, 여성을 주인공으로 했으며, 여성 독자를 대상으로 했다. 소설이라는 문학 형식의 유용성에 의문을 제기하던 회의론자들은 그 하위 장르인 고딕 로맨스에 대해서는 한층 더 격렬한 불신을 드러냈다. 그들의 관점에서 젊은 여성들이 읽는 책은 도덕적 교훈을 강하게 전달하는 책이어야 마땅한데, 고딕소설은 미덕의 모범을 제시하기보다 오락을 제공하는 데 초점이 맞춰져 있었다. 실제로 고딕소설은 이성을 누른 감성을 상징했다.

게다가 여성이 이런 책을 써서 성공을 거둔다는 사실 자체가 반감을 불렀다. 고딕 로맨스를 향한 비판을 특정 성별에 대한 공격으로 단정하는 일은 지나친 해석이라고 말할 독자들도 있겠지만, 이는 내가 억지로 추론해낸 결론이 아니다. 다수의 비평가가 대놓고 그렇게 말했다. 예컨대 어느 서평가는 샬럿 데이커(Charlotte Dacre)의 1806년 작 고딕소설 《조플로야(Zofloya)》를 혹평하며 이렇게 덧붙였다. "현대의 가장 <u>저속하고 가장 부도덕한 소설가들은 여성 소설가들이다!</u>" 또 어떤 작가는 "여성의 창의가 저열한 이미지들에 종사할 때, 그것은 도덕적 해이의 치명적 징후이며, 적어도 **문학적 매춘**의 일종"이라며 혀를 찼다. 더 재미있게도 이 발언은 발언자 본인이 쓴 고딕 로맨스의 서문에 있는 말이었다. 즉 그에게 고딕소설은 여자가 썼을 때만 나쁜 것이었다.

래드클리프의 명성은 워낙 견고해서 이런 공격에도 무너지지 않았다. 적어도 한동안은 굳건했다. 여성의 고딕소설 창작을 "문학적 매춘"이라 불렀던 비평가조차 여성 고딕 작가를 그렇게 싸잡아 욕하기에 앞서 래드클리프는 예외로 두었다. 그는 이 장르에 대한 자신의 애정이 "«우돌포의 비밀»의 독보적 창시자에 대한 열렬한 찬탄에서 비롯되었다"고 고백했다. 생전에 래드클리프는 언제나 예외적인 존재였다. 기억하자. 그녀는 '시적'이었다. 비평가들은 그녀의 작품에서 동시대 남성 작가들과의 유사점을 찾아내 이를 칭송했다. 하지만 그녀를 뒤따르던 여성 고딕 작가들은 무시했다. 자신들이 좋아한 래드클리프를 나머지 여성 '잡필가' 무리와 분리하려는 의도였다.

하지만 "나머지와 다른" 소녀가 결국 깨닫는 때가 온다. 남자들과의 유사성이 결코 자신을 지켜주지 않는다는 것을. 래드클리프는 '시적' 문체로 찬사받았지만, 차세대의 가장 찬사받는 시인들—훗날 낭만파로 불리는 이들—의 일부가 그녀에게 등을 돌리자 상황이 달라졌다. 낭만파 시인들 역시 자연에 대한 정서적 감응을 중시하고, 과거를 환상적으로 재현하는 예술가들이었다. 실제로 유력한 낭만파 시인 중 다수가 래드클리프의 작품에서 영감을 받았다. 이는 현대의 래드클리프 전기 작가 릭터 노턴이 공들여 입증한 사실이다. 노턴은 이렇게 썼다. "여러 '진지한' 남성 시인들이 그녀의 소설에서 시적 표현과 기법을 차용했으며, 동시에 그녀에게 받은 영향의 흔적을 감추기 위해 최선을 다했다."

퍼시 비시 셸리(Percy Bysshe Shelley)는 래드클리프의 소설을 염치없이 사랑했다. 바이런 경은 래드클리프의 베네치아 묘사에 반한 나머지, 자신의 장편 서사시 <차일드 해럴드(Childe Harold)>(1812~1818)에서 이를 표절하기까지 했다. 예컨대 래드클리프의 "마법사의 지팡이로 바다에서 불러올린" 듯한 베네치아의 건축물들이, 바이런의 시에서 "마법사의 지팡이가 두드린 듯 솟아오르는" 건축물로 재등장한다. 새뮤얼 테일러 콜리지(Samuel Taylor Coleridge)의 <크리스타벨(Christabel)>과 존 키츠(John Keats)의 <나이팅게일에 부치는 노래(Ode to a Nightingale)>를 비롯한 다수의 낭만주의 대표 시들 또한 그 저자들이 래드클리프를 읽고 영감받았음을 여실히 보여준다. 윌리엄 워즈워스(William Wordsworth)는 래드클리프의 《숲속의 로맨스》에서 특히 영향을 받았지만, 고딕 장르는 신랄하게 비판했다.

1800년판 《서정 시집(Lyrical Ballads)》에 붙인 워즈워스의 서문은 종종 낭만주의 선언문으로 불린다. 이 유명한 글에서 워즈워스는 독자들의 "정신 사나운 소설"에 대한 "저급한 갈증"을 질타했다. (이 '저급한'이라는 단어를 기억해두자. 뒤에 다시 등장한다.) 1815년, 던롭 같은 비평가들이 여전히 래드클리프를 찬미하고 있을 때, 워즈워스는 "래드클리프 학파"의 작가들을 하나같이 "취향의 결핍"을 앓는 이들로 치부했다. 이는 미묘하지만 강력한 전환점이었다. 특정 장르에서 최고였던 래드클리프가 이제는 해당 장르의 대표가 된 것이다. 워즈워스는 "《우돌포》의 위대한 마법사"에게 교묘한 술책을 부렸고,

그 파장은 심대했다. 이 발언은 처음에는 사적 주장에 머물렀다. 워즈워스가 동료 작가 로버트 피어스 길리스(Robert Pearse Gillies)에게 보내는 편지에 쓴 말에 불과했다. 하지만 장차 이 사견은 공론화되었다.

1823년에 래드클리프가 사망한 후에도 저명한 남성 문인들의 공세가 이어졌다. 이때 월터 스콧이 1824년에 출간한 래드클리프 전기가 중요한 변곡점이 되었다. 19세기의 가장 영향력 있는 전기 중 하나였던 이 책은 거친 비판과 에두른 칭찬 사이를 오갔다. 예컨대 «우돌포의 비밀»의 몰입감 높은 독서 경험을 그는 "아편제 복용"에 비유했다. 즉 "습관적으로 상시 의존하면 해롭지만, 머리가 온통 쑤시고 마음이 몹시 번잡할 때, 그런 고통과 무기력의 순간에는 은총처럼 복된 효력이 있다"고 했다. 래드클리프가 출간을 중단한 이유는 이렇게 추측했다. "그녀는 자신이 유행시킨 작품이 비굴한 모방꾼 무리에 의해 더럽혀지는 것에 환멸을 느꼈을 것이다. 모방자들은 그저 그녀의 결점들을 복제하고 과장할 줄만 알았을 뿐, 그녀의 장점들을 본받을 열망은 없었다." (몇 달째 내 컴퓨터에는 이 전기가 올라 있는 서점의 웹페이지가 열려 있다. 하지만 가격이 내 지출 기준을 조금 웃돈다. 누구라도 내게 연락해서 사라고 등 떠밀어 달라.)

이렇게 시소 타듯 칭찬과 공격을 오가는 비평이 낭만파와 월터 스콧에서 시작되어 래드클리프 사후 세대들로 이어졌다. 래드클리프와 그녀의 작품을 다룬 책들의 초판본을 찾아다니던 중, 나는 1839년에 나온 조지 모이어(George Moir)의 에세이를 발견했다. 모이어는 에든버러 대학교 교수였으며, «브리태니커 백과사전(Encyclopaedia Britannica)»의 필진으로 '현대 로맨스' 항목을 쓴 인물이다. 그는 고딕 로맨스는 "필시 래드클리프 부인에 의해 완성 단계에 이르렀으며", 그 장르에서 "부인을 능가한 작가는 한 사람도 없다"고 평했다. 하지만 그녀가 즐겨 사용한 '해명된 초자연' 결말을 비난하면서, "래드클리프 부인의 로맨스를 만끽하려면 어릴 때 읽어야 한다"고 주장했다. 이런 식의 논평들은 래드클리프의 천재성은 인정하면서도 '진지한' 문학작품만 포함되는 정전에서는 그녀를 단정적으로 배제했다.

한편 워즈워스가 래드클리프와 그녀의 모방자들을 "래드클리프 학파"라 통칭하며 그 구분을 무너뜨린 사실이 결국 대중에게 공개되었다. 1851년, 그의 편지 상대 로버트 피어스 길리스가 «어느 문학 베테랑의 회고록(Memoirs of a Literary Veteran)»을 내면서 워즈워스에게 받은 편지를 여러 통 함께 실었는데, 그중에 워즈워스가 "래드클리프 학파"를 경멸 조로 언급한 편지도 있었던 것이다. 이 사건 역시 중대한 변곡점이었다. 래드클리프의 문학 유산에 관한 책들을 수집하기 시작한 후 나는 워즈워스가 만들어낸 프레임 — "래드클리프 학파" — 이 바이러스처럼 퍼져나갔음을 알게 되었다. 내가 입수한 책 중에는 1871년에 나온 녹색 천 장정의 «18세기 소설과 소설가들(The Novels and Novelists of the 18th Century)»이라는 문학사 책도 있다. 이 책은 래드클리프를 논하는 부분에서 "래드클리프 학파"라는 폄훼성 표현을 통해 그녀를 모방자들의 선두에 놓은 뒤, 급기야 "래드클리프 학파의 음산한 호러"는 열외로 해도 무방하다는 결론을 내린다.

하지만 래드클리프는 비평 담론에서 그렇게 간단히, 아무 반론 없이 사라지기에는 너무나 뛰어난 작가였다. 그녀를 옹호하는 비평가들도 있었다. 스코틀랜드의 인기 작가 마거릿 올리펀트(Margaret Oliphant)는 1882년의 저작 «영국 문학사(Literary History of England)»에서 래드클리프를 "이름은 모두가 알지만, 작품은 (……) 그 가치에 합당한 유명세를 누리지 못하는" 작가로 평했다. 1894년에는 애버딘 대학교의 윌리엄 민토(William Minto) 교수가 래드클리프의 '해명된 초자연'에 대한 비난을 단지 "허세"로 일축하면서, "래드클리프의 결말에 이의를 제기하는 유행"을 만든 범인으로 월터 스콧을 지목했다. 1898년, 에드먼드 고스(Edmund Gosse)는 래드클리프와 같은 고딕 작가들이 당대에 "널리 사랑받았으며", 낭만주의 시대 시인들에게 영향을 미쳤다는 점은 인정하면서도 그들을 "조잡한 로맨스 작가들"이라고 잽싸게 요약해버렸다.

래드클리프에 대한 논쟁은 주로 두 가지 전선에서 벌어졌다. 하나는 그녀의 '해명된 초자연' 기법 사용이고, 다른 하나는 조롱받는 장르의 아이콘이라는 위상이다. 이는 래드클리프의 평판을 일종의 대치 상태에 놓았다. 1869년 오스틴-리의 «회고록»이 출간되기 전까지 오스틴이 처했던 것과 유사한 상태였다. 양쪽에 지지자가 있고, 평판이 승천과 망각 사이를 불안하게 오가는 상태. 하지만 래드클리프에게는 «회고록»이 없었다. 그녀가 남긴 전기적 정보가 심히 빈약했고, 그 결과 그녀의 명성 회복을 꾀했던 크리스티나 로제티 같은 비평가들이 충분한 자료를 확보할 수 없었다.

나는 내 서가에 파란색 혹은 녹색 천으로 장정한 초판본들을 한 권 한 권 더해갔다. 동시에 19세기 말까지 이어진 래드클리프 찬미자들과 비방자들 간의 논쟁의 궤적을 따라갔다. 내 서가는 이 주장에서 저 주장으로 수십 년씩 건너뛰며 수 세기를 잇는 징검다리였고, 결과적으로 래드클리프를 객관적으로 읽을 방법은 없다는 것을 증명했다. 그녀는 양극화의 인물이 되어 있었다. 장르를 빛낸 천재이거나, 하류 소설의 선두 주자이거나. 단지 그녀의 작풍이 현대 독자들에게 매력을 잃은 것이 문제가 아니었다. 그 취향 변화를 비평가들이 만들었다는 것이 문제였다. 세대마다 그녀의 정전 내 위상은 거듭 도전받았고, 그때마다 비방 세력은 그녀를 영국 최고의 작가 목록에서 점점 더 아래로 밀어냈다. 내 서가는 점차 래드클리프의 명성에 바치는 수 세기 분량의 애도사가 되어갔다.

20세기 초가 되자 래드클리프의 작품은 더 이상 고전 개론서의 필수 항목이 아니었다. 예컨대 1878년에 시작된 '영국 문인 총서'에 버니가 포함되었고, 나중에 오스틴도 들어갔지만, 래드클리프는 제외되었다. 아마 이번에도 이유는 전기적 정보의 부족이었을 것이다. 미국에서는 1909년에 헨리 캐벗 로지(Henry Cabot Lodge)가 세계 고전 선집(Best of the World's Classics) 시리즈를 간행하면서 그중 한 권에 1740년부터 1881년에 활동한 영국과 아일랜드 작가들의 작품을 발췌해서 묶었다. 이 책에 작품이 수록된 작가들 가운데 스콧, 콜리지, 찰스 램(Charles Lamb), 윌리엄 해즐릿(William Hazlitt), 바이런, 퍼시 비시 셸리, 토머스 드퀸시(Thomas De Quincey)는 모두 래드클리프의 작품에 깊이 영향을 받은 인물들이지만, 정작 래드클리프 본인의 글은 한 줄도 없었다. (제인 오스틴 역시 실지지 않았다. 여성 작가는 조지 엘리엇과 샬럿 브론테만 포함되었다. 하지만 브론테의 글이랍시고 실린 것은 새커리의 우월성에 대한 에세이 한 편이 다였다.) 로지는 하버드에서 역사학 박사 학위를 받은 정치인이었지 영문학 교수도 문학 이론가도 아니었다. 그럼에도 과거 세대의 작품을 새로운 세대에게 소개하는 재간행 시리즈의 편집자를 자처하면서 미국인이 읽어야 할 정전 목록을 구성할 권한을 행사했다. 이처럼 정전은 세대마다 다시 조형된다. 그리고 그 과정에서 어떤 저자들은 목록에서 탈락한다. 인플루언서들의 개별적 선택이 많은 것을 좌우한다.

20세기에 이르러 소설은 하류라는 서사가 결국 승기를 굳혔다. 고딕소설이 여전히 연구되었지만, 통상 '고급' 문학과는 별도로 취급받았다. 이에 따라 고딕소설 연구는 별도의 전통을 형성하며 성장했다. 그 시작이 된 1920~1930년대의 선구적 연구서로 이디스 버크헤드(Edith Birkhead)의 《공포 이야기(The Tale of Terror)》(1921), 에이노 라일로(Eino Railo)의 《유령성(The Haunted Castle)》(1927), 몬터규 서머스(Montague Summers)의 《고딕 탐구(The Gothic Quest)》(1938) 등이 있다. (이 책들도 내 서가에 추가하려 노력 중이지만, 진척이 더디다. 원래의 더스트 재킷을 갖춘 초판본을 구하기가 쉽지 않다.) 하지만 고딕소설에 관심이 있는 문학평론가들조차 장르 자체를 열등하게 보는 관점은 여전했다. 1932년에 J. M. S. 톰킨스(Joyce Marjorie Sanxter Tomkins)가 고딕소설이 시장을 휩쓸던 때인 18세기 후반의 대중소설을 논한 책을 펴냈는데, 자신의 연구 대상을 "10류 픽션"이라 칭했다. 톰킨스 역시 선대의 여러 비평가와 마찬가지로 래드클리프 개인에 대해서는 칭찬을 아끼지 않았다. "다른 이들이 험난한 바다의 가장자리에 장난감 배를 띄우고 첨벙댔다면, 그녀는 거대한 함선에 직접 올라 깃발을 휘날리며 당당히 해류를 호령했다." 그럼에도 톰킨스는 18세기 후반기 소설에 대해 다음의 "두 가지 주요 사실"을 논의의 전제로 삼았다. 그것은 "오락의 한 형태로서 누린 인기와 예술의 한 형태로서 보인 열등함"이었다.

한편 더 넓은 접근 방식을 취한 영향력 있는 학자들조차 워즈워스의 오래전 모욕을 그저 버전을 달리해 되풀이하는 데 그쳤다. 《소설의 등장》(1957)을 쓴 이언 와트가 대표적이었다. 한때 워즈워스가 이 장르의 소설들을 향한 "저급한 갈증"을 질타했다면, 와트는 래드클리프 시대 여성 소설가들이 보여준 경이롭고 폭발적인 산출을 "문학의 저급화"라는 표현으로 일축했다. 사실주의를 추구했던 와트에게는 이것이 무려 반세기 분량의 저작을 마치 없었던 일인 양 통째로 건너뛰는 명분이었다.

래드클리프는 고딕소설 발흥의 주역이라는 위치에서 벗어날 수 없었다. 흥미롭게도 오스틴 역시 비슷하게 폄하되던 구혼 소설 장르—오늘날 우리가 로맨스라고 부르는 해피엔딩의 사랑 이야기—에서 활동했다. 그런데 로맨스 장르를 대놓고 싸잡아 비하하는 학자들조차 오스틴만큼은 여전히 '고급' 문학으로 인정한다. 오스틴은 최고니까. 래드클리프 역시 그녀의 장르에서 최고였다. 그녀를 '최고'에서 '대표'로 바꿔 그녀의 위상을 깎은 주역은 워즈워스의 교묘한 언술이었다.

아이러니하게도, 래드클리프의 작품을 패러디한 오스틴의 작품이 래드클리프의 작품보다 훨씬 오래 살아남았다. 오스틴이 정전 작가로 남아 있었던 덕분에 나는 《우돌포의 비밀》의 코믹한 모방작 《노생거 사원》을 읽으며 《우돌포의 비밀》에 대해 알게 되었다. 하지만 어쩌면 그것이 내 문제였다. 래드클리프를 그녀에게 영향받은 작가들을 통해 판단하는 것은, ‹대부›를 직접 보지 않고 그 뒤를 이은 마피아 영화들로 평가하는 것과 같다. 이쯤 되자 의문이 생겼다. 《우돌포》를 칭송한 오스틴도 실은 래드클리프에 대한 인식 변화에 일조한 것이 아닐까? 이제 《우돌포》를 읽었으니 《노생거 사원》으로 되돌아갈 때였다.

이전에 《노생거 사원》을 읽을 때는 래드클리프풍 고딕 소설에 대한 풍자로만 생각했다. 주인공 캐서린 몰랜드가 고딕소설에 심취한 나머지 어이없는 오해와 실수를 범하는 플롯만 눈에 들어왔다. 하지만 이번에는 《노생거 사원》이 다르게 읽혔다. 특히 남주인공 헨리 틸니가 《우돌포》를 두고 하는 말에 새삼 무릎을 쳤다. "일단 읽기 시작하니 손에서 놓을 수가 없더군요. 이틀 만에 다 읽었죠. 읽는 내내 머리카락이 곤두설 정도였어요." 나도 딱 그랬다! 오스틴의 인물들이 《우돌포》에 열광하는 장면에서 기쁘고 흐뭇했다. 같은 책을 좋아하는 새 친구들을 만난 기분이었다.

 《노생거 사원》을 논할 때 자주 간과되는 것이 풍자와 진심의 균형이다. 이 작품을 단지 고딕소설에 대한 풍자로 받아들였던 사람이 나만은 아니다. 잠깐 인터넷 검색을 해봐도 알 수 있다. 《브리태니커 백과사전》이나 PBS를 비롯한 수많은 출처에서 이 작품을 그렇게 소개하는 기사들이 수없이 뜬다. 하지만 오스틴의 시선은 그보다 복합적이었다.

 버니와 래드클리프처럼, 오스틴도 소설이 "우매한 정신"을 초래한다는 말, 특히 "나약하고 어린 마음들", 다시 말해 미혼 여성들에게 해롭다는 말을 들으며 자랐다. 《노생거 사원》이 정말로 풍자하는 대상은 바로 이 오해다. 소설이 미혼 여성의 정신에 무시무시한 영향을 행사한다는 믿음. 《노생거 사원》에서 오스틴은 놀라운 형식 파괴를 단행한다. 갑자기 일인칭 화자로 등장해서, 소설을 폄하하는 사람들에 대한 저자 본인의 견해를 분명히 밝힌다.

> 나는 동의할 수 없다. 이리도 놀라운 상상의 분출을 호시탐탐 혹평하는 일 따위 저 평론가들에게 맡기자. 소설이 새로 나올 때마다 식상하기 짝이 없는 논조로 출판계가 저속한 글들로 신음한다며 떠들거나 말거나 내버려두자. (……) 우리의 저작 활동은 세상 그 어떤 문학 집단의 활동보다도 폭넓고 진솔한 즐거움을 제공해왔다. 그럼에도 이렇게까지 심하게 매도당한 문학 양식은 일찍이 없었다. 오만이든 무지든 유행이든, 우리를 헐뜯는 적들이 거의

우리의 독자만큼이나 많다.

《노생거 사원》을 풍자소설로만 치부하려면, 독자들에게 이런 단락들은 몽땅 무시할 것을 요구해야 한다. 일부 학자들이 이를 달성하는 방법이 있다. 그들은 케케묵은 장르 논쟁—소설 대 고딕소설—을 다시 꺼내 들었다. 현대의 오스틴 전기 작가 존 핼퍼린은 심지어 이런 주장을 편다. "《노생거 사원》이 고딕 픽션은 공격할지 몰라도, 소설이라는 장르는 앞장서서 옹호한다." 그는 남주인공 헨리 틸니의 말을 이 주장의 근거로 내세운다. "신사든 숙녀든, 좋은 소설을 읽는 즐거움을 모르는 사람은 필시 참을 수 없을 만큼 멍청한 사람일 겁니다." 문제는 소설과 고딕소설을 구분할 요량으로 핼퍼린이 텍스트를 아주 선별적으로 인용한다는 것이다. 핼퍼린은 틸니가 바로 이어서 하는 말—즉 남주인공이 고딕의 여왕 래드클리프의 작품에 열광하는 부분—은 생략한다. 오스틴은 소설을 찬양하는 대목에 래드클리프의 고딕소설도 분명히 포함했다. 그런데도 비평가들은 오스틴이 그러지 않은 것처럼 꾸며낸다.

물론 《노생거 사원》은 풍자를 담고 있다. 오스틴은 주변 세계를 패러디하는 것을 즐겼으며, 이 점은 그녀의 모든 작품에 뚜렷이 드러나는 특징이다. 다만 이 작품에 풍자만 있는 것은 아니다. 그보다 훨씬 많은 것을 전한다. 젊은 주인공 캐서린은 《우돌포의 비밀》을 읽고 사랑한다. 그녀는 겨우 열일곱 살이고, 사교계에 갓 입문했다. 《우돌포》의 에밀리와 매우 닮았다. 캐서린은 남주인공이 사는 유서 깊은 저택인 노생거 사원에 초대받고 몹시 들뜬다. 거기는 그녀가 애독하는 고딕소설 속 배경과 너무나 닮은 곳이었다. 그런데 이 유사성에 지나치게 몰입한 나머지, 저택의 가족에 대해 엉뚱한 판단을 한다. 특히 남주인공의 아버지 틸니 장군을 단단히 오해한다. 장군의 아내가 지내다가 숨을 거둔 방은 막아놓은 상태였는데, 그걸 본 캐서린은 부인이 생전에 거기 갇혀 있었을 것으로 상상한다. 에밀리의 이모가 우돌포성에 갇혀 있었던 것처럼. 여기가 비평가들이 《우돌포의 비밀》을 비하할 때 주목하는 부분이다. 하지만 캐서린은 실수를 깨달은 후 크게 부끄러워하고, 곧바로 장군에 대한 태도를 바꾼다. 그런데 이 일이 벌어지는 동안 틸니 장군 역시 캐서린에 대해 잘못된 판단을 내린다. 그는 고딕소설의 줄거리를 믿을 만큼 순진하지는 않지만, 악명 높은 얼간이 존 소프가 캐서린에 대해 떠드는 말은 곧이곧대로 믿는다. 소프는 처음에는 캐서린의 (있지도 않은) 재력에 대해 떠벌리더니 그녀에게 청혼을 거절당하자, 캐서린이 결혼으로 한몫 잡으려는 여자라며 헐뜯는다.

결국 캐서린의 삶에 혼란을 부르는 것은 그녀의 순진함보다는 장군의 경솔함이다. 하지만 장군은 자신의 실수를 소설 탓으로 돌릴 수 없다. 캐서린은 세상 물정에 어두운 젊은이지만 장군은 그렇지 않다. 멍청한 인간이라는 말밖에는 장군의 행동을 설명할 방법이 없다. 반면 캐서린은 그저 10대일 뿐이다. 소설이 그녀의 인식에 영향을 미쳤을지 몰라도, 그녀는 관찰을 통해 그 인식을 바로잡는다. 여기서 미숙함이 만든 실수와 경험자의 오판이 대조를 이룬다. 이 반전을 통해서 오스틴은 당대에 만연했던 소설 비판에 도전장을 내미는 동시에 «노생거 사원»의 핵심 메시지를 위한 판을 깐다. 우리는 모두 실수한다. 그렇다면 실수했을 때 어떻게 반응하는가?

 «노생거 사원»이 고전으로 남은 이유 중 하나는 그 주제들이 오늘날의 독자들에게도 유의미하기 때문이다. «우돌포의 비밀»의 주제들도 마찬가지다. 나도 직접 읽어본 후에야 이를 실감했다. 래드클리프의 소설에서 특히 강하게 울리는 주제가 여성의 자율성 문제다. 사실 «우돌포»의 플롯 전체가 자기 삶에 대한 통제권을 상실한 여성이 그것을 되찾기 위해 분투하는 내용이라 해도 무방하다. 주인공 에밀리에게는 우돌포성에 갇히기 전부터 이미 자기 결정권이랄 게 없었다. 베네치아에서 재산과 작위가 있는 남자가 청혼하지만, 에밀리는 거절한다. 그러자 이모부가 협박을 시작한다. 그녀는 결혼을 강요당한다. 에밀리는 이모에게 도움을 구하지만, 마담 몬토니는 이렇게 답한다. "나는 (……) 시뇨르 몬토니가 어떻게 해서든 네 동의를 끌어내려는 것이 맞다고 생각해."

 이 위기감이 플롯을 구동한다. 집요한 구혼자는 우돌포성까지 에밀리를 따라와 말한다. "좋소. 성을 떠나겠소. 하지만 혼자 떠나지는 않을 거요. 이미 너무 오래 미적거렸소. 기도도 상심도 통하지 않는다면, 힘은 통하겠지." '아니요'를 거절이 아니라 도전으로 받아들이는 남자의 접근을 경험해본 여성이라면 이런 전개를 진즉에 눈치챘을 수도 있다. 남자가 거절을 받아들이지 않을 때 무서운 것은 거절을 해야 한다는 데 있지 않다. 거절이 사태의 격화를 부른다는 데 있다. 래드클리프는 이를 잘 알고 있었고, 《우돌포의 비밀》에서 고딕 장르의 힘을 총동원해서 그런 경험이 어떤 공포인지 정면으로 다룬다.

우돌포성에 끌려온 에밀리는 말 그대로 이모부의 포로가 된다. 감금의 시간이 길어지면서, 독자는 두려움이 그녀에게 미치는 영향을 함께 경험한다. "긴 고통으로 인해 그녀의 정신은 공포에 과민해졌고, 쉽게 미신적 망상에 휘둘렸다." 에밀리는 점차 자신이 생각하는 것, 느끼는 것, 심지어 보는 것마저 의심하기 시작한다. 오늘날 많은 이가 익히 알듯, 이런 자기 의심은 자신의 인식이 타인에 의해 끝없이 부정당할 때 생기는 결과다. 우리는 이 현상에 이름을 붙였다. 가스라이팅. 책을 읽을수록 나는 분별을 잃어가는 여성에게 점점 더 이입했다.

에밀리의 고난 서사 외에도 《우돌포》에는 자율권을 위해 싸우는 여성들을 다룬 다수의 하위 플롯과 일화들이 등장한다. 유령, 어두운 복도, 노상강도, 검투(여러 번!), 납치(역시 여러 번!), 독살. 긴장의 연속이다. 하지만 결국 이야기를 추진하는 것은 자율성을 향한 끊임없는 투쟁이다.

《우돌포》의 중심 주제가 자기 삶을 통제하지 못하는 여성이라는 것을 깨닫자 이 소설에 대한 악평—'멜로드라마'라는 조롱—에 부합하는 특징 하나가 눈에 들어왔다. 에밀리는 자주 기절한다. 심하게 자주 기절한다. 에밀리가 정신을 잃을 때마다 표시해가며 읽었는데, 어느 순간 통계라도 내는 기분이었다. 기절이 너무 잦아서 나중에는 어이없을 정도였다.

평소에는 멀쩡한 여성이 이렇게나 자주 실신한다고? (오스틴도 이 점을 어이없어했다. 그녀는 10대 시절에 쓴 풍자소설 «사랑과 우정»에서, 소설 속 여인들이 걸핏하면 기절하는 것을 조롱한다. 작중 인물 중 하나가 편지에 이렇게 쓴다. "소피아와 내 감정이 버텨내기에는 너무나 애처로운 광경이었지 뭐예요. 우리는 번갈아 소파 위에 기절하고 말았답니다.")

이때 나는 래드클리프를 예술가로서 존경하고 있었기에 그녀의 스토리텔링의 어느 측면도 섣불리 무시하고 싶지 않았다. 내막을 따져보고 싶었다. 에밀리가 작중 여러 인물에게 속수무책 휘둘리는 처지인 것은 알겠는데, 왜 이리 쉽게 호흡곤란을 겪는 걸까? 약간의 조사만으로 나는 첫 번째 명백한 답을 찾았다. 코르셋. 18세기 여성들에게 코르셋은 일상복의 일부였다. 오늘날 시대극에서 보는, 배우가 탁자를 붙잡고 숨을 헐떡이고 다른 배우가 뒤에서 코르셋 끈을 잡아당기는 장면은 과장이다. 실제로는 코르셋을 그렇게 과하게 졸라매는 일은 드물었다. 하지만 밸러리 스틸(Valerie Steele)은 저서 «코르셋 문화사(The Corset: A Cultural History)»에서 "적당히 묶은 코르셋도" 호흡에 무리를 준다고 설명했다. "코르셋을 착용한 여성은 보조 호흡근에 의존하게 되며, 이는 얕은 상부 횡격막 호흡(늑골 호흡)을 유도한다." 내가 «우돌포»를 읽을 때 계속 상상한 여성은 제인 오스틴 같은 모습이었다. 오스틴은 하이 웨이스트의 찰랑대는 엠파이어 드레스와 느슨한 보정 속옷이 유행했던 리전시 시대에 활동했다. 그런 복식을 생각했기에 나는 코르셋의 제약에 대해서는 미처 생각하지 못했다. 래래드클리프는 자신이 아는 현실을 썼을 뿐이다.

더 중요한 것은, 이 실신 클리셰가 18세기 영국의 여성 복식뿐 아니라 같은 시대에 유행한 믿음—여성의 체질이 근본적으로 남성보다 허약하다는 통념—에 기인했다는 점이다. 래드클리프 시대의 이 '허약한' 체질은 단지 생리학적 문제만이 아니었다. 당시에는 여성이 남성보다 "섬세한 취향"을 지녔다고 믿었다. 이런 정서적 민감성을 '감수성'이라 불렀고, 당대의 남녀 모두 감수성을 여성 특유의 귀한 미덕으로 여겼으며, 특히 짝을 유혹하는 데 유용한 자질로 보았다. (이 감수성 개념을 오스틴이 «이성과 감성»에서 비판적으로 해부한다.) 래드클리프의 여주인공은 절경에 눈물을 보이거나 노래에 넋을 빼앗기는 등 18세기 품행서의 이상적인 여성처럼 행동한다.

그런데 이 시대의 소설들에 기절이 빈번하게 등장하는 데에는 코르셋도 감수성도 아닌 또 하나의 결정적인 이유가 있다. 현대 학계는 소설에서 여성의 기절은 사실 거절 의사를 뜻한다는 설명을 내놓았다. 새뮤얼 리처드슨의 «패멀라»에서처럼 여성은 남성이 괴롭힐 때 졸도한다. 래드클리프의 «우돌포»에서처럼, 자신을 해치려는 자에게 잡혔을 때 졸도한다. 요즘 여성이라면 그런 상황에서 기절하기보다 가운뎃손가락 욕을 날리겠지만(이 방법이 더 안전하다는 보장은 없다), 1700년대 예법상 품격 있는 영국 여성은 사회적 매장을 감수하지 않고서는 그런 식으로 저항하거나 반격할 수 없었다. 패멀라는 가해자를 힘으로 밀쳐낼 수 없다. 대신 천적을 만난 주머니쥐처럼 죽은 척한다. 에밀리는 이모부에게 몇 차례 용감하게 대든다. 하지만 다른 때 — 예컨대 그야말로 목숨을 걸고 도망을 단행한 후 — 에는 기절하고 만다. 겨우 숨 돌릴 틈을 찾은 순간, 그녀의 몸이 공포를 감당하지 못하고 기능을 멈춘다. 《우돌포》에서 에밀리의 반복되는 기절은 표현할 수 없는 두려움을 대변한다. 당대의 '예법'이 그녀가 표현하는 것을 금한다. 오늘날에도 위험에 처했을 때의 신체 반응을 '투쟁-도피-경직(fight, flight, freeze)' 반응이라 한다. 18세기 여주인공들은 맞서 싸우거나 도망칠 수 없다. 그들은 기절한다.

래드클리프의 명판을 둘러싼 비평 전선의 다양한 공격을 추적하며 느낀 것이 있다. 20세기 비평 중 가장 경멸적인 비평은 대체로 에밀리의 과도한 감수성에 집중되어 있었다. 당대의 감수성이 지금의 우리 취향과 너무 동떨어져 있다보니 래드클리프 소설의 이 측면을 문제 삼지 않기가 어렵다. 그렇지만 시대적 맥락 속에서 보려는 자세도 필요하다. 나만 해도, 에밀리의 기절이 그녀의 주체성 박탈을 상징한다고 읽기 시작하자 기절 장면들이 훨씬 덜 거슬렸다. 자기 힘으로 할 수 있는 것이 아무것도 없을 때 그녀의 몸은 정신을 지키기 위해 기절을 택한다. 그럼에도 일부 현대 비평가들은 이 문학적 장치의 기능에는 하등의 호기심도 보이지 않는다. 18세기 독자들의 취향이 형편없었다고 치부하는 것이 더 쉬우니까. 예컨대 1966년 《우돌포의 비밀》 재간행을 다룬 《타임》지 서평의 경우, 첫머리에서 래드클리프의 문학적 강점과 그녀가 후대 작가들에게 미친 영향을 인정하는가 싶더니, 바로 공격에 들어간다. "1794년 당시에는 처녀의 신경쇠약이 높은 감수성의 증

후였다면, 1966년에는 하이 코미디의 상투적 설정으로 보인다. 의도와 달리 이제 «우돌포»는 소설사상 가장 웃기는 책의 하나이자 낭만주의 정신에 대한 졸렬한 모방에 불과하다."

1966년에 «우돌포의 비밀»을 재간행한 출판사가 기대한 것은 당연히 이런 악의적 서평이 아니었다. 출판사는 당연히 «우돌포»에 대한 세간의 관심을 되살리고 싶었을 것이다. 어쨌든 이 책은 획기적인 옥스퍼드 영국 소설 시리즈(Oxford English Novels Series)'의 일부였다. 새로운 세대에게 소설 발흥기의 주요작들에 대한 접근권을 주기 위한 기획이었다. 구할 수 없는 책이 '고전'으로 남기는 어렵다. 그런데 유명 잡지의 악의적 서평은 그런 노력에 심각한 타격이 되었을 것이다. 학계가 래드클리프 텍스트의 풍부함과 복잡성을 탐구하는 기사와 논문을 계속 쓰겠지만, 대중지의 서평 하나가 장기적 악영향을 초래할 수 있다.

괜한 말이 아니다. 흔히 '결정판'이라 불리는 1987년도 제인 오스틴 전기에서 저자 파크 호넌(Park Honan)은 «우돌포의 비밀»을 한 문장으로 묵살하며 위의 서평을 참고한 티를 숨기지 않는다. 그는 주인공 에밀리가 "두 페이지에 한 번씩 울어대며 의도치 않게 코믹한 청승을 자아낸다"고 썼다. 이는 이 책을 실제로 읽은 사람의 말로 보기 어렵다. (에밀리가 자주 우는 건 사실이나 그 정도는 아니다.) 이 말은 오히려 남의 견해—가령 1966년도 «타임»지 서평가의 견해—를 환언한 것에 가깝다. 나는 여기서 워즈워스의 "래드클리프 학파" 발언과 같은 효과를 보았다. 유력 평론가의 표현이 사실인 양 굳어지는 효과. 여기서 비평가들은 메아리처럼 서로 공명하면서, 원전을 읽고 직접 판단하는 일 없이 남의 견해들을 정설처럼 전승한다.

정전은 본래 유의미성을 기반으로 한다. 좋은 책은 현대의 독자에게도 여전히 무언가를 제공한다. 그래서 '고전'이 된다. 그런데 책을 읽어보지도 않은 비평가가 현대에도 그 책이 유효한지 어떤지 어떻게 알겠는가? 나는 «우돌포»에서 유의미성을 느꼈다. 책을 통해 저자와 교감하며 쌓이는 내적 친분을 느꼈다. 래드클리프가 말하고자 한 바가 내게도 중요했다. 18세기의 여성에게 그랬듯 21세기의 여성에게도 자율을 향한 투쟁은 여전히 최대 현안 중 하나다. 버니와 래드클리프를 읽은 후 나는 결혼과 재산을 둘러싼 많은 플롯이 결국 그 하나의 주제로 귀결한다는 것을 이해하게 되었다. 그리고 궁금해졌다. 이처럼 은밀한 반란의 심장을 지녔던 여성 작가들의 소설들 가운데 내가 놓친 소설이 얼마나 많을까?

발견할 것도 읽을 것도 아직 많았다. 하지만 나는 일단은 래드클리프에게 집중했다. 이전에 내가 래드클리프의 소설을 "과열되고, 과장되고, 고루하게 선정적"일 것으로 넘겨짚고, '숭고미'보다 '멜로드라마'와 연결하고, 별 볼 일 없을 것으로 치부한 이유를 깨달았다. 수 세기가 흐르며 세상은 그녀를 '최고의 작가'보다는 '대표적인 작가'로 만들었다. 우리는 더는 래드클리프를 읽지 않고 그녀에 대한 글만 읽었다. 나 역시 워즈워스와 그 추종자들의 말을 곧이곧대로 받아들였다. 그들은 틀렸다. «우돌포의 비밀»은 환상적인 책이었다.

그것은 내 실수였다. «우돌포»에 대한 내 예상은 문학 권위자들이 만든 것이었고, 내 실제 독서 경험은 전혀 달랐다. 읽기가 고역일 것으로 생각했지만, 반대로 재미있었다. 책을 내려놓을 때마다 꿈에서 깨어나는 기분이었다. 감각이 한꺼번에 되살아났다. 소파에서 뭉개고 있던 베개가 그제야 느껴지고, 밖을 지나는 자동차 소리가 다시 들리고, 휴대폰의 인공 발광에 새삼 눈이 부셨다. 이 책은 빗줄기가 유리창을 치는 날, 찻잔을 끌어안고 웅크려 앉아 읽기에 딱 좋은 책이다. 이것은 사실 내가 제인 오스틴 읽기와 연관 짓던 분위기였다. 이제는 오스틴 자신이 «우돌포»를 읽을 때 이런 느낌이지 않았을까 상상하게 되었다.

내 생각이 틀려서 이렇게 즐거웠던 적도 없었다. 현대 학자 중에도 같은 마음인 이들이 많다. 그들은 래드클리프의 동시대인들이 그랬던 것처럼 그녀를 높이 평가하기 시작했다. 문학 연구의 뒷골목이었던 고딕소설에 대한 학계의 관심이 1920년대에 작지만 의미심장하게 시작되었고, 20세기를 거치며 차츰 세를 더해 하나의 흐름이 되었다. 오늘날 그 흐름을 잇는 학자들은 래드클리프의 정전 배제 문제도 묵과하지 않았다. 그들은 격분했고, 반격에 나섰다. 릭터 노턴은 1999년도 래드클리프 전기의 첫 장과 마지막 장에서 자신들의 위상을 높이려 래드클리프를 밀어 내린 기성 문학계를 맹비난한다. 노턴은 기탄없이 선언한다. "래드클리프가 낭만주의 시인들 사이에 마땅히 있어야 할 자리에서 방출당했다. 그러나 더 용납되지 않는 것은 그녀가 더는 영국 소설사의 주요 인물로 자리하지 않는다는 점이다."

 래드클리프의 중요성에 대한 확신이 깊어질수록 내 컬렉션이 그녀의 명예 회복에 작게나마 기여할 수 있겠다는 생각이 들었다. 내 서가는 더 이상 애도사가 아니었다. 논증이었다. 나는 워즈워스와 스콧에 반박하고 싶었다. 나는 셜록 홈스의 추종자였고, 내 안에는 탐정이 살았다. 나는 증거를 중시했다. 비평가들이 말로 공격한다면 나는 내 서가들로 싸웠다.

 나는 지류 카탈로그, 끝도 없는 온라인 서지 정보, 눈부신 조명 아래의 도서전 진열장, 헌책방 서가들을 샅샅이 뒤지며 래드클리프 관련 희귀서들을 계속 찾았다. 탐색을 이어가는 동안 뜻밖의 발견도 이어졌다. 한번은 워즈워스가 "래드클리프 학파"를 "취향의 결여"로 매도한 편지 전문을 발견했다. 그동안 나는 이 문장을 현대 연구서들 곳곳에서 인용문 형태로만 접했다. 모두 해당 편지의 일부만 발췌한 것이었다. 그러다 마침내 길리스의 《회고록》을 손에 넣었다. 문제의 편지를 찾기 위해 책장을 넘기다가 놀라운 사실을 접했다. 워즈워스가 "래드클리프 학파"를 조롱한 이 발언은 사실 월터 스콧의 소설을 겨냥한 것이었다! 당시 워즈워스는 스콧의 두 번째 소설 《가이 매너링(Guy Mannering)》(1815)을 막 읽은 후였고, 그 작품이 "래드클리프 학파의 소설들이 공통으로 드러내는 취향의 결여를 보여준다"고 평했다.

 편지의 인용문이 아니라 편지 전문을 읽고 나니, 월터 스콧의 래드클리프를 향한 양가적 태도가 한층 이해되었다. 스콧은 래드클리프에게 지대한 영향을 받았다. 하지만 그녀의 평판이 점차 퇴색함에 따라, 함께 침몰하지 않으려면 공개적으로 래드클리프와 거리를 둘 수밖에 없었다. 스콧이 자신의 문학적 본보기였던 인물의 몰락에 일조한 것은 분명한 사실이다. 하지만 그의 발언들을 더 넓은 맥락에서 보니 더 많은 것이 보였다. 스콧은 래드클리프의 문학 유산이 어떻게 무너지는지 지켜보았고, 비슷한 공격으로부터 자신을 방어할 조치를 강구해야 했다. 내가 인용의 출처를 찾아 원래 맥락을 확인하지 않았더라면 놓쳤을 사실이었다.

이제 나는 래드클리프의 열혈 옹호자가 되었다. 래드클리프가 영어권 여성 소설가 가운데 가장 영향력 있는, 심지어 오스틴보다도 더 영향력 있는 작가라는 논거는 충분하다. 나는 《프랑켄슈타인》과 《드라큘라》 같은 책을 좋아한다. 그리고 《우돌포의 비밀》에서 친숙한 장면들과 계속 마주쳤다. 래드클리프를 읽으면서 나는 《프랑켄슈타인》에 등장하는 풍경의 분위기 묘사가 왜 그렇게 장황하고 많은지 납득이 갔다. 에밀리가 이모부의 성에 다가갈 때 느끼는 불안감은 《드라큘라》에서 주인공을 태운 마차가 드라큘라의 성에 접근할 때 승객들이 동요하는 모습과 겹친다. "(……) 양편의 승객들이 마차 밖으로 목을 빼고 어둠 속을 간절히 응시했다. 분명 무언가 매우 흥미로운 일이 일어나고 있거나 일어날 참이었지만, 내가 승객마다 돌아가며 물어도 누구 한 사람 설명 한마디 해주려 하지 않았다."

고딕소설의 최고작에 훗날 《프랑켄슈타인》과 《드라큘라》로 뻗어나갈 씨앗들이 담겨 있는 것은 당연했다. 나는 그것을 이론적으로는 모르지 않았다. 아무리 '천재'여도 예술 여정에서 남들을 본보기로 삼기 마련이다. 하지만 그 영향이 덩굴손처럼 뿌리내린 것을 직접 보니 놀랍고 짜릿했다. 래드클리프를 좋아하지 않는 독자라 해도, 그녀의 문학적 후예가 쓴 소설 하나쯤은 재미있게 읽었을 가능성이 높다. 《우돌포의 비밀》을 읽은 뒤 나는 고딕소설의 중심 요소, 즉 풍경을 인물처럼 다루는 비법에 대한 심미안이 생겼다. 래드클리프는 작가가 풍경과 건축의 분위기 묘사를 통해 어떻게 인물의 정서를 드러내고 독자의 기분까지 지배하는지 보여주었다. 《폭풍의 언덕》이 다시 태어났다. H. P. 러브크래프트도 완전히 새로운 차원으로 다가왔다. 가장 놀라운 점은 내가 톨킨의 《반지의 제왕》 삼부작을 전과 다른 눈으로 보게 된 일이다. 방대하고 입체적인 톨킨의 중간계(Middle Earth)는 높은 몰입감을 선사하기로 유명하다. 독자는 프로도의 숭고한 그림 같은 여정을 매 걸음 그와 함께 걷는다. 이 작품을 처음 읽을 때는 톨킨이 풍경에 오래 머무는 경향이 독서를 방해했다. 하지만 이제는 래드클리프의 시선을 장착하고 중간계로 돌아가고 싶다. 이제는 그 장면들을 사랑할 수 있다.

  한편 나는 래드클리프 시대의 소설들을 "10류 픽션"이라 칭한 그 1932년의 연구서도 찾아냈다. 내가 그 책에 관심 없을 것으로 생각했다면 오산이다. 내가 확보한 책은 한때 영국 국립도서관의 전(前) 장서개발국장이 소장했던 책이다. 다시 말해, 어떤 책이 영국 국립도서관 같은 권위 있는 기관에 들어올 가치가 있는지 결정하는 자리에 있던 인물이 이 소설들을 수준 이하로 규정한 연구서를 직접 소장했다는 뜻이다. 내 서가에 책이 한 권씩 늘어날 때마다 래드클리프의 사후 생애에 대한 새로운 통찰도 하나씩 늘어간다.

그것은 더 많은 발견으로 이어졌다. 나는 래드클리프 사후 프랑스에서 나온 가짜 유작들도 추적할 계획이다. 그리고 한 가지 더 있다. 듣자 하니 래드클리프가 흡혈귀 사냥꾼 집단의 수장으로 등장하는 프랑스 소설이 있다고 한다. 몹시 솔깃한 사실이 아닐 수 없다. 1875년에 출간됐다는 이 소설의 제목은 '라 빌 방피르(La Ville-Vampire)'다. 아직 손에 넣지는 못했지만, 템스강의 집배에 살면서 19세기 뱀파이어 문학 같은 틈새 분야를 전문으로 취급하는 친구에게 혹시 그 책을 보면 꼭 알려달라고 간곡히 부탁해놓았다. 하지만 친구가 그 책을 발견해서 본인이 갖기로 작심하더라도 그를 탓할 수는 없을 것 같다.

작품은 완벽하지 않아도 된다. 독자에게 감동을 줄 수 있다면. 《우돌포의 비밀》이 지닌 결점에도 불구하고 나는 그 책을 단숨에 읽었다. 래드클리프는 위기감을 고조시키고 분위기를 조성하는 데 너무나 능란하다. 나는 그녀가 내 주위에 차근차근 둘러치는 마법에 사로잡히고 말았다. 그녀가 활동하던 시대에는 비평가들과 일반 독자들 모두 래드클리프를 "천재", "타의 추종을 불허하는" "위대한 마법사"라고 불렀다. 그녀의 책들은 읽는 사람에게 실제로 마법처럼 기능했다. 동시대인들은 그녀를 호메로스, 베르길리우스, 밀턴, 셰익스피어에 견주었다. 그리고 래드클리프는 오스틴을 넘어 많은 작가에게 영향을 미쳤다. 콜리지, 바이런, 키츠가 그 수혜자였다. 그중에 메리 셸리, 에밀리 브론테, 브램 스토커가 있었고, 호손, 멜빌, 포도 있었다. «크리스마스 캐럴», «바스커빌가의 개», «지킬 박사와 하이드 씨»도 그녀의 영향 아래 있었다.

래드클리프의 사후 생애를 추적하는 여정은 상상 이상의 결과로 이어졌다. 나는 그녀의 문학 유산을 규정한 변곡점들을 파악하게 됐을 뿐 아니라 좋아하는 작가를 한 명 더 얻었다. 적어도 내 판단에, 래드클리프는 그녀가 본래 있어야 할 곳―별들 사이―으로 돌아왔다.

제4장

샬럿 레녹스

Charlotte Lennox
1729?~1804

❖

지금은 《여자 돈키호테(Female Quixotte)》가
(……) 우리의 저녁을 즐겁게 해주고 있어.
내게는 이 책이 크나큰 즐거움이야.
다시 읽어도 처음 읽었을 때 못지않게 재미있어.

**제인 오스틴이 커샌드라 오스틴에게 보낸 편지,
1807년 1월 7~8일**

내가 조사 대상으로 삼은 여성 작가 명단에서 다음 차례는 샬럿 레녹스였다. 이때쯤 이 여성 작가들을 정전에서 밀어낸 메커니즘이 점차 분명해지고 있었고, 이번에도 그 메커니즘이 강력하게 작동한 사례가 될 것으로 보였다. 동시에 나는 이 여성들과 이들의 작품에 빠져들고 있었다. 레녹스를 조사하기 시작했을 때 나는 다시 사랑에 빠질 준비가 되어 있었다. 하지만 예상치 못한 점이 있었다. 오스틴이 내게 소개해준 여성 작가들 가운데 내가 샬럿 레녹스를 가장 사랑하게 될 줄은 몰랐다.

"솔직히 말해 제게 얼마간 야망이 없지 않습니다." 샬럿 레녹스는 저명인사 친구 오러리 백작(Earl of Orrery)에게 보낸 편지에 이렇게 고백했다. 또 다른 저명인사 데이비드 개릭에게 보낸 편지에서는 자신이 "솔직하다는 평판"을 씁쓸하게 인정했다. 오늘날까지 전해지는 레녹스의 편지는 많지 않지만, 현대 학계가 엮은 서간집을 읽으며 나는 내가 특히 경탄하는 자질의 소유자를 만났다는 생각이 들었다. 그녀는 기지 있고 대담했다.

　　내가 감탄한 점은 또 있었다. 동시대 여러 문인과 달리 레녹스는 실제로 생계를 위해 글을 썼다. 18세기 여성 작가들의 세계를 탐색하다보면, 경제적 안정을 누린 이들을 주로 보게 된다. 제인 오스틴이 좋은 예다. 그녀는 남성 가족 구성원들의 지원 덕분에 작품 활동으로 버는 돈에 의지할 필요가 없었다. 더구나 오스틴이 속한 계층에서 '빈곤'이란 하인을 고용할 금전적 여유가 없다는 것을 의미했다. 그 기준에 따르면 나도 가난했다. 레녹스도 가난했다. 그녀에게는 안정적인 재정 기반도, 경제적 후원도 없었다. 그럼에도 그녀는 항상 위험을 무릅썼다. 그녀는 닫히는 문을 발로 잡고, 어깨를 들이밀고, 문을 열어젖혔다.

　　하지만 그녀가 친구들에게 보낸 편지가 시사하듯, 모두가 나처럼 그녀의 배짱과 기지를 반긴 것은 아니었다. 그녀에게는 공손보다 '포부'가, 자제보다는 '직설'이 있었다. 그곳은 조지 시대 런던이었고, 이 특성을 무기로 경력을 쌓으려는 여성은 적을 만들기에 딱 좋았다. 이 자질들이 결국 그녀를 도왔을까, 아니면 방해했을까?

※

샬럿 레녹스는 1729년 또는 1730년, 지브롤터에서 아일랜드인 어머니와 스코틀랜드인 아버지 사이에서 샬럿 램지로 태어났다. 그녀의 어머니는 당시 영국군 연대에 복무 중이던 남편을 따라 지브롤터에 왔다. 자녀는 늘어가고 기댈 유산은 없는 상황에서 샬럿의 아버지는 보수가 더 좋은 영국 식민지 뉴욕의 보직을 수락했고, 가족은 다시 이주했다. 식민지 미국에서 보낸 어린 시절은 이후 그녀의 문학적 형성에 결정적 토양이 되었다. 그녀의 첫 소설 «해리엇 스튜어트의 생애(The Life of Harriot Stuart)»(1751)와 끝에서 두 번째 소설 «유피미아(Euphemia)»(1790)는 모두 미국독립전쟁 이전의 뉴욕을 배경으로 한다. 샬럿 레녹스는 워싱턴 어빙, 제임스 페니모어 쿠퍼, (미국 최초의 베스트셀러로 불리는 소설 «샬럿 템플»(1791)을 쓴) 수재나 로슨 같은 작가들에 앞서, 영국령 아메리카에 대한 소설로 이름을 떨친 작가였다. 하지만 그 전에 그녀는 살아남는 법을 배워야 했다.

샬럿이 열세 살 때, 그녀의 부모는 딸을 영국의 부유한 친척에게 보내기로 했다. 제인 오스틴의 «맨스필드 파크»가 떠오르는 상황이었다. 부모는 샬럿을 여성 동행인 한 명과 함께 영국행 배에 태웠고, 샬럿은 한 번도 가본 적 없는 영국에서 한 번도 만난 적 없는 이모와 살게 되었다. 그러나 영국에 도착했을 때 샬럿을 맞은 것은 이모의 사망 소식이었다. 곧이어 식민지에 있던 아버지도 세상을 떠났다. 이는 오스틴의 소설에 비할 수 없이 비극적인 상황이었다.

이 시기의 일들이 그녀의 인생행로를 송두리째 바꿨다. 샬럿은 이제 혼자 힘으로 살아갈 방법을 찾아야 했다. 돈은 전혀 없었다. 그러나 그녀에게는 기지가 있었다.

어린 나이부터 샬럿은 시적 재능으로 유명했다. 그녀의 시들이 문단의 놀라움을 자아냈고, 귀족 독신자이자 공주의 시녀장이었던 레이디 이저벨라 핀치의 눈에도 들었다. 레이디 이저벨라는 궁정에서 유일하게 개인 서재를 보유한 여성이었으며, 문학 영재의 후원자가 된다는 발상에 혹했다. 그녀는 어린 샬럿을 거두기로 했다. 열네 살에 샬럿은 자신의 언어 재능이 생존을 위한 최고의 기회이자 무기임을 깨달았다. 몇 년 후 그녀는 첫 책 «여러 순간의 시(Poems on Several Occasions)»(1747)를 레이디 이저벨라 핀치에게 헌정했다.

샬럿의 10대 시절은 귀족 후원자들에게 의존한 시기였다. 그들은 분명히 후했지만, 그녀의 글을 보면 낮은 신분 탓에 자주 겪었던 하대에 대한 비분이 드러난다. 레녹스의 첫 소설 «해리엇 스튜어트의 생애»는 동시대인들이 그녀의 "자전적 이야기"로 여겼던 작품으로, 당시의 복잡한 관계를 잘 보여준다. 소설의 주인공 해리엇 역시 여성 보호자를 대동하고 뉴욕에서 영국으로 건너오지만, 자신을 맡아줄 친척 여성이 죽음을 앞두고 있다는 것을 알게 되고, 대신 "빛나는 기지로 유명한, 어느 지체 높은 궁정 귀부인"의 후견을 받는다. 이 귀부인에 대해 한 인물이 "그분에게 전적으로 의탁했던 이들이 한둘이 아니었다고 들었다"라고 말하고, 이후 해리엇이 "그 말에 담긴 빈정거림을 그때는 전혀 알아차리지 못했다"고 회고하는 장면이 나온다.

해리엇과 그 문인 귀부인과의 관계는 파국을 맞는다. 귀부인은 대외적으로는 어린 여주인공의 이익을 대변하는 척하지만 실제로는 그녀의 앞길을 막는다. 레이디 이저벨라를 모델로 삼은 것이 확연한 등장인물에 대한 이처럼 부정적인 묘사는 귀족 지인들의 분노를 샀다. 그중 레이디 메리 워틀리 몬터규(Mary Wortley Montagu)는 이를 두고 "내가 진심으로 귀하게 여기는 몇 안 되는 여성 중 한 명에 대한 가공할 모욕"이라고 비난했다. 레녹스가 유명 후원자를 공개적으로 모욕한 일은 매우 대담한 행동이었다. 향후 다른 이들의 후원 가능성마저 끊길 수 있었다. 하지만 다시 말하지만, 그녀는 언제나 대담했다.

열여덟 살 무렵인 1747년, 샬럿은 알렉산더 레녹스와 결혼했다. 그녀의 첫 책인 «여러 순간의 시»가 출간된 해이기도 했다. 두 사람이 어떻게 만났는지는 명확하지 않다. 다만 샬럿은 런던 문학계에 있었고, 알렉산더는 출판업자 윌리엄 스트레이핸(William Strahan)의 직원이었다. 인쇄기와 활자판 사이에서 피어난 사랑이라니 상당히 로맨틱하게 들린다. 더욱 흥미로운 것은 그녀의 첫 책에서 가장 인기를 끈 시가 ‹교태의 기술(The Art of Coquetry)›이라는 점이다. 이 시는 요부(coquette), 혹은 "추파(flirt)"에 대한 부정적 인식을 전복적으로 이용한 작품으로, 기지 있는 젊은 여성이 지닌 힘을 유쾌하게 찬양한다. 이 시에서 레녹스는 다음과 같이 조언한다. "한숨을 살짝 흘려요, 마치 우연인 것처럼./그런 다음 조심스레 다시 한번 눈길을 던져요./이 기술에 낚인 제물은 자만과 기대에 들떠/이미 정해진 파멸로 돌진하게 되지요." 스캔들을 의도한 시였다. 이를 두고 고전학자 엘리자베스 카터(Elizabeth Carter)는 "천재로 보이는 이들이 그 재능을 이렇게 한심하고 무익한 일에 낭비하는 것을 보면 분통이 터진다"고 개탄했다. 그럼에도 이 시집은 중쇄를 거듭했다.

　　대개의 독자들은 그녀의 시적 기량과 젊은이답고 패기로운 우상파괴 정신의 결합을 높이 샀다. 레녹스는 "요부"라는 비칭을 당당히 훈장으로 삼았고, 완벽한 구조의 운문으로 이를 찬미했다. "인류 위에 도도하게 군림하고,/미모로 얻은 것을 기지로 다스리는 이여." 작품 전체가 하나의 도전으로, '나를 "요부"로 깎아내릴 수는 있어도, 나보다 더 잘 쓰지는 못할 것'이라는 도발로 느껴진다.

　　«여러 순간의 시» 출간으로 레녹스의 명성이 퍼져나갔다. 대중 문예비평 잡지 «젠틀맨스 매거진»에 그녀의 이름이 단골로 등장했고, "사포도 이보다 더 영혼의 심금을 울릴 수는 없을 것"이라며 그녀의 작품을 찬미하는 시까지 실렸다. 이후 50년 동안 레녹스는 자주 영국의 '뮤즈' 또는 '사포'로 불렸다. 다행한 일이었다. 그녀에게는 죽지 않고 커가는 명성이 필요했다. 막 결혼한 남편도 "희망과 기대 외에는" 아무 재산이 없는 사람이었기 때문이다. 다시 말해 두 사람은 무일푼이었다.

　　레녹스는 본격적으로 작가 경력을 쌓기 시작했다. 18세기 중엽에는 글쓰기로 생계를 꾸리려는 작가들이 어느 때보다 많았다. 레녹스에게 가장 먼저 동지가 되어준 사람 중에 문학비평가이자 수필가인 새뮤얼 존슨이 있었다. 당시 존슨은 장차 그의 역작이자 최고 업적이 될 «영어 사전»을 집필하는 중이었다. 존슨과 레녹스는 공통점이 많았다. 둘 다 어린 나이에 처음 런던에 도착해 가난과 싸웠고, 휘두를 수 있는 유일한 무기는 천재성뿐이었다. 훗날 존슨은 공동의 친구에게 이렇게 말했다. "나는 참담하게 가난했고, 문학과 기지로 길을 뚫어야 한다는 생각밖에 없었다." 그는 레녹스에게서 같은 투지를 보았다.

존슨처럼 레녹스도 부유한 친구들과 찬미자들의 후원에 글을 써서 버는 돈을 더해 생계를 유지했다. 출판 시장이 성숙하기 전, 저자들은 주로 레녹스와 레이디 이저벨라 핀치 같은 후원 관계를 통해 경제적 지원을 받았다. 그러다 18세기 들어 런던의 출판문화가 번성하기 시작하면서, 오로지 저작 수입만으로 생계를 꾸리는 전업 작가의 길이 막 가능해지는 참이었다. 존슨과 레녹스는 이 고통스러운 과도기에 활동했다. 즉 이 방식으로 작가로 출세하는 것이 가능하긴 했지만, 간신히 가능했다. 두 사람은 끝없이 재정적 압박에 시달렸다.

1751년 《해리엇 스튜어트의 생애》 출간을 앞두고 존슨이 레녹스를 위해 축하 파티를 열었다. 존슨은 그녀에게 월계관을 씌우고, 특별히 월계수 잎으로 장식한 "거대하고 뜨거운 사과파이"를 주문해서 그녀의 시적 역량을 기렸다. '데블 태번(The Devil tavern)'이라는 곳에서 열린 파티는 저녁 8시에 시작해 다음 날 아침 8시까지 이어졌다. 레녹스의 남편과 다른 여성 한 명도 동석했지만, 나머지 하객은 모두 남성 문인이었다.

레녹스는 내가 그때까지 읽은 여성 작가들과 확연히 달랐다. 그중에 출간을 축하하기 위해 스무 명 가까운 남성들과 어울려 밤샘 파티를 벌일 만한 이는 없었다. 프랜시스 버니는 그런 불경스러운 자리에는 얼씬도 하지 않았을 테고, 앤 래드클리프는 그 같은 주목을 피하려 수단 방법을 가리지 않았을 것이다. 제인 오스틴 역시 그런 자리는 초대를 사양했을 가능성이 높다. 오스틴은 소설 《델핀(Delphine)》(1802)과 《커린(Corinne)》(1807)의 저자이자 "자타 공인 여성 천재를 대표하는 시대의 아이콘"이었던 마담 제르맨 드 스탈(Madame Germaine de Staël)을 만날 기회도 거절한 바 있었다. 하지만 레녹스는 일이 필요했다. 이런 행사에서 남성들과 쌓는 직업적 친분과 인맥이 그녀의 경력에는 더없이 유용하고 요긴한 자산이었다. 그녀에게는 성공이 절실했다. 그래서 자신이 잘하는 것을 계속했다. 바로 배짱과 기지를 발휘하는 일이었다.

이 두 자질은 레녹스가 타고난 것이었고, 그녀의 저작 전반의 두드러진 특징이었다. ⟨교태의 기술⟩에서 그녀는 "아름다움으로 얻은 것을 기교로 지키라"는 격언으로 독자들을 자극했다. 젊은 여성들에게 여성적 술수로 남성의 감정을 조종하라는 조언을 날리는 일은 경력을 여는 데뷔작치고 굉장히 과감한 행보였다. 다음 행보도 만만치 않았다. 《해리엇 스튜어트의 생애》의 여주인공은 선장이 강간하려 하자 직접 <u>남자의 칼을 빼서 남자를 찔러버린다</u>. 래드클리프나 버니의 주인공이라면 절대 할 수 없을 일이다!

레녹스에게 배짱과 기지라는 두 자질은 불가분의 짝이었다. 그녀의 배짱이 무사할 수 있었던 것은 그녀의 기지 덕분이었다. 실제로 《해리엇 스튜어트》의 등장인물이 같은 취지의 말을 한다. "기지가 뛰어난 여인들만이 (……) 무엇이든 말하고 무엇이든 할 수 있지요. 관습과 체면이 우리 여성에게 부과해온 잡다한 규범들을 이렇게 당당히 돌파하는 기개 넘치는 방식에는 참으로 새롭고 호쾌한 무언가가 있어요."

당대인들은 레녹스의 작가적 재능을 논할 때 유난히 '기지(wit)'라는 용어를 많이 사용했다. 1762년, 한 시인은 그녀가 고대의 유명 시인들 못지않게 (혹은 심지어 더) 뛰어나다고 주장했다. "만일 기지를 저울에 달겠다면,/[우리에게는] 레녹스가 있다고 말하리." 당시의 '기지'는 오늘날과 대체로 같은 의미였다. 즉 말을 명민하게 다루는 재능을 뜻했다. 다만 오늘날보다 언어의 예술적 구사를 좀 더 중시했다. 나는 레녹스가 유난히 '기지'로 언급되는 것을 보며 18세기 중엽에는 이 용어가 정확히 어떤 의미였는지 확인해보기로 결심했다. 그래서 어느 날 서점에서 일하던 중에 1755년의 《영어 사전》 제2권을 꺼냈다. 레녹스의 친구 새뮤얼 존슨에게 불멸의 명성을 안긴 바로 그 책이었다.

이 책은 영어에 바치는 기념비이자, 해당 분야의 출판물 중 가장 중요한 위치를 점한다. 존슨은 무려 7년의 작업 끝에 이 사전을 폴리오 판형 두 권으로 출간했다. 각각 높이 16인치, 너비 10인치[10]가 넘고, 분량도 500페이지가 넘는다. 덩치와 무게가 장난 아니라서 고서 딜러가 조심성 없이 머리 위 높은 곳에 올려놓았다가는 에드워드 고리(Edward Gorey)풍의 엽기적인 사고사를 당할 수도 있다. (몇 달 전 이 책을 서점에 처

---

10   각각 약 41센티미터, 25센티미터.

음 들여왔을 때는 나도 그렇게 보관했는데, 두어 차례 아찔한 경험을 한 뒤 허리 높이 선반으로 옮겼다.)

이 책의 가죽 장정은 기가 막혔다. 출간 당시와 동시대의 송아지 가죽으로 전면 장정했고, 송아지 가죽에 작은 흑반점 무늬를 만들어 가죽 색조에 깊이를 더한 장식 기법을 썼다. 여기에 책이 살아온 수백 년 세월의 흔적이 가세했다. 이 육중한 책을 서가에서 꺼내느라 생긴 듯한 시커먼 긁힘 자국이 몇 군데 있었다. 그런데 책등은 사정이 전혀 달랐다. 불과 수십 년 전, 어느 이름난 제본 기술자가 이 두 권의 책등을 "복원"해달라는 의뢰를 받고, 낡고 해진 책등을 18세기 중엽의 제본 스타일을 본뜬 새 책등으로 교체한 것이다. 정교한 금박 장식으로 멋을 낸 새 책등은 걸작이었다. 문제는 사전은 원래 거칠게 사용되는 책이라는 점에 있었다. 새 책등이 18세기의 고급스러운 장정 스타일에는 맞을지 몰라도, 사전의 역할에 충실하기에는 지나치게 화려했다. 단출한 송아지 가죽 표지가 본래의 실용적 용도를 잘 대변한다면, 새로 붙인 책등은 현대의 우리가 이 책을 어떻게 바라보는지를 반영했다. 존슨의 《사전》은 이제 실용서가 아니라 애지중지할 보물이었다.

그럼에도 나는 이 책을 사용할 작정이었다. 책을 꺼내오는 데는 성공했지만, 아직 갈 길이 멀었다. 책이 워낙 거대하니 책장을 넘기는 것조차 운동 같았다. 책등이 망가져서 결국 교체해야 했다는 사실을 상기하며 나는 책등에 무리가 가지 않게 왼손으로 앞표지를 조심스레 받치고, 오른손으로 조심스레 책장을 넘겨야 했다. 책 무게 때문에 왼팔이 떨리기 시작했다. 마침내 찾던 항목을 발견했다. "Wit." 존슨이 등재한 정의는 여덟 가지였으나, 내가 주목한 것은 처음 몇 가지였다. "1. 정신 역량, 지적 능력, 지성. 이것이 본래의 의미다. (……) 2. 상상력, 기민한 상상. (……) 3. 기민한 상상이 만든 감상. (……) 4. 상상력이 풍부한 남자. (……) 5. 천재성을 지닌 남자." 나는 찾던 정의를 얻었다. 레녹스는, 여자이기는 했지만, 상상력과 천재성의 작가였다.

    레녹스의 대표작이자 두 번째 소설 «여자 돈키호테(The Female Quixote)»(1752)는 그녀의 기지가 가장 돋보이는 작품이다. 오스틴이 편지에 언급한 책이자 내가 레녹스를 내 서가에 추가하는 계기가 된 책이 바로 «여자 돈키호테»였다. 이 소설은 세르반테스의 «돈키호테»를 18세기 영국을 배경으로 재구성한 작품이다. 주인공 애러벨라는 시골의 고립된 환경에서 성장하고, 근세 초기 유럽의 기사도 로맨스 소설들을 탐독하며 책으로 세상을 배운다. 기사도에 심취한 돈키호테가 풍차를 적으로 착각해 공격했다면, 애러벨라는 기사답게 행동하지 않는 남자는 모두 자신을 납치하려는 악당이라고 믿는다. 레녹스는 이 설정을 수없이 기발한 방식으로 변주하며 유지해나간다. 예컨대 바스에서 런던으로 가는 여정은 다음과 같이 방백처럼 처리한다.

> 이 여정에서 딱히 주목할 만한 사건은 일어나지 않았다. 애러벨라의 몇 가지 사소한 착각, 이를테면 남자와 말을 타고 가는 멀쩡한 시골 소녀를 보고는 그녀를 혐오하는

구애자에게 납치당하는 변장한 귀부인이나 공주로 오해해서 글랜빌 씨[남주인공]에게 소녀를 구해달라고 간청한 일까지 굳이 독자들께 알릴 필요는 느끼지 않는다.

«여자 돈키호테»는 기사도 로맨스에 대한 코믹 패러디인 동시에, 젊은 여성들이 허구와 현실을 구분하지 못할 거라면서 여성의 소설 읽기를 우려하는 비평가들을 풍자한 소설이다. 이쯤에서 떠오르는 것이 있다. 그렇다. «노생거 사원»이다.

출간 시점은 65년이나 차이 나지만 두 소설 사이에는 분명한 유사점이 있다. «여자 돈키호테»(1752)의 어리고 순진한 여주인공은 소설을 사랑하고, «노생거 사원»(1817)의 어리고 순진한 캐서린 역시 마찬가지다. 주요한 차이라면 애러벨라는 옛날의 기사도 로맨스를 좋아하고, 캐서린은 오스틴이 «노생거 사원»을 ('수전'이라는 제목으로) 처음 써서 판권을 팔던 무렵인 1790년대와 1800년대 초에 유행한 고딕 로맨스를 좋아한다는 점이다. 다시 말해 오스틴이 «여자 돈키호테»의 핵심 풍자 대상―젊은 여성이 현실 세계가 소설이 주입한 환상과 얼마나 다른지 배워가는 이야기―을 가져다가 자기 세대에 맞게 업데이트한 셈이다.

이 플롯의 유사성은 우연이 아니다. 오스틴이 «여자 돈키호테»를 한 번 이상 읽었고, 무척 좋아했음은 알려진 사실이다. 1807년, 오스틴은 커샌드라에게 보낸 편지에, 다른 책을 읽다가 마음에 들지 않아 레녹스의 책을 다시 읽고 있다고 썼다. "우리는 «여자 돈키호테»로 바꿨고, 지금은 이 책이 우리의 저녁을 즐겁게 해주고 있어. 내게는 이 책이 크나큰 즐거움이야. 다시 읽어도 처음 읽었을 때 못지않게 재미있어."

오스틴이 «여자 돈키호테»를 처음 읽은 것은 아주 어렸을 때가 분명하다. 그녀가 겨우 열다섯 살이던 1790년에 쓴 «사랑과 우정»에 이미 레녹스의 책과 비슷한 장면들이 나온다. 가령 소설 읽기를 좋아하는 두 소녀가 친구 자네타에게 그녀의 구혼자가 남편감으로 형편없다고 말하는 대목이 있다. 그 이유는? 그 남자는 인기 소설 «젊은 베르테르의 슬픔»(1774) — 비극적 짝사랑에 몸부림치는 젊은 남자의 이야기 — 을 읽지 않은 데다, 결정적으로 영웅적인 외모를 갖추지 못했다. 남들은 "그가 현명하고, 박식하고, 싹싹하다고 말하지만, 우리는 그런 사소한 것들로 판단할 생각이 없었다. 다만 우리가 알기로 그는 기백이 없고, 베르테르의 슬픔을 읽어본 적도 없고, 머리카락에서도 전혀 적갈색 느낌이 나지 않기 때문에, 자네타가 그런 남자에게 하등의 애정도 느낄 수 없을 것으로 확신했다".

오스틴이 17년 뒤인 1807년에 레녹스의 소설을 다시 읽었을 때는 처음 읽었을 때보다 나이가 갑절 이상 많았다. 그런데도 책이 어느 모로나 처음처럼 좋았다. 오스틴의 소설이 오늘날의 많은 독자에게 주는 느낌도 그렇다. 언제 다시 읽어도 예전의 따뜻한 기억을 저버리지 않는다. 나 역시 얼마 전 «노생거 사원»을 다시 읽은 참이라서 잘 알았다. 책이 어느 모로나 여전히 좋았다. 다만 내가 «우돌포의 비밀»을 읽은 뒤라서 새로운 감흥도 있었다. 사실 당연한 일이었다. 그것이 바로 재독의 묘미다.

　　우리가 예전 애독서를 다시 꺼내 드는 데는, 처음 그 책이 일으켰던 감정을 다시 경험하려는 마음이 작용한다. 하지만 책도 어쩔 수 없이 우리와 함께 변한다. 삶이 달라졌기에 전에는 보이지 않던 것들이 새롭게 눈에 들어온다. 책은 정적인 물건이 아니다. 내가 책 읽기를 사랑하는 것은 책이 일으키는 정서를 안전거리에서 나만의 속도로 탐색할 수 있어서다. 재독은 반복 경험이지만, 그 이상의 경험이기도 하다. 나는 재독 시 지난 독서의 감정을 되살린다. 그때의 나를 떠올린다. 동시에, 이번 독서의 감정을 감지한다. 내 현재 자아의 윤곽을 짚어나간다. 그런 의미에서 독서는 내 삶과 분리된 행위가 아니다. 오히려 내 삶의 중심이다.

※

《여자 돈키호테》는 레녹스의 문학 인생 초기의 쾌거였다. 그 인기는 놀라웠다. 오스틴을 비롯한 사람들이 50년이 지난 후에도 읽고 또 읽을 정도였다. 그런데 이 책이 출간되지 못할 뻔했다. 1751년, 출판업자 앤드루 밀러가 레녹스의 원고를 읽어보기로 했다. 그는 처음에는 출판을 염두에 두고 긍정적으로 검토했다. 그러다 믿을 만한 몇몇 '외부' 검토자―기록에 따르면 그레이 씨라는 사람과 시모어 씨라는 사람―에게 원고를 건넸는데, 그들의 반응이 밀러의 관심에 찬물을 끼얹었다. 그레이 씨는 젊은 여성이 혼외 출산을 하는 장면을 문제

삼으며 "인쇄되어서는 안 될" 내용이라고 주장했다. 당시에 소설은 빠르게 도덕 논쟁의 각축장이 되고 있었다. 버니가 두려워한 것이 바로 이런 상황이었다. 18세기 상류층 여성에게 요구되는 도덕규범 — 혼전 성관계 금지 — 을 어긴 인물이 등장하는 책은 출판 시장에 나오기 쉽지 않았다. 그레이 씨가 또 어떤 꼬투리를 잡았는지는 알 수 없으나 비판이 거셌던 것이 분명하다. 레녹스는 이때의 경험을 두고 "그를 만족시키려면 책을 아예 다시 써야 할 판"이었다는 날 선 후일담을 남겼다.

이제 밀러는 이 책을 맡기를 주저했다. 하지만 레녹스는 그가 출판해주기만을 고대했다. 당시 관행은 출판업자가 작가에게 '복제권(right to copy)' — 오늘날의 저작권(copyright) — 의 대가를 선지급하는 방식이었고, 레녹스는 생계를 위해 그 돈이 필요했다.

다급해진 레녹스는 문단의 거물급 지인들에게 도움을 청했다. 존슨뿐 아니라 새뮤얼 리처드슨에게도 연락했다. 리처드슨은 《패멀라》와 《클러리사(Clarissa)》 같은 소설들로 당대 최고의 유명세를 누리고 있었다. 존슨과 리처드슨 모두 《여자 돈키호테》를 읽었고 뛰어난 작품으로 여겼다. 특히 주인공 애러벨라가 독자들을 사로잡을 것으로 믿었다. 리처드슨은 레녹스에게 보내는 편지에 "이 사랑스러운 몽상가의 엉뚱함에 완전히 매료됐다"고 썼다. 존슨은 유명한 문학 후원자이자 스위프트와 포프의 친구인 오러리 백작에게도 이 책을 읽어볼 것을 청했다. 이렇게 문학계의 유력 인사 세 사람이 제각기 밀러에게 책을 칭찬하는 편지를 보냈다.

《여자 돈키호테》는 마침내 1752년, 앤드루 밀러에 의해 출판되었다.

하지만 이 책의 성공적 출간 이면의 우여곡절은 레녹스의 작가 경력이 처한 근본적 현실을 여실히 보여준다. 그녀의 경력은 끊임없이 남성 권위에 의해 제약받거나 남성 중재를 통해 성공 기회를 부여받았다. 이는 딱히 문단의 남성 권력을 겨눈 공격이 아니었다. 그보다는, 후원 체제에서 직업 체제로 이행하면서 권력 구도의 젠더화가 더 공고해졌다는 의미다. 레이디 이저벨라 핀치가 어린 레녹스를 후원했듯, 후원은 남성뿐 아니라 부유한 여성도 베풀 수 있었다. 하지만 직업으로서의 문필 활동은 남성 주도의 출판 산업에서 살아남는 것을 뜻했다.

레녹스는 리처드슨이라는 영향력 있는 옹호자를 얻기 위해서 먼저 새뮤얼 존슨에게 소개를 부탁해야 했다. 존슨이 레녹스를 데리고 리처드슨의 집에 갔다. 하지만 문을 두드릴 때가 되자 레녹스는 갑자기 존슨에게 자리를 피해달라고 요청했다. 그녀는 직접 해내고자 했다. 문 앞까지 오는 데 남성 권위자의 동행이 필요했지만, 그녀는 그 필요에 답답함을 느꼈고, 문턱에 이르렀을 때 혼자 돌파할 방법을 찾았다.

레녹스의 기지와 배짱은 그녀의 글과 삶 모두에서 내게 신선한 충격으로 다가왔다. 오스틴도 기지 넘쳤지만, 대담함은 레녹스에 훨씬 못 미쳤다. 이 점이 오스틴 소설에 대한 무오류성 담론, 즉 오스틴의 소설은 흠잡을 데 없고, 그렇기에 고전이라는 인식이 나를 항상 불편하게 했던 이유다. 오스틴은 사실상 완벽하다. 아니, 완벽에 가깝다. 하지만 그것은 오스틴이 정제했기 때문이지 도달했기 때문은 아니었다. 이 말이 신성모독이 될 수 있다는 것은 안다. 내가 좋아하는 빅토리아 시대 시인 엘리자베스 배럿 브라우닝(Elizabeth Barrett Browning)도 1855년에 오스틴에 대해 비슷한 반응을 보였다. "[오스틴의 인물들은] 영혼이 결여된 인상을 준다. (……) [오스틴의] 소설은 그것이 닿는 거리까지는 완벽하다. 그 점은 분명하다. 다만 내가 보기에 그 거리가 멀지는 않다." 내가 레녹스에게 끌린 것은, 그녀가 작가 경력이 위태로운 상황에서도 끝내 도달하려 했기 때문이다.

1750년대에 레녹스가 문단에 발을 들여놓을 수 있었던 것은 대담함 덕분이었다. 일단 들어선 다음에는 기지로 자신의 자리를 입증했다. 《해리엇 스튜어트》와 《여자 돈키호테》 같은 작품들은 일단 읽기에 재미있다. 이는 당대에도 마찬가지였다. 헨리 필딩은 《여자 돈키호테》를 "진정한 유머"의 산물로 평했다. 《여자 돈키호테》의 강점 중 하나는 결코 괜한 무게를 잡지 않는다는 것이다. 일례로, "몇 가지 역사적 일화"로 시작하는 장(章)에서 "어떠한 역사책에서도 발견될 일 없으니 사실 여부도 보장할 수 없다"며 너스레를 떤다.

《여자 돈키호테》의 여주인공은 레녹스가 배짱과 기지를 결합하는 방식을 빼어나게 보여준 유쾌한 사례다. 애러벨라는 겉보기보다 훨씬 복합적이다. 그녀는 기사도 시대와 자신의 시대를 혼동하지만, 동시에 소설 속에서 가장 총명한 인물이기도 하다. 다른 인물들도 이를 곧잘 인정한다. 예컨대 그녀의 삼촌이 "넌 마치 웅변가 같구나"라며 감탄을 금치 않는다. 애러벨라는 문제의 핵심을 정확히 짚는다. 소설 얘기를 할 때 겉보기에는 애러벨라가 용맹한 영웅들과 덕성스러운 여주인공들에 대한 허황한 소리를 늘어놓는 것 같지만, 사실 그녀는 이를 통해 도덕과 진실, 책임과 지식의 개념들을 탐구한다. 이처럼 레녹스는 무거운 철학적 주제들을 풍자적 모험소설의 형식에 녹여 재미있게 풀어냈다.

총명하지만 외부와 차단된 삶을 살았던 애러벨라는 자신이 이해하는 언어, 즉 로맨스의 언어로 말해주는 인물이 등장하자 비로소 주변 세계의 현실을 받아들이기 시작한다. 그 인물은 독서 취향이 비슷하고, "기지와 우아함, 기품에서 누구에게도 뒤지지 않는" 박식한 여인이다. 이 여인은 애러벨라의 교우가 되어 그녀가 로맨스와 현실의 당착을 조율해나가도록 돕는다. 그러다 이상한 일이 일어난다. 이 박식한 여인이 책 중간에 홀연히 사라져 다시는 돌아오지 않는다. 대신 제2권(이자 마지막 권)의 끝에서 두 번째 장에, 어느 '신학자(divine)'와의 일련의 대화가 새롭게 등장한다. 여기서 '신학자'란 목사이자 박사를 뜻했는데, 18세기에는 현자를 대신하는 용어로 쓰였다. 이 남자는 박식한 여인이 시작했던 일을 후다닥 끝맺는다.

레녹스는 원래 한 권 더 써서 전체 세 권으로 소설을 완결할 생각이었다. 하지만 결국 두 권 만에 이야기를 마무리해야 했다. 당해 출판 시즌의 일정에 맞추기 위해서였다. 이 소설의 갑작스러운 결말은 당시 소설 창작 방식에 내재한 구조적 압박을 드러낸다. 어쨌거나 소설은 예술 작품인 동시에 상품이다. 당시 런던 출판 시장에서 소설은 대부분 가을부터 봄까지 출간되었고, 여름은 출판 비수기였다. 레녹스는 «여자 돈키호테»를 어떻게든 1752년 2월에 출판하려 애썼다. 출간을 미루기에는 그녀의 재정 상태가 너무 불안정했다. 그녀는 이 책이 충분히 인기를 얻어 다음 시즌에 제2판을 찍고 최대한 빨리 다시 인세를 받기를 희망했다. 상황이 이렇다보니 레녹스는 언제나 동료 작가 대다수보다 불리한 입장이었다.

나는 «여자 돈키호테»의 성급한 마무리가 너무 아쉬웠다. 다른 결말, 즉 그 박식한 여인이 재등장하는 결말을 바라는 마음을 떨칠 수 없었다. 어쩌면 그것이 실현되지 못한 제3권에서 레녹스가 의도했던 전개가 아닐까? 하지만 레녹스는 자신의 재량과 일정에 따라 창작할 수 있는 입장이 아니었다. 여건이 허락하는 범위에서 예술적 선택을 해야 했다.

당연히 나는 초판본 추적에 들어갔다. 소파에 기대앉아 노트북을 켜고 검색에 들어간 첫날 나는 우리 고양이가 화들짝 놀랄 만큼 요란한 탄식을 토했다. 불과 몇 달 전 초판본 하나가 5년 만에 처음으로 경매에 나왔던 것이다. 경매는 놓쳤지만 나는 검색을 이어갔다.

1801년 이전 런던에서 인쇄된 책을 찾을 때 내가 가장 먼저 검색하는 곳이 '영문 약식 서지 목록(English Short-Title Catalog)', 줄여서 ESTC라고 부르는 서지학 데이터베이스다. ESTC는 영국 국립도서관을 통해 온라인 접속이 가능하다. 나는 ESTC 홈페이지로 직행했다. ESTC 덕분에 «여자 돈키호테»(1752)가 초판이 나온 해에 제2판까지 나왔다는 것을 확인할 수 있었다. 레녹스의 바람대로 된 것이다. 이후에도 이 책은 18세기 동안 여러 차례 신판이 간행되었고, 해외에서 최소 세 개 언어로 번역되었다. 수백 년 전에 나온 책의 성공 정도를 정확히 가늠하기란 쉽지 않지만, 이처럼 여러 차례 찍었다는 것은 그만큼 널리 팔렸다는 뜻이다. 팔릴 성싶지 않은 책을 또 찍는 출판업자는 없다.

《여자 돈키호테》는 평단에서도 호평받았다. 1752년 봄, 소설가 헨리 필딩이 자신의 문예지에 장문의 서평을 싣고 이 책을 세르반테스의 저작과 동등한 위치에 놓았다. 그는 "공정하고 균형 잡힌" 접근법을 통해, 세르반테스가 우위에 있는 점 네 가지, 두 작가가 대등한 부분들, 레녹스가 우위에 있는 점 다섯 가지를 꼽았다. (레녹스 승! 보고 있나, 세르반테스?) 필딩은 특히 애러벨라를 "사랑하지 않을 수 없는" 인물로 보았는데, 정말 맞는 말이다. 그는 "이 책은 지극히 비범하고 지극히 탁월한 작품이며, 진심으로 추천하는 바이다"라고 결론지었다. 이후 오랫동안 레녹스는 이 책의 성공을 적극 활용했고, 후속작들의 표제지에 자신의 이름 대신 "《여자 돈키호테》의 저자"라는 문구를 넣었다. ‹교태의 기술›이 레녹스를 세상에 기지 넘치는 작가로 소개했다면, 《여자 돈키호테》는 그 명성을 확실히 굳혔다.

오늘날 우리는 오스틴을 기지의 대가로 기린다. 뉴욕의 권위 있는 희귀서 기관 모건 라이브러리 앤드 뮤지엄(Morgan Library&Museum)에서 2009년부터 2010년까지 "한 여성의 기지:

제인 오스틴의 생애와 유산(A Woman's Wit: Jane Austen's Life and Legacy)"이라는 제목의 전시회가 열렸다. 또한 TED-Ed 웹사이트—"TED의 청소년 및 교육 이니셔티브"—에 올라와 있는 이절트 길레스피(Iseult Gillespie)의 영상 ‹제인 오스틴의 사악한 기지(The Wicked Wit of Jane Austen)›는 170만 회가 넘는 조회수를 기록 중이다. 하지만 오스틴이 정작 동시대인들에게 찬사를 받은 것은 그녀의 기지 때문이 아니었다. 그들은 오스틴의 "현실감 넘치는" 인물 묘사를 높이 샀다. 20세기 학자 B. C. 사우섬이 오스틴에 대한 "최초의 주류 논평"이라고 명명한 월터 스콧의 1815년 «에마» 서평에서 스콧 역시 오스틴의 유머 감각이 아니라 사실주의 재능에 방점을 두었다. 오스틴의 인물들은 "현실에 온전히 닿아 있으며, 그 묘사의 면밀함으로 독자에게 기쁨을 준다". 당대의 독자들이 오스틴에 대해 가장 탄복한 점은 여성들의 일상적이고, 친숙하고, 평범한 삶을 지면에 탁월하게 재현해낸 능력이었다.

　　오스틴의 가족 역시 그녀의 기지를 자랑했다. 하지만 동시에 그녀의 재기를 축소하기도 했다. 그녀가 똑똑했으나 숙녀다웠다고 세간을 안심시키는 듯한 태도였다. 여성도 기지가 있을 수 있지만 지나치면 곤란했다. 1817년 말 오스틴의 유작에 붙인 ‹저자 약전›에서 오스틴의 오빠 헨리는 오스틴이 보인 "기지에 대한 예리한 취향"을 말하는 동시에 "완벽하게 온화한 성정"을 나란히 언급했다. 기억하자. 헨리에게 오스틴은 어디까지나 "상냥한" 누이였다.

　　오스틴의 가족이 내세운 '얌전한 오스틴' 이미지는 빅

토리아 시대 내내 이어졌다. 조카 오스틴-리가 펴낸 «제인 오스틴 회고록»도 오스틴을 가정적이고, 착하고, 야심 없는 사람으로 그렸다. "제인 고모는 조카들 모두의 기쁨이었다. 우리는 고모를 총명한 사람으로 생각하지 않았다. (……) 우리에게 고모는 늘 친절한 분이었다." 이 푸근한 아줌마 이미지의 위력은 상당했다. 19세기에도 오스틴은 대중에게 매력적인 데다 "은근한 유머"까지 지닌 사람이었지 특별히 기지 넘치는 인물은 아니었다.

  20세기에 들어서자 비로소 상황이 달라졌다. 비평가들이 오스틴 소설의 저변에 꾸준히 흐르는 아이러니와 냉소를 인식하기 시작했다. 그중 일부는 이 발견에 충격을 감추지 않았다. 한 전기 작가는 오스틴의 주베닐리아를 두고 이렇게 평했다. "열한 살이나 열두 살 소녀가 그처럼 결연하게 글쓰기에 매진한 것도 이례적이지만, 그처럼 어린 나이에 벌써 확고한 패러디 작가이자 냉소주의자로 자리 잡은 것은 더더욱 이례적이다." 이 글을 읽던 당시 10대 초반의 딸을 둔 엄마였던 나는 이 남성 작가의 놀란 반응에 웃음이 났다.

  오스틴의 여러 주인공, 특히 «오만과 편견»의 엘리자베스 베넷은 주변을 날카롭게 관찰하고 냉소적 의견 피력의 기회를 절대 그냥 넘기지 않는다. 그녀는 한번은 다시 씨에게 이런 뼈 있는 농담을 날린다. "우리는 둘 다 (……) 방에 있는 사람 모두를 놀라게 할 말이나, 후세에 속담처럼 멋들어지게 물려줄 만한 말을 하지 못할 바에는 차라리 입을 다물고 있을 사람들이죠." 20세기 중엽, 마거릿 케네디(Margaret Kennedy)가 오스틴을 "코미디 소설가"로 규정한 데 이어, 마빈 머드릭이 《제인 오스틴: 방어이자 발견으로서의 아이러니(Jane Austen: Irony as Defense and Discovery)》(1952)를 발표하면서 오스틴 연구에 변곡점이 생겼다. 먼저 머드릭은 오스틴을 "당대 소설의 여성적 감수성 사조"와 분리했다. 이로써 오스틴을 아이러니의 대가로 고찰할 가능성이 열렸다. 같은 책에서 머드릭은 《에마》를 "형식미의 승리 속에 기지와 아이러니, 가벼운 웃음이 빛나는" 작품으로 평했다. 드디어 오스틴의 기지가 인정받은 것이다.

하지만 내 눈은 머드릭의 비평에 깔린 이상한 전제를 놓치지 않았다. 머드릭의 관점에 따르면 오스틴이 기지를 발할 수 있었던 것은 그녀가 "여성적인" 소설을 쓰지 않았기 때문이다. 기지는 유머의 일종이고, 여성과 유머 사이에는 복잡한 관계가 있다. 21세기에도 우리는 여전히 "여자는 웃기지 않는"(시대착오적인) 이유를 파헤치는 다큐멘터리들을 제작한다. 사실을 말하자면 여자들은 웃긴다. 여자들 대부분에게는 자명한 이 사실을 남성들은 수 세기 동안 의문시했다. 이는 코미디가 오랫동안 금기 깨기 행위와 묶였던 전력과 무관하지 않다. 수백 년 동안 희극인들은 경계를 넘나들며 관객에게 충격을 가해서 웃기는 전략을 갈고닦았다. 기습 요소는 적어도 아리스토텔레스 때부터 유머의 수단 중 하나였다. 그렇지만 경계 넘기는 해당 금기를 깨는 이가 누구냐에 따라 의미가 달라진다. 18세기 영국 문화에서 여자는 남자보다 훨씬 더 많은 (법적, 사회적, 경제적) 제약을 받았고, 그 선을 넘을 경우, 훨씬 더 가혹한 대가를 치러야 했다.

레녹스처럼 사회적 기반이 약한 여성에게 금기 깨기는 뱃심을 요했다. 《여자 돈키호테》는 혼외 자식을 둔 여성을 등장시킨 대담한 설정 때문에 출판이 무산될 뻔했다. 하지만 레녹스는 처음 문명(文名)을 얻던 경력 초기이자 작가 형성기였던 몇 달 동안, 배짱과 기지의 결합이 성공의 방법일 수 있다는 것을 배웠다. 그것이 〈교태의 기술〉이 그렇게 인기를 끈 이유였다. 레녹스의 기지는 분명히 동시대인들에게도 인정받았다. 그러나 이 기지가 그녀의 대담함과 결합하자 적도 만들어냈다. 엘리자베스 카터는 처음 친구에게 〈교태의 기술〉을 타박하는 편지를 쓴 지 수년이 흐른 뒤에도 "레녹스 부인의 일종의 교태"에 대한 비하성 언급들을 편지 여기저기에 남겼다. 레녹스는 지지자 두 명을 얻을 때마다 최소한 비판자 한 명을 끌어모았다. 이 셈법에 따라 그녀는 작가 인생에서 무척이나 강렬한 평판을 얻었다. 기지로는 (레이디 이저벨라, 새뮤얼 존슨, 새뮤얼 리처드슨, 오러리 백작, 헨리 필딩 같은) 지지 세력을 얻었고, 대담함으로는 (그레이 씨, 시모어 씨, 엘리자베스 카터 같은) 비판 세력을 얻었다.

나는 레녹스의 대담함을 높이 산다. 내가 추구하는 자질이기 때문이다. 그럼에도 막상 내 안의 대담성을 높이 사기까지는 노력이 필요했다. 엄마가 툭하면 꺼내는 일화였다가 이제는 가족 설화로 굳어진 얘기가 하나 있다. 내가 유치원에 다닐 때였다. 엄마가 학부모 간담회에 갔는데, 교사가 신중하게 단어를 고르며 나더러 '리더십이 강하다'고 말했다. 엄마는 대뜸 "아, 애가 제멋대로라는 말씀?"이라고 되물었다. 교사가 끄덕였고, 두 사람은 함께 웃었다. 심지어 내가 사는 시대에도 사람들은 여자아이의 분방함에서 부정적인 냄새를 맡는다. 비슷한 경우를 나보다 수백 년 앞서 살았던 여성의 삶에서 읽으며 나는 작은 위로를 받았다. 자신감도 생겼다. 레녹스는 그 옛날에도 비판을 감수하며 자신에게 충실할 용기를 냈다.

  레녹스의 친구들이라 해서 모두가 그녀의 대담성을 반긴 것은 아니었다. 어떤 이는 그녀에게 생계를 위해 "우아하고 의미 없는 것"을 써보라고 충고했다. 그녀는 듣지 않았다. 대신 당대의 최대 화두이자 궁극의 주제 — 셰익스피어 — 를 다룰 야심 찬 계획을 세웠다. 《여자 돈키호테》의 뒤를 잇는 그녀의 다음 작품은 《셰익스피어 일러스트레이티드(Shakespear Illustrated)》(1753)였다. (당시에는 셰익스피어(Shakespeare)를 'Shakespear'로 표기하기도 했다. 이는 레녹스의 철자 실수가 아니다.) 이 책은 소설이 아니라 비평서였다. 그리고 우상을 허무는 전복적 역작이었다.

  18세기에 셰익스피어 숭배가 전례 없는 수준에 이르렀다. 알렉산더 포프와 데이비드 개릭 같은 셰익스피어 대중화의 주역들 덕분이었다. 저명한 신고전주의 시인 포프는 호메로스의 서사시 《일리아스》와 《오디세이》를 영어로 번역해 명성을 얻은 데 이어, 셰익스피어 희곡집(1723~1725)을 편집했다. 당대 최고 배우 개릭은 1740년대에 셰익스피어 연극 무대에서 배우로 활약하며 스타덤에 오른 후, 1747년 드루리 레인 극장의 운영을 맡아 셰익스피어 희곡을 계속 무대에 올렸다.

기억하자. 당시는 셰익스피어가 영국의 "국민 시인"으로 추앙받기 시작한 시대였다. 그런데 이때, 레녹스가 특유의 배짱으로 그 향연 한가운데에 수류탄을 던졌다.

《셰익스피어 일러스트레이티드》는 셰익스피어 희곡의 원전(原典), 즉 그의 희곡 플롯에 영감을 제공한 선행 작품들을 조사한 최초의 장편 비평서였다. 영문학자 노마 클라크(Norma Clarke)에 따르면, 이 책은 "정전 작가에 대해 페미니스트 비평가가 쓴 아마도 최초의 연구서"였으며, 레녹스는 이 책을 통해 영국 평단의 권위 있는 일원이 되고자 했다. 그녀의 친구 새뮤얼 존슨도 결국은 다른 장르보다 비평에서 가장 큰 수입을 올리고 있었다. 이 책에서 레녹스는 셰익스피어 희곡의 프랑스어, 이탈리아어, 독일어 원전들을 최초로 발굴하고 수집했다. 그녀는 이 원전들을 번역한 다음, 셰익스피어가 해당 자료를 어떻게 변형했는지 비교·대조한 해설을 붙여 출판했다.

이 비평서는 역사적인 작업이자 도발적인 저작이었다. 레녹스의 분석 결과 셰익스피어는 결코 완벽한 작가가 아니었다. 실제로 레녹스는 많은 경우 셰익스피어의 각색보다 원전이 더 훌륭하다고 주장했다. 예컨대 《헛소동(Much Ado About Nothing)》은 이탈리아 시인 아리오스토의 르네상스 대서사시 〈광란의 오를란도(Orlando Furioso)〉(1516~1532)에서 가져온 이야기인데, 셰익스피어는 이를 "망치고 훼손해서" "모순과 자가당착, 실수로 채웠다". 여기에다 레녹스는 셰익스피어가 아닌 어떤 작가에게도 치명타가 되었을 평을 덧붙인다. 그는 "창의력 빈곤을 드러낼 만큼 차용했고, 판단력 결핍을 입증할 만큼 덧붙였다".

　이는 도발을 넘어 선전포고였다. 새뮤얼 존슨은 출간 직전 레녹스에게 편지를 보내 이 책이 셰익스피어를 "괴멸시킬" 거라며 신나 했다. 그리고 레녹스에게 내가 작가라면 받고 기뻤을 칭찬을 던졌다. "당신은 맹금류요." 이어서 그는 "당신을 밀턴에게 날려 보내겠소"라는 말로 다음 작업을 제안했다. 하지만 이는 실현되지 않았다. 당대 최고의 문학비평가가 이렇듯 성공을 확신했던 《셰익스피어 일러스트레이티드》는 오히려 레녹스의 최대 직업적 실책 중 하나가 되었다.

　문제는 단순했다. 레녹스는 셰익스피어를 영국의 모방 불가 천재가 아니라 결점이 있는 저자로 취급했다. 그녀는 대담했고, 경계를 넘었다. 그녀의 친구 오러리 백작도 한때 셰익스피어에 대한 책을 구상하면서 같은 어려움을 예상했다. 귀족인 그조차 "셰익스피어를 지성소로 여기며 자신들만이 그곳에 들어갈 거룩한 자격이 있다고 믿는" 셰익스피어 추종자들의 반응을 두려워했다. 하지만 레녹스는 자신의 기지가 대담함을 받쳐줄 것이라 믿고 밀어붙였다.

　불행히도 그녀는 비평가들이 책의 논리적 주장을 읽어내는 능력을 과대평가했다. 데이비드 개릭도 《셰익스피어 일러스트레이티드》 출간 당시 공개적으로 반대 의견을 표명했다. 나중에 레녹스에게 사적으로 보낸 편지에서 그는 자신의 비판이 "판단력의 발현보다는 셰익스피어에 대한 열정의 발현이었다"고 인정했지만, 대외적으로는 자신의 주장을 고수했다. 즉 그녀의 방법은 "그토록 위대하고 훌륭한 작가를 공격할 방법으로 정당화될 수 없다"는 것이었다. 이 문제에서 현대의 비평가들은 레녹스의 편에 설 것이다. 우리는 위대함이 곧 비판 면제권을 의미한다고 생각하지 않는다. 하지만 레녹스의 동시대인들은 그렇게 보지 않았다. 비록 책이 잘 팔렸고, 팔림새에 신난 출판사가 추가 집필을 의뢰했지만, 레녹스의 도박은 이후 오래도록 그녀에게 악재로 작용했다. 《셰익스피어 일러스트레이티드》 출간 이후 기성 문단은 그녀에게 등을 돌리기 시작했다. 한때 그녀의 천재성을 칭송했던 친구들도 마찬가지였다.

그중에는 새뮤얼 존슨도 있었다. 처음에는 레녹스를 응원한 존슨이었지만, 개릭을 비롯한 이들의 반응에 동요한 것이 분명했다. 3년 뒤 본인의 셰익스피어 관련 책을 기획할 때, 존슨은 같은 주제의 근간 목록에서 레녹스의 책을 보란 듯이 누락시켰다. 존슨이 《셰익스피어 일러스트레이티드》의 <u>헌사를 썼다</u>는 사실을 고려할 때, 이는 특히나 충격적인 처사였다. 레녹스의 책은 그때까지 출판된 책 중 셰익스피어 희곡의 원전들을 가장 포괄적으로 다룬 연구서였다. 그런데도 존슨은 그 책의 제목조차 언급하지 않았다.

그게 다가 아니었다. 현대의 레녹스 전기 작가 수전 칼라일(Susan Carlile)은, 존슨이 《셰익스피어 일러스트레이티드》의 해석을 차용하고는 출처를 "익명의 비평가"로 표기한 부분을 찾아냈다. 처음에는 나도 그 문구—"익명의 비평가"—를 칼라일처럼 배신으로 읽었다. 존슨은 레녹스의 친구가 아니었던가!

　　　그런데 이후 내게 새로운 시각이 생겼다. 영국의 한 고서상을 통해 «셰익스피어 일러스트레이티드» 초판본을 입수한 후였다. 그 책은 영국 희귀서 딜러들이 보내는 소포가 늘 그렇듯, '뽁뽁이'와 테이프로 허리케인에도 버틸 만큼 꽁꽁 싸여서 도착했다. 그 포장을 한 겹 한 겹 벗겨내는 것도 일이었다. 희귀서는 소포 개봉에도 신중을 요한다. 특히 박스 커터처럼 날카로운 도구로 포장을 자를 때 조심해야 한다.

　　　이 시대의 책을 입수할 때 딜러가 가장 먼저 하는 일은 컬레이팅(collating)이다. «셰익스피어 일러스트레이티드»의 포장을 다 풀었을 때도 마찬가지였다. 컬레이팅은 책의 모든 페이지가 빠짐없이 있는지 확인하는 절차다. 이 일에는 책의 구조와 구성 — 옥타보(octavo, 8절판), 쿼토(quarto, 4절판) 등 — 에 대한 지식이 필요하다. 실제로는 그 많은 페이지를 일일이 세는 일이다. 내 업계 동료는 컬레이팅 도중 방해를 받아 셈을 놓치는 일을 겪다못해 팻말을 하나 만들어 걸었다. "방해 금지. 세는 중."

　　　페이지를 세는 동시에 살펴야 한다. 컬레이팅은 온전한 집중을 요구한다. 책장을 하나하나 확인해야 한다. 컬레이팅이 끝난 책에는 무엇도 미확인 상태로 남아 있을 수 없다. 이때가 희귀서 딜러에게 여백의 손 글씨 메모나 가장자리의 홍차 자국이 발견되는 순간이다. 고서를 넘기다가 책장 사이에 눌려 있는 수백 년 전의 꽃을 발견한 적이 있는가? 그것은 일종의 마법이다. 시간 저 너머에서 속삭이는 주문이다. 내게 이 작업은 디지털 세상의 가차 없는 비물질화 경험에 대한 해독제이기도 하다. 컬레이팅은 내게 잠시 속도를 늦추고, 내 물리적 환경을 재인식하고, 그 물성을 되새길 시간을 준다. 나는 그저 화면 속 아바타가 아니다. 나는 책상에 앉아서, 다른 이가 쓰고, 또 다른 이들이 인쇄하고, 또 다른 이들이 읽었던 책의 책장을 넘기는 사람이다. 나는 실재한다. 그들 역시 실재했다.

《셰익스피어 일러스트레이티드》를 들고 컬레이팅을 시작했을 때, 나는 샬럿 레녹스의 이름이 표제지에 없는 것을 알아차렸다. 이는 미처 고려하지 않았던 증거였다. 저자의 이름이 있어야 할 곳에는 "《여자 돈키호테》의 저자"라는 문구만 있었다. 《셰익스피어 일러스트레이티드》 표제지에 레녹스의 이름이 처음 명기된 것은 그녀가 세상을 뜬 지 5년 후에 나온 1809년 판본이었다. 레녹스는 저자가 누군지 모두 알지만 책 자체에는 작가 이름을 홍보하지 않는, 당시의 '익명 아닌 익명' 출판 관행을 따르고 있었다. (버니도 매번 이 익명 출판을 고수했고, 그 결과 네 번째이자 마지막 소설 《방랑자》(1814)를 출간할 때는 표제지에 이전 작품을 모두 포함하는 다소 어색한 명칭이 올라갔다. "《에블리나》, 《서실리아》, 그리고 《커밀라》의 저자.")

레녹스가 《셰익스피어 일러스트레이티드》를 익명으로 출판했다는 것을 내가 몰랐던 바는 아니었다. 이 시대에는 익명 저자가 워낙 흔했기 때문에 이 사실에 대해 읽은 것도 여러 번이었다. 하지만 그것은 어디까지나 이론이었다. 내 눈으로 직접 그 표제지를 마주하기 전까지는 그 사실의 실질적 함의를 생각해보지 못했다. 존슨은 셰익스피어 관련 근간 목록을 작성할 때 레녹스의 책을 포함할 수 있었고, 또 그래야 마땅했다. 하지만 그가 "익명의 비평가"라는 문구를 사용한 것은 배신이 아니라 오히려 의리 있는 행동이었을 수 있다. 대외적 저자 익명성이라는 레녹스의 선택을 존중한 결과인지도 모른다. 존슨 본인도 여러 작품을 익명 또는 가명으로 발표한 바 있기에 누구보다 이를 이해할 만한 입장이었다. (존스니언—제인 오스틴 팬덤이 제이나이트라면, 새뮤얼 존슨의 팬덤은 존스니언이다—의 대표적 활동 중 하나가 존슨의 익명 저작을 모든 찾아내는 것이다.)

존슨은 자신이 가장 오랜 시간을 투자한 역작 《영어 사전》(1755)에서도 레녹스의 익명성을 존중했다. 그는 《영어 사전》에서 레녹스를 열두 번 이상 인용한다. 여성 작가 중 최다 횟수였다. 레녹스는 《영어 사전》에 인용된 작가 중 가장 젊은 작가이기도 했다. 하지만 그 인용 중 어디에도 그녀의 이름은 등장하지 않는다. 예컨대 'talent' 항목에 셰익스피어, 드라이든, 스위프트의 경우는 예문과 함께 저자의 이름이 명시되었지만, 레녹스의 경우는 그저 "《여자 돈키호테》"라는 출처만 나온다. 그런데 내 생각일지 몰라도, 실로 인상적인 예문이었다. "진정한 해학(raillery)의 재능을 가진 사람은 혜성과 같다. 좀처럼 보이지 않지만, 일단 나타나면 찬탄과 동시에 두려움의 대상이 된다." (나도 'raillery'의 뜻을 찾아보고 알았다. "가벼운 풍자, 풍자적 익살.") 이런 인상적인 문장을 쓸 줄 아는 레녹스가 디너파티에서 어떤 손님이었을지 상상해보라.

대담과 기지의 결합은 작가 레녹스에게는 강점이었다.

하지만 그녀가 선을 너무 멀리 넘는 순간 기성 문단은 언제나 그녀의 발목을 잡았다. «셰익스피어 일러스트레이티드»에 대한 그들의 반응이 단적인 예다. 그러나 관습 답습이 지속적 유산 구축에 유리한 경로였던 적은 거의 없었다. 존슨의 «영어 사전»에 대한 그녀의 공헌이 이를 증명한다.

  레녹스는 익명 출판이라는 당시의 관습에 따랐고, 그 결과 가장 영향력 있는 영문 저작물 중 하나에 그녀의 실명이 기록되지 못했다.

  존슨의 경우는 달랐다. 그는 엄청난 양의 글을 익명이나 가명으로 냈지만, 불후의 업적인 «영어 사전»에는 표제지에 자신의 실명을 당당히 명시했다.

  레녹스와 존슨의 유산을 당시와 현재의 관점에서 비교해볼 필요가 있다. 두 사람 모두 다소 격동적 명성을 누렸고 (레녹스는 지나치게 대담했고, 존슨은 지나치게 신랄했다), 동시에 천재로 칭송받았다. 당시에 존슨의 글 역시 기지 있기로 유명했다. 그는 '고전'의 위상을 유지했고, 그의 저작은 오늘날까지 읽힌다. 레녹스의 «여자 돈키호테»도 출간 수십 년 후까지 꾸준히 읽히고 사랑받았다. 다시 말해 고전이었다. 이 소설은 애나 레티샤 바볼드의 «영국의 소설가들» 선집(1810년 출간, 1820년 재간행)에도 포함되었다. 1804년 레녹스 사후에도 계속 정전 목록에 올랐다는 뜻이다. 또한 1820년까지 최소 열아홉 차례 중판되었고, 독일어, 덴마크어, 프랑스어, 이탈리아어, 에스파냐어로 번역되었다. 그러나 빅토리아 시대는 넘지 못했다. 1820년 이후에는 재간행되지 못했고, 문학계 평론에서도 자취를 감췄다. 오스틴은 이런 일을 예견이라도 한 듯 1816년의 어느 글에서 이상적인 소설 여주인공은 "기지라고는 눈곱만큼도 없어야" 한다는 의미심장한 농담을 남겼다.

오스틴이 태어나기 1년 전인 1774년, 젊은 여성을 대상으로 한 어느 품행서는 이렇게 경고했다. "기지는 여자에게 가장 위험한 재능이다. (……) 기지는 유순함과 섬세함에 전혀 지장을 주지 않지만, 그럼에도 둘이 함께 나타나는 경우는 드물다." 여성의 기지는 사회의 배척과 수용 사이 칼날 같은 경계에 놓여 있었고, 레녹스와 오스틴 모두가 체험한 현실이었다. 그들은 심지어 책에서도 그 현실과 싸워야 했다. 당대의 어느 «오만과 편견» 서평을 보면, 오스틴이 그녀의 주인공 중 가장 기지 있는 편인 엘리자베스 베넷에게조차 얼마나 세심하게 균형을 부여했는지 알 수 있다. 엘리자베스는 "시의적절한 쾌활함"과 "예법을 벗어나지 않는 독립성"을 지닌 인물이다. 그녀는 기지 있지만, 지나치게 있지는 않다. 기지는 왜 이렇게 여자에게 유독할까?

18세기 남성들은 이에 대한 나름의 답을 챙겨두고 있었다. 1731년, 제1대 리틀턴 남작 조지 리틀턴은 "한 숙녀"에게 이렇게 조언했다. "기지는 와인처럼 뇌를 취하게 하지요./허약한 여성이 감당하기에는 너무 강합니다." 이쯤에서 짚고 넘어갈 것이 있다. 리틀턴 경은 레녹스가 가장 왕성하게 창작 활동을 하던 시기의 고위 정치인이자 유력한 예술 후원자였다. 헨리 필딩이 «톰 존스»를 그에게 헌정할 정도였고, 그는 여러 문인에게 일과 연금을 주선했다(레녹스는 그중에 포함되지 않았다).

물론 모든 남성이 리틀턴 경과 같은 생각은 아니었다 (#notallmen, #모든남자는아님). 레녹스의 책을 지지한 남성도 분명히 많았다. 다만 리틀턴 남작이 예외적인 경우는 아니었으며, 그 근거로 1786년 프랑스의 어느 의사이자 정치인이 쓴 논문의 일부를 소개한다. "여성은 유약하게 타고났기 때문에 지나친 두뇌 활동은 다른 신체 기관 모두를 탈진시키고, 급기야 정상 기능을 방해한다. 특히 여성의 생식기관이 과한 두뇌 사용으로 인한 피로와 위험에 가장 취약하다." 현대어로 번역하면 이렇다. 여자가 머리를 쓰면 불임이 될 수 있다. 나는 이 인용문을 수전 칼라일의 2018년도 레녹스 전기에서 발견했다. 이 탁월한 전기에는 현재 큼직한 낙서가 하나 생기고 말았다. 연필을 들고 메모 자세를 취하고 있던 손이 이 대목에서 분노로 경련을 일으킨 탓이다.

생전에 레녹스가 이런 부류의 비평에 맞서 내놓을 수 있었던 최대의 반박은 아내이자 (나중에는) 어머니로서의 모범적인 삶이었다. 레녹스를 정말로 싫어했던 사람들조차 그녀의 사생활과 개인적 처신에 대해 어떠한 트집도 잡지 못했다. 이는 표면적 사실 이상의 의미를 지닌다. 여성의 기지는 종종 음탕함과 연결되었기 때문이다. 레녹스 이전 세대에는 기지 있는 여성 작가들이 이런 방식으로 공격받는 일이 비일비재했다. 애프라 벤(Aphra Behn), 딜라리비어 맨리(Delarivier Manley), 일라이자 헤이우드(Eliza Haywood)도 그런 경우였다. 세 여성 모두 당대에 명성을 얻었지만, 곧이어 사생활을 빌미로 비평가들의 혹독한 비난에 시달렸다. 1709년의 어느 시집에서 한 작가는 애프라 벤을 "펑크(punk, 매춘부)"로 부르는 (자못 귀에 쏙 들어오는) 시구를 선보였다. "펑크와 여자 시인은 너무나 찰떡이야./이쪽이면서 저쪽이 아닐 수는 없지." 현대 학자 제인 스펜서(Jane Spencer)의 지적처럼, 이런 비판은 "[여성이] 작품을 파는 것은 몸을 파는 것과 같다는 시각을 여실히 드러낸" 것이었다. 리틀턴 경이 기지에 대해 읊은 시구 역시 여성 작가와 문란함을 비슷하게 엮고 있다. "기지를 주장하는 사람 중 절반 이상은 정작 기지가 없고,/기지가 있는 사람의 절반은 망한 사람." 여기서 "망한(undone)"은 육체적 "정절"을 잃었다는 뜻이고, 정절은 여성의 경우 순결 유지나 일부종사하는 결혼을 의미했다.

이런 맥락에서 레녹스가 사생활을 최대한 평범하게 유지한 것은 직업적 생존 전략이기도 했다. 그래야 작가로 연명할 수 있다는 것이 부조리했지만, 그것이 현실이었다. 그녀는 어떤 이점이라도 챙겨야 했다. 레녹스는 돈을 벌기 위해 끊임없이 새로운 프로젝트를 구상했다. 《셰익스피어 일러스트레이티드》로 문단의 냉대를 겪은 후, 그녀는 더 안정적인 수입 확보를 위해 번역으로 눈을 돌렸다. 사실 이탈리아어와 프랑스어 등 여러 언어의 원전들을 영국 독자에게 소개해야 했기에 이미 《셰익스피어 일러스트레이티드》 자체가 엄청난 양의 번역 작업을 수반하는 일이었고, 따라서 그녀는 번역에 어떤 노고와 전문성이 요구되는지 잘 알고 있었다.

레녹스의 첫 번째 본격적 번역작은 프랑스 왕 앙리 4세의 재무상이자 고문이었던 쉴리 공작의 자서전인 《쉴리 공작

막시밀리앵 드 베튄의 회고록(Memoirs of Maximilian de Bethune, Duke of Sully)»(1756)이었다. 수전 칼라일에 따르면 이 책은 "순식간에 고전으로" 인정받았다. 이 작품은 영국 문학계가 후원 중심 체제에서 출판 사업 체제로 이행하던 과도기에 등장했는데, 레녹스는 이 일의 성사에 두 체제를 모두 활용했다. 그녀는 이 책을 당시 권세 높은 정치인이었던 뉴캐슬 공작에게 헌정했고, 공작은 그 답례로 왕실에 청을 넣어 연금을 받게 해주겠다고 했다. 이 연금은 왕실이 문학적 공로를 인정받은 작가에게 매년 일정액을 지급하는 일종의 왕실 후원 제도였다. (이번에도 친구 레녹스를 돕기 위해 이 책의 헌사를 썼던 새뮤얼 존슨은 그 공으로 1762년 연 300파운드의 왕실 연금을 하사받았다.) 하지만 레녹스는 연금은 사양하고, 대신 공작에게 다른 부탁을 했다. 남편에게 안정적인 일자리를 구해달라는 청이었다. 공작은 결국 이 청을 받아들여 그녀의 남편 알렉산더에게 세관의 공직을 주선했다.

그동안에도 레녹스는 계속 일했다. 그래야 했다. 1783년의 한 전기에 따르면, "공작의 약속이 즉각 실현된 건 아니었기에 그녀는 새로이 고된 작업에 착수할 수밖에 없었다". «쉴리 공작 회고록» 이후 그녀는 작가로서 가장 생산적인 시기에 접어들었다. 1756년에서 1769년까지 번역서 여섯 편과 소설 세 편을 출간하고, 직접 정기간행물을 창간하는 등 많은 일을 해냈다. 고아 소녀가 런던에 입성해 출세하는 과정을 담은 구혼소설 «헨리에타(Henrietta)»(1758)가 또 하나의 히트작이 되었다. 이 소설은 더블린판, 프랑스어 번역판 세 가지, 제2의 런던

판이 단 몇 년 사이에 연이어 나왔다. 그녀가 프랑스 사제이자 고전학자의 극문학 해설서를 번역한 «브뤼무아 신부의 그리스 극장(The Greek Theatre of Father Brumoy)»(1759) 역시 영문학계에 광범한 영향을 미쳤다. 이 번역서는 처음으로 영국 독자들에게 고대 그리스 비극 텍스트의 상당량을 한 권에 모아서 영어로 읽을 기회를 제공했다.

레녹스는 여성 작가들에게 비교적 개방적이었던 시, 소설, 번역 장르에만 머무르지 않았다. 그녀는 극작에도 도전했다. 1769년, 그녀는 자신의 성공작 «헨리에타»를 바탕으로 희곡 «자매(The Sister)»를 썼다. 개막 당일, 그 시즌 다른 연극들보다 훨씬 많은 관객이 몰렸다. 하지만 레녹스를 응원하러 나타난 관객이 아니었다. 사보타주를 위해 모인 사람들이었다. 이 관객 집단의 목적은 18세기식 야유 방법인 "쉿쉿 소리(hissing)"로 공연을 방해하는 것이었다. 야유가 먹혔다. 소란이 너무 거세서 공연은 결국 중단되고 말았다.

레녹스는 이 파행의 배후로 극작가 리처드 컴벌랜드(Richard Cumberland)를 지목했다. 그는 이런 방해 행위로 악명 높았다. 그는 레녹스의 극작이 더 많은 여성 작가를 연극계로 유도하고, 그 결과 자신에게 돌아올 기회가 줄어들 것을 겁냈다. 근거 없는 두려움만은 아니었다. 당대 런던에는 라이선스라고 불리는 연극 공연 면허의 수가 제한되어 있었고, 그는 많지 않은 자리를 놓고 경쟁이 심해지는 것을 원하지 않았다. 컴벌랜드는 한정적 환경에서 더 좋은 작품으로 승부하기보다 자신과 자기편이 무대를 독점하는 방법으로 이기고자 했다. 옹졸한 자들의 전형적인 편법이었다.

레녹스는 컴벌랜드를 지목했지만, 그날 밤의 관중 가운데는 그녀에게 적의를 품은 이가 더 있었을 가능성이 높다. 수년 전 레녹스가 셰익스피어를 냉혹히 비판한 것에 대해 여전히 분개하는 무리가 《자매》의 초연을 망쳐놓았다는 기록이 있다. 존슨의 친구 제임스 보즈웰이 남긴 기록을 보면, 그날 "클럽에서" 한 남자가 "그녀가 셰익스피어를 공격했으니" 극장에 가서 "야유하라"고 사람들을 선동했다는 내용이 있다.

레녹스의 전기를 읽을 때 이 지점에서 나는 심한 울분을 느꼈다. 변덕스러운 대중의 손에 운명이 달린 상황에서, 경계를 밀어붙이는 작품을 쓰고, 출간하고, 호평받고, 생계를 유지할 돈을 버는 일이 얼마나 어렵고 고단했을까!

레녹스가 겪은 이런 악의적 비난 — 경쟁이 두려워서 공연을 훼방한 컴벌랜드나, 그녀가 셰익스피어를 비판적으로 바라본 것을 사적 모욕으로 받아들인 개릭과 관객들의 행동 — 은 오늘날에도 유사한 양상으로 계속된다. 가령 한 교사가 수업에서 현대 비백인 작가들의 작품을 더 많이 다루자고 제안하면, 일부 학부모들이 어김없이 '컴벌랜드 행동'을 한다. "현대 유색인 작가들의 책을 더 많이 읽겠다면, 중요한 옛날 백인 남성 작가들은 대체 언제 읽을 건데요?" 그러면서 현행 교과서가 이미 그런 저자들로 가득하다는 사실은 간과한다.

물론 읽을 책은 많고, 읽을 시간은 제한적이며, 많은 이가 정전을 문학의 '최고봉'으로 받드는 것이 사실이다. 하지만 오스틴의 서가에 있던 저자들 — 당대 인플루언서들이 없애고, 대체하고, 말소한 여성들—을 더 많이 찾아 읽을수록 '모두'가 반드시 읽어야 할 책이란 한 권도 존재하지 않는다는 확신이 들었다. 내가 현재 '정전'으로 규정된 작품들에만 집중했더라면, 내 마음을 사로잡은 «여자 돈키호테»나 «우돌포의 비밀»은 결코 만나지 못했을 것이다. 이제 나는 정전을 문학 탐색의 궁극이 아닌 출발점으로 인식하게 되었다. 어쨌거나 나를 레녹스로 이끈 것은 오스틴이었다. 나는 늘 오스틴의 기지를 즐겼고, 이제는 그녀가 좋아한 선배들의 기지를 즐기고 있다. 놀랍게도 «여자 돈키호테»는 오스틴의 어느 소설보다 훨씬 더 기지 넘쳤다. '최고'의 책이 꼭 정전일 필요는 없다. 궁극적으로 중요한 것은 내게 의미 있는 책을 찾는 것이다. 그런 책들을 읽어야 한다.

이 조사를 시작할 때만 해도 나는 18세기와 19세기 초의 그저 그런 소설들을 잔뜩 읽게 될 거라고 생각했다. 그런데 실제로 읽어보니 그 책들이 내 허를 찔렀고, 내 도전 의식을 자극했고, 나를 신명 나게 했다. 애초에 왜 나는 그 책들이 범작일 거라 단정했을까? 나는 어디서 그런 거짓말을 주워들었던 걸까? 처음에는 그들의 정전 배제에 대한 의문이었던 것이 나중에는 의혹으로 변했다. 해당 소설들은 수 세기에 걸쳐 다양한 형태—구할 길 없는 초판, 불과 몇 년 후에 나온 제5판, 한 세대 뒤에 나온 선집 등—로 재간행되었다. 여러 판본을 추적하는 과정은 정전이 어떻게 형성되는지에 대한 증거를 수집하는 과정이기도 했다. 버니, 래드클리프, 레녹스 모두 생전에는 대중적 인기와 평단의 찬사를 모두 누렸다. 그들의 책들은 수 세대에 걸쳐 고전 대접을 받았다. 그런데 그 지위가 유지되지 않았다.

  이 세 여성 작가들과 뒤에 나올 다섯 여성 작가들을 차례로 조사하면서 나는 변화가 일어난 순간들, 그 변곡점들을 추적했다. 어떤 경우에는 전환이 갑자기 일어났고, 어떤 경우에는 점진적으로 일어났다. 하지만 공통점이 있었다. 이 작가들 모두 천재로 찬란히 조명받다가, 사포에 비견되고 필딩을 능가한다는 찬사를 받다가 어느 날 어둠 속으로 밀려났다.

※

레녹스의 경우, 그런 전환의 순간 중 하나는 «여자 돈키호테»가 출간된 지 거의 100년이 지난 1843년에 일어났다. 이해에 «젠틀맨스 매거진»의 한 기사가 «여자 돈키호테»의 끝에서 두 번째 장은 레녹스가 아니라 새뮤얼 존슨이 썼다는 주장을 처음으로 제기했다. 그 전까지는 전혀 없던 소리였다. 존슨이 살아 있을 때 그의 친구들이나 그의 전기 작가들(존슨뿐 아니라 레녹스도 개인적으로 알았던 사람들) 중 누구도 그런 말을 한 적이 없었다. 이 주장은 "문체" 같은 "내적 증거"와, 존슨이 해당 책의 서문을 썼다는 점을 토대로 했다. 하지만 존슨이 서문을 쓴 것은 그들이 살아 있을 때 이미 잘 알려진 사실이었다. 그리고 서문을 썼다고 해서, 그것이 끝에서 두 번째 장 역시 그가 썼다는 뜬금없는 주장의 근거가 될 수는 없다. 그럼에도 이 주장은 19세기에 처음 등장한 이후 비평가들 사이에서 점점 더 빈번히 반복되었다. 20세기에 이르러서는 문학가들이 "양쪽 입장"을 다 보겠다는 취지로 존슨이 «여자 돈키호테»의 한 장을 썼을 가능성을 진지하게 따지기 시작했다. 이유는? 글쎄, 희망과 바람이 아니었을까?

일부 비평가는 해당 장이 책에서 가장 철학적이라는 이유로 존슨의 개입을 주장했다. 하지만 그들은 이 소설과 출판 경위에 대한 더 중요한 사실은 외면했다. 우선 철학 논쟁은 이 책 전체에서 계속 등장한다. 더구나 해당 장은 매우 특수한 상황에서 작성되었다. 앞서 언급했다시피 «여자 돈키호테»는 두 권으로 출간되었지만, 원래 레녹스는 결말부를 확장해서 한 권 더 쓰고자 했다. 하지만 경제적 압박 탓에 업자가 출판 시즌이 끝나기 전에 책을 찍을 수 있게 서둘러 완결해야 했고, 서사를 서둘러 마무리 짓다보니 해당 장의 밀도가 높아진 것이다. 다시 말하지만, 레녹스는 경제적 이유로 원래는 제3권에서 다룰 작정이었던 발상과 내용을 모두 해당 장에 압축해서 담을 수밖에 없었다.

이에 더해 실체적 증거도 있다. 예일 대학교 바이너키 희귀서 및 필사본 도서관(Beinecke Rare Book and Manuscript Library)에 해당 장이 레녹스의 저작임을 입증하는 편지가 있다. 이 편지는 «여자 돈키호테»가 출간되기 직전 레녹스가 존슨에게 보낸 것으로, 그녀가 «여자 돈키호테» 한 부를 그에게 보내며 "귀하가 아직 보지 못한 두 번째 권의 후반부를 읽어봐준다면 고맙겠다"고 부탁하는 내용이 담겨 있다. 2003에 O. M. 브랙 주니어(O. M. Brack Jr.)와 수전 칼라일이 발표한 논문은 이 편지와 그 밖의 논거들을 제시하며 학계에 일침을 가했다. 더 이상의 왈가왈부를 멈추라. 레녹스의 대표작에서 특히 유명한 장을 존슨이 썼다는 주장은 아무 근거 없으며, 근거가 있던 적도 없었다.

정리하자면 이렇다. 150년 넘게 학자들은 한 여성 작가의 대표작을 놓고, 그중 일부를 그녀의 남성 친구가 썼을 것이 분명하다고 진지하게 주장했다. 그 이유는…… 그렇게 믿고 싶어서였을까? 존슨을 사랑한 누군가가 처음 그 말을 꺼냈고, 역시 존슨을 사랑한 다른 이들이 그 말에 기꺼이 동조했기 때문에. «여자 돈키호테»가 훌륭한 책이었고, 존슨도 훌륭한 작가였기 때문에.

이 비평가들이 한 가지는 제대로 보았다. «여자 돈키호테»는 위대한 작품이었다. 나는 여전히 이 책의 18세기 판본을 추적해서 소장하고 싶었다. 18세기에 워낙 여러 차례 찍었기 때문에, 비록 지난 경매는 뼈아프게 놓쳤지만, 다른 18세기 판본을 구할 수 있으리란 희망을 버리지 않았다. 그렇게 찾던 중에 어느 딜러가 제2판을 350달러에 내놓은 것을 발견했다. 그 딜러도 나처럼 미국에서 가장 권위 있는 희귀서 딜러 단체인 미국 고서상 협회(Antiquarian Booksellers' Association of America, ABAA)의 일원이었다. 이 협회의 회원이라면 조사, 카탈로깅, 전문성에서 업계 최고 수준을 갖추고 있어야 한다. 그런데 이 딜러가 올린 «여자 돈키호테» 설명에 이런 문장이 있었다. "레녹스의 멘토였던 새뮤얼 존슨이 이 책의 헌사뿐 아니라 끝에서 두 번째 장도 쓴 것으로 알려져 있다." 인용의 출처는 없었다. 이미 수십 년 전에 거짓으로 판명 난 주장이 희귀서 업계의 정평 있는 딜러가 올린 350달러짜리 책의 설명에 버젓이 들어 있었다.

그 딜러가 왜 이런 설명을 붙였는지 알 만했다. 존스니언은 예전부터 고서 수집에 열성적이기로 유명하다. 존슨과 관계된 내용이 있으면 해당 책이 존스니언의 관심을 받게 되고, 솔직히 말해 존스니언이 레녹시언(Lennoxians)[11]보다 훨씬 많다. (사실 레녹시언이 실제로 있는지도 모르겠다. 하지만 있다면 꼭 거기에 가입하고 싶다.) 어쨌거나 존슨이 헌사를 썼다는 언급만으로도 소기의 셀링 포인트로 손색이 없었을 것이다. 그랬으면 존슨이 관여했다고 홍보하면서도 사실관계까지 정확히 할 수 있었다.

겉보기와 달리 나는 이런 종류의 오류에 동정적인 편이다. 경험 많고 존경받는 딜러가 이런 실수를 범하는 또 다른 이유는 희귀서 카탈로깅 관행에 기인한다. 희귀서 딜러는 지식의 까치 같은 사람들이다. 우리는 다방면의 저자들에 대한 잡다한 정보를 여기저기서 물어다가 입수한 책을 평가하는 근거로 삼는다. 그 일에서 우리는 표준 참고 문헌을 등대처럼 따른다. 숙련된 딜러라면 누구나 좋은 참고 문헌이 제값을 한다는 것을 안다. 때로 참고 문헌의 한 줄이 책의 중요성을 입증하고 책값을 400달러에서 500달러로 상향 책정하는 명분이 된다.

우리 서점의 참고 문헌실에는 수천 권이 비치되어 있

---

[11] 레녹스의 팬덤.

다. 이 정보의 상당량은 아직 저작권의 보호를 받지만, 용도가 워낙 특수해서 전자책으로 출시될 정도의 수요가 없다. 그래서 버크럼 장정의 두꺼운 책으로만 접근이 가능한 애매한 경계에 머물러 있다. 게다가 희귀서 딜러 중에는 동료 평가를 거치지 않은 온라인 자료의 범람이나, 인터넷 정보의 휘발성(가령 하이퍼링크가 오래 유지되지 않는 링크 부패) 때문에 온라인 출처에 대해 회의적인 사람이 많다. 나 역시 그중 한 명일 때가 많다. 이런 딜러들은 어떤 주제든 지식 습득의 가장 효율적이고 믿을 만한 방법이 권위 있는 참고 문헌을 참조하는 것이라고 믿는다.

  이것이, 희귀서 딜러의 카탈로그 한 장에서 평생 다른 데서 볼 수 있는 것보다 많은 «옥스퍼드 영국 인물 사전(Oxford Dictionary of National Biography, ODNB)»(2004년 최초 출간) 인용 표시를 볼 수 있는 이유다. 미국 고서상 협회에 속한 딜러에게는 온라인 ODNB에 접속할 구독권이 회원 혜택 중 하나로 주어진다. 많은 이가 이런 참고 문헌에서 저자를 검색한 뒤 관련 정보를 요약해 자신의 카탈로그 설명에 담는 것으로 일을 마무리한다. 바로 이 지점에서 딜러가 오류의 지뢰를 밟을 수 있다. ODNB의 레녹스 항목에는 이런 문장이 있다. "그녀의 가장 인간적인 면모가 드러날 때는 아마도 구스베리 타르트와 사과 덤플링을 만드는 솜씨를 자랑할 때일 것이다."

  이 인용문이 문제의 핵심을 보여준다. 직업적 성과를 전하는 글에서 레녹스의 명성은 제빵 기술로 논의된다. ODNB 같은 방대한 참고 문헌은 지배적 권력 구조 바깥에 있는 작가들—여성 작가, 비백인 작가, 성소수자 작가—은 정례적으로 배제하거나 주변화한다. 즉 여성의 업적은 표준 참고 문헌들에서 누락되거나, 포함되더라도 비하적으로 요약되기 일쑤다(구스베리 타르트를 만들 때가 가장 인간적이다?). 이런 이유로, 희귀서 카탈로깅에 표준 자료를 다수 참고한 결과가 하자 있는 결과이기 십상이다. 레녹스는 18세기가 낳은 궁극의 참고 문헌인 존슨의 «영어 사전»에서도 애매한 취급을 받았는데, 이제는 21세기의 주류 참고 문헌마저 그녀의 업적 소개를 글쓰기가 아닌 베이킹에 대한 논평으로 갈음하는 지경이다. 수집 활동 중에 나는 이렇게 정전 주변부에서 정전을 떠받치는 부류의 텍스트들을 계속 마주쳤다. 그것들은 객관적 참고 문헌으로 통한다. 하지만 실상은 그렇지가 않다.

결국 이 딜러의 패착은 안이한 카탈로깅이었다. 그는 현대의 레녹스 연구를 찾아 확인했어야 했다. 하지만 왜 그러지 않았는지도 대번에 보였다. 350달러가 많아 보이지만 희귀서 세계에서는 큰돈이 아니다. 그는 기본적인 형식만 갖추고 다음 책으로 넘어갔다. 시간이 곧 돈이니까. 그런데 내 개인 소장을 위한 18세기 판본의 «여자 돈키호테»를 찾던 중에 나는 또 다른 오류를 마주했다. 이번 딜러의 오류는 앞의 변명이 도저히 통하지 않을 사례였다.

이번 오류는 레녹스의 번역서 중 평단의 호평이 매우 높았던 «쉴리 공작 회고록»(1756)의 어느 초판본 딜러 설명에서 발견했다. 이 초판본은 1000달러에 올라와 있었다. 은은한 자주색 표지에 황갈색 가죽 책등이 대조를 이룬 아름다운 장정이었다. 이렇게 책등 부분만 가죽을 댄 장정을 업계 용어로 '쿼터 바인딩(quarter binding)'이라고 한다. 아주 근사한 책이었다. 그런데 이 책을 올린 딜러는 번역자에 대해 석연치 않은 태도를 취했다. "ESTC에 따르면 번역자가 새뮤얼 존슨일 수도 있다고 한다. 그러나 이 책뿐 아니라 후속 판본들에도 샬럿 레녹스가 번역자로 명기되어 있다." 여기서 말하는 'ESTC'란 내가 앞서 《여자 돈키호테》 초판본을 조회할 때 이용한 바로 그 표준 참고 자료를 말한다. 딜러도 이 '존슨 번역' 언급이 터무니없다는 것은 아는 듯했다. 그게 모를 수가 없는 것이, 표제지에 레녹스가 떡하니 번역자로 나와 있었다. "프랑스어 원서를 《여자 돈키호테》의 저자가 번역함." 그런데도 이 딜러는 그녀가 번역자가 아닐 수 있다는 터무니없는 가능성을 굳이 기재했다. 아무래도 시장에는 새뮤얼 존슨의 책을 수집하는 사람이 더 많으니까.

    같은 책에 대한 다른 딜러의 설명도 있었다. 이 설명에는 심지어 레녹스의 이름조차 등장하지 않았다. 대신 이 문장은 빠지지 않고 들어 있었다. "새뮤얼 존슨이 헌사를 썼음." 희귀서 업계의 통념에 따르면, 이 책은 존슨과 연결되어 있어야 잘 팔린다. 존슨은 오래전부터 고서 수집가들 사이에서 수요가 높기 때문이다. 희귀서 딜러들은 실용주의자이지 페미니스트는 아니다.

    이처럼 논리적 반박과 문헌적 증거가 버젓이 있어도, 레녹스의 저작에 대한 원저자 논란은 여전하다. 이는 현대 수집가들에게 레녹스의 최대 가치는 여전히 새뮤얼 존슨과의 관계성에 있다는 사실을 거듭 상기시킨다. 레녹스와 존슨은 친구이자 동료였다. 레녹스의 작가 인생 내내 존슨은 그녀의 열렬한 지지자였다. 하지만 이제는 오히려 존슨의 정전 위상이 현대 수집가들이 레녹스의 책을 그 자체로 가치 있게 인식하는 데 걸림돌이 되었다. 레녹스의 사후에도 저명한 남성 문인들과의 인맥은 남았다. 그 인맥이 그녀의 유산을 돕기도 했지만 저해하기도 했다.

존슨이 레녹스에게 미친 영향은 오래전부터 인정받았지만, 레녹스가 존슨에게 미친 영향은 21세기에 들어서야 비로소 진지하게 조명되기 시작했다. 존슨을 연구하던 학자들이 레녹스를 연구한 경우가 많았기 때문에, 학계의 논평은 존슨의 우위를 전제하는 관점을 반영했고, 심지어 그 전제의 타당성이 떨어질 때조차 마찬가지였다. 예컨대 1935년에 미리엄 로시터 스몰(Miriam Rossiter Small)이 정식 레녹스 전기를 발표했는데, 여기서 스몰은 1752년에 발표한 《여자 돈키호테》의 끝에서 두 번째 장을 존슨이 썼다고 주장하면서, 그 근거 중 하나로 1759년에 출간된 존슨의 작품 《라셀라스(Rasselas)》의 한 대목이 《여자 돈키호테》와 유사한 정서를 보인다는 점을 들었다. 하지만 레녹스의 소설이 7년 먼저 나왔기 때문에 이 말은 앞뒤가 맞지 않는다. 이 경우 오히려 레녹스가 존슨에게 영향을 미쳤을 거라는 생각은 이 학자의 머리에 스치지도 않았던 걸까? 하기야 레녹스의 전기를 쓰면서 그 첫 일성으로 "레녹스 부인의 문학 인생에서 독보적으로 가장 중요한 사실"은 "그녀가 새뮤얼 존슨의 따뜻한 인정과 지원을 받은 것"

이라고 주장하는 사람에게 그런 합리적인 결론을 기대하는 것 자체가 무리일지 모른다. 존슨의 응원은 물론 중요한 사실이다. 그 점은 분명하다. 하지만 나는 레녹스의 경제적 상황, 기지, 대담함이 그녀의 문학 인생에서 가장 중요한 면이었다고 본다. 그녀가 존슨에게 미친 영향을 면밀히 분석한 레녹스 전기는 2018년이 되어서야 등장했다. 그것이 바로 수전 칼라일의 역작 «샬럿 레녹스: 독립적 지성(Charlotte Lennox: An Independent Mind)»이다. 레녹스에 대한 오랜 평가절하의 맥락에서 봤을 때 이 책의 부제는 존슨 위주의 편파성에 대한 예리한 지적처럼 느껴진다.

레녹스와 존슨의 호혜적이고 문학적인 교류에 대한 시각의 확장은 수십 년에 걸쳐 여러 학자의 연구가 쌓인 결과였다. 이 성과를 내 컬렉션에 반영할 수 있을까? 그러고 싶었다. 나는 레녹스의 삶과 유산의 궤적을 그리고, 그 변곡점들을 짚어나갔다. 내게 필요한 것은 «여자 돈키호테»의 18세기 판본이 아니라, 20세기 버전이었다.

설명하자면 이렇다. 오늘날에는 18세기 문헌이 대부분 디지털화되어 인터넷에서 무료 열람이 가능하다. 제인 오스틴이 편지에서 «여자 돈키호테»를 두고 "크나큰 즐거움"이라고 평한 것을 본 후, 나는 레녹스의 작품을 검색해서 전자 파일을 앱에 내려받고 읽기 시작했다. 하지만 1970년대 이전에는 «여자 돈키호테»의 20세기 판본이 아예 없었다. 공짜 전자 파일은커녕 인터넷도 없던 시절이었다. 그때는 누군가 나처럼 오스틴의 편지를 읽다가 레녹스의 소설에 호기심이 생겨도, 그 책을 실제로 구해 읽는 것이 불가능에 가까웠다. «여자 돈키호테»가 동네 서점에 있을 리 만무했고, 헌책방을 다 뒤져도 있을까 말까 했다. 공공 도서관에서도 접하기 어려웠다. 또한 1970년에는 개인이 대뜸 도서관 특별 서고에 가서 제인 오스틴 이전의 비슷한 소설을 읽고 싶다는 이유로 1752년 인쇄본 소설을 보여달라고 할 수는 없었다. 그 시절의 독자에게는 길이 그냥 거기서 끊겼다. 오스틴이 만났던, 그리고 내가 만났던 애러벨라를 만날 길이 없었다. 그들에게는 오스틴이나 나처럼 레녹스를 좋아할 기회가 전혀 없었다.

  그러다 1970년, «여자 돈키호테»가 드디어 새로운 세대의 독자들에게 재등장했다. 영문학자 마거릿 달지얼(Margaret Dalziel)이 편집과 서문을 맡은 이 복간본은 '옥스퍼드 영국 소설 시리즈'에 속해 있었다. 이 시리즈는 이때 이미 스물여덟 편의 소설을 출간한 상태였고, 그중 열 편은 버니, 래드클리프, 에지워스, 인치볼드 등 여성 작가들의 작품이었다. 나쁘지 않은 구성이었다. 나는 이 판본을 반드시 구하기로 마음먹었다. «여자 돈키호테»가 20세기 독자들에게 다시 소개된 뜻깊은 순간을 점하는 책이었다. 이때를 기점으로 «여자 돈키호테»는 다시 정기적으로 재간행되기 시작했고, '고전'으로 인정받아 종종 저렴한 페이퍼백으로도 유통되었다.

  1970년 판본은 하드커버였고, 밝은 주황색 더스트 재킷을 입고 있었고, 거기에 제목 부분만 파란색이었다. 내가 이 책을 구해 서가에 꽂자, 이전 세기들의 차분한 가죽 장정 책들 옆에서 혼자 발랄하게 튀었다. 그러면서도 그 자리에 딱 어울렸다. 그것은 레녹스가 어떻게 정전에서 밀려났는지에 대한 증거가 아니라, 어떻게 돌아오기 시작했는지 보여주는 신호였다. 이 판본의 출간 이후 오스틴의 편지에 등장한 작품이 궁금해진 모든 제이나이트가 드디어 샬럿 레녹스의 «여자 돈키호테»를 찾아 읽을 수 있게 되었다.

❖

물론 읽게 되면
나도 다른 사람들처럼 재미있어하겠지만,
읽기 전까지는 싫어.

**제인 오스틴,
해나 모어의 소설 《시립스의 아내 찾기》에 대하여**

해나 모어에게는 평판이 있었고, 오스틴은 그 평판을 좋게 보지 않았다. 언니 커샌드라가 편지로 모어가 대성공을 거둔 소설 《시럽스의 아내 찾기(Coelebs in Search of a Wife)》(1809)를 칭찬하자 오스틴은 이렇게 답장했다. "언니가 뭐라 해도 나는 케일럽(Caleb)이 전혀 궁금하지 않아. 전에는 일부러 싫은 척했지만, 지금은 정말로 싫어졌어. (……) 물론 읽게 되면 나도 다른 사람들처럼 재미있어하겠지만, 읽기 전까지는 싫어." 여기서 오스틴은 책을 읽지도 않고 판단하는, 애독자로서는 해서는 안 됐을 잘못을 인정한다. 하지만 오스틴의 반감을 이해하지 못할 바도 아니다. 해나 모어는 자기 소설을 쓰기 전까지 소설 장르를 맹비난하기로 유명했다. 모어는 소설이 "허영과 몽상이라는 나태를 조장해서 머리는 오류에, 마음은 유혹에 빠지게 한다"고 주장했다. 오스틴이 사랑했던 작가 프랜시스 버니를 불안에 떨게 한 것이 바로 이런 식의 비난이었다. 모어의 말은 비판적이고, 위선적이고, 훈계조였다. 이런 성정의 사람에게서 어떻게 재미있는 소설이 나올 수 있을지 상상이 되지 않았다.

《시립스의 아내 찾기》(발음이 "시-립스"에 가깝다고 들었다)는 프랜시스 버니 같은 작가들의 구혼 소설 플롯에 품행서의 도덕률을 결합한 작품이다. 남주인공은 결혼할 준비가 됐지만, 자신의 기준에 부합하는 여성을 좀처럼 찾지 못한다. 그는 여러 젊은 여성을 차례차례 평가하고, 도덕적 결함이 있다는 이유로 탈락시킨다. 이 과정에서 그가 만나는 다양한 인물 각각의 결점과 미덕이 독자에게 교훈을 제공한다. 이런 식의 요약이 이 책에 불공정한 처사일 수 있다. 내게도 확신은 없다. 끝까지 읽지 못했기 때문이다. 몇 년이나 읽다가 말기를 반복했다.

그러나 이 작품은 모어의 시대(이자 오스틴의 시대)에는 그야말로 폭발적인 인기를 누렸다. 출간 첫해에만 무려 열두 번 중판을 찍는 기염을 토했고, 이후 10여 년간 바다 건너 미국에서 수만 부가 팔렸다. 일부 현대 비평가들은 이 책의 엄청난 인기몰이를 심지어 소설사의 분수령으로 평가한다. 이 책을 계기로 소설이라는 문학 형식이 비로소 "품격"을 인정받아 스콧이나 디킨스 같은 소설가들이 베스트셀러 작가로 등극할 길을 열었다는 주장이다. 오스틴 역시 일단 읽게 되면 모두가 좋아하듯 자신도 좋아하게 될 것이라고 인정했다. 하지만 그녀는 그 책을 좋아하고 싶지 않았다. 모어가 독선적 도덕주의자라는 평판이 오스틴에게도 익히 알려져 있었던 모양이다.

오스틴의 미완성 작품 중 하나에 고지식한 잔소리꾼 여인이 등장한다. 이 여인이 버릇없는 조카딸에게 이렇게 훈계한다. "난 네가 어엿하고 얌전한 숙녀가 되기를 바랐다. (……) 그래서 블레어의 «설교집»과 «시립스의 아내 찾기»도 사준 거야." 오스틴의 작품에서 인물의 책 취향이 성격을 반영한다는 점을 생각할 때, 이 추천은 해나 모어의 책에 대한 우호적인 평가가 아니었다.

내 조사가 중반으로 접어든 이때, 나는 해나 모어도 내 컬렉션에 추가하기로 했다. 모어는 일종의 대조군이었다. «시립스의 아내 찾기»가 한때 대성공을 거두기는 했지만, 다른 소설들과는 달리 정전에서 빠질 만해서 빠진 듯했다. 다른 작가들을 향한 오스틴의 찬사가 밝혀주지 않은 것을 혹시 모어에 대한 비판이 말해주지 않을까? 기발한 생각 같았다. 오스틴이 대놓고 읽기 싫어했던 것을 읽는다! 흠, 결과는 보기 좋게 예상을 빗나갔다.

✳

«시립스의 아내 찾기»는 재미없어 보였고, 실제로도 재미없었다. 정말로 설교 모음집을 소설 형태로 읽는 느낌이었다. 나는 사람들이 '지루하다'고 말하는 책들에 대한 내성이 강한 편이다. 독자들은 현대인의 취향에서 멀어진 작풍과 문체의 이전 세기 작품들을 향해 종종 '지루하다'고 말한다. 하지만 대개는 노력이 아깝지 않은 보상이 따른다. 최근 내가 «우돌포

의 비밀»을 읽을 때도 여주인공이 우돌포성에 도착하기 전까지의 초반 여정은 억지로 따라갔지만, 결국은 참고 읽은 보람이 있었다. 그런데 그런 나도 «시립스의 아내 찾기»는 첫 장부터 도덕군자 훈계조 때문에 짜증의 한숨 없이 한 문단을 넘기기가 힘들었다. 이야기는 몇 페이지 길이의 "부부간 복종"에 대한 설교로 시작한다. 짐작하다시피 남주인공은 남편에게 순종하는 아내가 되는 것이 "여자의 가장 큰 영예"라는 개념을 설파한다.

나는 거기서 시동이 꺼졌다.

계획 수정이 필요했다. 나는 방향을 틀어 해나 모어가 쓴 책 대신, 해나 모어에 관한 책을 읽기로 했다. 좋은 생각 같았다. 그때껏 조사한 여성 작가들의 삶이 흥미로웠기 때문이다. 먼저, 버니가 «에블리나»의 출간을 몰래 추진한 이야기가 흥미진진했다. 다음으로, 나도 내향인이라서 그런지 그저 조용히 살길 원했던 래드클리프의 이야기에 공감했다. 가장 최근에는 배짱 있고 기지 넘쳤던 레녹스에게 반했다. 그들의 글쓰기에 영향을 미친 사정을 알고 나니 그들의 작품이 더 좋아졌다. 그래서 나는 모어의 전기들을 찾아 읽기 시작했다.

나는 가까운 국립대 도서관에서 앤 스톳(Anne Stott)의 «해나 모어: 최초의 빅토리안(Hannah More: The First Victorian)»(2003)을 대출했다. 하지만 처음 몇 장(章)을 읽다가 내려놓고 다른 전기를 찾았다. 두 번째로 고른 책은 훨씬 얇은 메리 앤 페미스터(Mary Anne Phemister)의 «해나 모어: 예술과 개혁의 삶(Hannah More: The Artist as Reformer)»(2014) 페이퍼백이었다. 이 책도 중간에서 막혔다. 다음에는 문학적 분석의 비중이 훨씬 큰 퍼트리샤 디머스(Patricia Demers)의 «해나 모어의 세계(The World of Hannah More)»(1996)를 시도했다. 역시 아니었다. 다음으로 시도한 책은 가장 오래됐고 권위 있는 전기인 윌리엄 로버츠(William Roberts)의 «해나 모어 부인의 생애와 서신(Memoirs of the Life and Correspondence of Mrs. Hannah More)»(1834)이었다. 이 책은 인터넷에서 디지털 판본을 찾아 읽었다. 하지만 이미 느려진 독서 속도가 더 느려졌고, 결국에는 이 책도 포기하고 말았다. 절충안이 필요했다. 모어와 동시대 인물들을 함께 다룬다는 점에서 메리 올던 홉킨스(Mary Alden Hopkins)의 «해나 모어와 당대 문학계(Hannah More and Her Circle)»(1947)가 더 접근성 있어 보였다. 아니었다. 좋다. 그렇다면 아예 학술적인 찰스 하워드 포드(Charles Howard Ford)의 «해나 모어 평전(Hannah More: A Critical Biography)»(1996)은 어떨까? 내가 파고들 거리가 많지 않을까? 천만에였다.

나는 그저 해나 모어가 싫었다.

내 책상에는 읽다 만 해나 모어 전기 대여섯 권이 제각기 중간에 책갈피를 문 채로 널려 있었다. 나는 제인 오스틴이 해나 모어를 그다지 내켜 하지 않았다는 것을 이미 알고 있었다. 바보처럼 나는 그것을 경고가 아닌 도전으로 받아들였다. 문제는 «시립스»만이 아니었다. 작가의 삶과 작품 전체가 독선적인 훈계로 가득했다.

해나 모어는 내 취향이 아니라는 생각만 들었다. 나는 모어를 이 프로젝트에 포함할지 고민했다. 모어가 정전에서 탈락한 것이 수긍이 가는데, 굳이 그 내막을 탐구하는 게 의미 있을까? 하지만 이런 의문이 들 때마다 나는 아무 전기나 펴서 조금 더 읽었고, 계속 밀어붙이기로 작정했다. 그녀에게 호감은 가지 않았어도 흥미는 생겼기 때문이다. 매번 어떤 세부 사항, 어떤 행동, 어떤 문구가 나를 붙잡아서 모어를 내가 원하는 대로 단순화하기 어렵게 만들었다. 그녀가 유명한 극장 지배인에게 편지를 보내 자신의 희곡 아이디어를 제안한 일화에서 나는 그녀의 야망에 감탄했다. 여성과 노동 계층 아동의 교육을 후원하고, 의회가 노예무역 폐지를 논할 때 대중의 지지를 모으기 위해 반노예제 시를 쓰는 등 세상에 유의미한 변화를 만드는 일에 몸을 사리지 않고 나선 점도 존경스러웠다. 해나 모어가 좋진 않았지만, 그녀를 놓을 수가 없었다.

그런 이유로 나는 해나 모어를 이 책에 포함하기로 했다. 그녀의 이름이 더 이상 정전 목록에 끼지 않은 이유가 궁금했다. 하지만 그보다 모어에 대한 내 복합적인 감정의 정체가 궁금했다. 그것이 내 탐구의 핵심 질문이 되었다.

나는 해답을 건질 희망을 품고 다시 그녀의 인생사 속으로 뛰어들었다.

✖

해나 모어는 1745년, 브리스틀 교외의 중상류층 가정에서 태어났다. 아버지는 교사였고, 다섯 딸 모두 결혼하지 않고 아버지의 뒤를 이어 교육에 종사했다. 다섯 자매는 당시로서는 드물게 체계적인 교육을 받았는데, 그중에서도 해나가 단연 두각을 나타냈다. 그녀는 비상한 아이였다. 세 살 때 언니들의 수업을 유심히 듣더니 어머니가 가르칠 틈도 없이 혼자서 글을 깨쳤다. 여덟 살 때는 아버지가 플루타르코스 같은 고전의 이야기들을 들려주었더니 금세 기대 이상의 이해도를 보였다. 19세기에 모어 전기를 낸 윌리엄 로버츠에 따르면 "모어 씨는 여성의 현학(衒學)에 심한 반감을 표하던 사람이었는데, 그럼에도 딸에게 라틴어와 수학의 기초를 가르치기 시작했다가 이내 자신의 성과에 겁먹고 말았다". 반면 어머니는 뛸 듯이 기뻐했다. 모녀는 의기투합해서 아버지를 설득해 학업을 이어갔다. 어린 시절 모어의 유일한 소원은 "언젠가 [종이] 한 첩을 몽땅 혼자 차지할 만큼 부자가 되는 것"이었다.

해나의 언니들도 동생의 언어 재능을 알아보고 지원했다. 그녀는 나중에 언니들이 운영하는 기숙 여학교에 다녔고, 10대 시절 이미 극작과 시작 재능으로 브리스틀 일대에서 이름을 날렸다. 열여섯 살 때 기숙학교 공연을 위해 쓴 희곡 «행복을 찾아서(The Search after Happiness)»가 큰 인기를 끌어 곧바로 출판되고 여러 차례 중쇄를 찍을 정도였다. 이는 기성작가들에게도 흔치 않은 성공이었다.

이 희곡은 네 명의 젊은 여성이 행복의 비결을 배우러 지혜로운 여성 목동을 찾아가는 이야기다. 모어가 여성 목동의 모습으로 그려낸 현자는 이렇게 조언한다. "<u>여성</u>은 자신이 <u>있을 곳에 있을 때 빛난다</u>. (……) 양보를 통해 가장 고귀한 권세를 얻고,/순종할 때 가장 확고히 군림한다." 이는 샬럿 레녹스의 반항적인 〈교태의 기술〉과 대척점에 있는 메시지였다. 이 구절이 보여주듯 모어는 여성의 사회적 역할에 대해 보수적인 태도를 견지했다. 출판 시장은 이 보수성을 환영했고, 이처럼 능란한 언어로 전통 가치를 주입하는 작품을 전국의 교사들이 앞다투어 채택했다. 이 희곡은 이후 몇 년에 걸쳐 만 부 이상 팔렸고, 여학교의 공연 목적으로 널리 배급되었다.

　　모어는 졸업 후 언니들처럼 교편을 잡았다. 그녀의 삶도 자매들과 다르지 않게 흘러갈 듯 보였다. 그러다 20대 초반에 "자신보다 스무 살 이상 연상인 젠트리 계층 재산가" 윌리엄 터너와 약혼하게 되었다. 이 약혼은 그녀의 인생행로를 예기치 않은 방향으로 바꾼 세 가지 결정적 사건 중 하나였다. 예정대로 결혼이 성사되었다면 모어는 이후의 비범한 삶을 살지 못했을 가능성이 높다.

　　결혼을 앞둔 모어는 일을 그만두고 "그런 조건의 남성에게 어울리는 아내가 되기 위한 준비"에 들어갔다. 그녀와 터너는 결혼 날짜를 잡았다. 그런데 남자가 결혼을 연기했다. 다시 날짜를 잡았다. 그는 또 연기했다. 그렇게 6년이 흘렀고, 모어는 서른을 바라보는 나이가 되었다. 결국 그녀의 친지들이 개입했다. 이 상황이 계속될 수는 없었다. 이에 대해 터너는 결혼 대신 그녀에게 연금, 즉 매년 일정액을 지급하는 방법을 제안했다. 터너와 그녀의 친지들은 이를 "그가 그녀의 시간을 강탈한 행동"에 대한 일종의 피해 보상으로 보았다. 모어는 이 제안을 거절했다. 하지만 친지 중 일부(모두 남성이었고, 따라서 그녀 없이도 법적 절차를 밟을 수 있었다)가 그녀 모르게 터너와 연금식 보상에 합의했다. 모어는 나중에 이를 받아들였다.

터너가 모어에게 책정한 금액은 연 200파운드였다. 이는 그녀가 "문학 활동에 전념하기에" 충분한 액수였다. 그녀는 다시 교단에 설 필요가 없었다. 그녀는 이제 무엇이든 원하는 것을 할 수 있었다.

지금까지 내가 조사해온 여성 작가들을 볼 때, 경제적 조건이 늘 그들의 문학적 경력에 중요한 요인으로 작용했다. 이는 당대 상황에서 놀라운 일이 아니었다. 제인 오스틴, 프랜시스 버니, 앤 래드클리프의 경우는 작가로 성공하기 전부터 남성 가족으로부터 재정적 지원을 받았다. 반면 샬럿 레녹스는 끊임없이 돈에 쪼들렸고, 이는 그녀가 언제 무엇을 출판할지 선택하는 데 종종 제약으로 작용했다. 즉 레녹스는 생활비를 벌어줄 법한 글을 썼다. 그런가 하면 해나 모어는 서른 살 전에 이미 가족이나 남편의 지원이나 부양에 기댈 필요 없이 뭐든 원하는 글을 쓸 수 있는 재정 안정성을 확보했다. 터너와의 일을 겪은 후 모어는 결혼 생각을 아예 접었다. 계속 연장되다가 결국 파투 난 약혼의 상처 때문이었을 것이다. 하지만 그 결심은 그녀가 모처럼 획득한 경제적 독립을 놓치고 법에 따라 남편에게 종속되는 위험을 막을 방법이었다. 결혼하지 않은 한, 그녀는 법적으로도, 재정적으로도 자유로웠다.

이듬해인 1774년, 해나 모어는 새로이 얻은 자유를 자랑하듯 런던으로 여행을 떠났다. 그곳에서 그녀는 배우이자 극장 지배인이자 열혈 셰익스피어 옹호자인 데이비드 개릭 ― 그렇다. 그 개릭이 여기에도 등장한다 ― 을 만났다. 당시는 그의 명성이 절정일 때였다. 개릭과 그의 아내인 빈 출신 무용수 에바 마리 바이겔은 곧 모어와 가까운 친구가 되었다. 모어의 시가 인맥이 넓은 친구들의 손에 필사본 형태로 퍼지면서 런던 문학계에서 그녀의 명성을 드높였다. 모어가 화가 조슈아 레이놀즈의 저택에서 저명한 문학비평가이자 사전 편찬자인 새뮤얼 존슨—그렇다. 그 존슨도 다시 등장한다—을 처음 만났을 때, 존슨이 모어에게 그녀의 시 중 하나를 인용했을 정도였다. 곧 개릭은 모어를 '나인(Nine)'이라는 별명으로 부르기 시작했다. 그녀가 예술과 학문의 영감을 관장하는 고대 그리스의 아홉 뮤즈를 한데 합친 존재라는 찬사였다.

모어의 시에 관심을 보인 인물 중에는 당시 런던에서 문학 후원자이자 사교계 명사이자 학자로 이름 높았던 엘리자베스 몬터규(Elizabeth Montagu)도 있었다. 해나 모어는 몬터규의 디너에 처음 초대받은 후 몬터규에 대해 "내가 본 중 가장 멋진 천재일 뿐만 아니라 가장 멋진 숙녀"라는 흥분된 소감을 남겼다. 몬터규는 "블루스의 여왕"이라 불렸는데, 이 명칭은 그녀가 이끌고 있던 사교 모임 '블루스타킹(the Bluestockings)'에서 비롯되었다. 블루스타킹은 기지, 학식, 예법, 그리고 고급차에 대한 애정을 긍지로 삼았던 상류층 여성들의 모임으로, 긴밀한 유대로 유명했다.

당시 블루스타킹 모임에는 고대 그리스의 스토아학파 철학자 에픽테토스를 번역해 명성을 얻은(그리고 샬럿 레녹스를 유난히 못마땅해했던) 엘리자베스 카터, 뛰어난 소설가이자 몬터규의 자매인 세라 스콧(Sarah Scott), 당시 런던의 살롱 문화를 선도하던 프랜시스 보스카웬(Frances Boscawen)과 엘리자베스 비지(Elizabeth Vesey), («에블리나»의 성공으로 처음 초대받은) 프랜시스 버니 등이 있었다. 버니의 기록에 따르면, 이 모임이 블루스타킹으로 불리게 된 데에는 다음과 같은 배경이 있었다. 모임에 자주 초대되던 남성 작가 중 한 명인 벤저민 스틸링플리트(Benjamin Stillingfleet)는 처음에 적절한 복장을 갖추기 어렵다며 초대를 사양했다. 그러자 엘리자베스 비지가 전설적인 대답을 날렸다. "복장은 신경 쓰지 마세요! 파란 양말을 신고 오셔도 돼요!" 파란 양말은 서민이 많이 신던 울 양말을 뜻했다. 비지가 원한 것은 그의 참석이었지 격식 있는 파티에 어울리는 흰 비단 양말이 아니었고, 스틸링플리트는 그녀의 말에 따랐다. 그렇게 '블루스타킹'은 남녀가 함께 지적 토론을 벌이던 그들 모임의 열린 분위기를 대변하는 내부자끼리의 농담이자 명칭이 되었다.

해나 모어는 블루스타킹 모임에서 따뜻한 환대를 받았다. 블루스타킹은 돈독한 우정뿐 아니라 파티의 귀재로도 유명했다. 이들이 여는 행사는 인재로 넘쳐나서, 당대를 주름잡는 지식인들조차 이곳에서는 그저 한 명의 흔한 디너 참석자에 지나지 않았다. 이런 사람들이 모어의 저작 활동을 적극 지원했다. 모어는 학생 때 쓴 희곡 «행복을 찾아서»를 이미 1773년에 출간했고, 런던에 온 해에는 또 다른 희곡 «완강한 포로(The Inflexible Captive)»(1774)를 발표했다. 그리고 1776년에는 첫 시집을 발표해 호평을 받았다.

모어는 이 시집에 장편 서사시 두 편을 담아 '바우어

의 엘드리드 경과 피 흘리는 바위(Sir Eldred of the Bower and the Bleeding Rock)'라는 제목으로 출간했다. 두 편 모두 대중적 오락성과 도덕적 교훈을 결합한 작품이었다. 이 두 가지의 조합은 모어가 평생 즐겨 구사할 전략이었다. ‹바우어의 엘드리드 경›은 남편이 부인의 불륜을 의심하면서 파국을 맞는 부부의 이야기를 담은 유명한 발라드를 바탕으로 했다. ‹피 흘리는 바위› 역시 잘 알려진 이야기의 변주였다. 비극적 사랑을 다룬 설화를 오비디우스의 《변신 이야기(Metamorphoses)》 풍으로 재구성한 작품으로, 너무 쉽게 마음을 바쳤다가 연인에게 버림받은 뒤 절망에 빠져 바위로 변하게 해달라고 비는 여인이 등장한다. 블루스의 여왕 몬터규는 모어에게 보낸 편지에 이렇게 치하했다. "당신은 작품을 통해 여성 전체의 명예를 드높이고 있어요."

모어의 런던 문학계 입성에 이은 개릭 부부와 존슨과의 친분은 모어가 원한다면 문학 경력의 정상까지 오를 수 있는 길을 열어주었다. 그리고 실제로 그녀는 한동안 그 길을 걸었다. 1777년, 모어가 쓴 《퍼시(Percy)》라는 비극이 런던 코번트 가든 극장에서 초연되었다. 십자군 전쟁 시대의 어긋난 사랑을 다룬 이 작품은 급기야 18세기 창작 비극 중 최대 성공작의 하나가 되었다. 개릭은 극에 앞뒤 맥락을 부여하는 짧은 운문 형태의 프롤로그와 에필로그를 직접 지어주며 작품에 강력한 지지를 보냈다. 여성 화자의 목소리로 낭독된 이 프롤로그에서 개릭은 모어의 연극 데뷔를 동시대 남성 극작가들과 비교해 손색없는 업적으로 찬양했다. "내가 그대들 앞에 당당히 증명해 보이리라. 우리에게도 날개를 펼 공간을 내어준다면,/ 우리도 남성 못지않게 날아오를 수 있다는 것을."

　　　　나는 «퍼시»의 성공담에 호기심이 동해서 한번 읽어보기로 했다. 무엇보다 이 작품은 소설이나 전기에 비해 획기적으로 짧았다. 실제로 읽어보니 개릭의 찬사가 단지 우정의 의무감에서 나온 말이 아니라는 것을 당장 알 수 있었다. «퍼시»는 셰익스피어의 비극을 떠올리게 했다. 실제로, 줄리엣이 로미오 대신 부모가 정한 상대인 파리스 백작과 결혼했다면 일어났을 또 다른 비극처럼, 즉 «로미오와 줄리엣»의 평행 우주 버전처럼 읽혔다. 초연 후 몬터규는 모어에게 승리감에 찬 편지를 보냈다. "[당신은] 친구들의 자랑이며, 적들의 치욕입니다." (이 작품을 읽고 1년쯤 후, 나는 런던의 한 서점에서 «퍼시» 초판을 발견했다. 그 작고 얇은 책을 본 순간, 몬터규의 의기양양한 말이 새삼 떠올랐고, 그 책을 사서 내 컬렉션에 넣기로 마음먹었다.)

　　　«퍼시»의 성공으로 모어에게 전보다 더 많은 디너 초대장이 날아들었다. 그러나 이 변화는 그녀를 들뜨게 하기보다 오히려 그녀에게 피로감을 안겼다. 인기가 급상승하기 전부터 이미 모어는 런던 상류사회에 대한 양가감정을 드러내고 있었다. 한 편지에서 그녀는 외출이 대부분 즐겁지 않다는 점을 분명히 밝혔다. "이른바 대중오락에 대한 내 혐오만 어느 때보다 커졌습니다. 연극은 예외지만요." 또 다른 편지에는 이렇게 불평했다. "이 도시에서 만나는 이들 가운데 설교집을 권해도 좋겠다 싶은 사람은 어쩜 이리도 적은지요." 아하, 드디어 나왔다. 그 비판적인 기질. 부연하자면 그녀와 몬터규는

"카드에 일절 손대지 않는 세상에 둘뿐인 희귀 동물"이었다. 두 사람은 파티에서 전혀 도박을 하지 않기로 유명했다. 도박은 당시 런던 상류층이 흔히 즐기던 여흥이었다. (실제로 사람들이 카드놀이로 어마어마한 돈을 탕진했다.) 결국 모어는 초대의 대부분을 거절하고, 개릭 부부나 몬터규 같은 가까운 친구들의 초대만 받아들였다.

이 시기에 모어는 런던에서 한 번에 여섯 달 정도 머물다가 브리스틀의 자매들과 함께 사는 집으로 돌아가거나, 개릭 부부의 시골집에 손님으로 머무는 생활을 반복했다. 그녀는 문학계의 존경을 원했지만, 동시에 그 세계에서 보는 부도덕성을 혐오했다. 이러한 상충하는 욕망이 그녀의 서신 곳곳에서 거듭 드러난다. 그녀는 어떤 날에는 몬터규의 집에서 새벽 1시까지 이어진 파티 이야기를 쓰고, 다음 날에는 런던의 유행을 구구절절 질타하는 내용으로 편지 한 통을 다 채웠다. "요즘 유행하는 해괴망측한 복색을 생각하면 다시금 짜증이 치밀어요. 어떤 여자들은 머리에다 과일 장식을 한 무더기 얹고 다니면서, 막상 빵 살 돈을 벌기 위해 과일을 머리에 이고 행상을 하는 가난하지만 유용한 사회 성원들은 업신여기죠." 모어의 비판은 대개 그녀가 바라본 당대 사교계의 도덕성 결여에 초점을 두고 있었다. 그리고 그녀는 그 점에 대해 더 말하지 못해 머리가 가려울 정도였다.

«퍼시»가 초연된 해에 모어는 이런 생각을 담은 «어린 여성을 위한 다양한 주제의 에세이(Essays on Various Subjects, Principally Designed for Young Ladies)»(1777)를 출간했다. 책의 장르

는 당시에 유행하던 품행서였다. 이 장르의 목적은 청년 계도, 특히 젊은 여성들에게 행실, 예법, 취향을 가르치는 것이었다. 소설 쓰기에 대한 프랜시스 버니의 수치심에 기름을 부은 것도 이런 책들이었고, 오스틴이 «오만과 편견»에서 콜린스 씨가 베넷 자매들에게 낭독하는 책으로 설정해 조롱의 대상으로 삼은 것도 이런 책들이었다. 품행서는 젊은 여성들의 생각과 행동을 다스리기에 유용한 곤봉이었다. 모어는 이 장르에 적합한 인물이었고, 이 장르는 그녀가 편지로 터뜨리던 분통을 체계적으로 발산하기에 딱 좋은 포맷을 제공했다.

«다양한 주제의 에세이»는 향후 모어의 경력에 다가올 변화를 신호했다. 이 책은 모어가 "삶과 매너"의 본보기라 칭한 절친 몬터규에게 헌정되었다. 그런데 정작 그녀가 속한 모임에서는 그다지 환영받지 못했다. 블루스타킹 멤버 중 한 명은 모어에게 다음과 같은 편지를 보냈다.

> [우리 공동의 친구 한 분이] 당신의 «에세이»를 읽었고, 내가 장담한 대로 (특히 교육에 대한 부분을) 호평했습니다. 그런데 서두에서 걸려 넘어졌다면서 내게 전하기를, 자신과 레이디 덴비가 당신에게 몹시 격분한 상태라고 했습니다. 당신이 남성 우월주의를 과하게 내세운 점 때문에요. (……) 사실 나도 당신이 서문의 일부에서 여성의 대의를 지나치게 포기했다는 생각을 지울 수 없습니다. (완전무장에 빛났던) 당신이 우리를 저버린다면, 우리는 대체 어디서 옹호자를 찾을 수 있을까요?

이 편지가 언급한 서문에서 모어는 장차 평생 고수하게 될 신념을 피력했다. 남성과 여성에게는 신이 정한 각자의 영역이 있으니, 그것은 공적 영역과 사적 영역이라는 주장이었다. 모어에 따르면, "성별에 따라 고유한 자질이 따로 있으며", 그 경계는 "자연, 예법, 관습"에 의해 규정된다. 즉 "여성의 머리"는 가령 "과학에서는 남성만큼 높은 완성도에 도달할 역량이 없어 보이지만", 여성에게는 "그들에게 특화된 목적을 달성하는 데 훨씬 더 부합하는 다른 자질들"이 있다는 것이 그녀의 논지였다. 모어의 블루스타킹 친구들은 그녀가 재능을 이런 방식으로 사용하는 데 실망을 금치 못했다. 무엇보다 "여성의 머리"는 공적 영역에서 활동하기에 역부족이라고 비하하면서, 모어 본인은 문필가 경력을 추구하는 것이 이중의 위선으로 보였을 것이다. 하지만 젠더 문제와 종교 문제에 대한 모어의 보수적인 관점은 갈수록 강경해지기만 했다.

이 무렵 해나 모어는 이미 여러 장르에 걸쳐 명성을 얻은 저자였다. 모어의 인생에서 첫 번째 대사건이었던 연금은 그녀에게 경제적 독립을 안겨주었다. 그녀는 그것을 이용해서 작가 재능의 실현에 나섰고, 런던 문학계 최고 집단에 합류했다. 하지만 그 성공은 오히려 그녀의 내적 허기를 심화했다. 그녀는 대의를 갈망했다. 모어의 첫 번째 품행서는 그것을 얻으려는 시도였다. 그렇지만 동시에 그녀는 연극을 사랑했고, 폭력과 감정 과잉으로 가득한 비극 《퍼시》를 즐거이 집필했다. 《퍼시》의 악당은 자신과 강제로 결혼한 여인에 대해 "그녀의 공포는 나의 향연"이라고 말한다. 모어는 자신이 어떤 사람이 되어야 할지 아직 알지 못했다. 이제 그 결정을 도울 두 번째 대사건이 일어날 참이었다.

※

내가 읽다가 중단한 전기들을 보면, 대개 같은 지점에 책갈피가 꽂혀 있다. 바로 모어가 고압적 도덕군자의 길에 발을 들이는 순간이다. 나는 그녀의 변신이 싫었다. 그 변화가 일어나길 원치 않았다.

하지만 나도 고집이 있다. 나는 싫어하는 책도 끝까지 읽어야 직성이 풀리는 부류의 독자다. 논리적으로는 쓸데없는 고집이다. 하지만 읽다 만 책은 중도 포기자의 자괴감을 불러일으킨다. 제임스 조이스의 《율리시스》를 끝까지 읽을 수 있었던 것도 이런 완독 집착 때문이었다. 읽은 내용의 35퍼센트 정도만 이해했을 뿐이지만, 조이스는 나를 물리치지 못했다. 해나 모어도 나를 쉽게 떼어놓을 수 없었다.

모어의 인생에서 두 번째 대사건은 1779년 데이비드 개릭의 사망이었다. 개릭이 죽은 후 그의 아내 에바는 햄프턴의 시골집으로 사실상 은퇴했다. 모어는 런던의 소란을 떠나 오랫동안 그녀와 함께 지냈다. 이 시기의 한 편지에 모어는 이렇게 썼다. "우리는 서로를 제외하면 사람 얼굴을 볼 일이 없어요. 이렇게 깊은 은둔 속에서도 전혀 따분하지 않은 이유는 얼간이들의 비위를 맞추거나 그들의 말을 들어주느라 기운 뺄 일이 없기 때문이에요."

상류사회를 사실상 떠난 뒤, 모어는 그것이 전혀 그립지 않다는 것을 깨달았다. 그립기는커녕 멀찍이 떨어지자 그곳의 부패상에 대한 직감이 확신으로 바뀌었다. 그녀의 다음 주요작은 이 은퇴가 불러온 방향 전환을 시사했다. 《성극(Sacred Dramas)》(1782)에서 모어는 대중극의 포맷에 성경 이야기를 담아 오락과 교육을 결합했다. 그녀는 곧 자신의 중심 사명이 될 과제, 즉 교육과 개혁으로 이행해갔다.

모어는 단지 책을 내는 데 그치지 않았다. 직접 발 벗고 나섰다. 그녀는 문학계 인맥을 자선적 이상을 실현하는 데 활용하기 시작했다. 이전에 모어는 자신의 도덕률에 스스로 충실했을 뿐 그것을 남들에게 직접적으로 강요하지는 않았다. 예컨대 일요일에 열리는 사교 모임에 참석하는 것은 사양했지만, 참석하는 친구들과 언쟁하지는 않았다. 그러나 이제 모어는 자신의 도덕적 목소리를 높이는 데 주저하지 않았다.

모어의 인생에서 이러한 변화를 드러내는 중요한 사건이 있었으니, 바로 브리스틀 태생의 농장 노동자이자 시인인 앤 이어슬리(Ann Yearsley)를 후원한 일이었다. 1784년, 해나 모어는 "소젖을 짜고, 돼지를 먹이고, 사전은 본 적조차 없지만", 고대 로마의 위대한 시인 베르길리우스의 걸작 《게오르기카(Georgica)》를 애송하는 여인을 만났다. 《게오르기카》는 베르길리우스가 로마 건국기를 읊은 대서사시 《아이네이스》의 그늘에 가려 상대적으로 덜 알려진 목가풍의 농경시다. 이어슬리는 무학의 천재였다. 그녀의 시는 타고난 운율감을 자랑했고, 모어와 블루스타킹 친구들을 매료시켰다. 모어는 몬터규와 힘을 합해 이어슬리가 예약 출판 방식으로 시집을 내도록 주선했다. 예약 출판은 훗날 프랜시스 버니가 《커밀라》를 출간할 때 이용한 방식이기도 했다. 버니는 본인의 명성과 훌륭한 인맥 덕분에 이 방식으로 일반적인 출판 방식보다 훨씬 많은 돈을 벌었다. 샬럿 레녹스도 버니의 경우처럼 높은 수익을 기대하고 예약 출판을 시도했지만, 충분한 후원이 없어 실패하고 말았다.

  이어슬리 혼자 힘으로는 출판 자금을 조달할 예약 구매자 명단을 꾸리기 힘들었다. 하지만 당대 최고의 유명세와 인맥을 자랑하는 지식인 중 두 명이 그녀의 후원자로 나서자 사정이 달라졌다. 1785년에 출판된 이어슬리 시집의 예약 구매자 명단은 무려 열다섯 페이지에 달했다. 어느 모어 전기 작가는 이를 "바 블루(Bas Bleu, 프랑스어로 블루스타킹)와 그 친구들의 인명부"로 불렀다. 이 명부의 이름마다 '후작', '공작부인', '백작', '의원', '백작부인' 같은 작위가 붙어 있었다.

  이어슬리의 《여러 상황의 시(Poems, on Several Occasions)》(1785)는 모두의 기대대로 성공을 거두었다. 관련 부대 비용은 모두 모어가 부담했고, 결과적으로 370파운드의 수입이 이어슬리에게 돌아갔다. 이는 인생을 바꿀 액수였다. 수년 전 이어슬리는 "연간 수입이 거의 6파운드인" 남자와 결혼했고, "거절하기에는 너무 좋은 혼처"였다. 그런데 이제 그녀의 시집이 그 60배가 넘는 수입을 올린 것이다.

  하지만 모어는 법적으로 이어슬리의 소유인 이 돈을 그녀에게 그대로 넘겨주지 않았다. 모어는 이어슬리를 설득해서—관점에 따라서는, 압박해서—그 돈을 "5퍼센트" 펀드에 예치하게 했다. 이 펀드는 연 5퍼센트의 이자를 꾸준히 지급하는 국채 기금이었다, 모어는 350파운드를 이 기금에 투자했다. 이렇게 하면 이어슬리 부부는 여섯 아이를 키우며 살아갈 돈으로 매년 약 18파운드를 받을 수 있었다. 많은 돈은 아니지만, 남편 수입의 세 배에 해당하는 액수였다. 모어는 나머지 20파운드만 "가족의 의복과 집의 세간을 장만하라"며 건넸다.

이 일은 시인과 후원자 사이에 갈등을 불렀다. 모어가 이어슬리 대신 기금에 투자하기 위해서는 신탁증서를 작성해야 했다. 이어슬리는 이 절차에 동의하긴 했지만, 애초부터 우려를 표했다. 그러다 그녀가 신탁증서 사본을 요구하자 모어는 발끈했다. 한편 이어슬리가 어떤 경위인지 10파운드의 빚을 지게 되었고, 모어가 대신 갚아주며 상당히 못마땅해했다. 얼마 후 모어의 집에서 열린 디너 모임에서 이어슬리는 모어가 자신을 속여 돈을 가로채려 한다며 공개적으로 비난했다. 모어는 몬터규에게 보내는 편지에서 이에 대한 당혹감과 억울함을 토로했다. 그녀는 이런 말로 편지를 맺었다. "그 여자[이어슬리]가 고급 거즈 보닛에 래핏을 길게 늘이고 금 핀을 꽂고 다닌다고 하더군요. 그런 여자가 가엾은 아이들의 돈을 맡을 자격이 있을까요?" 모어에게는 이어슬리가 그녀의 수입을 어떻게 써야 하는지에 대한 확고한 견해가 있었다. 자기 친구이자 부유한 몬터규는 금 핀을 달 수 있지만, 앤 이어슬리가 같은 것을 착용하면 도덕적으로 지탄받을 일이었다. (그리고 형편없는 엄마라는 뜻이었다.)

연 200파운드의 연금으로 안락하게 사는 모어는 이어슬리의 입장을 제대로 이해하지 못했다. 사실상 연 18파운드로는 농장에서 일하는 천재 시인 앤 이어슬리가 노동 계층의 삶에서 벗어나 비상하기에 충분하지 않았다. 이어슬리는 더 이상 소젖을 짜며 살고 싶지 않았다. 그녀에게는 재능이 있었다. 그녀의 특히 뛰어난 시들은 에밀리 디킨슨이 떠오를 정도였다. 그녀는 그중 하나에서 이렇게 썼다. "내 의지는 완강하고 사납죠./어떠한 관습도, 법도도, 유실된 교양도 자랑하지 않아요./그대들의 보드라운 규범은 내 거친 영혼에 닿지 못해요." 이어슬리는 더 많은 것을 원했고, 자신은 그것을 이룰 수 있다고 느꼈다. 하지만 해나 모어는 계급 이동을 장려하지 않았다. 그녀는 사람의 신분은 신이 미리 정한 것이라 믿었다. 모어의 눈에 앤 이어슬리는 목장 노동자였고, 언제까지나 목장 노동자로 남을 사람이었다. 모어는 몬터규에게 보내는 편지에 "나는 그 여자를 자기 신분에서 빼내는 것에 전적으로 반대한다"고 밝혔다.

결국 이어슬리는 모어가 설정한 신탁에서 자금을 회수하는 데 성공했다. 그녀는 그중 상당액을 투자해 아들 중 한 명에게 조각사 수습생 자리를 얻어주며 전문 기술을 배우게 했다. 다른 일부는 자신의 창업에 썼는데, 바로 유료 순회문고였다. 무료 공공 도서관이 생겨나기 전에는 순회문고가 구독료 기반으로 중하류층 독자들에게 다양한 책을 공급했고, 덕분에 사람들은 직접 책을 한 권씩 사서 읽어야 했다면 꿈도 꾸지 못했을 독서량을 달성할 수 있었다. (제인 오스틴조차 평생 이렇다 할 서재를 소유하지 못했다. 오스틴은 아버지와 형제들의 서재에 의지하는 한편, 순회문고를 이용해서 책을 읽었다.) 두 가지 투자 모두 자신의 신분을 넘어서려는 이어슬리의 강한 의지를 보여준다.

이어슬리와의 공개적 불화는 모어가 문학계의 중심부에서 멀어지다가 결국 전혀 다른 영역으로 들어서는 계기가 되었다. 모어는 영국에 확산하던 복음주의 운동에 관여하기 시작했다. 이 운동은 영국성공회 내부에 일던 일종의 종교 부흥 운동으로, 신자들에게 활발한 사회참여, 특히 자선 활동을 강조했다. 모어는 이런 대규모 자선 프로젝트에 점점 더 몰두했다. 특히 이 무렵의 반노예제 운동에도 적극 참여했다.

1780년대에 그녀는 복음주의자 정치인 윌리엄 윌버포스(William Wilberforce)와 역사적인 우정을 쌓는다. 그는 당시 영국 의회에서 노예무역 불법화를 추진한 핵심 인물 중 한 사람이다(노예무역 폐지 법안은 1807년에 마침내 통과된다). 동지들이 정부에서 개혁을 추진하는 동안 (공직에 나설 수 없는) 모어는 자신의 문필 재능을 이용해 여론을 움직이고자 했다. 오늘날에는 믿기 어렵지만, 그녀는 이 일을 시 쓰기를 통해 해냈다.

모어의 영향력이 특히 빛났던 시 중 하나인 ⟨노예제(Slavery)⟩(1788)는 노예무역의 참상에 대한 조사를 촉구하는 의회 청원이 처음으로 일어나던 시기에 발표되었다. 이 시에서 모어는 영국이 이 가공할 제도에 가담하는 것은 "자비를 떠들면서 죽음을 뿌리는 행태"라고 비난했다. 그녀는 영국이 이러한 잔학 행위를 영구화하는 것을 방관하지 않았다. 이후 모어는 자신의 종교적 신념에 부합하는 사회 변화를 불러오기 위한 구체적 행동에 집중했다.

1789년, 모어의 삶에 세 번째 대사건이 일어났다. 이번 사건은 그녀가 자선 활동을 자신의 소명으로 완전히 받아들이는 계기가 되었다. 모어 자매의 시골집을 방문 중이던 윌버포스가 치즈 산지로 유명한 체더 마을 근처의 체더 협곡으로 당일 여행을 떠났다. 원래는 절벽 절경을 감상하는 느긋한 하이킹을 의도한 나들이였으나 윌버포스는 그날 저녁 깊이 상심해서 코티지로 돌아왔다. 그가 본 체더 마을은 빈곤에 찌들어 있었다. 저녁 식사 자리에서 윌버포스는 모어에게 말했다. "체더를 위해 뭐라도 해야 합니다. (……) 당신이 수고해주신다면, 비용은 제가 맡겠습니다." 자금이 확보되자 해나와 자매들은 모어 집안 특유의 추진 속도와 조직력과 에너지로 그의 제안을 실행에 옮겼다. 해나와 막내 패티가 체더 프로젝트의 진두지휘를 맡아서 먼저 주일학교를 세우는 일에 착수했다.

주일학교 설립은 당시에 새롭게 일어나던 사회운동으로, 가난한 노동 계층 아동에게 글을 가르쳐 성경을 읽게 하는 동시에, 도덕적 행실과 개인적 책임을 교육하는 것을 목적으로 했다. 그런데 이 시도는 미묘한 정치적 감각을 요했다. 지역의 부유한 유력층 가운데는 노동자들이 교육을 받으면 사회 내의 자기 '자리'(최하층)에 불만을 품는 등 주제넘은 사상에 빠진다고 믿는 사람이 많았다. 모어 자매는 이런 반발을 잠재우기 위해 수사적 기량을 발휘했다. 즉 능동적 종교교육과 도덕교육이야말로 노동자들의 신앙심과 준법정신을 높인다는 말로 반대자들을 설득했다.

　　　　모어 자매의 설득은 성공할 때가 많았다. 주된 성공 비결은 그들이 상대와 문제의식을 공유했다는 데 있었다. 자매들 역시, 노동 계층이 신이 정한 사회적 신분을 넘어서려는 것은 위험하다고 여겼다. 모어는 어느 비방자에게 보낸 해명 편지에 이렇게 강조했다. "빈민 교육에 대한 내 계획은 다분히 제한적이고 엄격합니다. 그들이 배우는 것은 (……) 하인에게 적합한 투박한 일들입니다. 나는 어떤 글쓰기도 허용하지 않습니다. 내 목적은 교리나 견해를 가르치는 데 있지 않습니다. 하층민에게 근면과 덕성의 습관을 들이는 데 있습니다." 이것이 모어 자매의 모든 자선사업 이면에 도사린 단검이었다. 자매들은 재원과 인맥, 교육과 교양을 갖추고 어려운 이들에게 엄청난 도움을 베풀었다. 다만 조건이 있었다. 수혜자들이 "상위층"의 바람에 따라 사는 것에 만족할 때에 한해서였다.

　　　　주일학교는 지역민의 자발적 참여를 전제했기 때문에 성공하기 위해서는 많은 설득과 무마가 필요했다. 노동 계층 부모들은 일요일 오후에 어린 자녀를 맡아줄 곳은 반겼지만, 그곳에 일손으로 쓸 수 있는 더 큰 자녀를 보내는 것은 달가워하지 않았다. 심지어 어떤 엄마들은 노동력 손해를 고려할 때 자녀를 학교에 보내는 대가로 오히려 자신들이 돈을 받아야 한다고 주장했다. 이에 따라 모어 자매들이 운영하는 주일학교는 출석과 선행을 유도하는 보상 체계를 도입했다. 주일학교에 사 주 연속 참석하면 1페니를 받았고, 모범생은 매년 새 옷을 받았다. 모어 자매는 체더 마을 학교를 시작으로 윌버포스와 그의 동지들에게 재정 후원을 받아 시골 지역 곳곳에 여러 주일학교를 열었다.

하지만 주일학교가 성장하는 와중에 바깥 세계의 사건들이 이 운동에 새로운 차원의 문화적 압력을 가했다. 유럽 본토에서 프랑스 대혁명의 불길이 거세게 타올랐고, 영국의 보수 상류층은 프랑스에서 촉발된 계급 전복적 혁명의 불똥이 자국에도 튀지 않을까 노심초사했다. 이 불안은 토머스 페인(Thomas Paine) 같은 급진주의 사상가들로 인해 더욱 고조되었다. 페인은 1770년대에 영국에서 미국 식민지로 건너간 후 «상식(Common Sense)»(1776)이라는 팸플릿을 써서 미국이 영국으로부터 완전히 독립해야 한다는 여론을 대대적으로 일으켰다. 그리고 이제 1791년, 페인은 또 하나의 유명한 팸플릿 «인권(Rights of Man)»을 통해 정부가 시민의 천부인권을 보호하지 않는다면 그런 정부는 전복되어야 한다고 주장했다. 20세기 중반의 전기 작가 메리 올던 홉킨스는 이런 시대의 격랑이 모어 자매들의 주일학교 사업에 미친 영향을 다음과 같이 설명한다. "이 지도자들은 상위층에 복종하는 노동계급을 만들기 위한 교육 운동을 설계했으나, 그것이 소기의 결과를 냈는지는 불분명하다. 성경을 읽을 수 있게 된 아이들은 후에 토머스 페인의 책도 읽을 수 있었고, (……) 실제로 많이들 읽었다."

그러자 모어는 다시금 부유한 남성 지인들로부터 도움을 요청받았다. 그들은 날로 커가는 하층계급의 동요를 잠재울 방도를 원했다. 이에 대한 응답으로 모어가 기획한 것이

'저가 교화 문고(Cheap Repository Tracts)'였다. 이 소책자 시리즈는 수백만 부가 팔려나가며 본서에서 다루는 작가 중 제인 오스틴을 제외한 그 누구의 어떤 작품보다 압도적으로 많은 판매 실적을 올렸다. 이 소책자들은 얇았다. 작은 판본으로 저렴하게 인쇄했고, 각 권에 도덕적 교훈을 담은 이야기를 한 편씩 담았다. 나도 희귀서 딜러로 일하며 이 시리즈의 책들을 여러 권 취급했다. 대개는 옛날에 행상이 팔던 챕북(chapbook)을 대량으로 매입할 때 섞여 들어왔다. 챕북과 비슷하게 만든 것이 신의 한 수였다. 외설적 민요, 흉악 범죄 이야기, 허랑방탕한 우스갯말을 유통하던 통속 매체의 형식을 차용해서, 내용만 '속악한' 잡설에서 도덕적 교훈으로 바꾼 것이 통했다. 즉 직설적 스토리텔링 방식에 도덕을 녹인 것이다.

이 소책자들은 한 손바닥에 들어올 만큼 작았고, 대충 실로 땀을 떠서 묶었다. 조악한 목판화 삽화가 실려 있었고, 값싼 종이에 찍었기에 지금 남아 있는 것들은 거의 예외 없이 종이가 갈색으로 변하고 세월과 노출로 인한 얼룩이 심하다. 이 책자들은 수천 부씩 인쇄되어 영국의 시골 전역으로 유통되었다. 배포의 주역은 대개 성직자, 지주, 정치인, 모어 자매 같은 자선가를 비롯한 상류층 지도자들이었다. 당시 바스에 거주하던 해나 모어는 이 프로젝트의 시행을 감독하는 한편, 이 '소책자' 이야기들의 절반 이상을 직접 썼다.

그 이야기들 자체는 독자들에게 익숙한 일상의 소소한 장면들을 다루고 있었지만, 사실은 도덕적 행동의 실천적 본보기를 제시하는 기능을 했다. 예컨대 외양과 도덕성은 모어의 가치관에서 언제나 밀접한 개념이었는데, 그것이 여성의 문제일 때는 특히 더 그랬다. 특히 유명했던 소책자 중 하나인 «솔즈베리 평원의 목동(The Shepherd of Salisbury)»(1795)에 모어는 다음과 같이 썼다.

> 울타리를 치거나, 도랑을 파거나, 도로를 손보는 일꾼을 보았을 때, 그의 양말과 셔츠가 단정하고 깔끔하다면, (……) 그의 집 역시 깨끗하고 잘 정돈되어 있고, 그의 아내 역시 알뜰하고 칭찬받을 만한 사람일 때가 많았다. 반면, 남편을 말끔히 단장시켜야 할 시간에 침대에 누워 있거나 이웃과 수다나 떠는 가난한 여인은 대개 다른 면에서도 잘한다는 소리를 듣지 못한다.

해나 모어는 1790년대 내내 이 '소책자' 시리즈 발행을 비롯한 여러 자선사업에 지칠 줄 모르고 매진했다. 얼마나 헌신적이었던지 지인들이 그녀가 무사한지 걱정할 정도였다. 모어가 만사 제쳐놓고 어려운 사람을 도우러 나섰다는 소식을 들은 호러스 월폴—기억을 떠올리자면 그는 고딕소설의 효시 «오트란토성»(1764)의 저자다—은 공동의 친구에게 보낸 편지에 특유의 재치를 담아 이렇게 평했다. "선량한 해나 모어가 또 자비의 발작을 일으켜 자신을 혹사하고 있소." 그러나 1800년대 초, 모어는 예순 살에 접어들었고, 육체적 에너지를 많이 축내는 자선 활동에서는 점차 물러났다. 하지만 그녀의 정신은 여전히 명민했고, 얼마 후 당대의 가장 성공적인 소설 중 하나로 등극할 작품을 출간했다.

자, 올 것이 왔다. 그 소설이 바로 오스틴도 필자도 읽기 싫어했던 바로 그 책, «시립스의 아내 찾기»(1809)다. 소설 자체가 모어에게는 새로운 포맷이었다. 심지어 그녀는 작가 경력의 대부분을 소설을 비판하며 보냈다. 하지만 이번에도 '소책자' 시리즈의 전략을 반복했을 뿐이다. 즉 대중적 포맷으로 위장해서, 설교를 듣거나 읽을 마음이 없는 독자들에게 접근하는 방법을 쓴 것이었다.

«시립스»는 놀라운 성공을 거두었다. 모어는 출판 첫해에만 무려 2000파운드라는 경이로운 수익을 벌어들였다. 그녀는 대중적 구혼 소설의 포맷을 이용해 노골적인 도덕주의를 설파했다. 물론 동시대의 다른 소설가들 역시 이 장르에 대한 적대적 비평을 피할 요량으로 흠잡을 데 없이 음전한 여주인공을 내세우는 경우가 많았다. 하지만 버니의 소설에는 풍자가 있었고, 래드클리프의 소설에는 스릴이 있었으며, 레녹스의 소설에서는 기지가 빛났다. 반면 모어의 소설은 소설의 외피를 두른 품행서 그 이상도 이하도 아니었다.

«시립스»의 성공으로 모어는 노년까지 명성을 누렸다. 해나 모어는 여생 내내 영국에서 가장 유명한 여성 작가의 위상을 누렸다. 사람들이 순례에 나선 참배객처럼 그녀의 집에 찾아들 정도였다. 방문객이 모어 자매의 집에 당도하면 막내 패티가 방으로 들어와 "나는 해나 모어가 아니랍니다!"라고 외쳤고, 뒤이어 다른 자매가 들어오면 패티가 "이분도 해나 모어가 아니에요!"라고 외치곤 했다.

모어는 나이가 들수록 더욱 독실해졌고, 네 자매가 연달아 세상을 떠난 후에는 세상과도 떨어져 은둔했다. 그녀가 1833년 세상을 떠나며 남긴 유산은 3만 파운드에 달했다. 그때까지 영국 여성 작가가 축적한 재산 중 최대 규모였다. 그녀는 유산의 상당 부분을 반노예제 운동에 기부했다. 빅토리아 시대에 이르러 그녀는 독실한 여성의 표상이 되어 명성이 더 치솟았다. 희귀서 딜러로서 내가 이 사실을 가장 자주 접한 경로는 아동용 도서였다. 빅토리아 시대 사람들은 젊은이들에게 도덕적 귀감이 되는 역사적 위인들의 생애를 요약해서 모아놓은 책을 좋아했고, 해나 모어는 이런 선집에 포함된 유일한 여성일 때가 많았다.

하지만 모어는 생전에도 사후에도 논란이 많은 인물이었다. 1802년, 그녀가 운영하던 주일학교 중 한 곳에서 갈등이 불거졌을 때 한 남성이 '목사 아치볼드 맥사캐즘 경(Reverend Archibald MacSarcasm)'이라는 필명으로 모어에 대한 200페이지가 넘는 저격 글을 내기도 했다. 그녀는 점잖은 빅토리아 시대 전기 작가들의 총애를 받는 동시에 어떤 이들에게는 "이제껏 펜을 들었던 이들 가운데 가장 혐오스러운 작가"라는 욕을 먹었다. 이 말을 한 사람은 19세기 말의 평론가 오거스틴 버렐(Augustine Birrell)이었는데, 그 말이 끝이 아니었다. 그는 모어를 "우중충한 도덕성의 바다를 헤엄치는 거대한 붕장어"로 불렀고(이 구절을 어디서부터 인용해야 할지조차 난감하다), 이어 자기 집 정원에 구덩이를 파고 그녀의 열아홉 권짜리 가죽 장정 세트를 묻어버렸다고 득의양양하게 말했다. 해나 모어는 언제나 사랑과 증오를 동시에 받았다.

　　모어에 대한 내 반응은 독서가 얼마나 사적인 경험일 수 있는지 새삼 상기시켰다. 나는 모어가 보여준 엄격하고 강력한 도덕적 권위자 일변도의 삶이 심히 불편했다. 그것이 내 삶의 기억 일부를 불러일으켰기 때문이다. 나는 보수적인 종교 공동체에서 자라며 모어 같은 사람을 많이 겪었다. 그들은 "나를 위한 최선"이라는 명목으로 정교한 행동 규범 체계를 강제했고, 그 체계는 크고 작은 방식으로 내 세상을 지배했다. 앞서 일부 밝힌 바 있지만, 내 어린 시절 문화에서 나는 급류타기를 금지당하고 대신 베이킹 수업에 가야 했고, 아내 역할이 내 정체성의 일면이 아니라 중심이라는 말을 주입받았다. 그들은 모어처럼, 자신들이 나보다 더 잘 안다고 믿었다. 또한 모어처럼, 선의에서 한 말이었다. 나도 알고 있었다. 그래서 오랫동안 나도 그들을 믿었다. 하지만 그들의 규칙에 충실하기 위해서는 내 안의 목소리를 외면해야 했다. 해나 모어는 내가 탈출한 과거에서 온 망령처럼 느껴졌다.

※

하지만 만약 이것이 단지 한 여성이 나이 들면서 점차 보수적으로 변하는 이야기였다면, 내가 모어를 자꾸만 돌아보는 일도 없었을 것이다. 그랬다면 모어는 내 취향이 아니라고 결론짓고, 다음 탐구로 넘어갔을 것이다. 하지만 그녀는 어느 지점에서도 납작하게 단순화되기를 거부했다. 모어는 보수적 도덕관념의 수호자라는 역할에 완전히 투신했을 때조차 단순히 가부장제의 꼭두각시가 되지는 않았다. 그녀는 노예무역 폐지 운동에 몸담았고, 반노예제 대의를 위한 책을 쓰고 민심을 모았다. 시골 지역 곳곳에 정규교육 기회가 전혀 없던 가난한 아이들을 위한 학교를 세웠다. 또한 현지에서 부모들에게 자녀를 학교에 보내도록 독려하고, 그렇게 할 수 있는 여건을 만들어주기 위해 지칠 줄 모르고 물심양면으로 힘썼다.

　동시에 모어는 하층민 아동에게 본인 처지에 만족할 것을 가르쳤고, "신이 정한" 사회 계급 구조는 반드시 지켜져야 한다고 믿었다. 그녀는 자선사업을 위해 막대한 금액을 기부하고 모금했지만, 그 기금을 오직 "덕성스러운" 빈민에게만 베풀 것을 주장했다(그 '덕성'은 당연히 그녀의 가치판단에 따라 결정되었다). 그녀는 자신과 닮은 이들을 보상하는 데는 가진 재능을 아낌없이 썼지만, 부적격으로 판단한 이들에게는 절대 재원을 풀지 않았다.

　다른 한편으로 모어는 계급을 가리지 않고 비판적인 시각을 고수했다. 일부 블루스타킹 동지들의 빈축을 샀던 그녀의 품행서는 상류사회를 향한 타당한 비판으로 가득했다. 작가 인생 전반에 걸쳐 해나 모어는 거의 모든 부류의 독자를 골고루 불쾌하게 만들었다. 나도 그중 하나였다.

　해나 모어의 삶과 작품을 조사하면서 나는 내가 어느새 토리 에이모스(Tori Amos)의 노래를 다시 듣고 있다는 것을 깨달았다. 특히 에이모스의 두 번째 솔로 앨범 '언더 더 핑크(Under the Pink)'를 반복해서 들었는데, 내가 브리검 영 대학교 신입생 시절에 집착적으로 듣던 음반이었다. 내가 선택한 대학이긴 했다. 하지만 대학 지원서를 쓰던 열일곱 살의 나는 MIT나 브라운이나 하버드 같은 학교에서 나처럼 아이다호와 라스베이거스에서 자란, 준수하지만 특출 나진 않은 성적의 여자애를 받아주리라고 생각하지 않았다. 그래서 ACT에서 브리검 영의 전액 장학금을 받을 만한 점수가 나왔을 때 내 선택은 분명했다. 나는 다른 학교에는 아예 지원도 하지 않았다.

[예수그리스도후기성도] 교회에서 세운 브리검 영은 나를 받아줄 것이 분명했다. 나는 그들의 일원이었으니까. 나는 그들의 규칙에 따랐다. 그들의 지적 기준을 충족해서 장학금을 받았으니, 이제 그들의 도덕적 기준도 지킬 수 있었다. 섹스 금지. 알코올 금지. 커피 금지. 방에 남학생 출입 금지. 무릎 위로 올라오는 치마 금지. 매주 예배 참석. 매일 기도. 매일 밤 성경 공부. 신권의 권위에 대한 존중. 나는 해나 모어가 운영했던 자선 학교의 최우수 학생감이었다.

장학금을 유지하기 위해서는 이 기준을 계속 충족해야 했다. 높은 학점을 유지하는 것으로는 충분하지 않았다. 나는 대학의 엄격한 도덕 지침에 따라 정기적으로 검증받아야 했다. 그 요건 중 하나가 매년 받는 '교회 추천서'였다. 모든 학생은 교회 지도자와의 면담을 통해 모범적인 신앙생활을 확인받아야 했다. 일단 매주 일요일 세 시간의 예배 참석은 필수였다. 이를 어기면 주교가 추천을 거부할 수 있었다. 그때의 불편했던 면담들이 되살아났다. 나이 많은 남성이 내 종교적 신념뿐 아니라 성생활 같은 사적인 문제들까지 노골적으로 묻던 일이 특히 해나 모어의 편지 중 하나를 읽을 때 떠올랐다. 그녀가 "아이들과 가난한 여성들"을 위한 연례 축제를 자랑스럽게 설명한 편지였다.

> 내가 가장 중시하는 것이 우리 여성들의 도덕관념인 까닭에, 나는 이 연례행사에 적용할 한 가지 준칙을 정했습니다. 그 내용은 이렇습니다. 내가 세운 학교에서 배우고 이 모임에 소속된 젊은 여성 가운데, 지난해에 결혼했고, 교구 목사와 여교사가 발부한 단정한 품행에 대한 추천서를 제출하는 이에게는 내가 친히 수여하는 공식 포상을 받습니다. 그 상은 크라운 은화 한 닢, 내가 손수 뜬 흰 양말 한 켤레, 좋은 성경 책 한 권으로 구성됩니다.

모어가 묘사한 포상법은 내가 대학 때 장학금을 유지하기 위해 따랐던 제도와 거의 일치했다. 학사 학위는 내게 은화 한 닢, 흰 양말, 성경 책이었다. 내가 노력해서 얻은 결과였기에 나는 그 상이 자랑스러웠다. 하지만 거기에는 대가가 있었다.

해나 모어가 이해한 종교란 끊임없이 "죄인을 낮추고 구세주를 높이는" 노력을 요구하는 것이었다. 해나 모어가 그녀의 학생들에게 가르친 것처럼, 내 대학 경험도 선과 악의 서사시적 전투로 느껴졌다. 해나 모어가 선정적인 민요를 "영혼을 좀먹는 독"이라 부르는 대목에서는 내가 좋아하는 음악을 "성령을 몰아내는 것"으로 취급하던 내 주일학교 교사들이 떠올랐다. "일요일에 자녀를 가게에 보낸 적이 있다"는 이유만으로 자격이 충분한 여성 지원자에게 일자리를 주지 않은 주일학교 운영자를 모어가 칭찬하는 대목에서는 내가 학과 도서관에서 일하던 때가 생각났다. 어느 날 높은 선반에 있는 책을 꺼내다가 옷 사이로 허리가 살짝 드러났는데, 그것을 본 어느 교수가 내게 필요한 서류 발부를 거부했다. 모어의 소책자에서 목동 남편의 옷을 깁는 덕성스러운 아내를 묘사한 장면을 봤을 때는, 또 다른 교수가 내게 "수수한" 옷이 시중에 없으면 직접 만들어 입으라고 충고하던 순간으로 빨려 들어간 기분이었다.

해나 모어와 그 자매들이 시골 곳곳에 구축한 놀라운 교육 시스템과 자선 조직에 대해 읽으며 나는 내가 한때 속했고 이제는 떠난 공동체의 흔적들을 계속 보았다. 하지만 전부 나쁜 기억만은 아니었다. 모어 자매가 조직한 여성 모임에서는 회원들이 십시일반으로 기금을 만들어서 곤궁에 처한 다른 여성들을 돕는 일에 썼다. 그 모습에서 나는 교회에서 돌리던 클립보드 달력이 생각났다. 우리는 그걸 이용해서 막 출산한 이웃을 위해 음식을 만드는 일에 지원했다. 나는 규칙 준수에 열심히 노력했다. 내가 온순해서도, 나약해서도 아니었다. 나는 진심으로 착한 사람이 <u>되고 싶었다</u>. 그리고 착한 행동이 어떻게 남들을 돕는지 보았다. 내 공동체가 내게 그것을 가르쳤다.

하지만 이런 일들을 하면서도 나는 정체를 알 수 없는 갈망에 시달렸다. 나를 아끼던 이들이 그 규율들이 나를 행복으로 이끌 것이라 말했고, 나도 그 말을 믿었다. 하지만 그때 내 속에 도사리고 있던 공허함을 지금도 잊지 못한다. 유타의 겨울밤, 늦은 수업을 마치고 어둡게 치솟아 있는 산맥을 등지고 집으로 돌아오던 길에 내 속을 집요하게 파고들던 공허감. 토리 에이모스의 노래를 들으며 어둠과 눈을 헤치고 걸을 때면, 내가 캠퍼스에서 연출하던 나보다 더 진짜인 나를 상상할 수 있었다. 그것은 분홍색과 꽃무늬와 로맨스 소설을 거부하며 서툰 반란을 일삼던 내 어린 시절의 말괄량이 꼬마가 지키려 했던 나였다. 대학생이 된 그때도 나는 여전히 그 투쟁에서 이기지 못했고, 매일 같은 싸움을 치르고 있었다. 토리 에이모스는 그 괴리와 씨름하던 시절 내게 위안이 되어주었다. 그리고 지금 해나 모어를 생각할 때 내가 본능적으로 찾은 것도 같은 노래들이다.

  해나 모어의 전기를 집어 들 때마다 나는 늘 같은 지점—개릭의 죽음 이후—에서 책을 덮었고, 그렇게 여섯 권을 읽다가 결국 포기했다. 계속 읽을 마음이 없었다. 이후에 어떻게 될지 알고 있었으니까. 블루스타킹 인사들과의 친분은 유지했지만, 모어는 점점 더 도덕성의 문제에 천착했다. 나는 모어의 이 시기 저작을 이미 많이 읽은 상태였다. 즉 그녀가 소설을 어떻게 생각했는지 알고 있었다. 그녀의 가치관이 어떤 철학에 뿌리를 두고 있는지도 간파했다. 내가 그 속에서 성장했기 때문이다.

  그것을 다시 경험하는 것은 처량함을 안겼다. 나는 해나 모어 전기를 무릎에 내려놓고 십 분씩 멍하니 허공을 쳐다보곤 했다. 이 또한 독서의 일부다. 우리가 독서로 느끼는 것은 지면에만 머물지 않는다. 우리는 그것을 퍼 올린다. 흡수한다. 그것이 우리에게 항상 변화를 일으키지는 않지만, 영향을 주는 것은 분명하다. 무수히 쌓여 우리 삶을 이루는 작은 순간들의 일부로 스민다. 독서의 이유는 많다. 교육, 이해, 도전, 재미, 휴식, 도피 등. 그중 어떤 이유로 읽든, 어떤 복합적인 이유로 읽든 그 시간은 의미가 있다. 독서는 단독 행위지만, 그럼에도 우리를 남들과 연결한다. 독서는 우리의 내면을 사유, 유대, 반박, 혹은 즐거움으로 타오르게 한다. 그 과정에서 우리는 우리 안의 세계를 인지하고 헤아리게 된다.

모어의 가장 유명한 저술은 어린 시절 나를 둘러싸고 있던 목소리들을 계속 생각나게 했다. 그래서 뭐? 내가 결국은 거부해버린 목소리들이다. 남들의 마음에 들기 위한 노력은 결국 자아 파열만 남겼다는 것을 알았기 때문이다. 지금은 이렇게 담담하게 말하지만 사실 고통스러운 과정이었다. 남들의 말에 기대기를 멈추고, 대신 내 안에서 답을 찾는 법을 배우는 일에는 고통이 따랐다. 나는 내가 태어난 공동체를 사랑했다. 그들이 내게 가르쳐준 많은 것을 사랑했다. 내가 자랑스럽게 생각하는 성격 특성 중 다수— 근면 성실, 자선 활동에 대한 헌신, 공동체 의식—가 그 세계에서 길러진 것이다. 나는 그곳을 떠나고 싶지 않았다. 하지만 떠나야 했다. 그것이 내가 살아남을 유일한 길이었다. 또한 그것이 내가 도덕적인 삶을 살기 위한 유일한 방법이었다. 자기 자신을 속이는 사람이 남들에게 대단한 도움이 되기는 어려웠다.

나는 오래전에 내가 나고 자란 공동체와 결별했다. 많

은 시간이 흘렀기에 이제는 내가 그때와 화해했다고 생각했다. 그런데 해나 모어에 대해 읽는 것이 나를 다시 그때로 돌려놓았고, 그때의 감정들이 여전히 거기 있었다. 그래서 나는 모어의 전기들을 차례로 집어 들었다가 내려놓기를 반복했다. 그렇게 읽지 않은 책을 한 권씩 쌓아놓았다.

  그러던 어느 날 책 수집의 세렌디피티가 내게 앞으로 나아갈 길을 제시했다. 자주 그렇듯 책은 우리를 과거로 끌어당길 수 있지만, 동시에 미래로 건너갈 다리를 보여주기도 한다. 나는 아동 도서 컬렉션을 보러 오라는 연락을 받고, 내 희귀서 서점의 공동 설립자와 함께 한여름의 플로리다로 향했다. 웬만하면 8월의 플로리다를 방문하는 일은 피했겠지만, 이때는 달랐다. 훌륭한 상태의 초판본들이 우리를 기다렸다. 더구나 모리스 센닥(Maurice Sendak) 같은 유명 아티스트들이 글을 쓰거나 그림을 그린 그림책들이 주를 이루었다. 그중에는 명성이 높아지고 있고 더 치솟아야 마땅한 레오와 다이앤 딜런(Leo&Diane Dillon) 부부가 삽화를 맡은 책들도 선반 하나 가득 있었다. 심지어 팝 스타 마돈나가 지은 동화책의 한정판 저자 서명본도 있었다.

  책은 천 권이 넘었고, 대부분 얇은 그림책인데도 뱅커스 박스를 여든 개나 가득 채웠다. (뱅커스 박스(banker's box)란 양옆에 손잡이가 달린 골판지 상자로, 테이프 없이도 무게를 잘 견디도록 만들어져 고서상들이 애용하는 장사 도구다.) 우리는 뱅커스 박스를 단위로 쓴다. "컬렉션 규모가 어느 정도였어요?" "음, 스물다섯 박스요." 우리는 푹푹 찌는 오전 나절을 야외 보관소에서 책을 싸며 보냈고, 주말에 그 뱅커스 박스들을 바리바리 싣고 돌아왔다. 그중에는 판매자가 네임펜으로 단어 하나만 휘갈겨 써놓은 상자도 있었다. "초기." 그 상자는 일종의 러키 박스였다. 안에 뭐가 들었는지 알 수 없었다. 1900년 이전의 책들로 가득하다는 것만 분명했다.

이 뱅커스 박스들을 유홀 트럭에 싣고 1000마일을 달려 사무실에 돌아온 후 나는 마침내 "초기"로 표시된 상자를 열어보았다. 안에 든 것은 대부분 챕북—해나 모어의 '저가 교화 문고' 시리즈가 모방한 포맷—이었다. 대체로 8페이지나 16페이지에 불과하고, 조악한 목판화 삽화를 넣은 손바닥 크기의 소책자들이 가득했다. 그런데 그 속에, 눈에 띄는 것이 있었다. 딱딱한 표지 전체에 양가죽을 씌운 대형 페이퍼백 크기의 책이었다.

책의 가죽 장정은 흠집과 마모가 심했다. 양가죽이 송아지 가죽이나 염소 가죽보다 손상에 약하다는 점을 생각하면 거기까진 이상할 게 없었다. 그런데 이 책에는 설명하기 어려운 긁힌 자국이 앞뒤 표지에 넓게 남아 있었다. 숙련된 눈에는 책에 난 손상의 원인까지 보일 때가 많다. 예컨대 책벌레가 지나간 흔적, 젖었다가 마른 얼룩, 표백 종이의 화학적 불순물이 갈색 반점으로 피어난 폭싱(foxing) 현상 등. 그런데 이 책은 마치 누군가가 격분해서 긁어댄 듯 장정이 여기저기 뜯겨 있었다. 내 기분이 반영된 추측일까? 이 책이 여흥 목적의 소설 읽기는 "허영과 몽상이라는 나태를 조장해서 머리는 오류에, 마음은 유혹에 빠지게 한다"고 주장하는 책이란 것을 아는 내 선입견이 낳은 추측일 수도 있다. 그때 내가 상자에서 꺼낸 책은 해나 모어의 《현대 여성 교육 체제 규탄(Strictures on the Modern System of Female Education)》이었다.

1802년 보스턴에서 출판된 판본이었다. 초판은 그보다 3년 전인 1799년, 런던에서 나왔다. 도덕 설교자로서 해나 모어의 영향력이 정점에 달해 있던 시기였다. 내가 일부러 찾아낸 책은 아니었다. 하지만 내 앞에 놓인 이상 더는 외면할 수 없었다. 계절이 마침내 바뀌고 있었다. 나는 읽을 준비를 했다. 울 양말과 킬트 담요를 꺼내고, 토리 에이모스의 노래를 들으며 차이(chai) 차를 만들었다. 카르다몸과 팔각회향을 빻고, 생강을 으깨고, 찻잎을 우렸다. 그런 다음, 안락의자에 웅크려 앉아 그 너덜너덜한 책을 펼쳤다. 책의 맨 앞에는 당대의 제본 공정에 따라 덧대놓은 백지들이 있었다.

나는 내가 취급하는 책에서 언제나 이전 독자들의 흔적을 찾는다. 이른바 프로비넌스(provenance)[12]를 살핀다. 이 백지야말로 소유자가 자신의 흔적을 주로 남기는 곳이다. 오늘날의 우리처럼 서구 문화권에서는 수백 년 전부터 독자들이 책의 맨 앞장에 자신의 이름을 써서 소유권을 표시하곤 했다. 하지만 그보다 훨씬 많은 책이 어떠한 이름도 남기지 않은 채 손에서 손으로 옮겨 다닌다. 우리가 그 여정을 알 방법은 없다. 내가 할 수 있는 것은, 어쩌면 해나 모어 본인이 실제로 소장했던 책을 지금 내가 들고 있을지도 모른다는 추정뿐이다.

12   소장 이력.

그렇기에 나는 소유권 표시가 있는 책을 사랑한다. 소유의 흔적은 해당 책의 생애—이 책이 어디를 거쳤고, 누구의 삶을 바꾸었을지—를 가늠할 단서를 약간이나마 허락한다. 이 책에는 1803년과 1830년 사이의 날짜들과 함께 여러 이름이 적혀 있었는데, 모두 여성의 이름이었다. 그중에 표지를 이렇게 긁어놓은 사람이 있을지, 그게 누구일지 문득 궁금했다.

19세기 책을 읽을 때는 책의 물성을 의식에서 떼어놓기가 어렵다. 이 책의 내지는 값싼 재질 탓에 깊은 갈색으로 변해 있었다. 종이가 세월 탓에 갈변한다고 생각하기 쉬운데, 사실 그렇지 않다. 품질이 나쁜 종이만 변색한다. 고급 책에 쓰는 수제 종이는 수백 년이 지나도 놀랄 만큼 하얗다. 이 책은 그렇지 못했다. 탁한 황갈색에 크림색 기운이 감돌 뿐이었다. 냄새도 났다. 하지만 1850년대 이후의 종이부터 함유되기 시작한 리그닌이 풍기는 오래된 바닐라 향 같은 기분 좋은 냄새는 아니었다. 이 책은 먼지와 부패의 냄새를 풍겼다. 이 책을 만지고 나서는 다른 것을 만지기 전에 손을 씻어야 할 듯한 냄새였다. 활자체 역시 이 책의 시대를 대변했다. 이 책의 인쇄업자는 '롱 에스(long s)'를 포함하는 활자체를 선택했다. 현대 독자들은 f로 혼동하는 일이 많아 현재는 쓰이지 않는 활자체인데, 차이를 말하자면 '롱 에스'는 가로획이 세로획을 관통하지 않고 왼쪽에만 튀어나와 있다.

이런 요소들이 그 밖의 무수하고 잡다한 디테일과 더불어 이 책을 읽는 느낌을 바꿨다. 더 중요하고 의미 있게 느껴졌다는 뜻은 아니다. 다만 확실히 하나의 사건처럼 느껴졌다.

내가 이 종이의 색감, 특유의 냄새, 이 활자체가 유발한 긴장감을 기억하리란 것은 분명했다.

　　나는 책을 읽기 시작했다. 곧바로 불안감이 엄습했다. «현대 여성 교육 체제 규탄»의 첫 문단은 너무나 옳은 말이라서 오히려 불안했다. 책은 이런 말로 시작했다. "여성에게 행해지는 기묘한 부당함을 지적하지 않을 수 없다. 여성에게 매우 결함 있는 교육을 시행해놓고 그들에게 한 점 일탈 없이 완벽한 품행을 기대하는 것은 부당한 처사다. 가장 위험한 과오들에 무방비한 상태로 길러놓고, 그들을 완전무결하지 않다고 비난할 수는 없다." 내가 알던 해나 모어와는 달랐다. 그녀가 자신의 비판 대상―여성들―에 대해 이렇게 깊은 공감을 표할 줄은 예상하지 못했다.

　　여성이 있을 자리는 가정뿐이라고 주장하는 등, 해나 모어가 가부장적 권력 구조를 옹호한 전적이 워낙 화려해서 나는 그녀를 일종의 반(反)페미니스트로 인식해왔다. 그런데 이 책의 서두는 메리 울스턴크래프트(Mary Wollstonecraft)의 «여권 옹호(A Vindication of the Rights of Women)»(1792)의 논지와 놀랄 만큼 흡사했다. 울스턴크래프트의 책은 영어권에서 가장 영향력 있는 초창기 페미니즘 저작의 하나로 꼽힌다.

　　그리고 내가 알기로 해나 모어는 본래 울스턴크래프트 같은 이들의 저작에 <u>맞서기 위해</u> 글을 쓰던 인물이었다. 울스턴크래프트의 책은 토머스 페인의 «인권»과 맥을 같이했다. 또한 그녀는 프랑스 대혁명의 기치를 옹호하는 자코뱅파로 유명했다. 해나 모어는 정치적으로 그녀와 정반대 위치에 있었다. 그런데 여기를 보라. 해나 모어는 자신의 책 서두에서 여성 교육을 등한시하면서 여성의 피상성을 비난하는 위선을 꼬집고 있었다. 결혼 시장에서의 성공 요건으로 여성에게 얕은 식견을 장려하면서, 막상 그 기준에 부합한다는 이유로 비난하는 모순에 대한 반박이었다. 이는 메리 울스턴크래프트가 《여권 옹호》에서 일관되게 제기한 문제의식과 일맥상통하는 주장이다. 울스턴크래프트는 "거짓 교양이 여성의 정신을 병들게 한다"고 지적했고, 여성에게 결혼을 궁극의 목표로 삼을 것을 지시하는 당대의 품행서를 비난했다.

내가 모어와 뜻이 맞은 경우가 이번만은 아니었다. 여성 교육에 대한 모어의 관점은 여러모로 나도 수긍하는 면이 많았다. 예컨대 모어는 지식 습득은 "시간과 노력"이 드는 일이며 공부 습관을 들일 것을 권장했다. 자기 주도 학습은 오늘날 학교에서 모든 학생에게 중요하게 가르치는 학습법이다. 하지만 18세기 상류층 여성에 대한 보편적 교육철학과는 상충하는 개념이었다. 당시의 여성 교육은 결혼 시장에 대비할 수 있을 만큼의 피상적인 성취에 초점을 두었다. 그런데 모어가 여기에 반하는 의견을 내면서 다시금 메리 울스턴크래프트와 의견 일치를 본 것이다. 울스턴크래프트는 다음과 같이 썼다.

> [여성은] 여전히 경박한 성(性)으로 치부되며, 풍자나 훈계로 그들을 개선하려 드는 작가들에게 조롱과 동정을 받는다. 여성은 소녀 시절의 대부분을 겉핥기식 재주 습득에 허비하고 있으며, 그 과정에서 몸과 마음의 강건함이

방종한 미의 관념에, 그리고 결혼—여성이 세상에서 지위를 얻을 수 있는 유일한 방법—을 통한 입신 욕망에 희생되고 있다.

여기서 울스턴크래프트는 소녀들이 결혼에 유리한 기본 소양만 익힐 뿐 그 이상의 정신적, 육체적 안녕을 위한 지식과 건전한 습관은 배우지 못한다는 점을 지적한다. 모어 역시 《현대 여성 교육 체제 규탄》에서 같은 논지를 편다. 사실 《여권 옹호》를 꼼꼼히 읽어보면, 이 책을 초기 페미니즘의 보루로만 알고 있는 현대 독자들은 의외라고 느낄 수 있다. 모어가 뒤이어 주장한 것처럼 울스턴크래프트도 "어리석은 소설가들이 만든 환상에 열중하는 여성들"을 비판하면서, 소설은 "취향을 타락시키고, 일상의 의무에서 마음을 뜨게 한다"고 경고했다.

모어와 울스턴크래프트 모두 당대 여성 교육에 대한 통념에 문제를 제기했고, 그 점에서 공통의 적을 보았다. 그럼, 적의 적은 친구인가? 그렇지는 않았다. 모어는 한 친구에게 보낸 편지에서 이런 말로 《여권 옹호》를 욕했다. "제목부터가 해괴하고 터무니없어요. (……) 바른 행실 면에서 여성만큼 예속 상태의 덕을 보는 존재도 없어요." 두 사람은 이 점뿐 아니라 여러 전선에서 여전히 정치적으로 대립각을 세웠다. 하지만 두 사람이 이 주제—여성 교육의 부조리—에서는 뜻을 같이했다는 사실이 내게 중요하게 다가왔다. 해나 모어를 좋아하고 싶어서는 아니었다. 소설 읽기에 대한 두 사람의 견해는 대실망이었다. 다만 모어를 이해하고 싶었다. 모어도 그녀 나름의 복합성을 인정받을 자격이 있었다. 그녀의 결점을 덮어줄 마음은 없지만, 그녀의 공적은 인정받을 만했다.

《현대 여성 교육 체제 규탄》의 같은 장에서 해나 모어는 젊은 여성들이 공부하는 법을 배울 것을 촉구하면서 동시에 소설을 "타락의 증거"로 규정했다. 내가 그 대목을 처음 읽은 것은 프랜시스 버니를 이해하려 애쓰던 시기였다. 그런데 이번에 1802년에 간행된 낡은 양가죽 장정본으로 다시 읽었을 때, 해당 대목이 책 속에 끼운 잎사귀로 덮여 있는 것을 보았다. 얼마나 오래 책 속에 눌려 있었던지 잎사귀가 이 페이지 위에 화석처럼 그림자를 남겼다. 아무 의미 없는 흔적일 수도 있었다. 하지만 나는 그때 해나 모어와 화해하려 애쓰던 중이었기에 그것이 특별한 의미로 다가왔다. 오래전의 어느 독자도 나처럼 이 페이지에서 멈춘 데는 이유가 있지 않을까.

《현대 여성 교육 체제 규탄》은 지금도 내 책장에 꽂혀 있다.

※

제인 오스틴 역시 《현대 여성 교육 체제 규탄》을 읽고 활용했을 가능성을 시사하는 정황이 있다. 학자들은 특히 《맨스필드 파크》에서 해나 모어의 교육철학이 엿보인다고 지적한다. 현대의 오스틴 전기 작가 파크 호넌에 따르면, 보수적 원칙주의자로 등장하는 주인공 패니 프라이스는 "여성에게는 과시를 피하되, '생각하게 하는' 공부가 필요하다는 (……) «현대 여성 교육 체제 규탄»의 교훈을 체화한 인물"이다. 호넌은 "«맨스필드 파크»의 중심에 해나 모어가 있다"라고까지 평했다.

하지만 오스틴의 소설에 해나 모어의 그림자를 끌어들이는 일은 위험하다. 오스틴은 어디까지나 제인 오스틴이며, 이 소설은 전적으로 그녀의 작품이다. «맨스필드 파크»는 "미묘하고, 어둡고, 어려운 책"이며, 오스틴은 예술성에서 모어와 궁극적으로 길을 달리한다. 모어가 자신의 소설 «시립스의 아내 찾기»를 목적을 위한 불가피한 수단으로 삼았던 것과 달리, 오스틴은 소설을 필요악으로 취급하지 않았다. 오스틴은 소설을 애독했고, 자신이 좋아하는 책들과 같은 포맷의 글쓰기가 좋았기 때문에 소설 쓰기를 택했다. 우리는 오스틴이 모어의 세계관에 전적으로 동조하지 않았다는 것을 안다. 이는 그녀가 언니 커샌드라에게 보낸 편지에 잘 드러나 있다. 그녀는 «시립스의 아내 찾기»를 읽고 싶지 않다면서 그 이유로 "나는 복음주의자들이 싫어"라고 딱 잘라 말한다. 오스틴은 소설의 형식을 이용해 때로는 모어에게 동의하고, 때로는 모어의 주장을 반박했다.

우리가 실존 인물들을 단순한 아이콘—독선적인 도덕 권위자 해나 모어, 반항적 페미니스트 메리 울스턴크래프트, 조용한 문학 천재 제인 오스틴, 광기의 예술가 앤 래드클리프—으로 평면화하면, 그들의 인간미를 알아보기가 몹시 어려워진다. 하지만 예술성은 결국 인간미에 깃들어 있다. 오스틴의 남성 친족은 그녀를 19세기의 이상적 여성상, 즉 상냥하고 자상한 "제인 고모"로 단순화하려 했다. 하지만 실제 오스틴은 심지어 일관적이지도 않았다. 1809년에는 커샌드라에게 자신은 복음주의자들이 싫다고 단언했던 그녀가 불과 5년 뒤에는 조카딸에게 보내는 편지에 "우리 모두 복음주의자가 되지 말란 법도 없다고 생각해"라고 적었다. 내게는 이렇게 일구이언하는 오스틴이 마냥 온화한 제인 고모 버전의 오스틴보다 훨씬 인간적으로 느껴진다.

나는 해나 모어 역시 단순화할 수 없었다. 나중에는 그러기 싫어졌다. 시작했다가 멈추고, 다시 돌아와 재검토하는 긴 독서 과정에서 나는 모어가 내 안에 일으킨 복합적인 감정들을 이해하게 되었다. 그 감정들을 있는 그대로 인정하자 그것들을 풀어주는 일도 점차 쉬워졌다. 토리 에이모스는 잠시 꺼두고, 해나 모어를 그냥…… 그대로 두어도 될 듯했다.

그때 나는 모어의 소설 «시립스의 아내 찾기»를 다시 시도하기로 마음먹었다. 오스틴도 나도 읽고 싶지 않았던 책이었다. 하지만 모어의 다른 저작들을 조사하며 보낸 시간이 매우 생산적이었기에, 막상 읽고 나면 나 역시 "좋아지게" 될지 모른다는 생각이 들었다.

음, 결론부터 말하자면 아니었다. 읽어보니 역시나였다. «시립스의 아내 찾기»에서 해나 모어는 이상적인 아내에 대한 자신의 견해를 남주인공의 입을 빌려 말하는데, 그녀의 판단은 편지나 시나 챕북으로 들을 때보다 훨씬 더 들어주기 힘들었다. «시립스의 아내 찾기»에서 대화가 시작될 때마다 내 심박수가 급격히 올라갔고, 몸은 싸움을 준비하듯 뻣뻣

해졌다. 이 책은 편안하지도, 즐겁지도, 만족스럽지도 않았다. 심지어 교육적이지도 않았다. 좋아지긴커녕 울화만 치밀 뿐이었다.

애초에 도전 의지로 시작한 일이었다. 해나 모어가 싫어도 계속 읽기로 다짐해놓고 그녀의 소설을 이렇게 후딱 포기하자니 계속 죄책감이 들었다. 하지만 어떤 생각은 지나치면 해롭다. 내가 내 시간을 어떻게 쓸지는 해나 모어도, 제인 오스틴도, 문학비평가들도, 부모도, 친구도, 공동체도 아닌 내가 결정한다. 나는 해나 모어의 책을 읽고 싶었다. 그러다 읽기 싫어졌다. 그래서 그만뒀다. 그런 의미에서 «시립스의 아내 찾기»는 지금까지 내가 경험한 것 중 가장 개방적인 독서였다.

❖

"스미스 부인의 소설들을 읽어보셨겠죠?"
그녀가 동행인에게 물었다.
"오! 그럼요." 상대가 대답했다. "읽고 완전히 반했답니다.
세상에서 가장 감미로운 이야기들이에요."

제인 오스틴, 《캐서린, 혹은 정자(Catharine, or the Bower)》

샬럿 스미스는 당대에 큰 인기를 누리며 매우 많은 작품을 쓴 소설가였지만, 그녀의 소설 대부분은 한 번도 고전의 지위를 누리지 못했다. 사실 그걸 바라고 쓴 것도 아니었다. 스미스는 당장의 생계 문제를 해결하기 위해서, 돈을 벌기 위해서 소설을 썼다. 빚쟁이들이 문을 두드리는 와중에 문학 유산이 무슨 대수란 말인가?

  1797년, 스미스는 친구이자 후원자에게 재정적 고충을 호소하는 편지를 보냈다. 그녀는 이미 시인으로 명성을 떨치고 있었고, 1788년에 첫 소설 «에멀린» ─ 오스틴의 애독서 중 하나 ─ 의 출간 이후 탄탄한 작가 경력을 쌓았다. 그럼에도 경제적 안정을 얻지 못한 상태였다. 샬럿 스미스는 시인 윌리엄 헤일리(William Hayley)에게 보낸 암울한 편지에 이렇게 적었다. "나는 채무자 감옥에서 죽게 될 거예요." 스미스는 시아버지의 유언장에 따라 법적으로 예정된 100파운드의 유산이 지급되기를 기대하고 있었다. 그런데 처음에는 이를 승인했던 유언 수탁인들이 지급 방식에 대해 마음을 바꿨는지 전액 지급을 연기했다. 스미스가 받은 돈은 단 10파운드에 불과했다. 은행들은 부채 상환을 독촉하기 시작했고, 스미스는 정말로 감옥에 갈 위기에 처했다.

그렇다. 18세기 영국에서는 누군가 빚을 갚지 못하면 감옥에 보냈다. 채권자는 판사에게 고해서 채무자의 체포 영장을 발부받을 수 있었고, 그 경우 채무자는 (대개는 노동으로) 빚을 다 갚거나 채권자와 다시 합의를 볼 때까지 감옥에 갇혀 있어야 했다. 채무자는 대부분 남성이었지만, 여성도 예외는 아니었다. 실제로 스미스는 이미 남편과 함께 채무자 감옥에서 지낸 적이 있었다. 헤일리에게 위의 편지를 보내기 불과 몇 해 전에도 출판업자와의 계약 위반 혐의—일종의 채무—로 인해 다시 짧게 감옥살이를 하기도 했다.

스미스는 여덟 자녀 중 네 명을 아직 부양 중이었고, 모두 그녀의 수입에만 의존했다. 그녀는 출판사에 보내는 편지에 유언집행자들의 변덕에 매달려 있는 상황이 "대가족을 부양해야 하는 처지에서 너무나 비참하고 실로 끔찍하다"고 썼다. 그녀는 계속 글을 써야만 했다. 남편은 그녀를 버렸고, 그녀를 돕고자 했던 아버지와 시아버지의 유언도 그 뜻대로 실행되지 못했으며, 법 체제 역시 그녀의 편이 아니었다. 그럼에도 스미스는 어떻게든 자녀들을 건사할 각오를 했다. 위의 암울한 편지를 썼던 해인 1797년에 스미스는 그녀의 소네트 중에서도 특히 갈채를 받은 대표작 〈곶 위를 걷지 말라는 주의를 받은 것에 대하여〈On Being Cautioned Against Walking on an Headland〉〉를 발표했고, 출판사와 열 번째 소설의 판권 계약도 맺었다.

여기까지는 고난을 딛고 위대한 예술을 이룬 작가의 승리 서사를 읽는 느낌이었다. 그 서사에서 스미스는 고통 속에 고결함을 얻은 작가였다. 하지만 그녀가 헤일리에게 보낸 편지는 그런 해석을 물색없게 만든다. "나를 움직이는 것은 투지가 아니라 절망이에요." 앞 장에서 만난 샬럿 레녹스처럼 스미스 역시 생존을 위해 글을 썼다. 그 절박함이 스미스의 문학적 경로를 바꾸었고, 정전에서 그녀의 자리(또는 자리 없음)에 지대한 영향을 미쳤다. 그녀가 자신의 시적 재능 발현에만 오롯이 헌신할 수 있었다면, 그녀의 문학 유산은 지금쯤 어떤 모습일까?

어린 샬럿의 삶은 비극의 연속이었다. 그녀는 젠트리 집안에서 태어났지만, 세 살에 어머니를 잃고 두 동생과 함께 이모 손에 자랐다. 다행히 부친의 뜻에 따라 수준 높은 교육을 받았고, 여동생의 전언에 따르면 어릴 때부터 천재성을 드러냈다. "언니 샬럿은 학교에서 누구보다 책을 많이 읽었고, 끊임없이 시를 지었다." 여러 면에서 안락한 삶이었다. 그녀가 열다섯 살 때 부친이 "상당한 재력"을 가진 여자와 재혼하기 전까지는 그랬다. 계모는 샬럿과 사이가 매우 나빴고, 곧 남편을 부추겨 의붓딸의 결혼을 서둘렀다. 샬럿 입장에서도 해결책이 절실했다. 아버지가 계모보다 먼저 세상을 뜨는 날에는 자신을 혐오하는 여자의 처분에 맡겨질 판이었다.

결국 열여섯 살 생일을 몇 달 앞두고 샬럿은 런던의 부유한 상인의 아들 벤저민 스미스와 결혼했다. 하지만 결혼이 급하게 이루어진 통에 아직 10대였던 그녀가 약혼자를 제대로 알 시간이 없었다. 세월이 흐른 후 그녀는 아버지와 이모가 "나를 사우스다운 양처럼 팔아넘기면서 이를 집안 정책의 굉장한 묘수로 여겼다"고 회고했다. 그녀의 결혼은 시장 거래처럼 다루어졌고, 미래에 대한 고려는 전혀 없었다. 그리고 결과는 참담했다.

샬럿과 벤저민은 전혀 어울리지 않았다. 샬럿은 높은 학식과 감수성을 갖춘 여성이었다. 그녀는 문학 천재였다. 훗날 그녀의 시는 영국 소네트를 재정의하고, 워즈워스와 콜리지 같은 낭만주의 시인들의 영감이 되는 영향력을 떨쳤다. 반면 벤저민은 한탕을 노리는 도박꾼이었고, 일자리에 붙어 있질 못했으며, 결혼 직후부터 정부를 두기 시작했다. 하지만 부부의 갈등이 성향 차이에 그쳤다면 그나마 다행이었을 것이다.

벤저민은 거짓말을 일삼았고, 계약 위반을 반복했고, 손에 들어오는 돈은 한 푼도 남김없이 탕진했고, 아내를 구타했다. 그러면서도 끝없이 아내를 임신시켰다. 샬럿은 결혼 첫 12년 동안 열 번 출산했다.

1783년, 비참한 결혼 생활 18년 만에 벤저민은 채무불이행으로 체포되어 감옥에 들어갔다. 그의 첫 번째 수감이었다. 샬럿도 남편과 감옥에서 지내다가 나와 살기를 반복했고,

감옥 밖에 있을 때는 남편의 채권자들과 협상을 시도하고 빚을 갚을 방도를 찾아 헤맸다. 그녀가 감옥에서 머물던 어느 날 밤, 죄수 몇몇이 "감옥 벽을 폭파하고" 탈옥을 시도했다. 샬럿은 "창가에서 지켜보며 매 순간 (……) 당장이라도 폭발이 덮칠 것 같은 공포"에 떨었다고 끔찍했던 당시를 회상했다.

낮에도 문제였다. 한때 교양과 감수성의 상징이던 그녀가 이제는 변호사, 상인, 대금업자를 만나 변통과 유예를 구걸하는 굴욕적인 처지가 되었다. 그녀의 초창기 전기 작가이자 메리 울스턴크래프트의 친구였던 메리 헤이스(Mary Hays)는 이때를 샬럿 스미스가 처음으로 "법의 속임수"를 배운 시기로 불렀다. 샬럿은 이런 고난과 싸우는 와중에도 갓난아기를 돌봐야 했다. 바로 전해에 열한 번째 아기가 태어났고, 남편과 함께 감옥에서 지내던 기간에 다시 열두 번째 아이를 임신했다.

스미스는 그때까지는 혼자만의 낙을 위해 시를 썼다. 그러다 벤저민이 투옥된 후 남편 빚을 갚을 돈을 마련하기 위해 자신의 소네트로 시집을 내기로 결심했다. 출판업자는 처음에는 시큰둥해하면서 시집을 내주긴 하겠지만, 돈은 줄 수 없다고 했다. 그는 "대중이 목동과 목녀에게 진력이 난 터라" "이런 것들은 돈이 되지 않는다"고 했다. 스미스가 쓰는 옛날풍의 목가적인 시는 유행이 지났다는 소리였다. 그럼에도 스미스는 의지를 굽히지 않았다. 그녀는 유명 시인이자 후원자인 윌리엄 헤일리의 헌사를 확보해서 결국 출판사의 계약을 얻어냈다. 하지만 그녀가 받게 될 돈은 판매에 따른 인세뿐이었다.

《애상의 소네트(Elegiac Sonnets)》(1784)는 대성공이었고, 출간과 거의 동시에 중판에 들어갔다. 메리 헤이스는 이 시집을 "절묘한" 작품으로 칭했고, "그 선율과 감정, 비애가 가슴을 친다"고 평했다. 스미스는 비범한 시인이었다. 《애상의 소네트》는 이후 16년에 걸쳐 아홉 차례 중판을 거듭하고 한 권 더 추가되었다. 스미스의 생애 내내 그녀의 가장 성공적인 저작이었다. 하지만 시로는 **큰돈**을 벌기 어렵다. 이는 18세기에도 마찬가지였다. 인세 수입으로 남편이 감옥에 있는 동안 집세를 내고 아이들을 먹일 수는 있었지만, 남편을 감옥에서 **빼내**기에는 턱없이 부족했다.

그럼에도 샬럿은 벤저민의 채권자들과 협상을 이어갔고, 마침내 합의를 끌어냈다. 채권자들이 내건 조건은 벤저민을 부친의 유언집행자 자리에서 해임하라는 것이었다. 그의 부친은 다른 가족 구성원들에게도 후한 지분의 유산을 남겼는데, 벤저민은 유언집행자의 역할을 방기하고 유언 내용을 이행하지 않았다. 이 조건을 받아들인 후 벤저민은 집으로 돌아올 수 있었다.

하지만 이는 일시적 해결에 불과했다. 벤저민은 불과 몇 주 만에 채권자들을 피해 프랑스로 도주했다. 그는 프랑스어를 할 줄 몰랐다.

해외 도주 후 몇 달이 지난 1784년 10월, 벤저민은 샬럿에게 연락해 가족 모두가 프랑스로 건너올 것을 요구했다. 겨울이 코앞인데 아홉 자녀를 포함한 온 가족이 타국으로 이주하는 것은 이만저만 어려운 일이 아니었다. 하지만 적어도 샬럿은 프랑스어를 할 줄 알았다.

샬럿은 혼자 아이들을 데리고 도버 해협을 건넜다. "어린것들이 내게 잔뜩 매달려 있었다(품에 안은 막내는 아직 두 살도 되지 않을 때였다)." 더구나 당시 그녀는 열두 번째 임신의 후기에 접어든 몸이었다. 한편 벤저민은 카나리아 사육에 잔뜩 투자한 상태였다. 현대의 스미스 전기 작가 러레인 플레처 (Loraine Fletcher)는 이때의 상황을 특유의 무덤덤한 문체로 이렇게 적었다. 그는 "카나리아 번식을 통해 재산을 회복할" 요량이었고, "이 새들을 돌보느라 처자식을 마중 나가지도 못했다". 가족이 항구에 도착했을 때 가장은 코빼기도 보이지 않았고, 샬럿은 급하게 여객 마차를 구해 타느라 터무니없이 높은 요금을 치러야 했다.

벤저민이 동료 도박꾼들의 추천을 받아 얻어놓은 셋집은 폐가나 다름없는 외딴 성이었다. 사람이 살 만한 데가 아니었다. 특히 어린아이들을 데리고 지내기에는 너무나 열악했고, 샬럿은 출산을 눈앞에 두고 있었다. 겨울을 날 땔감조차 구하기 어려웠다. 시장도, 산파가 사는 곳도 몇 마일이나 떨어져 있었다. 결국 산파는 눈길에 우마차를 타고 겨우 도착했다. 이미 열두 번째 출산이었지만, 여동생의 후일담에 따르면 그녀가 동생에게 "이번 출산에서는 살아남지 못할 것 같은 예감"이 든다고 말했을 정도였다.

그녀는 살아남았지만, 그것이 마지막 출산이었다. 이 참혹했던 1784년 겨울의 어느 시점에 스미스는 마침내 더는 이렇게 살 수 없다는 결정을 내렸다. 이미 《애상의 소네트》로 출간

작가가 되었으나, 그때만 해도 계속 책을 낼 생각은 없었다. 하지만 그 외딴 폐성에서 그녀는 직업적인 작가가 되기로 결심했다. 그녀는 «애상의 소네트» 개정판에 추가할 시들을 더 썼고, 심심풀이로 읽었던 프랑스 책들의 번역에 들어갔다. 그리고 날씨가 풀리자마자 아이들을 데리고 영국으로 돌아왔다.

귀국한 스미스는 자신이 이미 시인으로 유명해져 있음을 알았다. «애상의 소네트»는 1786년까지 이미 제4판까지 찍었다. 그녀는 번역서 출간 작업도 착수했다. 높아지는 명성 덕분에 스미스는 남편의 채권자들과 새로운 조건에 합의를 볼 수 있었고, 벤저민도 귀국했다. 하지만 벤저민의 대리자 역할을 하면서도 샬럿은 남편 없이 자신과 자녀들을 부양할 방법을 모색하기 시작했다. 그녀는 벤저민과 헤어질 계획이었다. 다만 그렇게 할 경우 상속금의 일부를 박탈당하는 법적 현실을 마주해야 했다. 훗날 고전학자 엘리자베스 카터는 이 상황을 두고 "비열한 남편에게서 자유를 사는 일"로 표현했다. 그녀는 돈을 더 벌어야 했다.

샬럿 스미스는 더 이상 개인적 기쁨을 위해 쓰던 시들을 어려운 형편 때문에 출판사에 내놓는 상류층 여인이 아니었다. 이제 그녀는 출판사들에 사업가의 자세로 접근했고, 시 장르를 넘어 꾸준한 수입원이 될 일을 확보하고자 했다. 남편과 별거한 다음 해인 1788년, 그녀는 첫 소설 «에멀린»을 출간했다.

결혼과 동시에 스미스는 '팜 쿠베르트(femme couverte)', 즉 보호받는 여성이 되었다. 이는 여자는 결혼하면 남편의 '보호' 아래 놓인다는 기혼녀의 지위를 말하는 법적 용어였다. 얼핏 친절하게 들리지만, 남편이 아내에 대해 전적으로 법적 통제권을 행사한다는 뜻이었다. 이 기혼녀 지위는 샬럿이 벤저민과 별거한 후에도 여전히 유효했다. 샬럿이 결혼하던 해인 1765년에 영국 관습법에 대한 권위 있는 개론서를 펴낸 윌리엄 블랙스톤(William Blackstone)은 이 지위의 기저 철학을 다음과 같이 정의했다. 결혼 기간 "여성의 법적 실체, 혹은 법적 인격은 정지되거나, 적어도 남편의 법인격에 포함되고 통합된다". 블랙스톤은 이를 타당한 조치로 보았는데, 기혼 여성은 이 법의 보호를 받아 채무 등의 이유로 투옥되지 않는다는 점을 그 근거로 들었다. 하지만 실제 상황은 달랐다. 샬럿이 계약서에 명기한 세 권이 아닌 두 권 분량의 원고를 제출했을 때 출판사의 고발로 체포된 사람은 벤저민이 아니라 샬럿 본인이었다.

'기혼녀 지위' 법은 여성의 삶에 전면적인 영향을 미쳤으며, 스미스는 이를 누구보다 뼈저리게 겪었다. 18세기 영국에서 기혼 여성은 남편과 별도로 재산을 소유할 수 없었다. 엄연히 남편과는 상관없는 자금을 보유했어도, 그 돈에 대한 접근권은 여전히 남성 친척이나 대리인에게 있었다. 그녀가 본인에게 법적 권리가 있는 돈—예컨대 자신의 지참금이나 아버지가 남긴 상속금에서 발생하는 이자 수익—을 청구할 때조차 아버지의 유산을 관리하는 남성 수탁인들을 통해야 했다. 그녀에게는 '법인격'이 없었으니까.

실제로 그 남성 중 누구라도 그녀의 자금 청구 사유(예컨대 남편과의 별거)를 인정하지 않거나, 다른 일들로 바쁘거나, 또는 단지 그녀를 싫어하면 스미스는 돈을 받을 수가 없었다. 이런 상황이 빈번하게 발생했다. 그녀는 한 편지에 쓰라린 심정을 드러냈다. 한 수탁자가 법적으로 그녀에게 지급되어야 할 자금을 보내는 대신 "본인의 놀라운 재능"을 이용해 글을 더 써서 필요한 돈을 직접 벌라는 냉소적인 조언을 했던 것이다. 그녀는 그렇게 했다. 그리고 이 남성들을 상대로 수십 년에 걸친 법정 다툼을 벌였다. 그럴 수밖에 없었다. 별거 이후 자녀들 모두 엄마와 살기를 택했고, 그녀는 이전 연 소득의 일부에 불과한 돈으로 생계를 꾸려야 했다. 벤저민은 경제적 지원을 단 한 푼도 하지 않았다.

심지어 그녀가 저작 활동으로 번 돈조차 그녀에게 재량권이 없었다. 그녀는 팜 쿠베르트였고, 따라서 그녀의 수입도 법적으로 남편에게 귀속되었다. 그녀는 벤저민이 그 돈을 강탈해가리란 것을 모르지 않았다. 1788년, 《에멀린》의 출간을 한 달 앞둔 때였다. 프랑스에 재차 도주해 있던 벤저민이 부친 유산의 반기 이자를 수령하러 돌아왔다. 당시 샬럿과 두 살에서 열여덟 살에 이르는 여덟 자녀는 서리의 한 작은 시골집에서 조용히 지내고 있었다. 벤저민이 만나자고 청하자, 샬럿은 "그에게 적의가 없다는 것을 보여주기 위해" 이에 응했다. 벤저민은 그 기회를 틈타 "[집]을 점유했고, 내게 전보다 더 횡포하게 굴었다—그러면서 가구며, 책이며, 내가 그의 탐욕스러운 채권자들에게서 두 번이나 지켜낸 모든 것을 남김없이 팔아버리겠다고 협박했다".

이 같은 개인사가 오늘날 자세히 전해지는 데는 이유가 있다. 샬럿이 이 사정을 자신의 출판인(이자 프랜시스 버니의 출판인이기도 했던) 토머스 커델 시니어(Thomas Cadell Sr.)에게 써 보냈기 때문이다. 그녀는 벤저민이 다음에는 런던으로 커델을 찾아갈 거라면서, 자신에게 지급할 돈을 출판사에서 당장 치워두라고 부탁했다. "귀하의 은행가나 신뢰하는 친구의 손에 맡겨두세요." 그래야 벤저민이 들이닥쳤을 때 돈을 바로 건네야 하는 상황을 피할 수 있었다. 물론 자금이 수중에 없다고 해서 커델이 벤저민에게 돈을 지급할 의무가 없어지는 것은 아니었다. 벤저민이 우기면 결국은 내줘야 했다. 하지만 그 경우 벤저민이 정식으로 진정을 내야 했는데, 런던에 잠시 들렀을 뿐 채권자들을 피해 도망 다니는 사람은 엄두를 내기 어려운 일이었다. 샬럿은 편지를 마무리하며 출판인에게 간곡히 당부했다. "그가 귀하의 회사에 찾아갈 경우, 이미 그런 적이 있다고 들었습니다만, 소네트에 대해서든 다른 무엇에 관해서든 어떠한 정보도 주지 마세요."

법적으로 벤저민의 행동은 정당했다. 샬럿은 여전히 그의 아내였다. 집도, 살림도, 소득도 모두 그의 소유였다. 스미스의 편지들에 언급된 다른 많은 일처럼 이 사건 역시 우리는 상황이 정확히 어떻게 끝났는지 알지 못한다. 다만 분명한 사실은 이런 일들로 인해 스미스가 끊임없이 쫓기는 심경이었다는 것이다. 10여 년 후의 다른 편지에서 스미스는 자신에게 올 유산이 "제대로 분배되리라는" 희망에 부풀었다. 하지만 "아아! 그게 아니었어요. 스미스 씨가 스코틀랜드에서 직접 내려와 반대하고 있어요. 그는 내 몫뿐 아니라 시아버지가 아이들에게 남긴 유산까지 모조리 차지하려 해요. (……) 우리는 이제 어떻게 해야 할까요. 짐작조차 가지 않아요. 내가 이 모든 노심초사의 고통에서 벗어날 길이 있기나 할까요".

'기혼녀 지위' 법의 원래 명분은 약자인 여성에게 법적 보호책을 제공한다는 것이었다. 하지만 실제로는 방탕한 남성에게 법적 보호망 역할을 할 때가 많았다. 해당 법은 단지 아내의 재산을 남편의 손에 넘기는 데 그치지 않았다. 아내마저 남편의 소유물로 만들었다. 법적 인격이 박탈된 여성은 학대하는 남편과의 불행한 결혼에서 구제받을 방법이 없었다. 벤저민이 살아 있는 한 샬럿은 법적으로 그의 통제하에 있었다.

별거는 이 절망적인 상황에서 스미스가 선택할 수 있는 최선이었다. 하지만 그것조차 완전한 해법은 아니었다. 이혼은 아예 불가능했다. 이혼하면 시아버지가 그녀에게 유증한 자금을 잃을 뿐 아니라, 시아버지가 아이들에게 남긴 유산까지 심각하게 위태로웠다. 그녀는 평생을 이 자금을 지키기 위해 분투했다. 당시의 법은 이혼한 어머니에게 호의적이지 않았고, 스미스는 자신이 가진 얼마 되지 않는 이점마저 포기할 생각이 없었다.

엘리자베스 카터의 말처럼 스미스는 "비열한 남편에게서 자유를 사야 했고", 그 대가는 스미스 본인의 상속금 절반에 달했다. 그녀는 이 대가를 받아들였다. 무엇보다, 방탕하고 학대와 간통을 일삼는 남편과는 더는 함께할 수 없었다. 남편의 성정은 "지극히 변덕스럽고 종종 잔혹하기 이를 데 없어서 목숨이 위험할 정도였다".

　　스미스 사후에 나온 전기 중 하나에서, 스미스의 동생 캐서린 앤 도싯(Catherine Ann Dorset)은 당시 스미스의 별거를 성급하고 "경솔한" 결정으로 보는 사람들이 많았다고 전한다. "끝까지 법적 합의를 고집해서 자기 몫의 재산을 온전히 보장받았어야" 했다는 것이 그 이유였다. 하지만 언니의 상황을 누구보다 잘 알았던 도싯은 이에 동의하지 않았다. 스미스의 결단은 "냉철하고 사리 밝은 친구들의 전폭적인 찬성 속에" 이루어진 것이며, "당시의 상황에서 아마도 불가피한 일이었다". 도싯은 또한 이렇게 덧붙였다. "사정을 아는 이들은 (……) 오히려 그 결정이 몇 년 더 일찍 내려지지 않은 것을 안타까워했다." 벤저민에게 벗어나는 대가로 상속금의 절반을 포기할 수 있을 만큼 비참한 상황이었다. 하지만 과중한 대가이긴 했다. 1789년, 두 번째 소설이 대성공을 거둔 후 스미스는 친구에게 이렇게 썼다. "오로지 쓰기 위해 살고, 살기 위해 써야 하는 [이 현실이] 정말이지 너무나 감당하기 힘들어요."

　　불운은 그치지 않았다. 스미스가 보호하려 애쓴 보람도 없이 그녀의 자녀들이 법적으로 취약한 상태에 처한 것이다. 샬럿의 시아버지 리처드 스미스는 자기 재산 가운데 상당 부분을 손주들에게 남겼다. 그는 자기 아들을 잘 알았기에 벤저민이 유언의 효력을 뒤집지 못하도록 유언장에 정교한 장치를 심어놓았다. 그런데 안타깝게도 그 장치를 변호사의 도움 없이 혼자 설계했고, 그 결과 그의 유언장은 혼란스러운 데다 군데군데 모순되기까지 했다. 리처드는 자기 아내와 아들 벤저민뿐 아니라 며느리 샬럿도 유언집행자로 지정했지만, 그녀의 <u>팜 쿠베르트</u> 지위로 인해 "[이 지정은] 사실상 무효가 되었다".

리처드의 유언장에는 샬럿에게 매년 200파운드를 지급하라는 조항도 있었다. 전기 작가 러레인 플레처의 말을 빌리자면 이는 "궁핍에서 해방되고 소박한 독립성을 확보할 수 있는 마법의 액수"였다. 실제로 해나 모어에게 파혼의 대가로 경제적 자립을 제공한 금액과 똑같은 액수였다. 하지만 스미스는 이 돈을 영영 받지 못했다. 유언장의 자구 해석을 둘러싼 남성 수탁자들과의 분쟁 때문이었다. 유언 집행 방식을 둘러싼 가족 내 다툼은 샬럿과 벤저민이 모두 사망한 후에도 계속 이어졌다. 현대 학자 주디스 필립스 스탠턴에 따르면, 리처드가 사망한 1776년 당시 그의 유산 가치는 3만 6000파운드였지만, 자녀들이 최종적으로 상속을 받은 1813년에는 "수십 년에 걸친 지연과 소송으로 인해 4000파운드 정도로 줄어 있었다".

연이은 역경에서도 스미스는 자녀들을 자신이 젠트리 계층 여성으로 누렸던 것에 뒤지지 않는 환경에서 키우려 애썼다. 딸들을 위해서 상속을 전제한 지참금 수준에 걸맞은 혼처를 찾았고, 아들들에게는 신분에 어울리는 직업을 마련해주었다. 예를 들어 저작 활동으로 번 돈에 부유한 친구들의 도움을 보태 아들 찰스에게 군대 장교직을 얻어주기도 했다. 하지만 말년에는 상류층 생활 방식을 유지하려 한 것을 후회했다. 자녀들에게 불행이 닥칠 때마다 그녀는 자금 부족을 뼈저리게 느꼈다. 현재 스미스의 최고작으로 평가받는 《올드 매너 하우스(The Old Manor House)》(1793)가 발간된 해에 찰스가 전투에서 부상을 입었고, 다리를 절단한 이후 다시 어머니에게 경제적으로 의존하게 되었다. 몇 달 뒤 아들 라이어널이 찰스의 장교직을 이어받기로 결정했는데, 여기에는 스미스가 더는 그의 옥스퍼드 학비를 감당할 수 없었던 이유가 컸다. 당시에 친구에게 보낸 편지에서 그녀는 아들을 군대에 보내지 않을 "여건이 주어지지 않은 것"을 한탄하며 라이어널이 형과 같은 운명이나 더한 일을 겪게 되지 않을까 두려워했다. "그 애를 다시는 못 보게 될지도 몰라." 그녀는 계속 글을 썼다. 1794년, 스미스는 두 편의 소설 《워릭의 방랑(The Wanderings of Warwick)》과 《추방된 남자(The Banished Man)》를 발표했다.

  스미스의 재정 문제는 계속 그녀의 작가 경력에 직접적으로 영향을 미쳤다. 그녀는 1790년대에 소설 여덟 편, 아동서 세 권, 시집 한 권을 출간했다. (거기 더해 《애상의 소네트》 개정판들에 실을 새로운 소네트들도 썼다.) 특히 소설의 경우는 분량에 따라 작품료를 받았기 때문에 최대한 길게 썼다. 소설 한 편이 세 권, 네 권, 심지어 다섯 권까지 갔다. 권수가 많을수록 받는 돈도 많았다. 우리는 예술가는 순전히 영감에 따라 창조한다고 믿는다. 하지만 그들도 우리와 같은 물리력의 작용을 받는다. 중력. 시간. 의식주를 해결할 돈. 레녹스가 《여자 돈키호테》를 서둘러 출간해야 했던 것처럼, 저자의 경제적 현실은 저자가 무엇을 어떻게 산출하는지에 자주 직접적인 영향을 미친다. 스미스처럼 찰스 디킨스 역시 권수로 돈을 받았고, 따라서 수백 페이지에 달하는 대작들을 썼다. 하지만 스미스는 처음에는 소설을 쓸 생각이 전혀 없었다. 그녀가 소설가가 된 것은 당시에는 소설 집필이 작가에게 가장 꾸준하고 예측 가능한 수입원이기 때문이었다.

스미스가 생계를 위해 글을 쓰는 처지가 아니었다면 그녀에 대한 후대의 평가가 지금과 달랐을 수도 있다. 생전에 누렸던 명성과 인기를 지금도 누리며 정전의 일원이 되어 있을 수도 있다. 소설가가 아닌 시인으로서.

그녀의 시는 워즈워스와 콜리지의 시와 나란히 거론되어야 한다. 만약 그녀가 시문학에 전념할 수 있었다면, 오늘날 우리가 영국의 낭만주의 시인을 호명할 때 그녀의 이름이 빠지지 않았을 것이다. 실제로 그녀는 두 사람 모두에게 결정적인 영향을 미쳤다. 워즈워스의 경우 학창 시절 교사가 빌려준 《애상의 소네트》를 읽은 이후 줄곧 스미스를 우러렀다. 그가 1787년에 처음으로 출간한 시 〈눈물짓는 헬렌 마리아 윌리엄스 양에 대한 소네트(Sonnet on Seeing Miss Helen Maria Williams Weep)〉는 스미스의 작풍을 모방한 것이다. 워즈워스는 평생 그녀의 소네트를 옆에 끼고 살았다. 그의 여동생이 1802년 크리스마스이브에 대해 남긴 기록에 따르면, 그날도 그는 "샬럿 스미스 소네트집의 책장을 넘기고 있었다". 워즈워스는 자신이 스미스에게 받은 영향을 인정하면서, 그녀를 "영국 시문학이 장차 충분히 인정하거나 기억하기도 힘들 만큼 엄청나게 큰 은혜를 입은 여인"으로 평했다.

또한 스미스의 시는 워즈워스의 개인적 취향에 국한된 것이 아니었다. 비평가들 역시 샬럿 스미스를 영국 소네트 부흥의 주역 중 한 명으로 꼽았다. 소네트는 17세기에 밀턴 같은 거장들이 애용했던 시 형식이었다가 18세기에 접어들며 급속히 유행에서 밀려났다. 1784년 스미스의 «애상의 소네트»의 출간은 이 정형시의 부활을 알리는 사건이었다. 1796년, 콜리지는 소네트를 홍보하는 선집을 펴내면서 윌리엄 라일 볼스(William Lisle Bowles)와 함께 스미스를 "현세대 영국인 사이에 소네트를 처음으로 유행시킨 인물들"로 극찬했다. 볼스도 형식 면에서 스미스의 시와 매우 유사한 시를 썼다. 어찌나 유사했던지 당대 평단에서 아예 모방이라는 지적을 받을 정도였다. 현대 평론가 대니얼 로빈슨(Daniel Robinson)에 따르면, 콜리지 역시 "샬럿 스미스의 모범을 직접적으로 따른" 소네트를 썼다.

스미스의 시풍이 얼마나 유명했던지 다른 시인들이 풍자 대상으로 삼을 정도였다. 가령 윌리엄 벡퍼드(William Beckford)가 1797년에 〈걸레 자루에 바치는 애상의 소네트(Elegiac Sonnet to a Mopstick)〉라는 시를 썼다. 이는 18세기 영국 문단에서 스미스가 누린 유명세를 방증하는 일이었다. 1802년에는 «크리티컬 리뷰»가 다음과 같이 쐐기를 박았다. "소네트는 샬럿 스미스 손에 부흥했고, 현재 영문학에서 가장 널리 읽히는 소네트도 단연 스미스의 작품이며, 또한 마땅히 그럴 자격이 있다."

처음 스미스의 작품을 수집하기로 작정했을 때, 나는 당연히 그녀의 소설을 찾아다니게 될 줄 알았다. 하지만 스미스의 삶과 작품에 대해 읽으며 마음이 바뀌었다. 나는 그녀의 첫 시집을 찾기로 결심했다.

우리는 본래 아무 의미 없는 사물에 의미를 부여한다. 이는 인간의 재미있는 기벽 중 하나다. 어릴 적 동물 인형부터 결혼반지까지 우리는 상징성에 감동한다. 사물은 솜이나 금이라는 물질적 속성을 넘어 우리에게 무언가를 대변한다. 이렇게 특정 대상에 쏟는 정서적 에너지를 심리학 용어로 카섹시스(cathexis)라고 한다. 책 수집가들은 특히 이 에너지를 많이 쓴다. 나도 분명 예외가 아니다.

《애상의 소네트》는 스미스에게 처음으로 글쓰기가 남편에게서 벗어나는 방법이 될 수 있다는 희망을 준 책이었다. 나는 그 책을 찾아 나설 생각에 부풀었다. 이 시집의 지속적인 성공이 그녀가 자녀들을 먹이고 입히는 데 기여했다. 《애상의 소네트》의 후속 판본들을 하나하나 알아가면서 이 책은 내게도 글쓰기가 주는 자유라는 희망의 상징이 되었다. 또한 이 책은 스미스의 작가 인생이 갈 수도 있었던 여러 잠재적 경로를 대변했다. 어딘가에는 스미스가 생계 걱정 없이 오로지 시 창작에만 전념할 수 있었던 평행 우주가 존재한다. 그녀는 지극히 제약적인 여건에서 글을 쓰면서도 영국 시문학의 흐름에 거대한 영향을 미쳤다. 이 점을 고려할 때, 만약 그녀가 워즈워스나 콜리지처럼 시 창작에 온전히 헌신할 수 있었다면 그 결과가 어땠을지 상상하게 된다.

그러나 샬럿 스미스가 후세에 전혀 기억되지 않는 평행 우주도 있다. 애초에 스미스가 《애상의 소네트》를 출간하기로 결심한 것은 남편을 채무자 감옥에서 빼낼 자금을 마련하기 위해서였다. 만약 스미스의 인생이 차질 없이 흘러갔다면 그녀는 «애상의 소네트»는 물론이고 어떤 책도 세상에 내놓지 않았을지 모른다. 만약 그녀의 어머니가 오래 살았다면, 또는 아버지가 재혼하지 않았다면, 그래서 그녀가 벤저민 스미스와 결혼하지 않았다면, 또는 벤저민의 부친이 유언장을 작성할 때 법률 자문을 받아 제대로 작성했다면, 그녀가 자신과 아이들의 상속금에 대한 법적 권리를 행사할 수 있었다면, 그녀의 남성 가족이 그들의 권한을 그렇게 부당하게 휘두르지 않았다면, 샬럿 스미스는 애초에 책을 출판할 필요가 없었을지 모른다. 만약, 만약. 만약.

나는 «애상의 소네트»가 스미스의 삶과 경력에 행한 결정적 역할에 깊이 감명받았다. 이 책은 스미스가 자기 삶의 통제권을 잡는 수단이었을 뿐 아니라, 그녀가 원했으나 끝내 온전히 실현하지 못한 또 하나의 삶—시인의 삶—에 대한 상징이기도 했다. 나도 그녀가 그 삶을 살기를 바랐다. 어떤 면에서 그녀가 결국 그 삶을 실현하기 시작했다. 현대 비평계가 최근 수십 년 전부터 샬럿 스미스를 재조명하고 있으며, 주로 그녀의 시에 초점을 맞추고 있다. 오늘날 재클린 M. 래브(Jacqueline M. Labbe) 같은 학자들은 스미스의 시를 워즈워스의 시와 나란히 놓고, 그녀가 "우리가 낭만주의라 부르는 문화의 (……) 중심에 있다"고 주장한다. 스미스가 소설가로서 창작할 때는 밥벌이였다. 시인으로서 창작할 때는 예술을 위해서였다. 현실이 그녀의 꿈에 개입했고, 그녀는 참사랑이었던 시

창작보다 직업적 글쓰기를 우선시할 수밖에 없었다. 나는 내 컬렉션에서 그 사랑을 기리기로 했다.

《애상의 소네트》를 목표로 정한 뒤 나는 바로 판본 추적에 나섰다. 나는 전문가용 서지 정보 데이터베이스들을 차례로 훑었다. 그중 하나가 월드캣(WorldCat)이다. 이는 미국 전역(과 해외 일부)의 도서관 소장 목록을 한데 모아놓은 온라인 자원이다. 물론 완벽하진 않다. 이런 대규모 통합 데이터베이스는 으레 자잘한 오류들로 넘쳐난다. 예컨대 마이크로필름 판본이 실물 초판본으로 잘못 표기되는 식이다. 하지만 나 같은 희귀서 딜러들은 특정 판본의 도서관 소장 현황을 파악하기 위해서 매일 이 사이트에 드나든다. 내가 월드캣과 병용하는 또 다른 온라인 데이터베이스는 라이브러리 허브(Library Hub)다. 여기는 영국과 아일랜드의 도서관 도서에 대한 보다 포괄적인 기록을 제공한다. 이 두 데이터베이스를 검색한 결과, 1784년 초판본은 전 세계 영어권 희귀서 도서관을 통틀어 단 여덟 부만 존재하는 것으로 나타났다. 2013년에 경매에 등장한 다른 한 부의 기록을 추가로 찾았을 뿐, 수십 년을 거슬러 올라가도 더는 발견되지 않았다. 비교 삼아 부연하자면, 그 유명한 셰익스피어 희곡집 초판본 '퍼스트 폴리오'(1623)도 현존이 확인된 것만 235부에 이른다. 스미스의 《애상의 소네트》 초판본은 실로 희귀한 책이었다.

희소한 것이 당연했다. 애초에 출판사는 스미스에게 출판 자체를 말렸다. 그런 시는 팔리지 않는다는 이유에서였다. 따라서 시장 반응을 떠보기 위해 초판은 100~200부 정도

소량만 찍었을 가능성이 높다. 그러다 책이 성공하자 같은 해에 부수를 늘려 중판을 찍었다. 초판 발행 부수가 현존 부수의 절대적 척도가 되진 못하지만, 어쨌든 중요한 참고 지표이기는 하다.

나는 이 책의 초판본은 구하기 어렵다는 현실을 받아들여야 했다. 500부를 찍은 버니의 «에블리나» 초판본이라면 언젠가 구할 수 있으리란 희망을 품어볼 만했다. 가능성이 대단히 높진 않아도 2층 창문에서 뛰어내리고 멀쩡할 정도의 가능성처럼 보였다. 하지만 «애상의 소네트» 초판본을 찾는 일은 낙하산 없이 비행기에서 뛰어내리는 것에 가까웠다. 내가 아무리 도전을 좋아해도 피학대 성애자는 아니었다.

그렇다고 «애상의 소네트»를 찾는 일 자체를 포기한 것은 아니었다. 다만 전략을 바꿀 필요가 있었다. 스미스는 이후에도 오래도록 소네트를 썼고, 때로는 자신의 소설 본문에 삽입하기도 했다. «애상의 소네트»의 후속 판본들에 추가하는 일도 많았다. 일례로 월트 휘트먼(Walt Whitman)의 유명한 시 ‹오 캡틴! 나의 캡틴!(O Captain! My Captain!)›은 «풀잎(Leaves of Grass)»의 1855년 초판에는 없다. 휘트먼이 1865년에 링컨 암살 사건을 계기로 써서, 1867년 개정판에 수록한 작품이기 때문이다.

이런 사례들은 책 수집이 단지 초판본 찾기가 아님을 보여준다. 그보다는 특정한 이유로 특정한 판본을 찾는 일에 가깝다. 초판본을 찾는 이유는 명백하다. 초판본은 대중이 그 책을 최초로 접한 시점을 대변한다. 하지만 다른 판본을 찾을 이유도 충분히 강력할 때가 많다. 가령 휘트먼의 시 중 ‹오 캡틴! 나의 캡틴!›을 가장 좋아하는 사람이라면, 그가 원할 책은 «풀잎»의 1855년 초판본이 아니라 1867년 판본이다. 나만 해도 결국에는 «여자 돈키호테»의 1970년 복간본을 원하지 않았던가.

그래서 «애상의 소네트» 초판본을 구할 수 없어도 그리 아쉽지 않았다. 오히려 스미스의 시적 진전을 보는 것이 흥미로울 듯했다. 증보판에는 초판의 시들에 더해 훗날의 작품들이 함께 수록되어 있을 것이고, 따라서 스미스의 작풍이 세월에 따라 어떻게 무르익었는지 나란히 보여줄 것이다. 나는 증보판을 계속 찾았다. 내 책이다 싶은 책을 바로 알아볼 자신이 있었다.

※

나는 이 과정이 정말 좋다. 나는 찾기를 사랑한다. 경매 공지들, 최신 딜러 카탈로그, 회사 메일함에 도착하는 개인 장서 매물 소식, 갑자기 걸려 오는 전화들―대개는 발견한 것을 우리에게 팔고 싶다는 스카우트의 연락―을 사랑한다. 이런 일을 좋아하지 않으면 나는 형편없는 희귀서 딜러일 수밖에 없다. 이것이 제품을 제조하지 못하는 소매업자들의 애환이다. 우리는 제품을 찾아내야 한다.

이 일이 때로 좌절감을 안기는 이유도 거기에 있다. 나는 '수배 목록(want lists)'을 관리한다. 기관이나 수집가들이 찾는 책들을 부르는 업계 용어다. 1만 달러, 아니 심지어 10만 달러의 거래가 기다리고 있다고 상상해보라. 그것만 찾을 수 있다면! 내가 알던 수집가 중에 금속활자로 인쇄한 유럽 최초의 서적인 구텐베르크 성서(1455년경)의 원본 낱장을 원하는 사람이 있었다. 시장에 나오는 것들은 대개 구약 낱장들인데, 그녀는 신약 낱장만을 원했다. 20세기에 불완전한 성서 두어 권이 해체되어 팔리는 일이 있었다. 이 때문에 낱장으로 구하는 일이 실제로 가능했고, 나도 여러 장 판매한 바 있다. 그러나 이 수집가가 원하는 낱장을 찾는 데는 몇 년이 걸렸다. 상당한 인내심을 요구했던 일이지만, 같은 이유로 이 일에 따르는 보람도 크다. 내 일은 찾을 수 없는 것을 찾을 방법을 찾는 것이며, 내 성공은 내 직감과 기지에 달려 있다. (내가 유독 레녹스나 스미스 같은 작가들의 삶에 끌리는 것도 어찌 보면 당연하다.)

내가 스미스의 소네트를 찾기 시작한 지 2년쯤 지난 어느 날이었다. 샌프란시스코에 있는 업계 친구의 매물 목록을 훑어보던 중 무언가가 내 눈길을 사로잡았다. 친구의 회사는 미국 희귀서 업계에서 다소 이례적인 곳이었다. 1915년 설립 이후 여러 세대를 거치는 동안 집안 대물림이 아니라 그곳에서 일하는 딜러가 사업을 계승했다. 이례적인 점은 또 있었다. 서비스 제공 방식도 남달랐다. 그곳은 미국에서는 거의 사라진 구식 형태였다. 누구에게나 열려 있는 일반 고서점이지만, 현재 주인의 관심사에 따라 틈새 전문 분야들을 두었다. 내가 마지막으로 방문했을 때는 빅토리아 시대에 유행한 '꽃말'에 대해 이십 분가량 대화를 나눴다. 꽃말은 꽃 종마다 특정 의미를 부여한 것으로, 일종의 식물학적 기호 체계였다. (오늘날에도 우리는 장미를 사랑의 상징으로 이용한다. 이는 시작에 불과하다. 블루벨은 친절을, 로즈메리는 추억을, 철쭉은 위험을 뜻했다.)

  이 고서점과 현재의 주인은 희귀서 딜러에 대한 고정관념에 골고루 부합한다. 한 가지만 빼면 그렇다. 그는 영화에서 고서점 주인 역의 배우가 튀어나온 것 같다. 실제로 특유의 트위드 정장 때문에 《뉴욕 타임스》 패션 섹션에 소개되기도 했다. 하지만 그는 괴팍한 서적상을 연기하지 않는다. 사실 그는 다정한 사람이다. 많은 애서가에게, 특히 책 수집에 막 입문한 이들에게 희귀서 서점은 마법적이면서 동시에 위압적으로 느껴질 수 있다. 하지만 그는 자신의 서점이 오직 마법의 장소가 될 수 있게 배려한다. 그는 소탈한 태도와 진정성 있는 관심으로 손님의 두려움을 잠재운다. 어떤 질문을 받든 잠시 신중히 생각한 뒤 성의껏 답한다.

  무엇보다 이 서점 주인은 여성 작가들의 저작에 대한 조사, 매입, 판매에서 이례적인 강세를 보인다. 사실 이것이 특기 사항이라는 점이 씁쓸하다. 하지만 미국 희귀서 업계가 전통적으로 남성 주도적 환경인 점을 고려하면 이는 분명히 특기할 일이다. 오늘날에도 업계 최고 권위의 협회에서 여성 회원은 20퍼센트도 되지 않는다. 이 점도 내가 그와 거래하는 이유다.

  이번에도 나는 실물 사진조차 보지 않고 그의 서점에서 책을 한 권 매입했다. 바로 《애상의 소네트》였다. 책의 상태에 대한 그의 설명은 매우 긍정적이었다. 그는 이 책을 최상급

(fine)으로 분류했다. 18세기 책이니만큼 흠 하나 없다는 뜻은 아니다. 다만 상식적으로 기대할 수 있는 최고의 상태를 의미한다. 그를 알고 또 믿기에 나는 그의 설명만으로 구매를 결정했다.

나는 서점 주인에게 이메일을 보내 "폐가 되지 않는다면, 책에 송장을 동봉해주십사" 청했다. 이는 업계에 내려오는 멋진 전통 중 하나다. 즉 업계 종사자끼리는 선결제를 요구하지 않는 것이 일종의 '예우'다. 신뢰의 표시인 셈인데, 실용적인 목적도 있다. 다시 말하지만, 우리 업종은 없는 물건을 만들어 파는 업종이 아니다. 찾던 책이 어디서 나타날지 알 수 없는 상황에서 이 관행은 딜러가 판매 기회를 최대한 살릴 수 있게 해준다. 예를 들면 이렇다. 내 고객을 위한 '수배 목록'에 있는 책을 다른 딜러의 서점에서 발견한 경우, 나는 그 서점에 해당 책을 '송장 동봉'으로 보내달라고 요청한다. 해당 책을 고객에게 제시해서 거래가 성사되면 그때 해당 서점에 결제하는 식이다. 이 업계의 거래는 상당수가 이런 식으로 진행된다. 실제로 나도 남의 서점에 가서 수만 달러 상당의 희귀서들을 차에 싣고, 대금은 몇 주 후에 치르겠다는 IOU(차용증서) 한 장만 달랑 남기고 떠날 때가 있다.

서점 주인의 답신은 언제나처럼 유쾌했다. "폐가 되지 않는다면?? 얼마든지 폐를 끼치셔도 됩니다. 스미스 부인은 오늘 해 지기 전까지 출발하십니다."

책이 도착했다. 상자는 구겨 넣은 갱지로 가득했다. (숙련된 정통파 딜러인 것이 이런 면에서도 드러난다. 완충재는 저렴하면서도 책에 손상을 주지 않는 것을 써야 한다. 신문 인쇄에 쓰는 빈 갱지가 여기에 제격이다. 경험이 부족한 딜러의 경우 진짜 신문지를 사용할 때가 있는데, 신문지 잉크가 손에 얼마나 쉽게 묻어나는지 생각하면 이는 중대한 과실이다.) 나는 책 자체를 감싼 포장을 조심스럽게 풀었다. (같은 갱지로 책을 선물처럼 싼 다음 '뽁뽁이'로 다시 감싸서 운송 중에 발생할 수 있는 찍힘이나 쓸림 같은 손상에 대비한 것, 이것도 숙련된 정통파 딜러의 증거다.)

나는 18세기 장정본 두 권을 꺼내 들었다. 하지만 평범한 18세기 장정이 아니었다. 트리 카프(tree calf)[13] 장정이었다. 트리 카프는 송아지 가죽 표면에 특수 용액을 바르고, 중심부에서 바깥쪽으로 쓸어내려 우아한 곡선 무늬를 만드는 기법이다. 완성된 모습은 가지가 늘어진 나무 같다. 앞뒤 표지의 가장자리는 금박 보더가 장식했고, 책등에는 잎과 꽃이 기하학적 패턴을 이루며 자라났다. 이 패턴이 붉은색 책등 라벨이 있는 꼭대기까지 이어졌다. 면지는 멋진 표지를 보자마자 예상한 대로 대리석 무늬였다. 책을 열자마자 양면을 채운 청색과 적색의 소용돌이 패턴이 눈을 사로잡았다. 종이에서 약간 곰팡내가 났지만, 색은 여전히 선명했다. 전체적인 만듦새가 중후하고 우아했다. 그도 그럴 것이, 이 책의 당시 가격은 반 기니(10실링 6펜스)에 달했다. 당시 소네트 시집의 가격대는 일반적으로 2~3실링이었다. 발매 당시 이 판본은 《애상의 소네트》의 여러 판본 중 가장 고가였다.

[13] 나뭇결무늬로 염색한 제책용 송아지 가죽.

이 «애상의 소네트»는 1789년에 인쇄한 두 권짜리 제5판이다. 최초의 예약 판매본이자 최초의 삽화본이었다. 동판화로 장식한 이 특별판은 내 컬렉션에 포함될 강력한 이유를 두루 갖추고 있었다. 이 판본은 독자들이 책값을 미리 내서 출판 비용을 대고, 그들의 명단을 최종 결과물에 싣는 예약 출판 방식으로 제작한 스미스의 야심작이었다. 1785년, 모어가 앤 이어슬리의 시집을 내준 것과 같은 방식이었다. 7년 뒤인 1796년에는 버니도 «커밀라»를 이 방식으로 출간했다(이때 제인 오스틴이 예약 구매자 명단에 이름을 올렸다).

예약 출판 방식은 출판사보다 작가가 출판의 책임을 지는 고위험 고수익 구조였다. 저자가 제작 비용을 미리 지급할 예약자들을 충분히 모으지 못하면 출간이 무산됐다. 샬럿 레녹스의 경우 이런 불상사가 그녀의 작가 인생에서 최소 세 차례 일어났다. (1) 1752년의 시 모음집, (2) 1775년의 "창작 작품"(예컨대 번역이 아닌 작품) 모음집, (3) 1793년의 «셰익스피어 일러스트레이티드» 개정판. 세 건 모두 예약 출판 제안서만 남아 있을 뿐 실현되지 못했다.

레녹스의 실패 사례들이 보여주듯, 예약자 모집은 결코 쉬운 일이 아니었다. 당시에 책은 고가품이었고, 상류층이 아닌 사람들이 책을 사는 일은 극히 드물었다. 소설의 경우 권당 평균 가격이 3실링이었는데, 대부분 스미스의 소설처럼 여러 권으로 나왔다. 세 권짜리 소설 가격이 보통 노동자의 주급보다 높았다는 뜻이다. 예약 출판에 성공하려면 저자는 부유한 지인이 많아야 했고, 그들의 인맥에 의지해야 했다. 그런 인맥을 갖춘 저자에게는 예약 출판이 꽤 매력적인 선택지였다. 예약 출판의 경우 저자가 책값을 더 높게 책정할 수 있었고, 판매 수익의 대부분을 출판사에 넘기는 대신 저자가 가져갈 수 있었기 때문이다.

스미스는 상류층 여성으로서 부유한 지인이 많았고, 당대 영국에서 최고의 시를 쓰는 작가 중 하나로 이미 확고한 명성을 얻었기에 이런 호화 특별판을 실현할 규모의 예약자를 어렵지 않게 확보할 수 있었다. 특별판 서문 뒤에 실린 예약자 명단에는 당시 영국에서 손꼽히는 유명 인사들의 이름이 즐비했다. (10여 년 전, 미국독립전쟁의 새러토가 전투에서 미합중국군에게 항복한) 버고인 장군, 우리의 유명 소설가 프랜시스 버니, 고전학자 블루스타킹 엘리자베스 카터(레녹스의 시를 몹시 싫어했던 바로 그 인물), 화가 조지 롬니, 고딕 문학의 창시자 호러스 월폴, 해나 모어의 친구이자 노예제 폐지 운동가 윌리엄 윌버포스 등이었다. 또한 예약자의 많은 수가 책을 여러 부 예약했다. 이 이름들을 훑어보자니 감격스러웠다. 스미스의 예술을 지원하려 발 벗고 나선 이가 이렇게 많았다. 현대 학자 베선 로버츠(Bethan Roberts)에 따르면, 이 판본은 "스미스가 소네트로 거둔 성공의 정점을 기념하는 것이었다".

이 예약 판매로 스미스는 약 180파운드를 벌었다. 그녀가 《애상의 소네트》의 단일 판본으로 번 금액 중 단연 최고액이었다. 한편 네 권 혹은 다섯 권짜리 소설들은 그녀에게 권당 50파운드의 꾸준한 수입을 제공했다. 스미스 본인의 설명에 따르면 이는 "미스 버니가 기존에 받은 가격과 유명 저자의 작품에 책정되는 고정 가격"이라는 선례 덕분이었다. (여기서 스미스가 언급한 것은 버니의 두 번째 소설 «서실리아»였다. 이때는 래드클리프의 소설들과 버니의 «커밀라»가 기록적인 판매 실적을 올리기 전이었다.) 따라서 스미스는 소설 한 편당 200~250파운드를 받았고, 중판에 들어가면 추가로 더 받았다. 스미스 소설의 인기가 꾸준했기에 거의 모든 소설이 중판을 찍었다. 이렇다보니 그녀는 시에 전념하기보다 아이들을 부양할 돈을 벌기 위해 계속 소설을 썼다. 그녀는 소설 «셀레스티나(Celestina)»(1791)의 판권을 넘기던 당시 이런 말을 남겼다. "내 소설 집필을 추동하는 것은 내 의지가 아니라 내 가난이다."

스미스가 시 창작에 전념할 수 없었던 형편을 고려하면, 스미스가 시인으로서 남긴 파급력은 실로 엄청나다. 그러나 그녀의 소설들 또한 깊은 울림을 남겼다. 특히 영문학 사상 가장 위대한 소설가 중 한 명에게 지대한 영향을 미치게 된다.

«애상의 소네트» 제5판이 나오기 1년 전인 1788년, 샬럿 스미스는 첫 소설 «에멀린»을 발표했다. 그리고 당시 10대였던 제인 오스틴이 이 책을 읽었다. 우리가 이 사실을 아는 것은, 오스틴이 이때 이미 소설 창작을 시작하고 있었고, 그중 하나 이상에서 이 소설을 언급했기 때문이다. 일례로 오스틴이 열여섯 살에 쓴 미완성 소설 «캐서린, 혹은 정자»(1792)에 등장인물들이 "스미스 부인의 소설들"에 대해 말하는 장면이 나온다. 한 인물이 "그 소설들을 읽고 완전히 반했답니다. 세상에서 가장 감미로운 이야기들이에요"라고 말하면서, 자신은 "그중 무엇보다" «에멀린»을 좋아한다고 덧붙인다. 샬럿

스미스에 관한 책을 여러 권 집필한 현대 학자 재클린 M. 래브는 그녀를 "오스틴의 작가적 성장에 중추적 역할"을 한 인물로 평가한다. 학자들과 일반 독자들 모두 «에멀린»이 오스틴의 초기 창작물은 물론이고 6대 출간 소설에 미친 영향을 인지하고 주목해왔다. 나 역시 «에멀린»을 직접 읽으며 그 영향을 확인할 수 있었다.

※

«에멀린, 성의 고아(Emmeline, the Orphan of the Castle)»는 제목이 말하듯, 폐허 같은 성에 방치되어 자란 고아 소녀의 이야기다. 음울한 설정 때문에 래드클리프에 앞선 고딕소설의 효시 중 하나로 통한다. 에멀린의 쓸쓸하나 감미로운 고독은 어느 날 그녀의 삼촌이 아들 델라미어와 함께 휴가차 성을 방문하면서 깨지고 만다. 델라미어는 패기만 넘칠 뿐 버릇없고 경솔한 젊은이다. 당연히 그는 에멀린에게 반하고, 모두의 만류에도 불구하고 그녀에게 구애한다. 그는 에멀린 본인의 의사는 아랑곳하지 않았다. 그녀는 그를 피해 도망치고, 그는 영국과 프랑스 전역으로 그녀를 따라다니며 환심을 구걸한다. 한때 에멀린은 체면을 생각해 그와 약혼할 의무감을 느낀다. 두 사람의 결혼은 성사되지 않지만, 어린 제인 오스틴은 그런 결말을 간절히 바랐던 모양이다. 그녀는 10대 시절에 쓴 «잉글랜드사(History of England)»에서, 엘리자베스 1세가 "에식스 백작을 끝내 처형한 일"(즉 그와 결혼하지 않은 일)을 "에멀린이 델라미어

를 배척한 일"에 비유한다. (사실 에멀린은 자신이 정말로 사랑하는 사람을 만나 진정한 해피 엔딩을 맞는다.)

흥미롭게도, 에멀린의 여정에 함께하는 주요 인물 중 하나가 샬럿 스미스 본인과 흡사한 인생사를 지닌 여인이다. 이 인물, 스태퍼드 부인의 남편은 원래도 성미가 고약하지만 "곤경에 처할수록 거기 비례해 심술이 더 늘어나는" 인간이다. 심지어 그녀도 "열다섯 살에 결혼했다". 샬럿이 벤저민과 결혼했을 때와 같은 나이였다. 어려서 결혼한 그녀는 "오랫동안 남편의 약점을 의식하지 못했다. 또한 시간이 흘러 그녀의 이해력이 결국 그녀에게 그 치명적 확신을 강하게 촉구할 때조차 그녀는, 비록 헛된 시도였지만, 너무나 확연해진 진실을 남들에게 숨기려 애썼다".

처음에 나는 스태퍼드 부부의 서사를 스미스의 자전적 이야기로 보는 것이 맞는지 의문이 들었다. 솔직히 이런 부부 관계는 흔한 편이니까. 하지만 스태퍼드 부인이 프랑스의 한 마을로 남편을 만나러 가는 대목에 이르자 생각이 달라졌다. 남편은 "카나리아 둥지들을 돌보아야 한다는 강박에 사로잡혀 아내를 맞으러 나오지도 않았다. 그는 이미 새들을 잔뜩 모아둔 상태였으며, 새들의 번식을 알뜰살뜰 챙기느라 가족의 도착도 안중에 없었다". 카나리아! 절대 잊을 수 없는 디테일이다. 나는 행여 내가 이것저것 읽느라 헷갈려서 스미스의 소설 속 장면을 그녀의 실제 인생으로 착각한 것이 아닌지 의심하기도 했다. 그래서 내 방으로 올라가 서가에서 러레인 플레처의 1998년도 샬럿 스미스 전기를 꺼냈다. 아니었다. 그 일은 실화였다. 내가 헷갈린 것이 아니었다. 그제야 나는 작중 스태퍼드 부인과 그녀의 결혼 생활에 대한 대목에 담긴 깊은 진실을 함께 읽을 수 있었다. 다음의 문장도 그중 하나였다. "다른 여자들은 남편에게서 보호자와 친구를 얻지요. 하지만 내 남편은 자신이 어질러놓은 일들의 책임을 내게 떠넘기는 데 그치지 않고, 거기에 학대와 억압의 무게까지 얹어요."

나는 이 소설에 완전히 마음을 빼앗겨 500페이지가 넘는 분량을 마치 꿈을 꾸듯 이틀 만에 다 읽었다.

스미스가 어린 아내로서 겪은 경험은 그녀의 결혼관을 근본적으로 조형했다. 에멀린과 주변 인물들의 이야기를 뚜렷이 관통하는 메시지가 하나 있다. 바로 어린 여성의 섣부른 결혼에 대한 경고다.

이를 강조하기 위해 《에멀린》은 구혼 소설의 전통적 형식을 과감히 깬다. 플레처의 설명처럼, 보통 "정숙한 여주인공은 처음으로 진지하게 남편감으로 고려한 남자와 결혼한다". 그때껏 내가 읽은 소설들도 대부분 이 원칙을 따랐다. 레녹스의 《여자 돈키호테》(1752)에서 애러벨라도 글랜빌의 청혼을 처음에는 거절했다가 나중에 받아들이고, 버니의 《에블리나》(1778)의 주인공도 결국은 첫사랑 오빌 경과 맺어진다. 《에멀린》보다 6년 늦게 출간된 래드클리프의 《우돌포의 비밀》(1794)도 마찬가지여서 에밀리는 첫 구혼자에 대한 의리를 끝내 저버리지 않는다. 하지만 에멀린은 다르다. 그녀는 델라미어와 결혼하지 않는다. 10대의 오스틴은 이 결말에 대한 실망을 자신의 《잉글랜드사》에서 엘리자베스 1세에 대한 언급을 통해 드러냈다. 하지만 훗날 자신의 소설들에서는 이런 결말을 수용하는 경향을 보인다. 일례로 «이성과 감성»에서 메리앤 대시우드는 첫 구혼자 윌러비—스미스의 델라미어처럼 패기는 있지만 버릇없고 경솔한 인물—와 결국 결혼하지 않는다.

그러다 «에멀린»의 '지연된 결혼'이 감동적이고 복합적인 형태로 진화한 작품이 바로 «설득»(1817)이다. 여주인공 앤 엘리엇은 몇 년 전에 첫사랑이자 남주인공인 프레더릭 웬트워스의 청혼을 거절한 적이 있다. 이는 연륜 있고 현명한 지인의 조언에 따른 결정이었다. 그 지인은 웬트워스가 "내세울 것은 자기 자신밖에 없고, 장래에 부를 이룰 희망은 지극히 불안정한 직업에서의 우연한 성공밖에 없는" 젊은이라는 이유로 결혼을 말렸다. 다시 말해 지인은 그가 앤을 재정적으로 부양하지 못할 것을 우려했다. 그 후 8년이 흘렀고, 그동안 웬트워스는 상당한 재력을 겸비한 번듯한 해군 선장이 되었다. 두 사람은 재회한다. 하지만 이미 그를 놓쳤다고 생각하는 앤 엘리엇은 지난 선택의 아픔을 묵묵히 가슴에만 담아둔다. 그러다 둘은 마침내 화해한다. (웬트워스 대령이 그녀를 여전히 사랑한다고 고백하는 편지에, 오스틴의 작품을 통틀어 가장 감동적이고 가장 많이 인용되는 문장이 등장한다. "나의 절반은 고통, 절반은 희망입니다.")

앤은 이번에는 그의 청혼을 받아들인다. 그렇지만 젊은 시절의 결정에 대해서도 후회하지 않는다. 그녀는 약혼자에게 말한다. "[그때는] 그분의 충고를 따르길 잘했어요." 여기서 '그분'은 지난날 앤에게 결혼하지 말라고 했던 지인을 가리킨다. "충고를 따르지 않았다면, 약혼을 유지하면서 겪었을 고통이 약혼을 포기해서 겪은 고통보다 오히려 더 컸을 거예요. 내적 갈등이 심했을 테니까요." 독자들은 «설득»의 이 부분을 자주 못 본 척하면서, 앤의 첫 거절을 실수로 여기고 싶어 한다. 하지만 앤은 그렇게 여기지 않는다. «설득»은 오스틴이 완성한 마지막 소설이다. 마치 오스틴이 이 작품을 통해 에멀린과 델라미어가 맺어지는 결말을 원했던 어린 시절의 소망을 실현한 것처럼 보인다. 하지만 오스틴의 해피 엔딩은 성급한 결혼은 피하라는 샬럿 스미스의 주장에도 부합하는 방식으로 이루어진다. 래브의 해석처럼, 오스틴은 "«에멀린»을 읽고, 다시 쓰기를 통해 즐겁게 재론한다".

  이 조사를 시작하기 전까지만 해도 나는 오스틴의 작품에 가장 많은 영향을 미친 여성 작가는 프랜시스 버니와 마리아 에지워스인 줄 알았다. 오래전 «노생거 사원»에서 오스틴이 두 작가의 소설을 언급하며 "지성의 최고 역량이 발휘된" 작품이라 칭한 대목을 읽은 까닭이었다. 물론 두 작가도 오스틴에게 영감을 주고 귀감이 되었다. 그것은 분명하다. 두 작가는 그들의 작품뿐 아니라 선택을 통해서도 오스틴에게 여성 작가의 삶을 보여주었다. 모든 예술가가 그렇듯, 오스틴도 자신이 받은 영향의 가닥들을 한데 엮어서 그녀만의 독창적이고 전적으로 새로운 스타일을 직조해냈다. 그런데 이제, 샬럿 스미스의 작품을 읽으면서 나는 또 하나의 가닥을 인지하게 되었다.

  영향의 문제가 한층 복잡해진 것은, 내가 스미스의 다

섯 번째 소설 «올드 매너 하우스»(1793)를 읽기 시작하면서부터였다. 이 소설에는 상속권을 박탈당할 위기에 처한 청년이 나온다. 그가 신분이 낮은 여성을 배우자로 선택하자 그의 부유한 친척이 이에 반대하며 상속에 제동을 건다. «올드 매너 하우스»는 스미스의 소설 가운데 유일하게 고전으로 인정받은 작품이다. 1810년 애나 레티샤 바볼드가 편찬한 «영국의 소설가들» 전집에 포함되었는데, 이 전집은 영문학 "최초의 소설 정전"이었다. 이 소설을 읽던 중 나는 놀라운 것을 발견했다. 버니의 «서실리아»(1782)에 있던 "오만과 편견"이라는 문구가 «올드 매너 하우스»에도 있었다.

흥미롭기 짝이 없었다. 이 문구가 다른 곳에 또 있다? 상황이 복잡해졌다. «서실리아»에서는 이 문구가 소설 끝부분에 두 번 등장한다. "만약 그대들의 불행이 **오만과 편견** 때문이라면, 선과 악은 너무나 기막히게 균형을 이루는 법이니, 그 불행의 종식 또한 **오만과 편견** 덕분일 것입니다." «올드 매너 하우스»에서는 다음과 같은 문장들에 출현한다. "오만과 편견에서 비롯된 발작적이고 어설픈 회한의 순간들." 또는 "그녀의 안하무인 오만과 고집불통 편견을 누가 말리겠는가?". 두 작품 모두 주인공 남녀의 사랑을 신분이나 재산을 이유로 반대하는 거만한 친척이 등장한다. «오만과 편견»에서는 다시의 지체 높은 이모가 두 가지 모두를 이유로 엘리자베스를 조카에게서 떼어놓으려 한다.

이 발견은 새로운 질문을 불렀다. 오스틴은 이 문구를 대체 어디서 빌려 온 걸까? 버니? 아니면 스미스? 오스틴이 두 소설을 모두 읽은 것은 분명하다. 알다시피 오스틴은 «노생거 사원»에서 «서실리아»를 언급해서 불멸성을 부여했다. 또한 «오만과 편견»의 레이디 캐서린 드 버그(다시의 이모)는 «올드 매너 하우스»의 거만한 소유주 레일런드 부인(남주인공의 친척)과 여러모로 비슷하다. (레일런드 부인은 오스틴의 소설을 포함해 내가 지금껏 이 조사에서 읽은 소설을 통틀어 가장 생생하게 묘사된 인물 중 하나다.) 나는 판본과 세대를 가로질러 단서들을 따라갔다. 오스틴이 그 문구를 정확히 누구에게서 따왔는지, 그 정답은 영영 알 수 없을지도 모른다. 하지만 조사 자체가 짜릿했다.

  스미스가 오스틴의 소설에 미친 영향의 가닥들은 더 있었다. 그중 특히 흥미로운 점은 이것이다. 스미스는 자기 세계의 도덕적 모호성을 기막히게 포착해내는 작가였는데, 이는 오스틴의 소설에 흔히 따라붙는 찬사이기도 했다. 두 작가 모두의 작품에서, 여주인공의 해피 엔딩이 딱히 악인의 몰락을 의미하지는 않는다. 알다시피 스미스는 자신과 자녀의 생계를 위해 소설을 썼다. 또한 당시 영국의 법 체제—이 경우는 '기혼녀 지위' 법—는 그녀가 정당하게 상속받은 자금에 대한 접근권을 연기하거나, 제한하거나, 방해했다. 이 체험이 스미스의 소설에 녹아들었고, 많은 플롯에 정부, 법, 여성에 대한 제도적 차별을 비판하는 정치색을 부여했다. 예컨대 «에멀린»에 나오는 변호사 집안은 여주인공이 합법적으로 상속받은 재산을 차지하지 못하게 방해한다. 여주인공보다는 현재 그 재산을 관리하는 후원자에게서 얻는 이득이 훨씬 더 크기 때문이다. 그들의 협잡은 실패하지만, 더 중요한 점은 그들이 악행에 대한 대가를 치르지도 않는다는 것이다. 그들은 그저 다음번 파렴치한 술책으로 옮겨 갈 뿐이다.

  이런 종류의 사실주의—악당들이 반드시 벌을 받지는 않는 것—도 오스틴 소설의 유명한 특징이다. 《설득》의 양대 사기꾼 엘리엇 씨와 클레이 부인도 애초의 계략에는 실패하지만, 둘이 함께 도망치는 것으로 끝이다. 또한 앤 엘리엇을 내내 홀대했던 그녀의 직계가족도 그녀의 행운에 그저 기분 좋게 놀랄 뿐이다. 누구에게도 도덕적 응징은 없다.

  시간이 흐르면서 스미스는 소설에서 정치적 메시지를 더 직접적으로 드러냈다. 1792년, 그녀는 판권 수입이 절실히 필요한 시점에 소설 한 편을 늘 책을 내던 출판사에 넘겼으나 거절 통보를 받았다. 퇴짜 맞은 작품은 《데즈먼드(Desmond)》였다. 당시 진행 중이던 프랑스 대혁명이 배경이고, 절망적인 사랑을 잊어보려 프랑스로 온 데즈먼드라는 영국 남자가 주인공인 소설이었다. 데즈먼드가 사랑하는 제럴딘은 방탕한 건달이자 왕당파(즉 반혁명파) 옹호자인 남편과의 불행한 결혼에 갇힌 여성이다. 데즈먼드는 혁명의 정치적 이상을 지지한다. 참고로, 1793년 공포정치가 시작되기 전의 혁명은 비교적 유혈 사태 없이 전개되고 있었다. 스미스는 프랑스 대혁명이 한창 진행되는 와중에 이를 배경으로 소설을 쓴 몇 안 되는 영국 작가 중 하나였다.

  소설에서 주인공 데즈먼드는 프랑스에서 또 한 명의 불행한 유부녀 조지핀과 관계를 맺는다. 결국에는 데즈먼드와 제럴딘이 결혼에 이르고, 조지핀이 낳은 데즈먼드의 사생아를 그들의 자식으로 키운다. 조지핀 역시 끔찍한 남편이 죽은 후 예전 애인과 재회하며 해피 엔딩을 맞는다. 흡사 메리 울스턴크래프트가 구상했을 법한 플롯이다(이 작품은 당대에 진보적 정치관을 소설에 담던 여성 작가가 울스턴크래프트만이 아니었음을 강력히 시사한다). 플레처의 주장처럼 《데즈먼드》는 스미스의 작품 중 "페미니즘을 가장 공공연히 드러낸 소설"이었다. 그녀의 단골 출판업자는 이를 너무 과격하다고 봤고, 출판을 거부했다. 스미스는 망설임 없이 곧바로 다른 출판사를 찾아갔다. 그리고 진보적 정치 성향의 출판업자 조지 로빈슨(George Robinson)에게 책을 넘겼다. 정확히 말하면, 그녀의 남편 벤저민이 로빈슨에게 넘겼다. '기혼녀 지위' 법 때문에 계약 체결은 아무리 별거 중인 남편이라도 여전히 남편을 통해야 했다.

《데즈먼드》가 더 명시적인 사례일 뿐, 사실 스미스의 소설들 모두 그녀의 정치관을 반영했다. 여러 정치적 주제 중에서도 그녀의 책들은 팜 쿠베르트, 즉 기혼 여성의 법적 권리를 억압하는 영국 법 체제의 부당성에 주목했다. 스미스의 개인사는 당시에도 잘 알려져 있었는데, 그것이 특이해서가 아니라―비슷한 처지의 여성이 영국 전역에 부지기수였다―그녀가 자신의 상황을 드러내 말했기 때문이다. 그녀의 첫 소설 《에멀린》에서도 예외는 아니었다. 이 책은 "내 아이들에게"라는 헌시로 시작한다. 자녀 부양을 위해 직접 일할 수밖에 없는 자신의 처지를 말하는 시였다. "지쳐버린 내 영혼이여, 아직도 고투해야 하는가?/그렇다! 행운이 준 모든 것을 빼앗기고,/무덤이라는 안식처 외에는 모든 희망을 잃었노라./그럼에도 구슬픈 리라만은 힘을 다해 울려서,/근심의 동굴을 상상의 꽃으로 장식하리라."

스미스는 언제나 자신의 고충에 솔직했다. 계속 선금을 요구하고, 계속 일거리를 찾고, 원치 않는 출판을 이어가는 이유를 설명하기 위해서라도 어쩔 수 없었다. 1792년에 출판업자 커델에게 보낸 편지에서도 스미스는 최근의 재정 문제를 상세히 적었다. "스미스 씨는 (……) 정부를 두고 제 재산에서 나오는 이자 수익으로 살고 있고, 저는 영국에서 그의 일곱 아이를 혼자 부양하고 있습니다." 그녀의 처지는 기혼녀 지위의 실상을 단적으로 대변했다. 18세기의 시인 엘리자베스 토머스가 꼬집었듯 "남자는 불행한 아내를 떠나 자유로이 살 수 있으나/여자는 평생 소유물로 묶여 있었다". 하지만 스미스의 발언은 단순한 신세 한탄에 그치지 않았다. 그녀의 말은 항상 상황 개선을 위한 계획이나 행동을 동반했다. 같은 편지에서 스미스는 커델에게 《애상의 소네트》의 제6판 판권을 제시하면서 자신이 직업적 노력에 사적인 문제를 계속 연결 짓는 이유를 이렇게 설명했다. "제가 감수한 고생이 아니었다면 애초에 시도하지 않았을 노력이지만, 제가 이 노력을 통해 얻을 수 있는 아주 사소한 수익조차도 놓칠 수 없는 형편임을 알려드리기 위함입니다." 그녀는 자신에게 시장성 있는 작품을 생산할 동기가 충분하고 확실하다는 것을 출판업자에게 각인시키고자 했다.

책이 하나씩 성공하면서 스미스의 명성도 높아졌다. 이

제 그녀는 자기 저서의 서문을 통해 직접적으로 이런 쟁점들에 대해 말하기 시작했다. 더는 시적 담화를 통해 에둘러 표현하거나 '허구의' 약탈적 변호사들의 행태를 통해 간접적으로 고발하는 데 머물지 않았다. 1792년, 《애상의 소네트》의 제6판 서문을 통해 스미스는 처음으로 인쇄 매체에 자신의 개인사를 공개했다. 그녀는 시아버지의 유산을 둘러싼 분쟁과 그것이 자신의 삶에 미친 영향을 간략히 기술하면서, 법적 문제로 인한 끝없는 낙담을 〈잠언〉을 인용해 이렇게 표현했다. "언제까지나 나는 '소망의 지연으로 말미암아 마음이 병들어가는' 운명에 처해졌다."

한 달 뒤 스미스의 소설 《데즈먼드》도 출간되었다. 이 책의 서문에서 그녀는 자신의 법적 문제를 더욱 상세히 밝혔다. 《데즈먼드》가 당시 진행 중이던 프랑스 대혁명을 다루고 있었으므로, 그 점에 대한 언급으로 서두를 열었다. "사람들은 정치는 여자의 소관이 아니라고 말한다." 이렇게 말하는 사람들은 여자는 "가정적 미덕"에만 집중할 것을 주장했다. 이에 스미스는 다음과 같이 응수했다. "그러나 나는 분명히 말할 수 있다. 내가 작가가 된 것은 의무의 위반이 아니라 오히려 그것을 준수한 결과였다." 그녀가 가정의 영역을 벗어나 공적 세계에 발을 들인 것은 다름 아닌 자녀 부양을 위해서였다. 그녀가 작가의 길에 들어선 것은 선택이 아니라 필요였다. 그녀의 인생에 법적 권한을 가진 남자들이 부당하게 행동한 결과였다. "불행히도 우리의 가정사가 멋대로 행동해도 처벌받지 않는 남자들의 권한에 맡겨진 상황에서, 나는 직업 작가가 될 수밖에 없었다."

스미스는 자신의 법적 고투를 작가 활동과 공개적으로 결부시킴으로써, 팜 쿠베르트 개념의 기저를 이루는 명분 자체를 비판했다. 이 법은 '보호'를 명분으로 삼지만, 그 보호는 남편에게 실천할 마음이 있을 때만 유효했다. 벤저민처럼 무책임하고 방탕한 남편을 둔 샬럿 스미스는 그런 보호책에서 얻는 혜택이 거의 없었다. 혜택은커녕 기혼녀 지위는 그녀와 자녀들의 생존을 위협했다. 당시 영국의 법 체제하에서 수많은 여성이 비슷한 일을 겪었다. 차이가 있다면 샬럿 스미스는 거기에 대해 발언할 연단을 스스로 쌓았다는 것이다. 그 연단은 생계의 필요에 의한 것이었고, 그녀는 이를 적극 이용했다. 그녀는 실상을 편지로 알렸고, 소설의 프롤로그로 썼으며, 플롯에 엮어 넣었다. 그녀는 목소리를 낼 수 없는 많은 여성을 대변했다.

스미스는 딸들을 위해서도 싸웠다. 훗날 딸과 프랑스 대혁명을 피해 망명한 무일푼 청년의 결혼을 지지했다. 둘이 깊이 사랑하기 때문이었다. 하지만 다른 딸 루시가 어느 의학도와 결혼한다고 했을 때는 둘의 관계가 헌신적이지 않다는 이유로 반대했다. 스미스는 루시가 자신의 실수를 되풀이하지 않을까 우려했다. 그리고 우려했던 일이 일어났다. 루시는 결국 결혼했고, "학대와 가난과 반복되는 임신으로 고통받았다". 스미스가 겪은 것과 판박이였다. 이것은 모녀의 성향이 비슷했기 때문이 아니었다. 이런 운명이 너무나 흔했던 탓이었다. '기혼녀 지위' 법은 남편의 악행이 만발하기에 적합한 온상이었다. 악행이 법으로 용인된 마당에 기혼 여성에게는 대책이 없었다.

딸을 학대하던 사위가 죽자, 스미스가 루시와 세 손주의 부양을 떠안았다. 세상을 떠나기 전해인 1805년의 한 편지에 그녀는 이렇게 썼다. "당연하지 않나요. 내가 더 아끼거나 더 일해서 도와줄 수 있는 한, 딸의 궁핍을 그냥 두고 볼 수는 없어요." 그녀는 자녀의 고통을 보느니 차라리 계속 글을 쓰고, 더 허리띠를 졸라맬 작정이었다.

제인 오스틴이 속한 계층에서는 좋은 결혼이 딱히 사랑에 기반한 결혼을 의미하지는 않았다. 부부 간의 진정한 감정은 있으면 좋은 것이고, 당연히 바람직했지만, 선택 사항이었다. 반면 재정적 궁합은 필수 조건이었다. 현대 학자 데버라 캐플런(Deborah Kaplan)이 말했다. "가정의 미덕을 가장 열성적으로 옹호하는 사람들조차 사랑만 넘치고 가난한 결혼은 반대했다." «맨스필드 파크»와 같은 해인 1814년에 출간된 마리아 에지워스의 소설 «후원(Patronage)»에 등장하는 두 여성의 대화가 당시 젠트리 계층의 보편 인식을 경쾌하게 요약한다. "'말씀하신 행복한 결혼이란 무엇을 의미하는지요?' '무슨 의미냐고요? 아시는 그대로죠. 모두가 속으로는 아는 거요. 첫째로, 재산 있는 남자와 결혼하는 것이 행복한 결혼이죠.'" 하지만 샬럿 스미스는 그것이 항상 정답이 아님을 알고 있었다. 자신이 직접 겪은 일이었다. 스미스는 자신의 소설들에서 이 보편 인식을 반박한다. 그녀는 자기 계층의 통념에 맞서는 주장을 거듭해서 폈다. 그것은, 경제적 안정을 위한 결혼이 사랑을 위한 결혼보다 위험하다는 주장이었다.

18세기 영국 상류층 여성에게 결혼을 아예 거부하는 것은 사실상 불가능했다. 그것은 사회적 자멸을 뜻했다. «에멀린»의 주인공은 재정적 안정을 이루자 "평생 결혼하지 않겠다"는 의지를 표명한다. 그러자 그녀의 친구 "웨스트헤이븐 경은 그녀의 엄숙하고 진지한 선언에 배꼽을 잡고 웃어대며 그녀의 결심을 대놓고 조롱했다. 그 태도는 처음에는 그녀의 분노를 불렀지만, 나중에는 그녀도 함께 웃고 말았다".

현실적으로, 상류층 여성이 경제적으로 자립할 방법은 거의 없었다. 물려받은 재산이 있어도 유산이 지참금 형태로 묶여 있기 마련이라 결혼을 통해서만 접근이 가능했다. 다시 말해 여성의 상속금은 오히려 결혼을 장려했다. (여기서 주목할 것이 해나 모어의 경우다. 모어는 독자적으로 운용할 재산이 넉넉했기에 평생 독신으로 살 수 있었다.) 이런 맥락에서, 상호 존중과 애정에 기반해서 배우자를 선택한 여성들은 그 자체로 돈과 지위를 위한 결혼을 하라는 사회적 압력에 반기를 든 셈이었다. 그 여성들은 자신의 안위를 우선시했다. 그들은 자신의 삶에 남편의 인품이 그의 수입보다 훨씬 중대한 영향을 미친다는 것을 알고 있었다.

스미스의 소설들은 스토리텔링을 통해 여성들에게 팜 쿠베르트의 지위가 야기하는 위험을 경고했다. 이 시대의 여성 소설들이 여성의 인생에서 가장 결정적인 지점, 여성이 드물게 선택의 권한을 행사하는 순간—결혼 문제—에 주로 집중한 것은 사실 당연한 일이다. 구혼 소설을 폄하하는 시선은 이 플롯들을 기혼녀 지위라는 법의 맥락에서 바라보지 못한 소치다. 남성이 여성과 자녀의 삶을 광범하고 절대적으로 지배하는 상황에서, 어떤 남자와 결혼할지는 말 그대로 생사의 문제였다. 영국 구혼 소설의 역사는 곧 팜 쿠베르트에 맞선 여성 저항의 문학사였다.

  제인 오스틴의 소설과 서신은 결혼의 결과에 대한 그녀의 진지한 고민을 보여준다. 오스틴의 소설들에는 가슴 뿌듯한 사랑만 있지 않다. 사회적, 재정적 이익 추구 수단으로서의 결혼에 대한 냉소적 평가도 짙게 깔려 있다. «에마»의 주인공은 친한 친구에게 그녀가 사랑하는 농부 대신 부유한 남성과 결혼하라고 권하다가 친구의 인생을 망쳐놓을 뻔한다. «설득»의 앤 엘리엇은 남자의 경제력을 걱정하는 지인의 설득에 넘어가 사랑하는 남자와의 약혼을 파기한다. 오스틴의 소설들은 선배 작가들이 여성의 법적 지위라는 정치적 의제를 소설에 반영해온 전통에 대한 의식적 찬동이자 계승이었다.

  처음에 나는 내 서가에 «애상의 소네트» 한 부를 들이고 샬럿 스미스가 희구했던 자유의 상징으로 삼고 싶었다. 하지만 이제는 18세기 여성의 문학적 저항을 대표하는 책으로 스미스의 소설 중 하나를 서가에 더하고 싶어졌다. 제인 오스틴은 성장하고, 무도회에 다니고, 아직 남편감을 찾던 시절에 샬럿 스미스의 소설들을 읽으며 18세기 영국 법 체제하에서 기혼 여성의 지위에 대해 숙고했다. 이제 나는 그녀의 고민이 어떤 구체적인 지점들에 닿아 있었는지 알 것 같았다. 그것이 스미스의 구혼 소설이 전반적으로 제기한 문제, 더 넓게는 버니와 래드클리프와 레녹스의 소설들이 다룬 문제였기 때문이다. 그리고 이제 그 전통을 오스틴의 소설이 이어받았다. 이 소설들은 실제 삶의 이해관계를 반영했다. 예컨대 스미스가 결혼 생활 내내 겪었던 빈곤, 학대, 법적 보호의 부재를 담았다. 이 여성 작가들은 소설에서 소설로 서로에게 메시지를 보내고 있었다. 법은 당신을 보호하지 않으니, 자신을 직접 지킬 방법을 강구하라.

그럼, 스미스의 소설 중 어떤 것을 내 컬렉션에 추가할 것인가? 내가 읽은 스미스의 소설이 모두 좋았기에 나는 수집에서는 우연의 인도에 따르기로 했다. 그리고 이번에도 우연은 나를 실망시키지 않았다. 처음에 나는 온라인 검색 중에 «올드 매너 하우스» 초판본을 발견했다. 하지만 책등이 갈라지고 해져서 손을 타면 더 손상되는 것을 막을 수 없을 듯했다. 내가 원하는 것은 손에 책을 들고 책장을 넘기며 18세기 활자로 찍은 여주인공의 이야기를 읽는 일이었다. 그래서 그 책은 포기했다.

나는 이미 오래전에 인내의 결실이 달다는 것을 배웠다. 예컨대 구텐베르크 성서의 딱 좋은 낱장을 몇 년씩 찾아다녔을 때. 이번에도 장기전을 각오했다. 해가 지나고 또 지나 몇 해가 흘렀다. 그러다 마침내 어느 런던 서점의 웹사이트에서 «에멀린» 초판본을 발견했다. 공교롭게도 내가 동업자와 몇 달 뒤 방문할 예정인 서점이었다. 문제가 하나 있었다. 내가 직접 갈 때까지 몇 달이나 판매를 보류해달라고 요청할 수는 없었다. 하지만 직접 보기 전에는 구매 여부를 판단할 수 없었다. 운에 맡겨야 했다. 내 방문 전에 누군가 채 가지 않기만을 바랄 뿐이었다. 과거에도 이런 식으로 기다리다가 내가 방문했을 때는 탐내던 책이 이미 팔려버려 낙담한 적이 가끔 있었다. (내가 놓쳤던 SF 작가 리 브래킷의 저자 서명본을 생각하면 지금도 가슴이 저린다.)

　　책을 당장 샀다가 후회할 위험과 기다리다가 놓칠 위험을 저울질할 때 내가 하는 상상이 있다. 미래의 내가 그 서점에 가서 책이 이미 사라진 것을 알았을 때 어떤 심정일까? 그 상상이 나를 두려움으로 채우면 나는 대개 책을 즉시 사버린다. 만약 책이 남에게 넘어갈 수 있다는 전망에도 마음이 덤덤하면, 기다려본다. 샬럿 스미스의 경우는 딱 좋은 책을 얻기 위해 이미 몇 년을 기다려온 후였다. 결국 나는 절충안을 택했다. 일단 두 달쯤 기다렸다. 그러다가 방문을 몇 주 앞두고 그 서점에 있는 지인에게 이메일을 보내 내가 방문할 때까지 그 책을 맡아줄 수 있는지 물었다. 다행히 그 책은 아직 있었고, 그들은 나를 위해 책을 따로 빼두었다.

　　그 희귀서 전문점은 19세기 중반에 설립된 곳으로 런던에서 가장 유서 깊은 고서점 중 하나였다. 팬데믹 직전에 블룸즈버리로 이전했기 때문에 새 주소로는 첫 방문이었다. 서점은 우리 일행을 맞으며 8월 '무더위'에 대해 유감을 표했다(하지만 워싱턴 D. C.의 습한 여름에서 벗어난 우리에게는 오히려 휴식처럼 쾌적한 날이었다). 서점은 우리에게 차도 권했다. 나는 사양했다. 감사합니다만, 책으로 직행해도 될까요. 그동안 내가 살펴봤던 샬럿 스미스의 소설들처럼 이 네 권짜리 《에멀린》

세트 역시 수백 년의 세월을 견디고 여러 주인의 손을 거치며 얻은 손상이 적지 않았다. 어떤 책등은 라벨이 떨어져나갔다. 하지만 첫 권의 표제지를 여는 순간 나는 이 책이 내가 기다리던 책이라는 것을 알았다.

　　　　표제지에는 심한 흘림체로 "M. 힐의 책"이라고 쓰여 있었다. 이 희귀서 서점 사람들은 전문가였다. 그들은 이미 이 서명이 누구의 서명인지 조사했고, 그 정보를 책 설명에 포함했다. 책의 역사와 중요성에 대한 간략한 개요에 더해, 해당 본의 고유한 물리적 특성—보존 상태와 소장 이력(이전 소유자 서명 포함) 등—도 꼼꼼히 기록했다. 이 «에멀린» 세트는 메리 힐(Mary Hill, 결혼 전 성은 샌디스), 즉 다운셔 후작부인이자 샌디스 여남작이 소장했던 책이었다. 이 책이 출판되던 1788년, 그녀는 스물세 살이었고, 결혼한 지 이미 2년이었다. 지금은 스물한 살의 결혼이 일러 보이지만, 샬럿 스미스 본인과 «에멀린»의 스태퍼드 부인은 열다섯 살에 결혼했다. 메리 힐은 심지어 에멀린보다도 늦게 결혼했다.

　　　　메리 힐은 책을 사랑했고, 세월의 흐름에 따라 새로운 작품들을 가문의 도서관에 꾸준히 추가했다. 서점의 카탈로그에 따르면 "그녀의 자산이 늘어날수록 책에 대한 욕심도 커졌고, 특히 여성 작가의 작품에 대해 놀랄 만큼 일관적인 애정을 보였다". 그녀의 도서관에는 이 작품 외에도 스미스의 작품이 네 편 더 있었다. 이제 이 책은 내 것이었다. 지금의 나처럼 여성 작가들의 소설을 적극적으로 수집했던 여성이 소장했던 샬럿 스미스의 책을 갖게 됐다니, 나는 기쁨을 주체할 수 없었다. 이 책은 우리 두 사람의 수집가가 시간을 넘어 대화할 창을 열었다. 그래, 우리 둘은 동의했다. 이 책은 우리의 서가에 있어 마땅했다.

서점의 책 설명에는 후작부인이 1789년판 «애상의 소네트»의 예약 구매자였다는 언급도 있었다. 내가 1년쯤 전 샌프란시스코의 멋진 고서점에서 매입한 바로 그 판본이었다. 이 여행에서 돌아오자마자 나는 득달같이 내 호화판 «애상의 소네트»를 꺼냈다. 그리고 예약 구매자 명단이 있는 페이지를 펼치고, 샬럿 스미스의 시집 출판을 돕기 위해 선불로 책값을 낸 이들의 이름을 죽 훑었다. 그리고 찾았다. "힐 부인." 예약 구매자.

지금 내 서가에 이 «에멀린»이 «애상의 소네트»와 나란히 꽂혀 있다. «에멀린»의 초반부에서 화자는 "쇄도하는 불행에 눌려 가라앉지" 않으려는 여주인공의 결연한 의지를 묘사한다. 에멀린은 감수성 높은 18세기 여주인공답게 소설 전반에 걸쳐 자주 기절한다. 하지만 동시에 행동에 나선다. "그녀는 눈물과 탄식에 자신을 맡기는 대신, 현재 자신이 할 수 있는 모든 것을 가장 잘 수행할 방법을 고민했다." 자신을 창조한 저자처럼 그녀도 싸웠다. 나는 샬럿 스미스에게 다른 삶을, 다른 정전적 운명을 간절히 바랐지만, 그녀의 삶에는 더 중요한 진실이 있었다. 그것은 그녀가 글쓰기를 통해 자신을 해방했다는 것이다. 이 책들이 그 증거였다.

제7장

엘리자베스 인치볼드

Elizabeth Inchbald
1753~1821

❖

"사랑의 맹세! (……)
왜 진작 이 생각을 못 했지?
내 생각에는 이 작품이 딱이야."

**《맨스필드 파크》에서 톰 버트럼이
인치볼드의 희곡을 두고 한 말**

농부의 딸 엘리자베스는 열세 살의 어느 날, "이대로 세상을 보지 못하고 사느니 차라리 죽겠다"고 선언했다. 그녀는 다른 삶을 살아보겠다는 야망에 불탔다. 열여덟 살이 되던 해 그녀는 몰래 서퍽주 시골의 고향을 떠나 혈혈단신 런던으로 향했다. 홀어머니에게 남긴 작별 편지에는 이렇게 적었다. "이 편지를 받으실 즈음이면 저는 이미 떠나고 없을 거예요. (……) 어쩌면 영영요." 극적인 결행이었고, 경솔하다는 인상을 줄 수도 있었다. 하지만 엘리자베스는 일단 행동의 방향을 정하면, 그리로 전력투구했다. 그녀는 집념과 노력으로 성공을 쟁취했다.

학교교육을 받은 적 없는 이 농부의 딸은 훗날 당대 가장 유명한 작가 중 한 명이 되었다. 처음 품었던 배우의 꿈을 이룬 후 그녀는 쓰고, 고쳐 쓰고, 투고하고, 또 쓰기를 반복했고, 마침내 《실은 말이죠(I'll Tell You What)》(1785)와 《세상에 이런 일이(Such Things Are)»(1787) 같은 히트작을 내며 극작가로 대성했다. 그녀의 도전은 거기서 그치지 않았다. 그녀는 오래전에 퇴짜 맞았던 소설을 다시 꺼내 먼지를 털고 전면적으로 다시 손봤다. 그렇게 탄생한 «단순한 이야기(A Simple Story)»(1791)는 18세기에 최고의 찬사를 받은 소설 중 하나가 되었다. 그녀는 훗날 "저명한 인치볼드 부인", "1784~1808년의 가장 중요한 [영국] 작가 중 한 명", "역사상 가장 총명한 독학 여성"으로 불렸다. 그럼에도 오늘날 우리는 그녀를 특정 희곡의 작가로만 기억한다. 그 희곡이 오스틴의 소설 «맨스필드 파크»에서 갈등 서사의 촉발 장치로 기능하기 때문이다.

    엘리자베스 인치볼드를 조사하기 시작했을 때, 나는 고루하고 따분한 작가의 전기 몇 권과 시대에 뒤떨어진 희극을 한 무더기 읽게 될 줄 알았다. 하지만 내가 발견한 인치볼드는 전혀 달랐다. 그녀는 독자에게서 비상한 반응을 끌어내는 작가였다. 그녀의 말장난은 정말로 웃겼고, 나는 연신 폭소했다. 엘리자베스 인치볼드는 그저 대단했다. 래드클리프의 고답적인 고딕풍 과장은 취향을 탈 수 있고, 샬럿 스미스의 걸작들은 너무 장황하게 느껴질 수 있다. 하지만 오스틴의 소설을 좋아하는 독자라면 인치볼드의 작품에도 푹 빠질 것이다. 이처럼 참신하고 재미있는 작가가 어쩌다 우리의 기억 밖으로 말려났을까?

✵

엘리자베스는 샬럿 스미스보다 4년 늦은 1753년에 태어났다.

모든 기록에 따르면 그녀는 야심이 컸을 뿐 아니라 놀랄 만큼 아름다웠다. 다만 말을 더듬는 언어장애가 있어서 사람들 앞에서 수줍음을 탔다. 하지만 연극을 몹시 사랑했다. 그녀는 오빠 조지처럼 극단 배우가 되고 싶었다. 열여섯 살 때 엘리자베스는 배역을 얻을 요량으로 노리치 지역 극단의 단장에게 몰래 편지를 보냈다. 단장은 친절하게 격려하면서도 그녀가 미성년자라는 이유를 들어 부드럽게 나중을 기약했다. 하지만 그녀는 나중을 기다릴 생각이 없었다.

연극을 사랑한 것은 엘리자베스와 조지뿐이 아니었다. 온 가족이 연극을 좋아했다. 그들은 자주 공연을 보러 다녔고, 여러 배우와 안면을 텄다. 이 무렵 엘리자베스는 조지프 인치볼드를 만났다. 그는 그녀가 입단하려고 했던 극단의 배우였다. 조지프는 그녀에게 반했고, 청혼했다. 당시 열여덟 살이었던 엘리자베스는 그의 청혼을 거절했다. 그녀는 정중한 거절 편지에서 자신은 아직 결혼할 준비가 되지 않았다고 설명했다. "당신의 수려한 문장에도 불구하고 결혼은 아직도 제게 매력보다는 공포로 다가옵니다." (왠지 샬럿 스미스의 작중 인물이 말하는 것 같지 않은가? 내 느낌은 그렇다.) 조지프는 그녀의 거절을 선선히 받아들였고, 두 사람은 친구로 남았다. 당분간은.

엘리자베스 가족의 연극 사랑은 전문 극단의 공연을 보는 데 그치지 않았다. 당대의 많은 가족이 그랬듯 그들도 여흥 삼아 집에서 대본 낭독회를 열었다. (한 세대 후 오스틴의 가족 역시 같은 여흥을 즐겼다.) 말더듬 때문에 애먹었지만, 엘리자베스도 열심히 노력해서 참여했다. 1833년에 최초의 정식 인치볼드 전기를 펴낸 제임스 보든(James Boaden)에 따르면, "그녀는 특히 발음하기 어려운 단어들을 모두 적어서 항상 지니고 다녔다". 노리치 지역 극단에서 거절당했어도 엘리자베스는 오디션을 준비했다. 〈리어왕〉의 코딜리아를 비롯한 셰익스피어 희곡의 주요 여성 배역들의 대사를 암기했다. 극단장들에게 자신이 기본 레퍼토리를 숙지하고 있음을 보여주기 위해서였다. 그녀는 발성과 발음 연습을 하고, 극단장들에게 편지를 보내고, 연기 레퍼토리를 익혔다. 이 모든 것을 열일곱 살까지 해냈다. 그녀가 실패했어도 노력 부족 탓은 아니었다. 엘리자베스 인치볼드는 한 걸음씩, 한 작품씩, 한 해 한 해 자신이 원하는 삶을 쌓아갔다.

하지만 빛나는 성공은 아직 한참 훗날의 일이었다. 10대의 엘리자베스가 희구하는 것은 그저 배우로 무대에 서는 것뿐이었다. 심지어 어머니도 딸의 입단을 지지하지 않았다. 그래서 그녀는 런던으로 도망쳤다. 무작정 떠난 것은 아니었다. 나름의 계획이 있었다. 런던에 사는 친지가 있었고, 그녀는 다음 향방을 정할 때까지 그들이 자신을 맡아줄 것으로 생각했다. 런던이 영 낯선 곳도 아니었다. 몇몇 언니가 결혼해서 런던에 살았고, 언니들 집을 방문한 적도 있었다. 엘리자베스는 이번에는 마치 조젯 하이어(Georgette Heyer)[14] 소설의 여주인공처럼 혼자 역마차를 타고 런던에 도착했다. 그녀는 '로즈 앤드 크라운'이라는 운치 있는 이름의 여관에 방을 잡았다. 하지

---

14   리전시 시대 배경의 로맨스 소설로 유명한 현대 작가.

만 당장 난관에 봉착했다. 의탁하려던 친지가 이미 이사 가버린 것이다.

10대 소녀가 보호자 없이 혼자 여관에 머문다? 선의의 오지랖이든, 음흉한 관심이든 남의 이목을 끌기에 딱 좋은 상황이었다. 엘리자베스는 숙소를 옮기면서 여관 주인에게 자신이 모자상의 수습생이라고 둘러댔다. 그러다 어느 날 낯선 남자가 그녀를 따라오자 또다시 숙소를 옮기고 또다시 거짓말을 지어내야 했다. 이번에는 요크행 역마차를 타려다 이미 만석이어서 낙오한 여행객인 척했다. 그녀는 아직 포기할 생각이 없었다. 그녀는 세 차례나 숙소를 옮겨 다니며 극단 두 곳의 캐스팅 담당자를 찾아갔다. 엘리자베스는 배우가 되겠다는 하나의 목표를 집요하게 좇았다.

하지만 일이 기대대로 풀리지 않았다. 엘리자베스는 점점 더 절박한 처지로 몰렸다. 일자리도 없이 여전히 여관에서 혼자 지내는 신세였다. 설상가상, 그녀의 일거수일투족을 주시하던 수상한 남자가 편지까지 보내기 시작했다. 결국 엘리자베스는 런던에 사는 언니 중 한 명에게 편지를 보냈다. 언니들은 즉시 동생 구조에 나섰다. 형부 한 명이 그녀에게 일장 연설을 퍼부었다. 그날의 훈계와 호통이 어찌나 인상 깊었던지, 훗날 엘리자베스는 형부에게 "죽을 만큼 겁을 주었다가 도로 살려놓기를 즐기는" 재주가 있었다고 회고했다. 설득에 며칠이 걸렸지만, 결국 그녀는 언니의 집에서 지내게 되었다. 안전한 거처 확보를 위해 계획을 수정하긴 했지만, 그렇다고 배우가 되겠다는 야망까지 포기한 것은 아니었다. 그녀는 포기할 생각이 전혀 없었다.

　　엘리자베스가 런던에 온 지 몇 주 되지 않았을 때, 예전의 지인이 언니의 집으로 그녀를 찾아왔다. 조지프 인치볼드였다. 6개월 전 그녀에게 청혼했다가 거절당한 남자였다. 그는 엘리자베스보다 열일곱 살이나 연상이었고, 이미 두 아이의 아버지였다. 하지만 이제 그녀는 조지프를 이전과 다른 눈으로 보기 시작했다. 엘리자베스는 찾아가는 극단마다 문전박대를 당하는 처지였고, 조지프는 훌륭한 배우였으며, 경험도 인맥도 많았다. 곧 그녀는 그의 조언을 구했고, 그는 기꺼이 응했다.

　　그러나 이 분야에서 일자리를 찾기란 쉽지 않았다. 특히 경력이 전무한 아름답고 젊은 여성에게는 위험도 따랐다. 엘리자베스가 배우 인생에서 추행을 당한 일이 기록으로 남은 것만도 몇 차례에 달하는데, 그중 첫 번째를 이 무렵인 런던 생활 초창기에 겪었다. 당시 브리스틀 극장의 지배인이었던 제임스 도드(James Dodd)가 런던에 와 있었고, 엘리자베스는 일을 구하러 그를 찾아갔다. 도드는 그녀와 여러 번 만났고, 그녀가 방문할 때마다 그의 행동은 엘리자베스를 "겁에 질리게" 했다. 도드는 그녀에게 추파를 던졌고, 점점 더 노골적으로 굴었다. 아직 10대였던 엘리자베스는 대응 방법을 몰랐고, "그의 행동에 견디기 힘든 공포와 격분을 느꼈다". 한번은 물리적으로 자신을 방어해야 하는 일까지 닥쳤다. 그녀는 근처에 있던 물건—뜨거운 물이 담긴 대야—을 집어 들어 그의 얼굴에 던졌다. 그러나 도드는 그녀에게 고용 의사를 보인 거의 유일한 극단장이었기에, 그녀는 사건 직후 편지를 보내 화해를 청했다. 도드는 이를 거절했다.

이 무렵 조지프가 다시 청혼했고, 이번에는 엘리자베스가 받아들였다. 두 사람은 결혼했다. 엘리자베스가 런던으로 가출한 지 두 달만이었다. 조지프의 도움으로 엘리자베스는 그가 속한 극단에서 처음으로 배우 자리를 얻을 수 있었다. 조지프는 결혼식 당일 밤에도 "무대에 섰는데", 공교롭게도 그날 공연작의 제목이 '질투 많은 아내(The Jealous Wife)'였다. 그 결혼의 상징적인 시작이었다. 부부 사이에 불화와 질투가 없지 않았지만, 두 사람의 유대는 연극에 대한 공동의 열정 위에서 점차 견고해졌다.

1772년 결혼 당시 엘리자베스는 열여덟 살, 조지프는 서른일곱 살이었다. 21세기 관점에서 이런 나이 차이는 결혼 동기뿐 아니라 권력 불균형을 의심하게 한다. 1830년대의 평론가들조차 회의적이었다. 그들은 이 관계를 일종의 편의적 결합으로 보았다. 최초의 정식 인치볼드 전기를 썼고 본인도 극작가였던 제임스 보든은 이런 혼사의 실용적 목적을 강조했다. "그녀의 남편은 그녀의 빼어난 재능과 외모에 끈질긴 노력이 더해질 경우, 두 사람에게 (……) 수익성 높은 계약을 많이 안겨줄 것이라 판단했을 것이다." 하지만 대개의 관계가 그렇듯, 그들의 관계도 겉보기보다 복잡했다.

엘리자베스는 얇은 수첩들에 50년 넘게 꾸준히 일기를 썼다. 이 중 현존하는 가장 이른 기록은 1776년의 것으로, 여기에 단속적이나마 그들의 결혼 생활을 엿볼 수 있는 언급들이 있다. 그들의 결혼에는 언쟁의 밤이 많았다. 일례로 1776년 1월 11일의 일기에 "인치볼드 씨가 귀가한 후 우리는 배우 대기실에서 그가 내게 한 말 등등을 두고 심하게 다퉜다"는 내용이 있다. 하지만 부부가 건설적인 대화를 나누는 날들도 많았다. 예컨대 조지프는 엘리자베스의 대사 연습과 연기 중 말더듬 해소를 도왔다. (같은 해 1월 8일 일기에 이런 말이 나온다. "머리 분장을 받는 동안 인치볼드 씨가 내 대사를 들어주었다.") 두 사람은 나란히 무대에 섰다. 아일랜드에서는 ‹리어왕›(그녀가 코딜리아, 그가 리어왕)을, 에든버러에서는 ‹오셀로›(그녀가 데스데모나, 그가 오셀로)를 함께 연기했다. 엘리자베스의 독립심은 결혼 후에도 전혀 죽지 않았다. 결혼 후 몇 해 지나지 않아 그녀는 급여의 "분리"를 요구하며 남편과 말다툼을 벌였다. 즉 자신의 출연료를 남편과 따로 받겠다는 것이었다. 그는 결국 이에 동의했다. 이는 엘리자베스가 돈을 마음대로 쓰고 싶어서가 아니었다. 오히려 그 반대였다. 그녀는 천성적으로 검소했고, 돈을 최대한 아껴서 고향의 가족에게 송금했다. 극단적인 방식으로 고향을 떠나긴 했지만, 그녀는 가족과 돈독한 관계를 유지했다.

　　엘리자베스와 조지프가 택한 삶은 무대에 대한 절대적 헌신과 서로를 향한 부단한 지원을 요구했다. 순회 극단은 긴밀한 공동체였다. 배우들은 지근거리에서 생활하고 일했다. 아침에는 연습하고, 저녁에는 공연하고, 틈날 때마다 대사를 외웠다. 그들의 노력에 항상 보상이 따르는 것도 아니었다. 불안정한 삶이었다. 파리에 머물다 돌아오는 길에는 자금이 바닥나 끼니를 거르며 여행했다. 어떤 날은 들판에서 순무를 캐서 저녁을 해결하기도 했다. 2003년에 애니벌 젱킨스(Annibel Jenkins)가 펴낸 인치볼드 전기에 따르면, 그들의 관계가 어떻게 시작되었든 그것은 결국 "사랑의 결합으로 발전했다". 세월이 흐르면서, 연극에 대한 공동의 열정과 그들의 직업이 요구하는 협업 속에서 두 사람의 관계는 점점 더 공고해졌다.

엘리자베스는 조지프와 평생을 순회 극단에서 보낼 수도 있었다. 1779년 봄, 두 사람은 리즈에서 보람찬 시간을 보냈다. 조지프는 셰익스피어의 <헨리 5세>에, 엘리자베스는 신작 희극 <연애 학교(School for Lovers)>에 출연했다. 다음에는 극단 동료들과 근처 핼리팩스로 짧은 휴가를 떠났다. 그런데 휴가에서 돌아온 다음 날, 조지프가 갑작스럽게 심장마비로 그녀의 품에서 숨을 거두었다. 두 사람이 결혼한 지 7년 만의 일이었다. 엘리자베스는 몇 달이나 비통에 잠겼다. 그녀는 남은 평생 인치볼드 부인이라는 이름으로 살았다. 그리고 언제나 그랬듯, 원하는 삶을 일구기 위한 노력을 이어갔다.

조지프가 살아 있을 때, 배우로 성공하려는 엘리자베스의 야망은 그의 도움으로 실현되기도 했지만 동시에 그의 존재로 제약을 받기도 했다. 두 사람 중 배우로 더 확실히 자리 잡은 사람은 조지프였기에 두 사람의 직업적 여정은 그녀가 희망하는 진로보다는 그의 진로가 이끄는 대로 움직였다. 그녀도 나름 배우로 탄탄한 평판을 쌓았지만, 사실 그것은 재능보다는 성실성 덕분이었다. 어느 극장 지배인은 그녀에게 작지만 중요한 배역을 맡기며 이렇게 적었다. "극장의 안녕을 위해서는 귀하가 아닌 다른 누구의 집중력이나 시간 약속도 안전하게 믿을 수가 없습니다."

이제 그녀의 운명은 또다시 전적으로 그녀의 손에 놓였다. 조지프가 세상을 떠난 시점에 그녀는 소설을 100페이지가량 써놓은 상태였고, 그가 죽은 후 몇 달 동안 원고를 완성해서 출판사에 보냈다. 비록 거절당했지만, 그것이 그녀를 막지는 못했다. 어쨌거나 그녀에게 퇴짜는 낯선 경험이 아니었다.

인치볼드는 계속해서 더 좋은 연기 기회를 모색했다. 과부가 되었지만 이제 그녀는 연극계에서 확실히 자리를 잡은 상태였다. 1780년, 다년간 순회 극단에서 쌓은 인맥을 통해 억척스럽게 시도한 끝에 인치볼드는 런던 코번트 가든 극장의 배우 자리를 확보했다. 그녀의 연기 인생이 정점을 찍는 순간이었다.

18세기 영국에서 런던의 극장들은 정부의 통제를 받았다. 1642년 영국 내전이 일어났을 때 청교도가 장악한 의회가 도덕적 정화를 이유로 극장을 모두 폐쇄했다. 1660년 왕정복고에 따라 즉위한 찰스 2세가 극장을 다시 열었지만, 런던의 극장 중 단 두 곳에만 공연 특허장을 내리고 공연 내용을 엄격히 관리했다. 모든 희곡은 궁내 장관의 검열을 거쳐 상연 허가를 받아야 했다. 인치볼드가 활동하던 시대에는 왕의 인가를 받은 극장이 한 곳 더 늘어나 총 세 곳이었다. 코번트 가든, 드루

리 레인, 그리고 1766년에 추가된 헤이마켓. 코번트 가든과 드루리 레인은 유명 배우, 흥미로운 신작 희곡, 무엇보다 유료 관객을 선점하려 치열하게 경쟁했다. 헤이마켓은 이 두 극장이 휴장하는 여름철에만 운영했다.

이처럼 공인 극장은 극소수이고 배우 지망생은 넘쳐났기에, 오직 최고만이 런던 무대에 설 수 있었고, 오직 최고 중의 최고만이 좋은 보수를 받았다. 스타가 아닌 배우들은 급료를 "주는 대로 받았다". 인치볼드도 코번트 가든의 자리를 수락하면서 오히려 출연료가 줄었다. 하지만 장기적 이득을 위해서라면 단기적 손해쯤 기꺼이 감내할 수 있었다.

"지나치게 흥미로운" 인상과 모래빛 속눈썹을 지닌 인치볼드는 스타급 미모를 지녔지만, 타고난 재능은 거기 미치지 못했다. 그녀는 1782년부터 여름마다 헤이마켓의 무대에도 섰는데, 그녀와 함께 무대에 섰던 한 여배우는 당시 인치볼드가 맡던 역할을 두고 "연기를 잘하든 못하든 아무도 신경 쓰지 않는 배역들"이라고 말했다. 인치볼드는 자신의 한계를 근성으로 메웠다. 보든에 따르면 그녀는 "무대에 서는 날이든 아니든 매일 저녁을 극장에서" 보냈다. 하지만 동시에 자신이 진정한 군계일학이 될 수 있는 무언가를 강구했다. 그녀는 무대에 서기만 하는 게 아니라 무대를 위한 글을 쓸 생각이었다.

1780년의 수첩 일기는 그녀가 이때 이미 극작을 시도하고 있었음을 보여준다. 이 중 현존하는 가장 이른 시기의 내용에 "소극(笑劇, farce)"에 대한 언급도 있다. 소극은 통상의 희극보다 형식 면에서 더 짧고, 내용 면에서 더 가벼운 작품을 말한다. 그녀는 그해 1월에 "오후 내내, 그리고 저녁에도" 소극을 썼다. 7월에는 일요일 예배까지 거르고 작업에 몰두했다. 그녀는 이렇게 적었다. "기도회에 가지 않고 내 소극을 검토했다." 12월에는 방문한 친구와 함께 "써놓은 소극을 처음부터 끝까지 훑었다". 이처럼 단편적인 기록들이 벽돌처럼 차곡차곡 쌓여 인치볼드가 목표한 삶으로 향하는 방식이 감동적이었다. (인치볼드의 수첩 일기에 대해 읽은 뒤 나도 오래 쉬었던 일기 쓰기를 재개했다.)

배우로 오래 일하며 현장에서 쌓은 경험 덕분에 인치볼드는 여타 극작가 지망생들에 비해 상당히 유리한 고지에 있었다. 그녀는 10대 시절부터 셰익스피어 주역들의 대사를 외우며 일찍부터 대사의 운율에 눈떴고, 극단의 일원으로 다닌 간 전국을 여행하면서 어떤 대본이 공연하기 좋은지 체득했다. 그녀는 8년에 걸쳐 다른 배우들을 지켜보고, 극장 지배인들과 협상하고, 관객 반응을 접하며 이 세계의 작동 방식을 온몸으로 익혔다. 이 체험이 각 막에 요구되는 전개 속도와 구성에 대한 감각뿐 아니라, 무엇이 관중의 흥분과 박수를 끌어내는지에 대한 직관을 길러주었다.

하지만 당시 런던에는 허가받은 극장이 세 곳뿐이었고, 따라서 새롭게 채택되는 극본의 수도 극히 적었다. 극장 지배인들은 밀려드는 투고작들을 대부분 거들떠보지도 않았다. 인치볼드는 배우 활동으로 얻은 인맥과 친분을 적극 이용했다. 하지만 첫 번째 희곡을 퇴짜 맞았고, 두 번째도, 세 번째도 마찬가지였다.

인치볼드는 작은 배역으로 버는 변변찮은 급료를 최대한 아껴가며 근근이 살았다. 종종 지인의 집에서 식사를 해결했고, "그곳에 초대받지 못하는 날에는 아예 끼니를 거를" 때도 많았다. 그녀는 다시 극장 지배인들에게 편지를 썼고, 희곡을 더 제출했다. 원고를 고쳐 썼고, 지인들에게 비평을 부탁했고, 다시 고쳐 썼다.

런던에서 연기 생활을 시작한 지 4년 만인 1784년, 드디어 인치볼드의 첫 희곡이 헤이마켓 극장장 조지 콜먼 시니어(George Colman the Elder)에게 채택되었다. 《무굴 이야기(The Mogul Tale)》는 소극이었고, 런던 사람들을 태운 열기구가 경로를 이탈해 날아가다가 어느 중동 지배자의 영토에 도착하면서 벌어지는 소동을 그렸다. 콜먼은 가감할 점을 조언하며 "조금만 손보면 실패할 리 없겠다"고 격려했다. 인치볼드는 대본 수정과 공연 준비 과정에 극작가로 참여했다. 하지만 그녀의 참여는 비밀리에 이루어졌다. 그녀도 출연진 중 한 명이었기에 다른 이들의 눈에 그녀는 그저 작은 역(모굴의 총애를 잃은 첩)을 맡은 배우일 뿐이었다. 극작가를 공개하지 않는 것은 그녀와 콜먼이 전략적으로 합의한 일이었다.

첫 작품에서 익명을 선택한 것은 영리한 결정이었다. 버니, 레녹스, 래드클리프의 경우처럼 여성 작가가 무기명 출판을 선호한 데에는 그럴 만한 현실적 이유가 있었다. 인치볼드가 몸담은 연극계에서는 그 이유가 특히 강하게 작용했다. 여성 소설가는 사교계에서 명사 대접을 받는 경우가 있었지만, 여배우는 그렇지 못했다. 여배우는 직업상 남성들과 빈번하고 긴밀하게 접촉할 수밖에 없었고, 그만큼 추문도 따랐다. 무대 뒤에서 무슨 일이 있을지 누가 알겠어? 일부 여배우들의 행적은 세간의 화제였다. 일례로 1761년, 유명 고급 창부 앤 엘리엇(Ann Elliot)이 드루리 레인 극장에서 애인 관계였던 극작가 아서 머피(Arthur Murphy)의 작품으로 무대에 데뷔했다(머피는 버니의 친한 친구이기도 했다). 앤 엘리엇과 염문을 뿌린 남자 중에는 국왕의 동생도 있었다. 여성 극작가들도 이들과 같은 세계에 속했고, 때로 비슷한 의심을 받거나 비슷하게 불미스러운 상황에 처했다. (여기에는 당시 영국 사회의 이중 잣대가 작용했다. 남성 극작가는 혼외 관계로 인해 명성에 타격을 입는 법이 없었다.)

그뿐 아니었다. 여성 극작가는 남성의 영역인 '비즈니스'에 발을 들인 것만으로 평판을 포기한 여성 취급을 받았다. 희곡을 팔려면 돈 이야기를 하지 않을 수 없었고, 세상은 여성이 사례비를 흥정하는 것 자체를 천박하게 여겼다. (샬럿 스미스는 부득이하게 출판사를 직접 상대했지만, 내가 조사하는 여성 작가들 대부분은 남성 친척을 대변자로 세웠다.) 콜먼은 소극의 작가가 여성인 것을 알면 관객이 어떻게 생각할지, 나아가 어떤 억측을 할지 잘 알고 있었다. 그는 인치볼드의 작품이 성공하기를 바랐고, 성공할 것이라 믿었다. 그래서 작품이 관객에게 본연의 장점으로 평가받을 때까지 저자를 숨길 것을 권했다. 인치볼드도 동의했다. 또한 행여 소극이 실패하더라도, 사람들은 그녀가 저자라는 것을 모르므로 한 번의 실패로 미래의 작품까지 관객에게 외면당할 위험 없이 계속 익명으로 작품을 제출할 수 있었다.

그러나 인치볼드의 정체가 탄로 날 뻔했다. 어느 날 리허설 중에 그녀가 다른 여배우의 연기를 고쳐주러 나섰다. 상대 여배우는 이 간섭에 불쾌감을 드러내며 인치볼드의 "유난스러운 흥분 상태"를 비꼬았다. 다른 위기도 있었다. 인치볼드는 첫 공연 초반에 평소답지 않게 긴장해서 대사를 놓칠 뻔했다. 그녀는 "하이드 파크 코너"라는 대사를 더듬었다. 일순간 관객석에 싸늘한 정적이 흘렀다. 관객이 연극에 등을 돌리기 직전이었다. 하지만 인치볼드가 자신의 실수에 웃음을 터뜨리자, 관객도 함께 폭소했다.

결국 초연은 대성공으로 끝났다. 인치볼드는 또다시 자제심을 잃고 배우들이 퇴장한 대기실로 뛰어들었다. 동료들은 그녀가 기뻐 날뛰는 모습에 경악했다. 한 사람은 인치볼드의 행동에 기겁해서 그녀의 "뇌에 이상이 있고, 발작이 일어난 것"은 아닌지 의심했다. 다른 사람은 그녀에게 뭐가 그리 좋냐고 대놓고 물었다. "친척 할머니가 돌아가시면서 유산이라도 크게 남겼어요? 아니면 곧 재혼이라도 해요? 아니면 남자의 마음이라도 사로잡았나요?" 광기, 사랑, 유산. 인치볼드가 보인 행동의 이유로 그들이 떠올릴 수 있는 것은 이게 다였다. 하지만 진짜 이유는 그보다 값지고 짜릿한 것이었다. 농부의 딸로 태어난 인치볼드는 연극계에서 이름을 떨치겠다는 포부 하나로 도망치듯 고향을 떠나 런던에 왔다. 그리고 이제 수년간의 고생 끝에 놀라운 성과를 거둔 것이다. 그녀는 의기양양하게 정체를 밝혔다. "아뇨, 선생님. 말씀하신 어떤 일도 아니에요. 하지만 제가 훨씬 더 바라던 일이 일어났어요. 여러분이 막 공연하신 소극의 작가가 바로 저랍니다."

⟨무굴 이야기⟩는 1784년 여름에 열흘 동안 상연되었다. 여름철 신작으로는 엄청난 흥행 성과였고, 인치볼드는 이 작품으로 100기니를 벌었다. 그녀는 빚을 갚은 뒤 남은 돈은 친척들에게 나누어주었다. (인치볼드는 평생 여윳돈이 생길 때마다 가족 구성원들에게 아낌없이 보냈다.) 새로 얻은 명성 덕분에 배우 주급도 1파운드 올랐다. 하지만 얼마 안 가 그녀가 극작가로 한 달에 버는 돈이 배우로 1년간 벌 수 있는 최대치를 훌쩍 넘어섰다.

첫 희곡의 성공 이후, 인치볼드는 콜먼에게 자신이 《무굴 이야기》에 앞서 제출했던 다른 희곡을 넌지시 상기시켰다. 콜먼은 자신의 책상에 오래 방치되어 있던 대본을 그제야 꺼내 읽었다. 그는 또 하나의 히트작을 직감했다. 그의 직감은 맞았다.

인치볼드의 다음 작품은 '실은 말이죠'라는 제목의 전막 희극이었다. 이번에도 콜먼이 프롤로그를 썼는데, 그는 여기에 대놓고 작가의 성별을 시사했다. "뮤즈들이여, 펜을 든 여성 섭정들이여,/여성에게도 남성처럼 쓸 수 있는 재능과 역량을 허락하소서." 콜먼은 《무굴 이야기》의 성공을 그녀의 기량을 입증하는 사례로 들며 다음과 같이 극의 시작을 알렸다. "하지만 잠깐―제가 말이 너무 많았군요―깜빡했어요―/실은 말이죠―아닙니다―**그녀가** 말해주겠죠." (나는 이 대사에 완전히 빠졌다. 읽을 때마다 짜릿하다.) 이 희극은 불륜 관계에 빠진 기혼 여성이 이혼 후 연인과 재혼하지만, 결국에는 부부가 서로에게 불행이 되고 마는 이야기다. 이 작품은 1785년 여름, 헤이마켓 극장에서 장장 스물여덟 밤 동안 상연되었다. 누구도 반박할 수 없는 대성공이었다.

　같은 해 9월, 인치볼드는 번 돈을 투자해 400파운드 상당의 채권을 매입했다. 한 번에 큰돈을 벌지만, 수입이 일정하지 않은 사람들이 많이 쓰던 전략이었다. 이 방식은 투자자에게 투자금의 이자를 매년 연금처럼 지급했다. 투자금이 충분히 큰 경우, 이자 수입으로 기본 생활비를 충당할 수 있었다. 해나 모어도 앤 이어슬리의 출판 수익금을 이 방식으로 운용했다가 두 사람 사이에 갈등이 불거지고 말았다. 이어슬리는 자기 돈을 원할 때 마음대로 쓰지 못하고, 총자산의 극히 일부인 이자만 받아 쓰는 것이 불만이었다. 오스틴 역시 소득의 상당 부분을 비슷한 방식으로 투자했다. 오스틴의 경우는 나폴레옹 전쟁 때 유행했던 '해군 5퍼센트(Navy Fives)' 채권을 샀다. ('해군 5퍼센트'는 오늘날의 국채와 비슷했다. 즉 당시 전쟁 수행 중이던 해군에 자금을 공급하고 연 5퍼센트의 이자를 받는 방식이었다. 해군에 복무 중인 형제들이 있었던 오스틴에게는 이것이 논리적으로도, 감정적으로도 합당한 자금 운용 방법이었다.) 인치볼드는 소비 충동을 누르고 저축을 선택함으로써, 극작 성공으로 장기적 재정 안정을 확보했다.

　배우로서는 두드러진 경력을 쌓지 못했던 인치볼드는 이제 극작가로서 비범한 명성을 얻었다. 인치볼드가 해낸 일들이 돈을 위한 것이었는지, 명예를 추구한 결과였는지, 아니면 순전히 연극에 대한 애정에서 비롯됐는지는 알 수 없다. 분명한 것은, 그녀가 명민하고 목표 지향적이었으며 결국 성공했다는 사실이다. 인치볼드의 출세를 두고 한 여배우는 이렇게 평했다. "어차피 세상을 삼킬 운명의 혜성이라면, 아무리 오래 주목받지 못하고 가려져 있어도 결국에는 전혀 예상치 못한 순간에 그만큼 더 찬란한 빛을 뿜게 된다는 것을 여실히 보여준다."

두 번째 희곡의 성공 이후, 인치볼드는 또 하나의 풍자 소극 《겉모습이 죄라면(Appearance Is Against Them)》을 준비했다. 값비싼 숄이 사라지면서 등장인물 거의 전원이 이래저래 절도 용의자가 되는 상황을 담은 이야기였다. 콜먼이 거절하자, 인치볼드는 곧바로 발길을 돌려 코번트 가든 극장의 지배인 토머스 해리스에게 작품을 넘겼고, 해리스는 흔쾌히 1785년 가을 시즌 공연작으로 받아들였다. 이 작품은 희극 애호가인 조지 3세가 특별 공연을 요청한 인치볼드의 여러 희곡 중 첫 번째가 되었다.

1784년부터 1794년까지 인치볼드는 창작극과 각색극을 포함해 총 열다섯 편의 작품을 무대에 올렸다. 그녀의 최대 흥행작은 수마트라 식민지의 영국인 이주민 사회의 내분을 다룬 〈세상에 이런 일이〉였다. 이 작품은 그녀에게 무려 900파운드의 수입을 안겼다. 다른 히트작들의 수입도 600파운드에서 700파운드에 이르렀다. 당시 상류층 독신 여성이 품위를 유지하며 사는 데 필요한 액수가 연간 200파운드 정도였다. 이는 해나 모어가 불발된 약혼의 대가로 받았던 연금의 액수이자, 샬럿 스미스가 시아버지에게 약속받았으나 끝내 실현되지 못한 유산의 액수이기도 했다. 이를 생각하면 인치볼드가 벌어들인 돈은 실로 거액이었다. 1786년, 어느 대령이 인치볼드에게 연 500파운드의 수입을 걸고 청혼했지만, 그녀는 거절했다. 이듬해 〈세상에 이런 일이〉가 초연될 무렵, 인치볼드의 연간 투자 수익이 바로 그 매직 넘버 연 200파운드에 도달했다. 농부의 딸이 신분을 훌쩍 뛰어넘은 것이었다. (해나 모어는 이 소식을 반기지 않았을 것 같다.)

인치볼드는 런던 연극계의 스타였다. 전기 작가 보든은 이 시기에 그녀가 일과 유명세를 조율한 방법을 다음과 같이 묘사했다. "이제 그녀는 문전성시의 행복을 누렸다. 집 앞의 포위는 풀리는 법이 없었다. 방문객의 대다수는 그녀가 집에 있는 한 반드시 만나겠다는 결의에 불탔기 때문에, 그녀는 집필이든 기록이든 마쳐야 할 일이 있을 때는 문을 단단히 걸어 잠가야 했다." 인치볼드는 어떤 기회라도 잡아보려 뛰어다니던 처지에서 제안을 거절하는 위치로 올라섰다.

1789년 여름, 인치볼드는 코번트 가든에서의 연기 활동을 완전히 접었다. 그녀는 이제 작가였다. 그해 여름, 그녀는 전에 썼던 소설 《단순한 이야기》로 돌아갔다. 자신의 후견인—가톨릭 사제—을 사랑하게 된 어느 당돌하고 매혹적인 젊은 여성의 이야기였다. 인치볼드는 1779년에 처음 출판사를 찾다가 실패한 이후 치워두었던 원고를 다시 열었다. 그리고 지난 10여 년간 극작가로 갈고닦은 기량—사실적인 대화를 쓰는 능력, 단순한 제스처 하나로 깊은 감정을 전달하는 방법, 단 한 줄로 웃음을 끌어내는 재주 등—을 소설 개작 작업에 쏟아부었다.

　　개작 과정에서 인치볼드는 «단순한 이야기»에 따로 집필 중이던 소설을 합치기로 했다. 이번 것은 소원해진 아버지와 화해할 방법을 찾는 젊은 여성의 이야기였다. 결과적으로 이 책은 한 가족의 2대에 걸친 서사를 이부작으로 구성한 소설이 되었다. 보든은 그의 1833년도 전기에서 이처럼 인치볼드가 노력과 의지로 무언가를 달성해낸 사례들을 즐겨 강조했다. 그는 이 결정을 두고 "더한 고생을 자초하는 일이었지만, 범인(凡人)은 버겁게 여겼을 고역도 그녀는 대수롭지 않게 웃어넘겼고, 결국 두 작품을 성공적으로 결합시켰다"고 익살스럽게 평했다. 이번에는 조지 로빈슨 출판사가 원고를 200파운드에 샀고, 책은 1791년 2월에 나왔다. 래드클리프의 고딕소설 «숲속의 로맨스»가 돌풍을 일으킨 것과 같은 해였다.

　　«단순한 이야기»의 전반부는 막 부모를 잃었지만, 당돌한 기백은 잃지 않은 열일곱 살의 상속자 미스 밀너를 중심으로 전개된다. 그녀는 자신의 후견인인 도리포스와 사랑에 빠지지만 도리포스는 가톨릭 사제이기에 결혼할 수 없다. 그런데 도리포스 본인도 막대한 재산을 상속받게 되면서 교황청의 결정으로 성직 서약에서 풀려난다. 당시 가톨릭교회는 토지나 작위가 있는 영국의 가톨릭 신자들이 결혼해서 자손을 두는 것을 적극 장려했다. 신교가 지배하는 영국 사회에서 (인치볼드 같은) 구교도는 불안정한 타협 상태로 살았다. 이때 가톨릭교회의 결혼 장려는 쉽게 적대적으로 변할 수 있는 환경

에서 세력을 강화한다는 의미가 있었다. 소설의 전반부는 후견인과 피후견인이 여러 난관을 극복하고, 후견인의 스승 샌드퍼드 신부의 간섭도 뛰어넘어 마침내 엘름우드 경과 레이디 엘름우드로 행복하게 결혼하는 것으로 마무리된다.

그런데 17년이 지난 시점에서 시작되는 후반부에서는 많은 것이 달라져 있다. 레이디 엘름우드는 남편이 "유산으로 받은 서인도제도의 대농장"을 관리하러 수년간 집을 비운 사이에 외도를 저지른다. (이 소설이나 오스틴의 «맨스필드 파크»처럼, 이 시대의 소설에 가끔 이런 이국의 농장이 언급되는데, 그곳이 노예노동으로 운영되는 곳이라는 점까지 소설에 드러나지는 않지만, 그 사실은 해당 소설에 대한 비평적 해석에서 중요한 의미를 갖는다.) 남편이 귀국하자 레이디 엘름우드는 죄책감에 싸여 시골 영지로 도망친다. 엘름우드 경은 아내와 절연한다. 그는 그 과정에서 친딸인 마틸다마저 외면하고, 딸이 자신과 같은 공간에 있는 것조차 금한다. "[그는,] 복수심이 만든 깊은 고통 속에서, [레이디 엘름우드를] 떠올리게 하는 것은 물건 하나라도 허용하지 않기로 맹세했다. 하물며 그녀와 혈연으로 연결된 자식은 말할 것도 없었다." 소설 후반부도 표면상으로는 마틸다가 러시브룩이라는 훌륭한 청년과 약혼하는 로맨스의 형식을 취하지만, 실제로는 엘름우드 경과 딸의 화해 서사가 중심이다. 두 젊은이도 엘름우드 경이 마침내 마틸다를 딸로 받아들인 후에야 재정 안정성을 확보하고 행복한 결혼을 올리게 된다.

«단순한 이야기»는 대성공이었다. 초판이 나온 지 한

달도 되지 않아 제2판이 나왔고, 매번 찬사에 가까운 서평이 이어졌다. «크리티컬 리뷰»는 이 작품의 사실성과 참신함을 높이 평가했다. "사건 전개가 자연스럽고, 특히, 요즘의 소설 작법에서 보기 드물게 내용이 참신하다." «먼슬리 리뷰» 역시 "개연성을 지키면서도 놀라움이 끊이지 않는" 작품이라며 그 균형감에 찬사를 보내는 한편, 문체의 탁월함도 아울러 강조했다. "우아한 질박함의 혈맥이 소설 전체에 흐른다."

이미 극작가로 이름을 날리던 "저명한 인치볼드 부인"의 문학적 명성은 이로써 더 높이 치솟았다. 그녀의 수첩 일기에는 그녀와 런던 문학계 및 정치계의 최고위 저명인사들의 만남이 기록되어 있다. 그중에는 조지 3세와 공주들도 있었다. 이후 몇 년 사이에 그녀는 샬럿 스미스와 앤 래드클리프와도 친분을 맺었고, 두 작가도 인치볼드의 출판사인 로빈슨을 통해 각각 «데즈먼드»(1792)와 «우돌포의 비밀»(1794)을 출간했다.

«단순한 이야기»는 재치 있는 대화와 절제된 문장으로 찬사받았다. 두 가지 모두 인치볼드 희곡의 전형적인 특징이었다. 그녀가 연극계에서 쌓은 경험이 소설에 녹아들었고, 동시대 비평가들은 이 연관성을 놓치지 않았다. 예컨대 평단은 "작품 전체에 어떤 세련성을 부여하는 숨은 매력이 있는데, 이는 인치볼드 부인이 이 작품을 철저히 연극적으로 구성한 기법에서 비롯된다. 즉 서사 전개가 상당 부분 대화로 이루어진다"고 평했다. 인치볼드는 어떤 장면에서는 심지어 대화조차 사용하지 않고 인물 사이에 오가는 감정을 심도 있게 그려냈다. 연기 경험을 살려 제스처를 통해 감정을 표현한 것이다.

예컨대 한 장면에서 도리포스가 방에 들어오자, 미스 밀너는 말을 잃은 채 카드 게임에서 실수를 연발한다.

인물 묘사 또한 탁월했다. 인치볼드의 책 속 사람들은 <u>허구의 인물들</u>처럼 읽히지 않았다. 살아 있는 사람처럼 느껴졌다. 작가 마리아 에지워스도 이 점에 감탄했다. 에지워스는 《단순한 이야기》를 네 번이나 읽었다. 수년 후 그녀는 인치볼드에게 그때의 감동을 피력한 찬사의 편지를 보냈다. 에지워스는 다음과 같이 전했다. "그 독특한 파토스(pathos)[15]의 비결을 알아내기 위해 작가의 눈으로" 작품 분석에 들어갔지만, 그 직업적 시선은 독자로서 인물들의 삶을 따라가는 즐거움 앞에 금세 무너지고 말았다. "그토록 강하게 마음을 빼앗긴 소설은 처음이었고, 등장인물 모두 실존 인물일 거라는 믿음에 그토록 확고히 사로잡힌 적도 처음이었다." 그녀는 이렇게 덧붙였다. "제가 도리포스 같은 남자를 만난 적이 없어서 다행이에요. 그랬으면 속절없이 지독한 사랑에 빠지고 말았을 테니까요."

오늘날에는 《단순한 이야기》를 들어본 사람조차 많지 않다. 하지만 이 책을 아는 사람들은 찬사를 아끼지 않는다. 1986년, 소설사에 정통한 연구가이자 리처드슨과 필딩 같은 18세기 정전 작가들을 누구보다 잘 아는 학자인 테리 캐슬(Terry Castle)은 이 작품을 "18세기 영국 소설 가운데 가장 품격 있는 작품"일 뿐 아니라, "시대를 막론하고 가장 뛰어난 소설 중 하나"로 평했다. 이렇게 극찬을 받은 책이 어째서 고전의

---

15   연민을 끌어내는 비애감.

대열에서 제외된 걸까?

    내가 직접 «단순한 이야기»를 읽어봐야 했다.

※

이번에 나는 내 조사 기준을 다소 느슨하게 적용했다. 제인 오스틴이 이 소설을 읽었다는 구체적인 증거는 없다. 하지만 정황상 오스틴이 읽었을 가능성이 매우 높다. 오스틴은 인치볼드의 작품을 적어도 일부는 알고 있었다. 이는 주지의 사실이다. 일단 인치볼드의 희곡 «사랑의 맹세(Lovers' Vows)»(1798)가 «맨스필드 파크»에서 인물들이 연습하는 연극으로 나온다. 또한 오스틴은 공식적으로는 리전시 시대(공식 시작 연도는 1811년) 작가로 분류되지만, 실제로는 1790년대의 작가이기도 했다. 이 시기는 래드클리프가 «숲속의 로맨스»(1791)와 «우돌포의 비밀»(1794)을 출간하고, 샬럿 스미스가 «올드 매너 하우스»(1793) 같은 대작을 발표하는 등 가장 왕성하게 활동하고, 오스틴이 예약 구매자 명단에 이름을 올린 버니의 «커밀라»(1796)가 나온 때였다. «이성과 감성»과 «오만과 편견»의 출간 연도는 각각 1811년과 1813년이지만, 오스틴이 두 작품의 초고를 쓴 것은 1790년대였다. 인치볼드의 «단순한 이야기»는 1791년에 세상에 나와 오스틴이 한창 작가로 성장하던 시기에 명작이라는 찬사 속에 승승장구하던 소설 중 하나였다.

    오스틴이 당대에 찬사와 인기를 모으던 책들에 관심이 많았다는 것 또한 우리가 잘 아는 사실이다. 오스틴이 해나 모어의 «시립스의 아내 찾기»가 개인적으로 끌리진 않지만, 사람들이 하도 많이 읽고 하도 좋다고 하니 자신도 한번 읽어보겠다고 했던 말을 떠올려보라. 이런 맥락에서 볼 때, 오스틴이 «단순한 이야기»를 무시했을 거라는 상상은, 당대의 음악가가 하이든에게는 관심이 많았으면서 모차르트는 한 번도 듣지 않았다는 것과 다름없다. (부연하자면 오스틴은 피아노 연주를 즐겼고, 이 두 작곡가의 악보를 필사해 직접 연주하기도 했다.)

나는 귀퉁이를 접고, 메모하고, 읽다가 펼쳐서 침대 머리맡에 엎어놓을 수 있는 «단순한 이야기»를 한 권 사야겠다고 마음먹었다. 내 흔적을 남길 수 있는 책을 원했다. 그러다 어느 중고 책 웹사이트에서 낡아빠진 책을 한 권 발견하고 주문했다. 1988년에 인쇄된 책이었다. 나는 내가 태어난 이후에 출간된 책에만 (연필로) 메모한다는 규칙을 여전히 (대체로) 지키고 있었다. 이 책은 옥스퍼드 대학교 출판사가 학생용으로 만든 페이퍼백 세계 고전(World's Classics) 시리즈의 한 권으로, 현대 학자 제인 스펜서가 서문을 썼고, 해설 주석도 붙어 있었다. 이런 판본은 «단순한 이야기»가 1980년대까지도 읽히고 있었음을 시사한다. 다만 누가 읽었느냐가 주목할 점이다. 현대의 펭귄 페이퍼백이 일반 대중을 폭넓게 겨냥하는 것에 반해, 대학교 출판사의 재간행본은 대학생을 대상으로 한다.

주문한 책이 도착했다. 책등에 커다란 바코드 스티커가 붙어 있었다. 나는 질색하며 제거 작업에 착수했다. 온라인 판매만 하는 기업형 서점은 하루에 수천 권씩 팔리는 책들을 추적하고 회수하기 위해 이런 스티커 시스템을 사용하는데, 나처럼 평범한 페이퍼백을 모으는 사람들에게는 여간 성가신 일이 아니다. 스티커를 떼어내는 일은 신중과 기술을 요구한다. 성급하게 행동하면 책이 망가질 수 있다. 스티커가 얼마나 완강하게 들러붙어 있느냐에 따라 헤어드라이어가 동원되기도 한다. 열을 가해 접착제를 녹이기 위해서다. 다행히 이번 경우에는 스티커가 쉽게 떨어졌다. 끈적한 자국만 남았는데, 그것도 투덜대면서 살살 문질렀더니 없어졌다.

이 책을 사길 잘했다는 생각이 들었다. 책배를 보니 들쭉날쭉 접힌 모서리들이 마치 도시의 스카이라인 같았다. «단순한 이야기»는 내가 소셜 미디어에 인용하고 싶은 충동을 느낀 최초의 18세기 소설이었다. 특히나 좋았던 구절들은 주로 밀너와 샌드퍼드의 재담에서 나왔다. 샌드퍼드는 도리포스의 깐깐한 멘토이며, 밀너와 도리포스의 결혼에 반대하는 인물이다. 다음도 내가 연필로 표시해둔 대목 중 하나로, 샌드퍼드가 밀너를 거짓말쟁이 취급하자 밀너가 보기 좋게 한 방 먹이는 장면이다.

"기만이라뇨?" 미스 밀너가 부르짖었다. "제가 무슨 기만을 했다는 건가요? 제가 언제 신부님을 존경하는 척이라도 했나요?"

"그랬다면 그건 기만이 아니라 그저 예의를 지킨 것이었겠죠, 아가씨."

"샌드퍼드 씨, 저는 절대 예의를 위해서 진실을 희생시킨 적이 없어요."

인치볼드의 기지는 대화에만 국한되지 않는다. 나는 전지적 서술자의 성격이 엿보이는 영리한 문장들을 계속 만났다. 이는 오스틴의 소설에서 받는 느낌과 매우 흡사하다. 예컨대 어느 대목에서 샌드퍼드가 밀너더러 고집이 세서 충고를 듣는 법이 없다고 비난하자 밀너는 오직 샌드퍼드의 체면을 구길 작정으로 자신의 계획을 뒤집어버린다. "미스 밀너는 누가 봐도 고소해하는 얼굴로 (자기만족을 위해서가 아니라 적을 약 올리기 위해 예의를 차리는 사람들처럼) 자신의 여행 계획을 조정했다." 이런 대목도 있다. 밀너의 라이벌인 미스 펜턴이 나타나 밀너가 애태우는 모습을 보고 이렇게 말한다. "'이리도 불안해하시니 제가 다 안타까워요, 미스 밀너.' 미스 펜턴이 더없이 무사태평하게 말했다." 내 페이퍼백 책의 서문에서 현대 학자 제인 스펜서가 말했듯, "축약과 반어법이 어우러진 인치볼드의 문체는 오스틴을 예고하는" 것이었다.

　　나는 이 책의 전반부에 등장하는 이런 장면들에 사로잡혔다. 내 앞의 수많은 독자처럼, 나 역시 인치볼드의 유머에 감탄했다. 그리고 에지워스처럼 나도 인치볼드의 생동감 넘치는 인물들에 반했다. 당대의 비평가들은 이 재능을 인치볼드가 극작 경험을 소설로 옮겨 온 결과로 보았다. 이제 나는 그녀의 희곡도 읽어보고 싶어졌다.

※

　　나는 내 조사의 원래 기준에 충실한 작품을 선택했다. «맨스필드 파크»의 인물들이 집에서 재미 삼아 공연하기로 정한 희곡인 «사랑의 맹세»였다. «사랑의 맹세»는 1798년 코번트 가든에서 초연된 작품인데, 인치볼드가 독일 작가 아우구스트 폰 코체부(August von Kotzebue)의 희곡 «사랑의 아이(Das Kind der Liebe)»(혼외 자식이라는 뜻)를 각색한 작품이었다. 인치볼드는 독일어를 읽지 못했지만, 극장 지배인 해리스는 이를 문제 삼지 않았다. 당시 극장 경영자들은 원작에 대한 충실성보다는 대중의 취향을 더 중시했다. 데이비드 개릭조차 관객이 비극적 결말을 거부하자 ‹리어왕›을 해피 엔딩으로 바꿔 상연한 적이 있었다. 해리스가 인치볼드에게 바란 것은 독일 희곡을 그대로 영어로 옮기는 일이 아니었다. 그에게 해당 작품의 영역본은 이미 있었다. 그는 인치볼드에게 영국 관객을 염두에 둔 재해석을 원했다. 그 결과 «사랑의 맹세»는 원작인 «사랑의 아이»와 전체적인 플롯만 같을 뿐 여러 면에서 크게 다른 작품이 되었다. 심지어 등장인물들의 성격도 달라졌다. 인치볼드의 각색은 오늘날로 치면 영화 리부트에 가까웠다.

처음에 나는 «사랑의 맹세»가 수록된 «영국 극장(The British Theater)»(1808, 완간)이라는 25권짜리 선집을 찾을 생각이었다. 이 선집은 세기 전환기에 영국 극문학 정전을 규정하는 데 결정적인 역할을 한 대형 기획물이었다. 1806년, 출판사는 1775년에 처음 시작한 이 오랜 시리즈의 신판을 준비하면서 인치볼드에게 서문을 써달라고 부탁했다. 그녀가 수록 작품을 직접 선정한 것은 아니었다. 출판사는 그녀에게 <u>그 정도</u>의 깊은 개입은 바라지 않았다. 다만 그녀의 이름을 원했다.

실제로 그녀의 이름을 각 권 표제지에 큼지막하게 박았다. 이 표제지는 인치볼드의 당시 유명세를 증명한다. 그녀는 당대 출판사들이 그녀의 이름을 책 판매에 이용할 만큼 유명했다.

　　인치볼드가 서문을 쓴 희곡 중에는 본인의 작품도 있었다. 여성 작가가 이런 정전 형성 기획물에 포함되는 일은 오늘날에도 드물다. 단순히 수록되는 것을 넘어 그 명성이 마케팅에 이용되는 경우는 더 말할 것도 없다. 이 점에서 《영국 극장》은 내 컬렉션에 특히 부합하는 책이었다. 하지만 스물다섯 권짜리 선집이 200년 넘게 완전체로 유지되기는 쉽지 않다. 내가 유일하게 찾아낸 완질본에 붙어 있는 설명은 소장자였던 "저명한 변호사"에 대한 소개에 내용의 절반 이상을 할애하고 있었고, 인치볼드가 왜 이 선집의 간판스타로 선택되었는지에 대해서는 일절 언급이 없었다. 나는 구매하지 않기로 했다. 각 권 표제지에 이름을 올린 인물에게 아무 호기심도 보이지 않는 성의 없는 판매자에게 내 돈을 쓰고 싶지 않았다. 인내심을 가지면 다른 완질본을 찾을 수 있을 것으로 생각했다.

　　그동안 나는 디지털 판본을 검색해서 노트북으로 읽었다. 《사랑의 맹세》에는 한때 평민 소녀를 사랑했다가 버리고 떠났던 귀족 청년이 등장하고, 본격적인 이야기는 그로부터 한 세대가 지난 시점에서 시작된다. 평민 여성이 귀족 남자와의 사이에서 낳은 아들이 전쟁터에서 돌아와보니 어머니는 오갈 데 없는 신세로 빈곤과 병고에 찌들어 있다. 한편 이제 남작이 된 그의 친부도 아내와 사별한 뒤 독일에서 막 돌아온 상태다. 일련의 극적인 장면들을 거치며 인물들은 점차 서로의 관계를 알게 되고 화해에 이른다. 이 가족 재결합 플롯 속에 남작의 딸 어밀리아와 그녀의 가난한 가정교사 안할트의 금지된 사랑 이야기가 함께 엮여 있다. 줄거리가 복잡해 보이지만, 나는 노트북으로 읽으면서도 《사랑의 맹세》에 술술 빠져들었다. 적어도 두 번은 웃음이 터져 숨을 고를 틈이 필요했다. 극장 지배인이자 극작가였던 조지 콜먼 주니어가 인치볼드에게 했다는 말이 떠올랐다. "부인은 사람들을 눈물 나게 웃기는 능력이 있으시군요." 남작의 딸 어밀리아에게 한심한 백작이 집적대는 장면에서는 코번트 가든 극장의 만원 객석에서 폭소가 터지는 광경이 절로 그려졌다.

> 백작: 나는 여행을 하며 세상을 많이 보았소. 그럼에도 당신에겐 감탄을 금할 수 없구려.
> 어밀리아: 저는 세상을 보지 못해서 유감이에요.
> 백작: 어째서?
> 어밀리아: 그랬다면 저도 백작님에게 감탄했을지 모르잖아요.

이 대화는 코체부의 원작에는 없다. 전적으로 인치볼드의 창작이다. 그녀는 이런 촌철살인의 일격에 능했다. 오랜 배우 생활을 통해 인치볼드는 관중의 호응을 잃는 일이 찰나의 문제라는 것을 알았고, 그래서 회심의 일격을 관객의 심장에 반드시 명중시키는 기술을 연마했다.

《맨스필드 파크》의 인물들이 이웃들과 함께 공연할 연

극을 고르는 대목에서, 고지식한 인물들은 어밀리아가 그녀의 가정교사이자 연모의 대상인 안할트와 나누는 자유분방한 대화들을 문제 삼는다. 심지어 미스 크로퍼드처럼 연극 공연을 지지하는 인물들조차 어밀리아가 "되바라진 젊은 여성"이라면서 어느 정도 수정이 필요하다고 여긴다. 그러나 이 상황이 누구보다 좌불안석인 사람은 소설의 주인공 패니 프라이스다.

패니는 버트럼 가문의 저택 맨스필드 파크에 얹혀사는 가난한 친척이다. 부자 사촌들과 함께 자라면서도 그들과 분리된 존재였고, 이 집에서 자신의 열등한 위치를 뼈저리게 의식하며 살아왔다. 집안사람들도 그 점을 부단히 상기시킨다. 패니가 연극 출연을 거절하자 노리스 부인은 가시 돋친 말을 내뱉는다. "자기 이모와 사촌들이 원하는 대로 하지 않았다간 고집불통에 배은망덕하다는 말을 들어도 할 말이 없지. 자기 처지와 도리를 생각하면 정말 은혜를 모르는 심보가 아니겠어?" 패니는 주위 사람들의 심기를 거스르지 않으려 전전긍긍한다. 그러다 자신의 연극 출연 거절에 친척들이 기분 나빠 하자 자책감에 빠진다. 특히 노리스 부인의 말이 계속 떠올라 밤잠을 설치고 "주눅이 든다".

패니가 연극 출연을 꺼리는 이유는 무엇일까? 그녀의 강직한 성격 탓이기도 하지만, 당대에 유행한 품행서의 영향이었을 가능성이 높다. 대표적인 것이 토머스 기즈번의 《여성의 직분에 대한 고찰(An Enquiry into the Duties of the Female Sex)》(1797)이었다. 앞서 언급했다시피 기즈번은 소설을 곱게 보지 않았고, 해나 모어의 친구였다. 그는 이 품행서에서 다음과 같이 경고한다. "사적으로 모여 연극을 하는 풍속은 (……) 영향 면에서 거의 틀림없이 여성 출연자들에게 해악을 초래한다." 1805년, 제인 오스틴은 기즈번의 책을 읽고 커샌드라에게 보내는 편지에 이렇게 썼다. "언니가 '기즈번'을 추천해줘서 기뻐. 읽기 시작했는데 마음에 들어." 하지만 오스틴은 오빠가 공들여 연출하는 가정 연극에도 적극 참여했다. 이 두 가지 상반된 사실 — 오스틴이 아마추어 연극에 반대하는 책을 호평하면서도, 실제로는 아마추어 연극을 즐긴 점 — 이 본질적으로 모순은 아니다. 연극 행위를 왠지 위험하게 보는 의식에도 불구하고, (또는 어쩌면 그것 때문에) 아마추어 연극은 당시에 엄청나게 유행했다. 결국 문제는 연극을 할지 말지가 아니라, <u>어떤</u> 연극을 택할지와 그것이 상황에 적절할지였다. (예컨대 오스틴의 이웃 앤 르프로이는 질투심 많은 애인 역을 맡아달라는 요청을 거절한 적이 있었다. 자신이 현실에서 수행하는 아내이자 엄마의 역할을 생각할 때, 그런 역은 적절치 않다는 것이 이유였다.)

　　　인치볼드도 연극의 도덕성을 둘러싼 논쟁에 직접 등판했다. «사랑의 맹세»를 «영국 극장» 판본으로 읽는 이점 중 하나는 인치볼드가 새로 붙인 서문을 함께 읽을 수 있다는 점이다. 심지어 디지털 버전에도 서문이 들어가 있다. 이 서문에서 인치볼드는 이 극이 '악덕'을 그린다는 비난에 정면으로 맞선다. 그녀의 자기변호는 사실주의 작가로서 오스틴도 찬동했을 법한 주장을 담고 있다. 인치볼드는 이렇게 논박한다. "[극작가는] 자신의 본분에 충실해야 한다. 그 본분이란 (……) 자연의 본디 경로를 있는 그대로 따르는 것이다." 다시 말해 사람들의 현실 속 행동을 충실히 재현하지 못하는 극작가는 실패한 극작가인 것이다. 그리고 현실에는 난봉꾼과 악한과 그보다 더한 자들이 존재한다. 인치볼드는 현실주의에 헌신한 작가였다.

이쯤에서 오스틴의 뛰어난 사실주의 기량을 되새길 필요가 있다. 비평가들이 오스틴의 생전과 사후를 통틀어 높이 평가한 것이 그녀의 사실주의였다. 대표적인 예가 월터 스콧이 써서 유명해진 «에마» 서평이다. 이 서평에서 스콧은 평범한 사람들을 실감 나게 그려내는 오스틴의 재능에 대해 이렇게 말했다. "우리 친구 중 한 사람이, [오스틴과는] 일면식도 없는 사람인데도, 베넷 씨(«오만과 편견»에서 여주인공의 아버지)의 실존 모델이 아니냐는 오해를 받았다. 그것도 본인의 가족이 그렇게 오해할 정도였다." 오스틴의 이런 재능은 그녀가 소설을 발표하던 시기인 1810년대에 나온 소설들 사이에서 단연 두드러졌다. 이 시기의 소설 속 인물들은 실제 사람들이라기보다 도덕군자의 전형처럼 보이기 일쑤였다. (나 역시 해나 모어의 «시립스의 아내 찾기»를 읽다 넌더리가 나서 팽개친 경험이 있다.)

물론 사실적 인물 묘사로 유명한 소설이 또 있었다. 오스틴의 첫 소설보다 20년 앞서 출간된 «단순한 이야기»였다.

이처럼 인치볼드와 오스틴의 연관성은 계속 드러났다. «사랑의 맹세»의 서문에서 인치볼드는 이 희곡의 도덕적 교훈을 다음과 같이 정리했다. "혼외 자식을 방치할 때 일어날 비참한 결과를 제시하고, 각별한 주의를 촉구하는 것." 여기서 '혼외'라는 단어만 빼면, 이 말은 «맨스필드 파크»의 플롯 소개로도 손색이 없다. 《맨스필드 파크》에서 집안의 가장인 토머스 버트럼 경이 안티과 대농장을 시찰하러 집을 오래 비운 틈을 타서 집안의 젊은이들이 바람직하지 못한 일을 벌인다. 이때 결혼을 앞두고 있던 마리아는 ‹사랑의 맹세› 연극에 과하게 몰입한다. 그녀는 젊은 시절 혼외 관계로 아이를 낳은 여인의 역할을 맡아 "나는 젊고, 미숙하고, 변덕스러운 남자의 열렬한 애무에 취해버렸단다" 같은 대사들을 읊는다. (스포일러지만) 나중에 마리아는 약혼자와 결혼한 후 연극에 참여했던 남자 중 하나와 눈이 맞아 도망치고, 이로 인해 자신의 명예는 물론 가족의 평판까지 망치고 만다.

　　여기서도 오스틴은 독서를 폭로의 장치로 활용했다. '유혹이라는 범죄'를 다룬 것으로 유명한 희곡을 소설의 플롯에 접목해서 해당 희곡이 경고하는 바로 그 불상사의 도래를 예고한 것이다. ‹사랑의 맹세›를 그저 추파의 기회로만 이용한 작중 인물들은 정작 작품의 교훈을 놓친다. 반면 주인공 패니 프라이스처럼 ‹사랑의 맹세›를 경고로 받아들인 인물들은 신중한 판단의 결실을 거둔다.

※

솔직히 그 전까지 나는 오스틴의 소설 중에 《맨스필드 파크》가 제일 별로였다. 특히 주인공 패니 프라이스가 마음에 들지 않았다. 패니는 짜증 날 만큼 소심했다. 연극에 배역을 맡으라는 부탁을 받고 모두가 그녀의 대답을 기다릴 때 그녀는 "그 순간 방에서 자신이 유일한 화자라는 사실과 모두의 시선이 자신에게 향해 있다는 느낌에 당황한다". 다른 인물들이 반짝일 때 그녀는 움츠리기만 한다. 하지만 나는 여주인공이 '비호감'인 책도 종종 좋아했다. 어떤 경우에는, 예컨대 «단순한 이야기»처럼, 오히려 여주인공이 비호감이라서 책이 더 재미있기도 했다. 미스 밀너는 정말 버릇없다! 그리고 나는 그녀가 너무 좋다!

  그럼에도 나는 «맨스필드 파크»를 오스틴의 다른 어떤 소설보다 많이 읽었다. 대여섯 번은 읽었다. 그때마다 패니가 가족 연극 하나에 그토록 안절부절못하는 이유를 알 수 없었다. 하지만 납득은 못 해도 궁금은 했다.

  그러다 «사랑의 맹세»를 읽었다. 희곡 자체뿐 아니라 인치볼드 본인의 해석과 기즈번의 논평까지 모두 읽은 후 나는 다시 «맨스필드 파크»를 집어 들었다. 이번에는 패니 프라이스의 내숭보다 신중에 대해 생각했다. 그녀는 재산 없는 여성이었고, 변덕스러운 일가친척의 호의에 기대 살았다. 패니는 원치 않게 고위험의 생존 게임을 치러야 했다. 그래서 누구의 반감도 사지 않으면서 모두에게 도움이 되는 사람으로 자신을 조형했다. 호감이 가지는 않아도 굳이 내쫓을 이유도 없는 사람으로.

  패니는 처음부터 호불호가 갈리는 인물이었다. 오스틴이 가족에게 «맨스필드 파크»에 대한 의견을 구했을 때, 여주인공에 대한 반응이 극명하게 갈렸다. 오빠들 가운데 "에드워드는 패니를 칭찬했고, 조지는 싫어했다". 조카 패니 나이트는

"패니를 무척 좋아한" 반면 다른 조카 애나는 "패니에게 질색했다". 오스틴의 절친 미스 로이드는 "패니를 마음에 들어 했지만", 오스틴의 어머니는 "패니를 따분하게 여겼고", 커샌드라는 "패니를 좋아했다". 패니는 독자 각각의 독서에 대한 기준과 기대를 보여주는 일종의 지표다.

　　엘리자베스 베넷이나 에마 우드하우스처럼 강단 있는 인물들을 창조해온 오스틴 같은 작가가 어떻게 패니처럼 소심하고 주눅 든 여성을 주인공으로 세울 수 있었는지가 나의 오랜 의문이었다. 하지만 오스틴이 살던 세계에서는 꾸준함이 곧 강인함이었다. 오스틴 자신도 비혼 여성이었고, 남성 친족의 부양을 받아야 했다. 아버지가 세상을 떠난 뒤, 어머니와 두 누이의 생활비로 형제들이 각각 얼마씩 부담할지는 전적으로 그들의 재량에 달려 있었다. 오스틴은 자신이 체험으로 아는 종류의 강인함을 패니 프라이스에게 부여한 것이다.

　　나는 《맨스필드 파크》를 되새김질하듯 재독했다. 몇 가지 대대적으로 해치울 일이 있어서 이번에는 오디오북으로 들었다. 서점에서 책을 꾸리는 동안, 그리고 집으로 걸어오는 동안 문장들이 나를 계속 쓸고 지나갔다. 한순간, 나는 빨래를 개다가 손을 빨래 바구니에 반쯤 넣은 채로 멈췄다. 오스틴과 인치볼드를 읽는 느낌에 대한 새로운 깨달음이 왔다. 현대의 독자가 오스틴의 소설은 비교적 부담 없이 집어 드는 반면 인치볼드의 책에는 쉽게 접근하지 않는 데는 이유가 있었.

　　인치볼드가 뒤떨어진 작가여서는 아니었다. 그녀는 고도의 기술자였다. 수천 시간의 작업으로 갈고닦은 정밀성을 구사한다. 무대 위에서 자신의 대사 한마디 한마디에 관객이 어떻게 반응하는지 지켜본 경험 덕분에 그녀는 자신이 의도한 감정을 사람들에게서 끌어내는 데 능란하다. 인치볼드의 작품은 문학적 완성도에서도 타의 추종을 불허한다. 하지만 인치볼드가 («사랑의 맹세» 1808년판 서문을 비롯한) 연극 비평에서 분명히 밝히고 있듯, 그녀가 추구하는 목표 중 하나는 이야기의 교훈을 최대한 뚜렷하게 전달하는 것이었다. 이 점이 오늘날 그녀의 작품이 읽기 어려워진 이유일 수 있다.

인치볼드가 명확한 교훈성을 중시하게 된 데에는 그녀가 작가로서 받았던 비평이 한몫했을 것이다. 그녀의 대표작 중 하나인 «실은 말이죠»가 극장에서 대성공을 거둔 직후에도 친한 친구이자 조언자 한 명이 그녀에게 편지를 보내 작중 인물의 도덕적 모호성을 문제 삼았다. 그는 그것을 관객이 "부지불식간에 (……) 흡수하게 되는 독"으로 불렀다. 인치볼드는 18세기 관객의 취향에 부합해야 했고, 거기에 맞게 썼다. 그녀는 원고를 고치고 또 고쳤다. 하지만 그 과도한 교훈성이 내가 «단순한 이야기»에 실망한 지점이었다. 엘름우드 경의 냉혹한 분노와 버림받은 딸의 경건한 복종이 후반부의 이야기를 무겁게 짓누른다.

이것이 내가 «맨스필드 파크»를 좋아하지 않았던 이유이기도 하다. 빅토리아 시대에는 «맨스필드 파크»가 오스틴의 독자들 사이에서 높은 평가를 받았다. 1900년, 미국의 저명한 문학평론가이자 사실주의 소설의 옹호자였던 윌리엄 딘 하우얼스는 «맨스필드 파크»를 "시대를 막론하고 최고의 예술"에 필적하는 작품으로 평했다. 그래도 오늘날 «맨스필드 파크»는 오스틴 소설 중 가장 인기 없는 소설로 통한다. (완벽하진 않아도) 방대한 도서 감상평 데이터 세트인 굿리즈(Goodreads) 평점을 봤을 때, «맨스필드 파크»는 «노생거 사원»과 거의 동률을 이룬다. «맨스필드 파크»는 평균 3.86점, «노생거 사원»은 3.85점이다. («오만과 편견»이 4.29점으로 가장 높다.) «노생거 사원»의 경우, 원래 버전이 오랫동안 오스틴의 손을 떠나 출판사에 묻혀 있었기에 1810년대에 출판된 오스틴의 소설 중 가장 덜 다듬어진 작품이라는 변명이 가능하다. 하지만 «맨스필드 파크»는 오스틴의 소설 중 도덕적 메시지 전달에 가장 집착한 작품이었던 탓이 크다.

  «맨스필드 파크»는 이른바 '교훈 소설'이다. 즉 독자에게 무언가를 가르치겠다는 의도를 숨기지 않는 작품이다. 19세기에는 교훈 소설이 엄청나게 인기가 많았다. «시립스의 아내 찾기»가 대히트작이었다는 것을 잊지 말자. 하지만 오늘날의 독자에게 이런 책은 거부감만 일으킨다. 1996년도 교사 및 사서 대상 교육 지침에도 이렇게 나와 있다. "교훈주의는 대개 독자의 반감을 유발할 뿐이므로, 문학작품을 선정할 때 피하는 것이 최선이다." 내 생각에 오스틴의 장점은 이야기의 교훈을 독자의 유추에 자연스럽게 맡길 줄 아는 것이다. 오스틴은 도덕적 판단을 슬쩍 흘려 넣을 때조차 재빨리 끝낸다. 일례로 «오만과 편견»의 캐럴라인 빙리가 질투심에 엘리자베스 베넷을 험담하는 대목에서, 오스틴은 "성난 사람이 현명하기란 쉽지 않다"고 짧게 지적하고 넘어간다.

인치볼드 역시 이런 방백 같은 논평에 탁월하다. 《단순한 이야기》의 전반부는 밀너와 샌드퍼드의 경쾌한 언쟁을 타고 속도감 있게 진행됐고, 나도 덩달아 눈을 떼지 못하고 읽었다. 하지만 소설의 후반부는 분위기가 일변하면서 훈계조로 이어지고, 이는 현대 독자인 내 취향에 전혀 맞지 않았다.

《단순한 이야기》는 19세기 동안 빈번하게 재출간되었다. 희귀서 시장의 판본들을 추적하고 월드캣으로 도서관 소장 현황을 살펴본 결과, 1800년대에 최소한 열여덟 종의 판본이 간행된 것으로 확인되었다. 10년에 두 번꼴로 재간된 셈이었다. 하지만 인치볼드의 사실주의와 직설적 도덕주의의 조합은 20세기의 변화하는 취향 속에서 살아남지 못했다. 재간행 빈도가 극적으로 줄었다. 만약 인치볼드가 《단순한 이야기》를 밀너와 도리포스의 행복한 결혼으로 끝맺었다면, 나는 이 책이 오늘날까지 활발히 읽히고 유통되며 오스틴의 소설들처럼 고전으로 대우받았을 것으로 믿어 의심치 않는다. 이 책은 그만큼 훌륭하다.

실제로 인치볼드가 1779년에 처음 원고를 넘길 때는 그 저주받은 후반부가 없었다. 하지만 소설이 오만방자한 미스 밀너에게 해피 엔딩을 선사하자 출판사들이 이를 퇴짜 놓았다. 밀너는 18세기 후반의 기준에서 지나치게 반항적인 여주인공이었다. 밀너는 집안 모두의 만류를 무릅쓰고 남장을 한 채 가면무도회에 참석하기도 한다. 결국 인치볼드는 훨씬 인습적인 플롯의 자식 세대의 이야기를 추가한 다음에야 《단순한 이야기》를 출판할 수 있었다. 다시 말해 인치볼드가 당대 출판사들의 요구에 맞게 소설을 수정하지 않았다면, 오늘날 우리는 «단순한 이야기»를 읽을 수조차 없었을 것이다. 그럼에도 당대인들은 이 작품의 도덕성이 애매하다고 보았다. 메리 울스턴크래프트만 해도 이 소설에 대한 서평에서 이렇게 말했다. 인치볼드가 "매우 유용한 교훈을 염두에 두고 쓴 작품임은 분명하다. (……) 다만 젊은 독자들의 유익을 위해 더 강경하게 나가지 않은 점은 애석하다". 메리 울스턴크래프트 같은 진보적 작가조차 이 소설에 도덕적 메시지가 약하다고 본 것이다!

«단순한 이야기»가 원래 버전처럼 밀너의 해피 엔딩으로 끝났다면 얼마나 좋았을까. 하지만 인치볼드가 소설을 쓰던 1780년대와 1790년대는 오스틴의 첫 책이 발간되기 20년 전이었고, 이때는 아직 소설이라는 장르 자체가 그 도덕성을 의심받던 시기였다. 1785년, 저명한 비평가 조지 스티븐스(George Steevens)가 샬럿 스미스의 초기 번역작 중 하나인 프랑스 소설 «마농 레스코(Manon Lescaut)»를 맹비난했다. 그는 주인공들의 행실을 문제 삼으며 단호히 경고했다. "남녀 주인공이 어떤 처벌을 받는지 보라." 소설가는 자신의 예술을 정당화하기 위해서 자신이 명백히 도덕적인 작품을 쓰고 있음을 증명해야 했다. 가장 유명한 변론 중 하나가 프랜시스 브룩(Frances Brooke)의 인기 소설 «유람(The Excursion)»의 1785년도 제2판 서문에 등장한다. "다른 시대와 다른 나라에서는 타락과 방종을 퍼뜨리는 수단으로 남용되던 소설이, 여기서는 도덕적 진리의 기준을 제시하고, 순수한 미덕의 정신을 불어넣는 역할

을 해왔다." 인치볼드는 이러한 사회문학적 맥락 속에서 소설을 썼다. 어떤 식으로든 독자들을 도발하기 위해서는 우선 도덕적 교훈부터 분명하게 부르짖어야 했다.

그리고 인치볼드는 도발을 사랑했다. 미스 밀너는 18세기 소설의 이상적인 여주인공이 아니다. 그녀는 심술궂고, 이기적이며, 미성숙하다. 내가 소장한 《단순한 이야기》 옥스퍼드 페이퍼백 판본에는 앞서 말했듯 제인 스펜서가 쓴 서문이 있다. 이 학술적 서문에서 스펜서는 다음과 같이 예리하게 짚었다. 이 소설의 후반부는 "전반부의 대담함에 대한 인치볼드의 속죄로 읽히기도 한다".

한 세대가 흘러 오스틴이 소설을 출간하던 시기에는 두 가지 중요한 문화적 변화가 일어나 소설가들에게 예술적 선택의 여지를 넓혀주었다. 첫 번째는 낭만주의 작가들의 성공이었다. 이들은 전통적 지혜보다 개인의 천재성을 찬미하며 문명을 날렸다. 두 번째는 소설 장르가 영국의 문학 문화의 일부로 단단히 뿌리내린 점이었다. 소설을 "미덕에 대한 악취 나는 반역"으로 부르던 시절은 이제 냉소적 회고 속의 과거가 되었다. 리전시 시대에도 교훈 소설이 여전히 유행했지만, 소설이라는 문학 형식 전체에 대한 히스테릭한 반감은 누그러졌다. 오스틴의 소설은 도덕을 과시적으로 내세우지 않고도 존재할 자유를 어느 정도 부여받은 셈이었다. 오스틴의 인기가 21세기까지 이어진 데는 교훈주의가 감지하기 어렵게 약화된 덕분이 컸다. 19세기 이전에는 그렇게 미묘한 도덕성으로는 출판사의 문턱도 넘기 어려웠다. 인치볼드가 교훈적인 후반부를 썼기에 오스틴은 쓰지 않을 수 있었다.

※

《단순한 이야기》 초판본을 드디어 손에 넣었을 때도 나는 책이 네 권이 아니라 애초에 두 권으로 끝나지 않는 것이 못내 불만이었다. 그러다 인치볼드가 후반부를 쓴 이유를 알게 되자 마지못해 받아들였다. 또한 해나 모어의 책들을 읽은 후로는 이야기의 모든 부분을 좋아하지 않아도 이야기를 즐길 수 있다는 것을 알았다. 나는 좋다/싫다의 제로섬 게임을 내려놓았다. 《사랑의 맹세》의 훈계성 장면들은 내 취향이 아니었지만, 그 외의 많은 장면은 나를 더없이 즐겁게 해주었다. 안할트가 남작의 옛 연인을 돌봐준 부부에게 사례하려 하자 남편이 거절한다. 안할트는 이번에는 아내에게 돈주머니를 내밀며 받아달라고 한다. 아내는 "전 목사님 말이라면 무조건 복종해요"라며 냉큼 받는다. 인치볼드의 작품은 때로 못 견디게 교훈적이지만, 동시에 정말로 웃긴다. '둘 다'의 개념에는 엄청난 가능성의 여지가 존재한다.

희곡과 소설과 전기 사이를 오가고, 초판본과 빅토리아 시대 판본과 현대 페이퍼백 판본을 넘나들면서 나는 계속 인치볼드의 수첩 일기에 대해 생각했다. 인치볼드는 자세하게 적지 않았고, 그나마 지금은 대부분 유실되고 없다. 하지만 그녀는 거기에 50년 넘게 일상의 사건들을 기록했다. 읽고 있는 책에 대해서도 간간이 메모를 남겼다. 인치볼드는 정규교육을 받지 못했다. 성인이 된 후에야 전통적 영국식 교육(정확히 말하자면 상류층 남성 전유의 고전 인문교육)에서 다루는 책들—예컨대 플라톤, 오비디우스, 밀턴—을 스스로 찾아 읽었다. 또한 1792년에는 래드클리프의 «숲속의 로맨스»를 읽기도 했다. 출간 다음 해였다. 이 문학적 계보 나무에서 서서히 가지가 뻗어나가고 있었다. 예컨대 마리아 에지워스가 인치볼드에게 찬사를 담은 편지를 썼고, 그러자 인치볼드가 에지워스의 작품 중 하나에 대한 서평을 썼고, 오스틴은 두 작가의 책들을 자신의 소설에 등장시켰다.

그러나 인치볼드가 래드클리프의 소설을 어떻게 생각했는지는 알 수 없다. 그 내용은 지금은 남아 있지 않은 수첩 일기에 있었다. 우리는 단지 그런 내용이 있었다는 것만 안다. 보든이 펴낸 최초의 인치볼드 전기에 그렇게 나와 있기 때문이다. 보든은 인치볼드의 수첩 일기와 여타 개인적 문서들을 열람할 수 있었다. 현대 학자 퍼트리샤 시글(Patricia Sigl)이 찾아낸 기록에 따르면, 수첩 일기들이 1890년경까지는 남아 있다가 그즈음에 대부분이 불타 없어졌다. 진즉에 더 많은 사람이 그 문서들의 가치를 알아봤다면 얼마나 좋았을까! 지금까지 존재가 확인된 열한 권은 폴저 셰익스피어 라이브러리(Folger Shakespeare Library)에 있다. 1905년부터 1991년까지 큐레이터들이 경매와 고서 딜러들을 통해 수집한 것이다.

수집가, 큐레이터, 고서 딜러. 우리는 역할은 다를지 몰라도 같은 목표로 일한다. 우리는 물리적 과거를 보존한다. 우리는 증거를 지킨다. 이 단계가 없으면 다음 단계, 즉 과거를 돌아보며 거기서 의미를 만들어내는 단계가 있을 수 없다. 시간의 흐름에 따라 필연적으로 가치관의 변화가 일어나고, 그에 따라 같은 증거에 대한 해석도 달라질 수 있다. 그게 바로 내 작업이었다. 내 작업은 구시대 문학 권위자들의 말을 그대로 믿는 대신, 이 여성 작가들의 책을 직접 읽고 그 진가를 직접 판단하는 것이었다. 내 가치관은 이언 와트의 것과 다르고, 따라서 내 해석 또한 다르다. 각 세대는 자기 차례가 오면 이전 세대의 비평이 붙여놓은 따개비들을 뜯어내고 스스로 증거를 들여다봐야 한다. 하지만 그것도 일단 증거가 남아 있어야 가능한 일이다.

나는 인치볼드와 오스틴의 소설을 읽을 때마다 든 생각을 독서 일지에 남겼다. 독서 일지는 인치볼드의 수첩 일기에 대해 읽고 나서 시작한 습관이다. 책을 완독한 날짜, 책의 포맷, 완독 직후의 소감을 적는다. 첫 독서 일지를 열어보면, 오스틴의 «설득»을 재독한 기록이 있고, 그 옆에 소날리 데브(Sonali Dev)가 있다. 스칼릿 페컴(Scarlett Peckham)은 해나 모어의 전기들이 만든 황야에 둘러싸여 구조 요청을 하는 것 같다. 빅터 러밸(Victor LaValle)의 페이퍼백 소설(주인공이 무려 희귀서 딜러!) 다음에는 오디오북으로 재독한 오스틴 소설 두 권이 나온다. 인치볼드 전기들로 이어지기 직전에 로런 블랙우드(Lauren Blackwood)가 깜짝 등장한다. 나는 픽션과 논픽션을 최소 한 권씩 섞어서 병렬로 읽는 것을 좋아한다.

나는 워드 프로세서가 아닌 종이 일지를 선택했다. 생각을 손으로 적을 때 걸리는 시간이 강제하는 사유와 반추를 즐겼다. 몇 페이지 기록한 후, 그 과정을 더 느리게 만들기로 작심하고 일지를 평소에 글을 쓰지 않는 손으로 쓰기 시작했다. 엉망진창 글씨 때문에 해독이 어려울 지경이었지만, 애초에 이 일지는 남들의 눈을 위한 것이 아니었다. 오직 나만을 위한 것이었다.

  인치볼드도 남에게 보여주기 위해 수첩 일기를 쓰지 않았다. 만년에 회고록 작업에 많은 시간을 바쳤지만, 출간되지는 않았다. 오늘날 우리에게 남은 것은 그녀의 수첩 일기 중 살아남은 몇 권뿐이다. 그 수첩들은 주머니에 휴대할 수 있게 아주 작았고, 몇 줄 쓰면 끝이었다. 한 줄의 높이는 1센티미터 남짓에 불과했고, 인치볼드는 수첩을 90도로 돌려가며 여백에도 적었다. 현대에 인치볼드의 일기를 펴낸 편집자에 따르면, 이 밖에도 그녀의 필체를 해독하는 데 많은 현실적 난관이 있었다. "어떤 경우에는 글자가 겹쳐 있고, 어떤 경우에는 잉크 자체가 너무 흐리거나 번져 있어서 판독이 어려웠다. 인치볼드는 비용 절감을 위해 때로 잉크를 희석한 것으로 보이며, 그로 인해 글씨가 유난히 옅은 부분들이 있다." 인치볼드는 200년도 더 지난 미래에 남들이 자신의 일기를 들여다보리라고 예상치 못했을 것이다. 다만 인치볼드 본인은 자신의 이전 기록을 참고하곤 했다. 가령 1780년의 일기에 "내 예전 수첩들을 들춰봄"이라는 말이 있다.

  인치볼드처럼 나도 내 지난 기록을 들춰보는 것을 좋아한다. 새로운 책들을 읽고, 오스틴의 책들을 재독하면서 꾸준히 독서 일지를 쓴 덕분에, 내 해석의 변화를 추적할 수 있게 되었다. 《노생거 사원》은 래드클리프의 《우돌포의 비밀》을 읽은 이후 전혀 다른 이야기로 다가왔고, 《오만과 편견》에서는 버니의 《에블리나》가 제시한 청사진 위에 세운 구조가 보였다. 《사랑의 맹세》의 플롯을 알게 되자 《맨스필드 파크》를 관통하는 갈등이 비로소 시원하게 이해되었다.

그런데 내 독서 일지에 의도치 않게 또 다른 변화가 적히고 있었다. 내가 이 책들을 보는 관점만 아니라 내가 나를 보는 관점의 변화도 보였다. 이 프로젝트를 위해 읽은 초기 학술서들에 대한 기록은 내 자신감 부족을 그대로 드러냈다. 그때 나는 내 생각과 다른 주장을 읽으면 내 생각이 틀렸다고 여겼다. 어쨌든 이 저자들은 전문가들이 아닌가. 하지만 독서가 이어지고 수집이 이어지면서 내 기록에도 변화가 생겼다. 나 자신의 변곡점들이 보였다. 그 증거가 평소에 글씨를 쓰지 않는 손으로 삐뚤빼뚤하게 쓴 글씨로 남아 있었다. 나는 반론을 제기하기 시작했다. 내 반박은 같은 일지에 읽고 기록해온 다양한 책들을 인용하며 날을 세워갔다. 내 기록은 처음에는 단순한 논평에 그쳤다. 이제는 이 책들 사이에 살면서 연마한 문답 형식을 취하고 있었다. 나는 내 직관을 믿는 법을 배우고 있었다.

내 컬렉션은 지금도 계속 커가고 있다. 제임스 보든이 1833년에 펴낸 《개인 서신을 포함한 인치볼드 부인의 회고록 (Memoirs of Mrs. Inchbald: Including Her Familiar Correspondence)》이 윌리엄 로버츠가 1834년에 펴낸 《해나 모어 부인의 생애와 서신》과 나란히 꽂혀 있다. 전혀 다른 두 여성을 담은 비슷한 모양새의 초기 빅토리아 시대 전기 두 권을 붙여놓으니 실제로 스파크가 튀는 것 같다. 마음에 드는 《영국 극장》은 아직 찾지 못했지만, 그 세트에 쓰인 인치볼드의 초상화는 오리지널 판화로 입수했다. 이 초상화에서 인치볼드는 양손을 책에 얹은 채 얼굴을 돌려 정면을 응시하고 있다. 그리고 중고 책으로 산 1988년판 《단순한 이야기》도 당연히 계속 보유 중이다. 한때 나는 《단순한 이야기》의 1791년 초판본을 입수하는 쾌거를 올렸다. 흑반점 무늬 송아지 가죽으로 전면 장정한 책이었다. 하지만 그 책은 지금은 다른 소장처에 속해 있다. 책이 너무 완벽했기에 로맨스 소설의 계보를 구현한 내 희귀서 카탈로그에 등재하지 않을 수 없었고, 결국 릴리 라이브러리의 희귀서 서고로 갔다.

    대신 나는 다른 성격의 책 하나를 증가세의 내 컬렉션에 추가했다. 그것은 바로 내 독서 일지였다. 독서 일지는 내게 내 목소리를 믿는 법을 알려준 책들과 같은 서가에 꽂혀 있다. 내 일지와 그 옆의 책들은 내가 무엇을, 언제, 왜 읽었는지 보여준다. 내가 그 책들에서 보았거나 보지 못한 내 모습을 말해준다. 일기에 기록이 하나씩 쌓이면서, 서가에 책이 한 권씩 모이면서 내 컬렉션은 강력한 자기 정의의 행위가 되어갔다. 그 자체로 나만의 비전통적 회고록이었다.

제8장

헤스터 린치 스레일 피오치

Hester Lynch Thrale Piozzi
1741~1821

하지만 이 모든 것은,
나의 친애하는 피오치 부인의 말처럼,
비약과 공상과 허튼소리일 뿐이야.

**제인 오스틴이 언니 커샌드라에게 보낸 편지,
1808년 12월 9일**

엘리자베스 인치볼드처럼 피오치 부인도 열심히 일기를 쓴 인물이었다. 하지만 그녀의 일기는 성격이 달랐다. 여든 번째 생일을 보내고 몇 달 후 그녀는 일기에 내용을 추가했다. 거기에 그녀는 자신보다 "먼저 죽은 적들"을 모두 열거했다.

  헤스터 린치 스레일 피오치는 당대에 지극히 논쟁적인 인물이었다. 그녀의 개인적 결정과 직업적 행보 모두 가차 없이 공격받았다. 특히 그것이 18세기 영국 여성에게 널리 기대되던 규범에서 벗어난 선택일 때 무자비한 비난이 쏟아졌는데, 그녀는 그런 일탈이 잦았다. 비난에 대한 피오치 특유의 대응법은 더 대담하게 자신의 길을 고수하는 것이었다. 그 선택을 축하하는 파티를 열 때도 많았다. 지인들이 유럽 여행에서 조용히 귀국할 것을 권했을 때도, 피오치는 반대로 성대한 환영 파티를 예고했다. 활기차고 박식한 블루스타킹 멤버들에게 외면당하자 그녀는 직접 문인들을 초대해 디너 모임을 열었다. 여든 살이 되었으니 이제는 사교 무대에서 물러날 거라는 예상을 뒤엎고 빚을 지면서까지 무려 칠백 명 가까운 사람들을 초대해 바스에서 성대한 생일 연회를 열었다.

피오치는 사후에도 두 세기 넘도록 논쟁의 대상으로 남았다. 오랫동안 피오치의 반항적 행동들은 그녀가 품위 없고, 허영심 많고, 자기중심적 인물이었다는 근거로 반복 인용되었다. 하지만 그중 몇몇 일화만 짧게 소개해도, 현대의 독자들은 그녀의 반항에 경탄을 금치 못한다(적어도 나는 그렇다). 양쪽 해석 모두 나름의 타당성이 있다. 자주 인용되는 예가 있다. 피오치가 1781년에 남긴 일기에 이런 대목이 나온다. "미스 오언과 미스 버니가 내게 사랑에 빠진 적이 있는지 물었다. 나는 말했다. 네, 나 자신과요. 그것도 몹시 열렬하게. 어떤 남자가 나를 좋아하면, 그건 전혀 놀랍지 않아요. 나를 좋아하지 않을 남자가 어디 있겠어요? 어떤 남자가 나를 좋아하지 않으면, 나는 그자를 돌대가리로 치부하고, 그걸로 끝이에요." (여기서 '미스 버니'는 우리가 아는 그 버니가 맞다.) 이런 발언을 어떻게 생각하든, 한 가지는 분명하다. 헤스터 피오치는 절대 따분한 인물은 아니었다.

18세기 영문학의 세계에 대해 대충이라도 읽어본 사람은 피오치를 이미 알고 있을 가능성이 높다. 피오치는 이 프로젝트의 여성 작가들 가운데 유일하게 내가 처음부터 알고 있던 작가였다. 하지만 그녀가 어떤 책을 썼는지는 몰랐다. 역설적이었다. 그녀가 정전의 일부로 여겨지는 것은 알면서, 그녀의 저서는 제목을 아는 것이 하나도 없는 것은 어째서일까?

일단 나는 그녀가 출판에 사용한 이름─헤스터 린치 피오치─을 몰랐다. 내가 알던 이름은 스레일 부인이었다. 나처럼 그녀를 이 이름으로 아는 사람이 대부분일 것이다. 스레일은 그녀가 첫 번째 결혼으로 얻은 성이었고, 새뮤얼 존슨과 떠들썩하게 우정을 나누던 시절의 명칭이었다. 존슨은 위대한 《영어 사전》의 저자이자 프랜시스 버니, 샬럿 레녹스, 해나 모어와 교유했던 바로 그 인물이다. 피오치의 첫 두 저서 모두 존슨과의 우정에서 비롯된 책이었고, 모두 베스트셀러였다. 《고(故) 새뮤얼 존슨 일화집(Anecdotes of the Late Samuel Johnson)》(1786)은 발간된 지 1년 만에 무려 다섯 차례나 중판되었고 《고(故) 새뮤얼 존슨과 주고받은 편지들(Letters to and from the Late Samuel Johnson)》(1788) 역시 초판 발행 부수가 많음에도 곧바로 중쇄에 들어갔다.

  그러나 이 두 저작은 피오치의 문학 경력에서 시작에 불과했다. 그녀는 계속해서 흥미로운 책을 세 편 더 썼다. 《여로의 관찰과 성찰(Observations and Reflections Made in the Course of a Journey)》(1789)은 유럽 여행기로, 앤 래드클리프의 고딕소설 속 풍광 묘사에 영감을 주었다. 《영국의 유의어(British Synonymy)》(1794)는 비영어권 출신 화자들과의 소통 경험을 바탕으로 영어의 유의어들을 탐구한 획기적인 언어학 에세이였다. 마지막으로 《회고(Retrospection)》(1801)는 현대 학자 윌리엄 매카시(William McCarthy)에 따르면, "[영국] 여성이 쓴 최초의 세계사"였다.

　　20세기에 들어서면서 피오치의 미발표 원고들을 발굴해 소개하는 책들이 우후죽순 등장하기 시작했다. 그중 유명한 것을 몇 가지 꼽자면, 오즈월드 G. 냅(Oswald G. Knapp)이 엮은 «헤스터 피오치와 퍼넬러피 페닝턴의 내밀한 편지들(The Intimate Letters of Hester Piozzi and Penelope Pennington)»(1914), 모지스 타이슨(Moses Tyson)과 헨리 거피(Henry Guppy)가 편집한 «스레일 부인과 존슨 박사의 프랑스 여행기(The French Journals of Mrs. Thrale and Doctor Johnshon)»(1932), 캐서린 C. 볼더스턴(Katherine C. Balderston)이 엮은 «스롤리아나(Thraliana)»(1942), 메리 하이드(Mary Hyde)가 발굴해서 자신의 책 «스트리섬 파크의 스레일 가족(The Thrales of Streatham Park)»에 수록한 «아이들 이야기, 혹은 가족 이야기(The Children's Book or Rather Family Book)»(1977), 에드워드 A. 블룸과 릴리언 D. 블룸(Edwad A. Bloom&Lillian D. Bloom)이 편집한 «피오치의 편지: 헤스터 린치 피오치(구(舊) 스레일 부인) 서간집, 1784~1821(The Piozzi Letters: Correspondence of Hester Lynch Piozzi(formerly Mrs. Thrale), 1784~1821)»(1989~2002) 등이 있다. '피오치 산업'은 수 세기 동안 명맥이 꾸준히 이어졌다.

　　피오치가 이처럼 오랫동안 긍정적이든 부정적이든 우리의 상상력을 사로잡아온 이유가 궁금했다. 제인 오스틴이 사랑했던 여성 작가들의 삶과 문학 유산을 조사할 때 내가 치중한 것은 변곡점 찾기였다. 특히 각각이 언제 어떻게 주류에서 밀려나고 결국 정전에서 배제되었는지에 집중했다. 그리고 그 지점들을 짚어주는 희귀본들을 찾아 나섰다. 버니의 소설들은 19세기 후반의 고급 가죽 장정본을 찾기가 쉽지 않지만, 그녀의 일기는 멋진 판본을 비교적 쉽게 찾을 수 있다. 1840년대에 수없이 중쇄를 거듭하며 선풍적인 인기를 끌었던, 그래서 버니를 소설가보다 일기 작가로 더 유명하게 만든 «일기와 편지» 덕분이다. 레녹스의 소설들은 20세기에 이르러 재간행 시장에서 완전히 자취를 감추었다. 내가 실제로 찾아봤기 때문에 안다. 그러다 1970년에 «여자 돈키호테»가 재간되면서 비로소 사람들이 레녹스를 다시 읽게 됐다. 그런데 피오치는 달랐다. 그녀는 정전에서 사라진 적이 없다. 어느 연대든 그녀의 책은 문학 담론의 장을 떠난 적 없이 언제나 읽히고, 논쟁을 일으키고, 조롱과 찬사를 받았다. 그래서 이번에는 질문을 바꿨다. 나는 그녀가 정전에서 탈락한 이유가 아니라 살아남은 이유를 물었다.

조사에서 처음 던진 질문이 두 번째 질문으로 이어지고, 그 두 번째 질문이 더 흥미로울 때가 있다. 위에 언급한 책들을 두루 검토하는 과정에서 나는 한 가지 사실에 눈떴다. 남들이 피오치를 묻어버리지 못해 혈안일 때도 어떤 이들은 끝없이 피오치를 위해 싸웠다. 여기서 두 번째 질문이 나온다. 헤스터 린치 스레일 피오치가 대체 어떤 인물이었기에?

✺

그녀는 1741년, 웨일스의 카나폰셔에서 헤스터 린치 솔즈베리로 태어났다. 귀족 혈통이지만 가난한 부모의 외동딸이었다. 하지만 부유한 친족의 유산을 물려받을 예정이었고, 귀족 상속자에 걸맞은 방식으로 양육되었다. 다만 여자아이로서는 다소 이례적인 교육을 받았다. 그녀의 부모는 어린 딸의 총명함을 알아보았고, 이를 응원했다. 그녀는 여섯 살에 이미 프랑스 책을 읽었고, 그 책들로 번역을 배우기 시작했다. 몇 년 후에는 공작 부부 앞에서 밀턴의 《실낙원》 구절들을 낭송하며 귀염을 받았고, 열 살을 넘긴 후에는 부모가 고용한 개인 교사와 라틴어를 공부했다. 어린 시절부터 그녀는 남들의 즐거움을 위해 재능을 발휘하도록 훈련받았다. 훗날 그녀는 어느 자전적 에세이에 이렇게 썼다. "교육이라는 말이 여성에게는 적용되지 않던 시절이었지만, 내 부모님은 나를 가르쳐서 (……) 반쯤 천재로 만들었다."

헤스터는 실제로 반쯤 천재가 되었지만, 끝내 상속자가 되지는 못했다. 그녀가 일곱 살쯤 되었을 때 외삼촌 로버트 코튼 경이 "어린 조카딸을 유언장에 넣어 후하게 부양하겠다고 공개적으로 밝혔다". 하지만 유언장에 선언을 반영하기도 전에 갑자기 세상을 떠났다. 결국 그의 전 재산은 의절한 형제에게 상속되었고, 헤스터의 가족은 그 결과로 곤란을 겪었다. 로버트 코튼 경이 생전에 거처로 내주었던 런던 집에서도 나가야 했다. 한때 프랑스 책들로 가득한 서가를 가지고 있던 귀족 소녀는 이제 머물 집도 없는 신세가 되었다. 가족은 이후 몇 년 동안 친척 집들을 전전하며 살았다. 그 무렵인 1749년과 1752년, 헤스터의 아버지는 가족을 부양할 수입을 찾아 노바

스코샤로 건너갔다. 하지만 두 차례나 대서양을 건너는 모험을 한 보람도 없이 그는 빈손으로 돌아왔다.

그녀의 부모는 다시금 친족의 도움에 의지할 수밖에 없었고, 이번에는 아버지의 형제인 토머스 솔즈베리 경이 나섰다. 토머스 경 부부는 자식이 없었고, 다른 친척들처럼 헤스터를 귀여워했다. 이제 그녀는 토머스 경이 부인과의 결혼을 통해 획득한 막대한 재산의 추정상속인이 되었다. 이 부유한 숙모도 언어에 능했다. 그녀는 헤스터에게 프랑스어를 더 가르치고, 이탈리아어와 에스파냐어도 가르쳤다. 10대 시절 헤스터는 영어 에세이를 이탈리아어로, 에스파냐어 설교문을 영어로 번역했다. 재미 삼아 《돈키호테》에서 좋아하는 대목들을 영어로 옮기기도 했다. 어린 나이에 문학의 희열에 눈뜬 헤스터는 이후 오래도록 작가의 꿈을 품고 살게 된다.

열여덟 살이 된 헤스터는 명민한 머리와 활달한 성격, 그리고—솔직히 말해—상속의 전망 때문에 남자들의 관심을 받았다. 하지만 그녀의 아버지는 딸의 혼사를 서두를 생각이 없었다. 실제로, 아버지가 딸에게 연서를 보낸 청년을 노골적으로 위협한 편지가 현재까지 남아 있다. "그러니 단단히 알아두길 바란다. 내 반드시 네게 보복해서 네 일신에 크나큰 해를 입히고야 말겠다. 하느님께 맹세코 그렇게 할 것이다."

이후 그녀의 삶을 송두리째 바꿔놓을 사건들이 연달아 일어났다. 레이디 솔즈베리가 사망했고, 숙부 토머스 경은 킹 부인이라는 과부를 재혼 상대로 생각했다. 킹 부인은 헤스터를 싫어했고, 그 감정은 상호적이었다. 몹시 불길한 상황이었다. 킹 부인이 숙부의 아내가 되면 상속받을 자식을 낳거나 남편을 설득해서 헤스터를 상속에서 배제할 공산이 컸다. 헤스터의 상속 전망에 다시 한번 위기가 닥쳤고, 그녀도 이를 분명히 인지하고 있었다. "숙부는 이제 젊고 아름다운 과부와 결혼할 참이다. 그녀에게 숙부의 재산과 애정에 대한 우선권이 있으며, 따라서 내 몫은 불가피하게 사라질 수밖에 없다." (귀에 익은 딜레마다. «설득»의 주인공 앤 엘리엇의 가족이 떠오른다. 엘리엇 경의 작위와 재산을 노리는 과부 클레이 부인이 그의 환심을 얻으면서, 앤의 가족도 마찬가지 위기에 봉착한다.)

    두 번째 상속마저 잃을 위기에 처해 있던 헤스터의 가족은 헨리 스레일이라는 젊고 부유한 양조업자를 알게 된다. 헤스터의 어머니는 그를 무척 마음에 들어 했고, 숙부 토머스 경도 마찬가지였다. 훗날 헤스터는 토머스 경이 헨리 스레일을 "비할 데 없이 훌륭한 젊은이, (……) 요컨대 완벽함의 전형"으로 여겼으며, "<u>진정한 스포츠맨</u>이라는 말로 찬사를 마무리했다"고 회고했다. "내가 웃음을 참지 못하자 숙부는 잔뜩 굳어진 얼굴로 우리가 그를 좋아하길 바란다고 말했다. 그것도 몹시 진지하게 말했다." 토머스 경에게는 헤스터와 헨리의 결혼이 이상적인 해결책이었다. 헤스터가 부자와 결혼하면 자신이 그녀를 후하게 부양할 필요에서 벗어나므로, 조카딸을 버린다는 죄책감을 덜면서 킹 부인과 재혼할 수 있었다. 하지만 헤스터의 아버지에게 헨리는 딸의 짝으로 부적격이었다. 양조업자라니! '맘 컴리(Mam Cymru, 웨일스의 어머니)'로 칭송받은 캐서린 오브 버레인(Katheryn of Berain) 같은 위대한 선조의 피를 이어받은 내 천재적인 딸에게 양조업자가 가당키나 한가! 헤스터의 아버지는 불같이 화를 내며 동생의 계획에 반대하면서 자신의 딸을 "맥주 통과 맞바꾸는" 일은 절대 용납하지 않겠다고 말했다. 하지만 1762년 12월, 그는 예기치 않게 세상을 뜨고 말았다.

헨리를 썩 좋아하지 않았던 헤스터는 어느 때보다 취약한 처지에 놓였다. 헤스터의 라틴어 교사를 비롯한 친지들이 토머스 경에게 조카에 대한 상속 약속을 공식화하라고 압박했다. 하지만 토머스 경은 대신 헨리 스레일에게 1만 파운드의 지참금을 제안했다. 헤스터의 어머니는 결혼을 만류한 라틴어 교사가 딸과 연락하는 것을 막았다. 헤스터는 가장 확고한 지지자마저 잃었다. 결국 1763년, 그녀는 헨리 스레일과 결혼했다. 그녀는 이 결합이 "정념보다는 이성에 기반한 (……) 상호 호감에 의한 것"이라고 자신을 설득했다. 그렇게 헤스터는 사랑하지 않는 남자의 아내가 되었고, 인생 최악의 순간들로 점철될 18년간의 결혼 생활을 시작했다.

헨리 스레일은 아내에게 크게 관심이 없었다. 신혼 시절 헤스터가 남편에게 사랑의 시를 썼을 때도 그는 그것을 "주제넘은 행동 또는 쓸데없는 짓으로 치부하며" 거부했다. 그뿐이 아니었다. 그녀가 즐기는 취미 중 하나였던 승마도 너무 "남성적"이라는 이유로 금했다. 결혼 초기에 스레일 부인에게는 속을 털어놓고 조언을 구할 여성 친구조차 변변히 없었다. 부부는 헨리의 재력으로 호화롭게 꾸민 스트리섬의 시골 저택으로 이사했고, 그의 맥주 공장이 있는 런던 서더크에도 타운

하우스를 보유하고 있었다. 하지만 어느 곳에도 그들이 편하게 교제할 사람들은 없었다. 훗날 헤스터는 헨리가 자신을 결혼 상대로 생각하게 된 것이, 다른 여자들과 달리 자신은 서더크처럼 인기 없는 지역에 사는 것을 마다하지 않았기 때문임을 알게 되었다. 사업에 야심이 많았던 헨리는 맥주 공장에서 많은 시간을 보냈고, 헤스터의 유일한 말 상대는 과부가 된 어머니뿐이었다. 어머니는 처음에는 여름에만 그들과 지내다가 곧이어 아예 한 식구가 되었고, 1773년에 세상을 뜰 때까지 헤스터에게 큰 위안이 되어주었다.

헤스터 스레일은 행복할 일은 별로 없어도 바쁘게 지낼 일은 많았다. 헨리는 친구들을 위한 성대한 만찬을 즐겨 열었고, 안주인은 당연히 그들을 잘 접대해야 했다. 헨리는 곧 의원 선거에 출마해 당선되었고, 헤스터는 선거 유세 내내 함께했다. 또한 그녀는 결혼 첫해에 임신해서 1764년 딸을 낳았다. 이후 15년 동안 헤스터는 남편의 모든 계획, 야망, 성공을 지원하는 동시에, 임신과 출산과 회복을 반복하며 살았다.

헤스터 스레일은 헨리와의 결혼에서 열두 명의 아이를 낳았고, 그중 여덟 명은 어려서 죽었다. 둘째 아이 프랜시스의 경우는 고작 아흐레를 살다 갔다. 그녀의 아기들 가운데 몇몇은 뇌 발달에 문제가 있었던 것으로 보이며, 이에 따른 두통으로 심한 고통에 시달리다가 죽었다. 아홉째 아이 랠프도 유사한 증세를 보이자, 그녀는 한 친구에게 이렇게 썼다. "이 아이의 병이 다른 아이들에게도 닥칠까봐 두려워요. 아이 중 누구라도 머리가 아프다고 하면 심장이 내려앉아요. 차라리 다리가 부러지는 편이 덜 괴로울 것 같아요." 한편 그녀의 남편은 이런 근심에 동참할 의향도 인내심도 없었고, 대놓고 그렇게 말했다. 그녀의 기록에 따르면, 딸아이 중 하나가 아플 때 남편은 걸핏하면 "아이가 감기에 걸리든 말든 나랑 무슨 상관이냐"고 했다.

헤스터 스레일의 많은 편지와 일기에는 고통받는 자식들을 지켜봐야 했던 애끓는 심정이 생생히 담겨 있다. 그녀는 아이들의 이앓이를 살피고 가정교사를 고용하는 등 매일의 육아 활동도 자세히 기록했다. 하지만 그 수다스러운 문장들 아래에는 그녀의 가슴을 메운 비탄이 있었다. 언젠가 한 친구가 편지들을 잘 보관해두면 스무 해쯤 지나 옛 생각에 잠기기 좋지 않겠냐고 했을 때 그녀는 이렇게 답했다. "그걸 다시 본다고 즐거웠던 시절이 떠오르는 일은 없을 거예요. 나는 그저 지금보다 더 불행해질 일만 없기를 바랄 뿐이에요. 지금 나는 아이를 낳거나 잃거나를 끝없이 반복하고 있고, 둘 다 내게 너무나 끔찍한 일이니까요. 몸과 마음 모두가 처참하게 갈가리 찢기는 고통이에요."

헤스터 스레일의 초기 전기들은 모두 남성 작가들이 썼으며, 이들은 출산과 아이의 죽음이 그녀에게 미친 영향은 거의 다루지 않았다. 하지만 자식을 둔 입장에서 내 해석은 다를 수밖에 없다. 이 감정이 처음 나를 덮쳤던 순간을 생생하게 기억한다. 미국을 횡단하는 비행기 안에서 제임스 L. 클리퍼드(James L. Clifford)의 권위서 《헤스터 린치 피오치(스레일 부인)(Hester Lynch Piozzi(Mrs. Thrale))》의 1987년 개정판을 읽을 때였다. 나는 그녀의 어린 아들 랠프의 병세가 심해지는 대목에 이르렀다. 의사는 랠프를 간병인과 함께 브라이턴으로 보내 해수욕 치유 효과를 노려볼 것을 권했다. 헨리는 거리낌 없이 아이를 의료진의 손에 맡겼고, 그렇게 아이는 부모와 떨어졌다. 그는 헤스터의 의향을 무시하고 부부 모두 스트리섬으로 돌아갈 것을 고집했다. 그러다 곧 랠프가 위독하다는 전갈이 왔고, 헤스터가 급히 브라이턴으로 돌아갔지만, 도착했을 때 아이는 이미 숨을 거둔 뒤였다.

  이 대목을 읽을 때 나는 내 아들과 멀어지는 방향의 비행기에 있었다. 아이는 집에 할머니와 함께 있었고, 완벽하게 건강한 상태였는데도 걱정을 떨칠 수가 없었다. 아이의 조그만 손을 보면서 그 섬세하고 연약한 모습에 가슴이 저려본 적이 있는가? 아픈 아이의 피부를 달구는 신열을 느끼며 내가 대신 앓지 못해 애가 탔던 적은? 브라이턴에 도착해서 아들이 이미 죽었다는 것을 알았을 때 그녀가 겪었을 고통의 깊이를 나는 차마 상상도 하기 어려웠다. 랠프가 죽었을 때도 그녀는 갓난아기를 돌보고 있었다. 당시 생후 두 달이었던 딸 프랜시스 애나였다. 다섯 달 뒤 프랜시스 애나 역시 세상을 떠났다.

  어머니가 세상을 떠난 이후 헤스터에게는 이런 참담한 일들을 터놓고 말할 사람이 많지 않았다. 1776년, 프랜시스 애나가 죽은 지 넉 달 뒤 스레일 부부의 마지막 생존 아들이자 상속자였던 헨리마저 아홉 살 나이에 갑작스럽게 병사했다. 수막염이었을 것으로 추정된다. 이 죽음은 헤스터 못지않게 헨리 스레일도 무너뜨렸다. 이후 그는 우울증에 빠져 평생 벗어나지 못했다.

불과 1년 사이에 세 아이를 잃고도 부부는 그 비통함을 입 밖에 내지 않았다. 대신 계속해서 디너파티를 열었다. 이때쯤 스레일가의 디너는 장안의 화제였다. 헨리가 고집하는 진수성찬도 유명했지만, 참석자들 또한 화려하기 짝이 없었다. 그중에는 극작가 아서 머피(고급 창부 앤 엘리엇을 배우로 데뷔시킨 인물), 화가 조슈아 레이놀즈, 정치인(이자 숭고미 이론가였던) 에드먼드 버크, 작가 올리버 골드스미스, 사전 편찬자 새뮤얼 존슨, 블루스타킹 리더 엘리자베스 몬터규 등도 있었다.

이 디너파티가 블루스타킹 모임의 라이벌로 비춰질 때가 많았지만, 성격은 많이 달랐다. 《에블리나》(1778)의 저자로 밝혀진 후 스레일 디너의 고정 손님이 된 프랜시스 버니는 헨리 스레일이 "명민하고 야심적인 논객들 사이의 (……) 설전을 듣고, 부추기고, 유도하는 것을 유난히 즐거워했다"고 회상했다. 헤스터는 임신과 상실을 연이어 겪는 와중에도 이 모임의 능란한 여주인으로 명성을 날렸다. 존슨에게 보낸 편지에 썼듯 그녀는 일찍부터 "할 수 있는 한 (……) 명랑하게 불행해지는 법을 배워야" 했다. 어릴 때부터 사교 무대의 연기에 능했던 그녀는 고통을 감추는 한편 손님들을 무장 해제시키는 정교한 가면을 만들어 썼다.

헤스터의 명랑한 성격과 상대를 편하게 해주는 재능에 대한 일화는 많다. 일례로 그녀에게 매료된 프랜시스 버니는 처음 스트리섬 저택을 방문했던 날을 "내가 태어난 이래 가장 의미심장하게 보낸 날"로 불렀다. 후일 버니는 일기에 이렇게 고백했다. "나는 스레일 부인에게 완전히 반해버렸다. 사랑이 너무 깊어서, 이 주제에서 도망치지 않았다간 다른 어떤 것도 쓰지 못할 것 같다." 헤스터 스레일은 남성 손님들에게도 똑같이 감명을 안겼다. 남성들은 처음에는 그녀의 박식함을 낯설어했지만, 이내 그녀에게 매료되었다. 한 남성 방문객은 그녀를 두고 "매우 학식 있는 숙녀이며, 여성 특유의 매력에 우리 남성의 지성을 겸비했다"고 평했다. 헤스터 스레일도 기지 있는 여성으로서 아슬아슬한 경계 위에서 균형을 잡는 데 능했다. 오스틴에 못지않았고, 어쩌면 레녹스보다도 능숙하게 해냈다. 이에 더해, 반복된 임신으로 쇠약해진 몸으로, 그것도 늘 자녀들에 대한 걱정과 비탄에 시달리느라 제정신을 유지하고 있기도 힘들 판에, 당대 최고의 저명인사들조차 감탄해마지않을 사고 능력을 발휘했다는 점은 실로 놀랍기 짝이 없다. 훗날의 어느 자전적 글에서 헤스터는 자신의 이런 재능에 대해 다음과 같이 술회했다. "[내가 보인] 기품은 타고났다기보다 습득한 것이었고, 그 외형 속의 본래 특성은 강인함이지 섬세함이 아니었다."

  헤스터에게는 그 강인함이 필요했다. 그녀는 우아한 안주인의 임무를 수행하는 동시에, 맥주 공장 운영에도 관여하기 시작했다. 헨리는 처음에는 그녀가 사업에 관여하는 것을 원하지 않았다. 하지만 그의 무리한 투기성 사업 확장 시도가 파산 위기로 이어지자 보다 못한 헤스터가 수습에 나섰다. 헨리는 그녀의 개입에 성질을 부리면서도 사업 회생의 책임을 그녀에게 떠넘겼다. 1772년, 그녀는 13만 파운드가 넘는 빚

더미에 앉은 맥주 공장을 살리기 위해 임신 후기에 접어든 몸으로 2만 파운드에 가까운 돈을 융통하러 다녔다. 그동안 헨리는 침울하게 집에 틀어박혀 있었다. 이때 태어난 딸 퍼넬러피는 열 시간밖에 살지 못했다. 헤스터는 그로부터 몇 달 만에 또다시 임신했다.

이때쯤 스레일 부부는 근황이 신문에 오르내릴 정도로 유명했다. 기사가 항상 긍정적이지는 않았다. 헨리에게 여러 정부가 있는 것은 이미 널리 알려진 사실이었다. 급기야 헤스터가 다시 임신 중이던 1773년 3월에는 한 신문에 다음과 같은 악의적 기사가 났다. "[헨리 스레일은] 맥주보다 염문으로 더 유명하다." 언론의 인신공격은 이제 시작에 불과했다.

실제 사정은 더 참담했다. 1776년, 헨리에게 성병으로 보이는 질환이 생겼다. 그는 아내에게는 이를 인정하지 않으면서도 해당 질환 전문의에게 진료를 받았다. 헨리는 고환이 부어올라 통증에 시달렸고, 헤스터가 "매일 아침저녁으로 한 시간씩 무릎을 꿇고" 그를 돌봐야 했다. 이때 그녀는 열한 번째 임신 중이었다. 그녀는 일기에 이렇게 적었다. "아버지의 예언이 적중했다. 그 망나니와 결혼하면 그놈은 매독에 걸리고, 너는 놈의 고약이나 만드는 웃긴 신세가 될 거라고 하셨는데, 그 말이 현실이 됐다." 이듬해 그녀의 남편은 한 여인을 만나 정말로 푹 빠지고 말았다.

1777년, 헤스터 스레일은 브라이턴에서 휴가를 보내던 중 우연히 소피아 스트릿필드(Sophia Streatfeild)라는 여성을 만나 친구가 되었다. 두 사람은 곧바로 서로에게 끌렸는데, 비슷한 성장 배경에서 비롯된 상호 존중이 한몫했다. 스트릿필드도 헤스터에게 라틴어를 가르쳤던 교사에게 배운 적이 있었다. (다만 스트릿필드의 특기는 그리스어였다.) 이후 몇 년 사이에 스트릿필드는 스레일 부부의 사교계에서 인기 명사로 자리 잡았고, 총명과 미모를 겸비한 미혼 여성으로서 뭇 남성의 마음을 사로잡았다. 헤스터의 초기 일기 — 현재 《아이들 이야기》로 알려진 기록 — 의 마지막 부분에, 이 문제에 대한 그녀의 위기의식이 드러난 문장이 있다. "이 라이벌, 이 S. S. 때문에 속 끓이지 않겠어, 절대로." 이것이 헤스터가 자녀들의 성장을 12년 동안 기록한 일기의 마지막 문장이었다. 이보다 앞에는 자신이 또다시 임신한 것 같다는 추측과 함께, 더는 자식이 자신보다 먼저 죽는 일이 없기를 기도하는 내용도 있다. 이듬해 1월, 그녀는 (현재 《스롤리아나》로 불리는) 주(主) 일기에 이렇게 토로했다. "스레일 씨가 정말로 심각하게 사랑에 빠졌다. (……) 사실 놀랄 일도 아니다. 그 여자는 몹시 예쁘고, 싹싹하고, 나긋하고, 간사하니까."

  헤스터는 애초에 자신의 결혼이 사랑에 기반했다는 망상 따위 없었다. 그녀는 이 상황에 고통받지 않으려 애썼다. 외도의 정황을 적은 뒤로는 재밌다는 태도로 일관하며 자신을 "사심 없는 구경꾼"으로 칭했다. 스트릿필드가 자신이 헨리에게 보이는 관심은 사실 헤스터를 향한 애정의 표현일 뿐이라고 주장했을 때는 일기에 이렇게 적었다. "가끔씩 그 여자의 면전에서 폭소가 터지는 것을 참기 어렵다." 하지만 아무리 그런 척해도 헤스터 스레일은 결코 무심한 방관자가 아니었다.

그녀의 명랑함은 비통을 막는 방패였다.

대외적 이미지와 달리 그녀의 일기에는 진솔한 취약함이 묻어난다. 일기에서 그녀는 가면을 벗어던진다. 직설적인 구어체 속에 그녀의 재능과 약점이 모두 드러난다. 일기에 이런 대목이 나온다. 헤스터가 알렉산더 포프의 호메로스 번역문을 인용하자 헨리가 스트릿필드였다면 "그리스어 원문을 인용했을 것"이라고 말한다. "그 말에 화가 치밀었다. 그 말이 사실이었기 때문에 더 화가 났다. 나도 그리스어를 알았더라면! 스레일 씨가 나보다 그 여자를 더 좋아하는 것 자체는 전혀 분하지 않았지만, 거기에는 그럴 만한 이유가 있다는 자격지심―혹은 적어도 두려움―은 내 속을 긁었다."

하지만 때로는 가면이 미끄러져 떨어지기도 했다. 어느 날의 디너 자리에서 또다시 임신 중이던 헤스터에게 참기 어려운 일이 일어났다. 헨리가 "예의를 내다 버렸는지, 내게 [식탁에서] 소피와 자리를 바꿀 것을 요구했다. 인후염이 온 것 같다는 소피가 문 근처에 앉아 있다가 증세가 도지면 큰일이라는 것이 이유였다". 손님들이 보는 앞에서 아내에게, 그것도 임신 중인 아내에게 자기 집 식탁의 안주인 자리를 내주라는 남편의 요구는 도를 넘는 망동이었다. 아무도 이에 이의를 제기하지 않자, 그녀는 눈물을 흘리며 자리를 떴다.

나중에 디너 손님 중 두 명이 헤스터를 위로하며 그녀의 분노가 정당하다는 것을 개인적으로 인정했다. 그러나 헤스터는 게임의 본질을 모르지 않았다. 그녀는 이렇게 응수했다. "여러분이 그 무도한 일을 얼마나 평온하고 태연하게 지켜보셨는지 지적하지 않을 수가 없네요. 이 사태가 남의 얘기였다면 여러분의 분노가 하늘을 찔렀을 텐데, 푸짐한 디너를 베푸는 남자에게는 온유함 그 자체시더군요!" 그녀는 이어서 일기에 "그 말에 두 사람 모두 한마디도 대꾸하지 못했다"고 썼다. 그녀가 침묵시킨 그날의 디너 손님 둘은 다름 아닌 에드먼드 버크와 새뮤얼 존슨이었다.

그녀의 시련은 아직도 끝나지 않았다. 더 심한 고생이 닥쳤다. 헨리 스레일의 건강이 급격히 악화하고 있었다. 1779년, 그에게 뇌졸중이 닥쳤고, 이번에도 헤스터가 맥주 공장 운영의 책임을 떠맡았다. 몇 달 뒤 그가 어느 정도 회복되었을 때, 또다시 임신 막바지에 있던 헤스터가 무거운 몸을 이끌고 남편과 함께 맥주 공장을 방문했다. 이날의 일을 헤스터는 다음과 같이 적고 있다.

> 스레일 씨는 내가 함께 가길 원했다. 아니, 함께 갈 것을 고집했다. 하지만 내가 무릅쓸 위험을 잘 아는지라 다소 걱정하는 기색도 보였다. 결국 나는 함께 갔고, 할 일을 마친 뒤 그에게 서둘러 집에 가자고 졸랐다. 요동치는 마차 때문에 예정에 없던 일이 갑자기 닥칠까봐 무서웠다. 하지만 그는 서두를 생각이 없었다. 결국 걱정했던 징후가 보이기 시작했고, 나는 그에게 마차를 빨리 준비시키라고 다그쳤지만, 그는 요지부동이었다. 나는 그의 하인에게 내 위험한 상태를 알리고, 주인을 재촉하라고 일렀다. 하지만 내 고통도, 간청도 그를 약속된 시각보다 단 한 순

간도 더 일찍 출발하게 할 수 없었다. 나는 런던에서 스트리섬까지 오는 내내 말로 표현할 수도, 도저히 견딜 수도 없는 고통을 혼자 겪으며 마차 안에 엎어져 있었고, 집에 도착해서 방으로 실려 들어가 침대에 눕기도 전에 극심한 고통 속에 다섯 번이나 기절한 끝에 유산하고 말았다.

그것이 그녀가 스레일의 아내로서 겪은 마지막 임신이었다.

헨리는 1781년 봄에 사망했다. 그는 아내와 다섯 딸을 뒤에 남겼다. 헤스터 스레일은 다른 유언집행자들과 함께 대대적인 유산 정리에 들어갔다. 그녀는 몇 년 동안 딸들을 위한 신탁 설정부터 맥주 공장 매각까지 온갖 업무를 소화했다. 하지만 홀로된 스레일은 자녀에 대한 전권을 행사할 수 없었다. 남편의 유언장 규정에 따라 지정 집행인 다섯 명 모두가 자녀들의 후견인으로 지명됐기 때문이다. 그 다섯 명 중 여성은 스레일뿐이었다. 그녀는 죽은 남편의 남성 친구 네 명이 동의하지 않으면, 자녀의 인생에 대한 어떠한 중요한 결정도 내릴 수 없었다.

또한 스레일은 과부가 되자마자 주변 사교계 남성들의 구애를 받았다. 구애 경쟁은 점점 치열해졌다. 스레일은 적어도 한 명의 지인이 "나를 두고 내기를 걸었다"고 적었다. 그녀는 가십에 찬물을 끼얹은 것으로 대응했다. "저들은 이 상상의 짝짓기로 내 명예를 높인다고 생각하나본데, 나와 결혼함으로써 정말로 나를 명예롭게 해줄 남자가 존재하기는 할까!"

구혼자들과 가십에 시달리던 스레일은 딸들과 함께 떠나는 유럽 여행을 꿈꾸기 시작했다. "세상이 내게 무엇을 보여 줄 수 있을지 보고 싶었다." 그런데 얼마 후 이 꿈이 현실적 타개책으로 부상했다. 설명하자면 이렇다. 스레일은 재정난에 직면해 있었다. 스트리섬 저택을 유지하는 데는 많은 돈이 들었다. 맥주 공장에서 나오던 정기적인 소득 없이는 힘들었다. 맥주 공장 매각 대금의 일부는 그녀가 받았지만, 유언에 정한 대로 그 돈의 대부분은 딸들을 위한 신탁에 들어갔다.

설상가상으로 이 시점에 킹 부인—그동안 헤스터의 숙부와 결혼해서 새로운 레이디 솔즈베리가 된 여성—과의 해묵은 불화가 새로운 국면에 접어들었다. 숙부 토머스 경이 1773년에 사망한 후, 그쪽 가족과 스레일 가족은 관계가 완전히 끊어졌다. 그러다 1782년, 스레일이 과부가 된 지 1년도 지나지 않았을 때 레이디 솔즈베리가 소송을 제기해서, 과거에 토머스 경이 형 부부에게 빌려준 거액의 돈을 딸인 스레일이 변제해야 한다는 판결을 받아냈다. 결국 양방은 스레일이 7500파운드를 지불하는 것에 합의했다. 이 일로 파산하지는 않았지만, 그녀는 거액의 대출을 받아야 했고, 이제는 정말로 허리띠를 졸라맬 수밖에 없었다.

이런 상황에서 유럽에서 몇 년 지내는 것은 스트리섬 저택에 머무는 것에 비해 생활비를 대폭 줄이는 방법이었고, 외유 중에 저택을 임대해 부수입을 얻을 수도 있었다. 거기에 덤으로 귀찮은 구혼자들도 피할 수 있었다. 그녀는 일기에 "결혼하자며 성가시게 구는 남자들도 (……) 내가 탈출을 염원하는 또 하나의 이유"라며 "나는 그중 누구와도 결혼할 생각이 없다"고 적었다. 하지만 자녀들의 후견인 중 한 명이 "유럽행에 격렬히 반대했고", 스레일은 결국 여행을 실행에 옮기지 못했다.

그런데 뜻밖의 일이 일어났다. 헤스터 스레일이 사랑에 빠진 것이다. 상대는 그녀에게 구혼하던 영국인 상류층 남자 중 하나가 아니었다. 헨리가 죽기 몇 해 전 그녀는 가브리엘 마리오 피오치라는 이탈리아인 음악가를 알게 되었다. 1780년에는 그에게 퀴니(Queeney)라는 애칭으로 불리던 장녀의 성악 교습을 맡겼다. 헨리가 스트릿필드와 추파를 주고받던 시기에 헤스터는 피오치의 피아노 실력에 대해 일기에 이런 평을 남겼다. 그의 연주는 "때로 불편할지언정 없어지면 못내 서운한 감정들로 마음을 가득 채운다. 어제는 그에게 노래를 청했는데, 목이 쉬었다고 했지만, 어찌 된 일인지 그 목소리가 내 귓가를 떠나질 않는다. 참 이상한 일도 다 있지!". 그러나 두 사람이 알고 지낸 처음 몇 년간 피오치는 그녀의 일기에서 대체로 스치듯 언급되는 인물에 지나지 않았다. 그러다 헨리 스레일이 죽은 지 1년 반이 지난 1782년 가을, 그녀는 일기에 이렇게 적었다. "우리의 사랑스럽고 눈썰미 있는 패니 버니는 내가 피오치에게 반한 것이 아니냐고 한다. 그럴지도 모르지!" 그리고 피오치 역시 그녀를 연모하고 있었다.

헤스터 스레일이 겪어온 온갖 시련을 생각하면 이 사랑은 찬란한 승리가 되어야 마땅했다. 하지만 현실은 반대였다. 이는 위기를 불렀다. 피오치는 사랑을 제외하면 어떠한 기준으로도 잘못된 선택이었다. 그는 음악가였고, 그녀와 계층이 달랐고, 재정적 지위도 없었다. 그는 이탈리아인이었다. 외국인과의 결혼을 탐탁해하지 않았던 국수적인 18세기 영국에서 이는 심각한 결격 사유였다. 그는 가톨릭 신자였다. 영국 국교도 여성이 구교도와 결혼하는 것은 당대인들의 눈에는 무신론자와 결혼하는 것만큼 경악할 일이었다. 헨리 스레일의 유산을 관리하는 네 명의 공동 후견인은 이 결혼이 가문의 치욕이 될 것으로 보았고, 그녀의 자녀들에게 피오치에 대한 혐오를 노골적으로 부추겼다. 실제로 자녀들은 피오치를 미워했다. 버니도 즉시 나서서 스레일에게 그 감정을 접으라고 촉구했다. 버니는 "이성이 온전하다면, 어떤 유혹 앞에서도 이성이 엄히 금할 일에 찬동할 수는 없는 일"이라고 못 박고, "자녀, 종교, 신분, 조국, 품격 (……) 이 모든 것을, 그게 누구든, 단 한 명의 남자를 위해 희생해서는 안 된다"고 주장했다.

스레일의 일기 중에서 이 시기의 내용이 가장 심금을 울린다. 버니가 개입하기 전부터 스레일은 이 관계의 이해득실을 상세하게 적었다. 그녀의 문장은 래드클리프가 고딕 고택을 묘사하고 버니가 연인의 애타는 오해를 담아낸 대목들 못지않은 흡인력을 보여준다. "나는 내 생각을 해서는 안 된다. 첫 번째 결혼은 어머니의 바람에 따른 것이었고, 두 번째는 딸의 기쁨을 위한 것이어야 한다. 나는 언제나 내 선택을 남들의 선택을 위해 희생했으니, 이번에도 그래야 한다." 그녀는 다음과 같이 이어 썼다.

─하지만 왜? 아, 나는 남다른 분별력을 가진 여자니까.

그러니 어떤 일이 있어도 내 신분을 망각하고 자신을 격하해서는 안 되니까. 하지만 정말로 내게 그런 분별력이 있다면, 적어도 한 번쯤은 그걸 이용해야 하지 않을까? 자신에게 선악 분별의 능력이 있다는 것을 아는 인간답게 살아봐야 하지 않을까? 한결같이 남들의 뜻대로만 살아온 사람에게 과연 자랑할 존엄이란 게 있기나 할까?

헤스터 스레일은 사회의 기대와 자신의 행복 사이에서, 가면과 그 아래의 진심 사이에서 갈등했다. 자신의 감정에 대한 확신은 있었지만 어떤 선택을 해야 할지는 확신하지 못했고, 가족과 친지가 자신에게 선택을 강요하는 상황에 분개했다. 그녀는 1782년의 일기에서 이렇게 물었다. "그럼 나는 무엇의 수호자란 말인가? 저들의 오만과 편견?"

또 그 문구였다. 스레일의 방대한 일기는 스레일 사후에 조금씩 서서히 출간되었고, 그 시작은 에이브러햄 헤이워드(Abraham Hayward)가 1861년에 펴낸 전기 《피오치(스레일) 부인의 자서전, 편지, 문학적 유고(Autobiography, Letters, and Literary Remains of Mrs. Piozzi Thrale)》였다. 문제의 문구가 포함된 내용은 이 책으로 처음 세상에 공개되었다. 다시 말해 제인 오스틴의 《오만과 편견》이 1813년에 출판되고 한참 후에야 등장했다. 하지만 내가 이 문구와 마주친 것은 이번이 세 번째였다. 버니의 《서실리아》에서 "오만과 편견"이라는 표현을 우연히 발견한 일이 내가 이 탐색에 나선 계기 중 하나였다. 당시에는 그것을 결정적 증거로 생각했다. 아하, 오스틴이 《서실리아》

를 읽었고, 거기서 이 문구를 따와서 자기 소설의 제목으로 삼았구나! 신속한 분석에 따른 명확한 결론이었다. 간단해서 더 정답 같았다.

그러다 이 문구와 다시 마주쳤다. 이번에는 샬럿 스미스의 소설을 읽을 때였다. 오스틴이 읽었을 것이 거의 확실시되는 소설이었다. 그럼 연쇄 차용인가? 잡아당기면 이 여성 작가들이 죽 달려 올라오는 끈인가? 그리고 여기서 또 만났다. 이번에는 헤스터 스레일이 작성한 지 80여 년 후에야 출판된 그녀의 개인 일기에서 나왔다. 버니의 《서실리아》는 스레일이 일기에 이 문구를 쓴 해인 1782년에 출간되었다. 스레일이 친한 친구의 신간을 넌지시 언급한 것일까? 그럴 수 있다. 아니면 버니가 스레일이 평소 그런 표현을 쓰는 것을 들었던 걸까? 아니면 그저 18세기에 유행하던 표현이었을까? 마지막 해석이 논리적이다. 이 여성 중 누구도 자신을 둘러싼 세상의 영향을 떠나서 글을 쓰지 않았다. 그들은 그 세계의 일부였고, 그 세계 출신이었다.

만약 내가 "오만과 편견"이라는 문구의 유래를 인터넷으로 검색해서 앞에 말한 예시들을 맥락 없이 한꺼번에 접했다면 아무 감흥이 없었을 것이다. 하지만 나는 이 책들을 찾아 읽었고, 해당 문구를 각 작가의 문장과 문맥 안에서 경험했다. 나는 샬럿 스미스의 《올드 매너 하우스》에서 처음 이 문구와 마주쳤던 순간을 잊지 못한다. 그때 나는 판도라 출판사의 '소설의 어머니들(Mothers of the Novel)' 시리즈에 속한 1987년판 페이퍼백을 읽고 있었다. 내가 읽는 동안에도 책 가장자리는 노란 전등 아래에서 바래고 있었고, 책등의 주름은 점점 깊어지고 있었다. 나는 해당 페이지의 귀퉁이를 접어놓고, 휴대폰의 메모 앱을 켜서 이렇게 적었다. "오스틴은 이 문구를 누구에게서 가져왔을까? 버니? 스미스? (……) 혹은 둘 다?" 몇 달 뒤에는 헤이워드의 1861년 전기를 읽다가 거기 발췌 수록된 스레일의 일기를 보게 되었다. 이때는 프로젝트 구텐베르크(Project Gutenberg) — 퍼블릭 도메인[16]을 모아놓은 디지털 도서관—에서 받은 파일을 노트북으로 읽고 있었다. 딸아이는 친구들과 쇼핑몰에 가고 싶어 했고, 나는 커피숍 근처 테이블에 앉아 스레일의 일기를 읽었다. 그동안 딸아이는 흥청대고 다니며 용돈을 만화책과 립글로스에 탕진하고 있다는 문자를 보냈다.

  독서는 삶과 떨어져 있지 않다. 그것은 삶의 한 가닥이다. 이 여성 작가들의 삶과 책에서 나는 내 경험의 직접 반영보다는 굴절된 형태를 보았다. 헤스터 스레일이 "나는 무엇의 수호자란 말인가?"라고 물었을 때 나는 10대 시절 제인 오스틴의 《오만과 편견》을 처음 읽으며 느꼈던 가슴 뻐근한 여운을 다시 느꼈다. 엘리자베스는 다시의 청혼을 거절한 후 그의 편지를 읽으며 자신이 그동안 그를 완전히 오해하고 있었음을 깨닫는다. 그녀는 그 편지를 읽고, 또 읽는다. "그녀는 곧 다시 씨의 편지를 다 외울 정도가 되었다. 문장을 하나하나 곱씹었고, 편지를 쓴 이에 대한 그녀의 감정이 시시각각 널을 뛰듯 달라졌다." 이 장면은 매번 나를 사로잡는다. 그리고 지금, 헤

---

16 저작권이 소멸한 자유 이용 저작물.

스터 스레일의 일기를 읽으며 깨달았다. 그녀의 실제 삶은 영문학사를 빛낸 그 어떤 위대한 소설 못지않게 감동적이었다.

다만 내가 스레일의 운명에 감정 이입하기 시작한 시점이 좋지 않았다. 그 직후에 펼쳐진 답답한 상황 때문이었다. 스레일은 결국 장녀 퀴니가 동의하지 않으면 피오치와 결혼하지 않겠다고 결정했다. 퀴니는 동의하지 않았다. 모녀는 기질이 정반대였고, 진즉부터 관계가 원만하지 못했다. 스레일은 변화무쌍한 다혈질이었던 반면, 퀴니는 냉정하고 금욕적이었다. 모녀의 성격적 불화는 퀴니가 10대가 되면서 더 악화했다. 여기에는 퀴니의 이탈리아인 입주 가정교사의 탓이 컸다. 가정교사는 스레일을 혐오했고, 퀴니에게 "네가 모친보다 지각 있으며, 나중에는 재산도 더 많아질 것"이라는 식의 악담을 일삼았다.

퀴니는 가뜩이나 성향상 어머니의 재혼에 호의적이지 않았는데, 여기에 후견인들과 친지들까지 가세해 이 반감을 더 부추겼다. 프랜시스 버니도 퀴니에게 그녀의 어머니가 "통제 불능의 열정에 속고 있다"는 편지를 썼다. (스레일은 이때 버니의 행동을 둘의 우정에 대한 근본적인 배신으로 간주했고, 둘의 관계는 영영 회복되지 못했다.) 버니의 아버지 찰스는 본인도 음악 교사였고, 스레일에게 피오치를 처음 소개한 인물이었다. 그런 그도 이 결혼이 "[스레일의] 재능, 신분, 인격을 모두 내던지는 처사"라고 말했다. 훗날 오스틴이 《설득》에서 너무도 적절히 표현했듯, "세상은 (……) 여자가 재혼하지 않을 때보다 재혼할 때 더 부당한 불평을 쏟아내는 법이다".

당시 퀴니는 열여덟 살이었다. 그녀는 항상 유능하고 독립적이었고, 총명함에서도 엄마에게 뒤지지 않았다. 하지만 유명세 있는 집안에서 상속자로 자란 터라, 속물적 성향 또한 부정할 수 없이 강했다. 어머니가 하층계급 외국인과 결혼하는 것은 그녀에게 공포 그 자체였다. 스레일의 일기에 따르면 퀴니는 엄마에게 이렇게 말했다. "기어코 자식들을 버리시겠다면, 그렇게 하세요. 돌아가신 아버지는 어머니에게 이런 대접을 받을 분이 아니었어요." 여기서 돌아가신 아버지란 그 아버지가 맞다. 그녀의 어머니를 반복적이고 공개적으로 기망하고 외도했으며, 어머니가 유산의 고통에 시달리는 데도 집에 데려갈 생각을 하지 않았던 바로 그 아버지가 맞다.

스레일은 퀴니와 피오치를 한자리에 불러서 교착상태를 해소하려 노력했다. 그녀는 당시의 심경을 이렇게 기록했다. "내게는 그와 딸을 위한 심장이 하나뿐인데, 그것을 둘로 쪼개야 할 판이었다." 그럼에도 퀴니는 계속 결혼에 반대했고, 두 사람은 결국 항복했다. 피오치는 스레일이 자신에게 보냈던 편지를 모두 퀴니에게 주면서 말했다. "어머니를 데려가시오. 그녀를 백작부인으로 만드시오. 나는 죽고 말겠지만 상관하지 말아요. 하지만 이건 어머니도 죽이는 일이오!" 그것이 끝이었다. 삶과 경력을 런던에서 일군 피오치였지만 그는 관계를 완전히 정리하기 위해 이탈리아로 돌아갔다.

이듬해는 스레일의 인생에서 가장 비참한 해 중 하나였다. 그녀는 유럽 여행의 꿈을 접고, 대신 더 경제적으로 지낼 수 있는 바스로 이주했다. 이사 직후 고작 네 살 반이었던 막내딸 해리엇이 죽었다. 이로써 스레일은 자신이 낳은 열두 자녀 가운데 여덟을 앞세웠다. 그녀와 남은 네 딸도 연이어 여러 건강 문제를 겪었고, 마침내 결정적인 위기가 닥쳤다. 현대 전기 작가 제임스 L. 클리퍼드에 따르면, "11월에 [셋째 딸] 소피아가 심하게 병들었다. 자신도 신경쇠약 상태였던 스레일 부인은 오랜 시간 위험한 병마와 싸우는 딸아이를 간호하다가 결국 탈진해서 쓰러졌다. 이 시련이 그녀에게 마지막까지 남아 있던 저항력마저 무너뜨렸다".

그해 동안 스레일의 건강이 급격히 나빠져 가족과 친지가 불안에 휩싸였다. 스레일을 진료한 의사 중 일부는 피오치와의 결별로 인한 상심이 건강 악화를 불렀을 것으로 보았다. 이 말을 들은 퀴니는 마음을 바꾸었다. 그녀는 결혼에 동의했고, 피오치는 연락을 받고 영국으로 돌아왔다.

헤스터 린치 스레일은 이제 헤스터 린치 피오치가 되었다. 하지만 그녀가 여성인 것은 변함없었고, 세상은 여전히 18세기 영국이었다. 이 승리는 엄청난 대가를 요구했고, 그 대가는 동시대 남성들에게는 좀처럼 부과되지 않는 것이었다. 소문이 퍼지자, 지인들 다수가 경악했다. 불과 몇 년 전 스레일의 아이에게 대모가 되었던 엘리자베스 몬터규는 즉시 스레일과 연을 끊었다. 몬터규는 어느 블루스타킹 동지에게 보낸 편지에 이렇게 썼다. "애석해요. 그리고 최악의 슬픔을 느껴요. 수치심이 뒤섞인 슬픔이죠. (……) 그 가엾은 여인이 제정신이 아니라고 확신해요." 스레일은 퀴니에게 보내는 편지에 다른 지인의 반응을 전했다. 그 지인은 결혼 소식을 듣고 "신실한 장로교도의 온정과 헌신을 다해서, 피오치가 결혼식 전에 관에 들어가기를 진지하고 간절하게 기도했다". 몇몇 의사가 스레일의 건강 회복을 위해 피오치를 다시 불러올 것을 권하자, 한 의사 친구는 이렇게 비아냥댔다. 그런 경우라면 피오치는 "스레일 부인의 취지에 부합하지 않는다. 부인의 건강에는 남자가 필요하기 때문이다". 친구들 사이에서도 피오치는 그저 이방인이고, 가톨릭교도였으며, 음악가였다. 그는 스레일에게 구혼하던 부유한 영국인 국교도 남성들과 동급이 아니었다. 그는 심지어 남자도 아니었다.

그나마 이는 신문에 기사가 나기 전의 일이었다. 헤스터 린치 피오치는 같은 계층의 영국 남자가 아닌 피오치를 선택함으로써 당대 사회의 경계를 벗어났고, 이 일탈은 이전에는 잠복 상태였던 온갖 공격과 조롱을 해방시켜 공개 놀음으로 만들었다. 당시에 유포된 "시뇨르 피오치가 스레일 부인을 유린하다"라는 제목의 풍자화는 스레일의 옆에서 첼로를 켜는 피오치의 모습을 담고 있는데, 피오치가 움켜쥔 첼로의 목이 노골적으로 남근을 연상시켰다. 그림에서 스레일의 말풍선에는 "당신의 음악이 내 혼을 빼놓는군요. 당신의 악기는 크고 황홀해요"라고 쓰여 있다. 피오치의 말풍선은 "나도 그대의 금화 음악이 너무 좋아요"라고 대답한다. 피오치의 말풍선은 외국인의 말투와 문법 오류를 흉내 내고 있고, 피오치가 가난한 사람이 아니었는데도 그를 스레일의 돈을 노리는 사람으로 묘사한다. 한 문장에 외국인 혐오와 계급의식을 교묘히 결합한 것이다. 이뿐 아니다. 그림 속에는 제3의 인물도 있다. 이 인물은 말채찍을 들고 있다. 이게 무슨 뜻일지 생각해보라! 이 인물의 말풍선에는 "저 여자는 집에서 담근 술에 만족해야 했어"라고 쓰여 있다. 스레일의 죽은 남편이 했던 양조 사업에 빗댄 말장난에다 물리적 위협과 또 한 번의 외국인 혐오를 담았다.

그들의 결혼은 숱한 농담과 조롱을 키우는 여물이 되었다. 그것이 연애결혼이라는 점도 무시 못 할 이유였다. 과부가 된 스레일이 자신에게 "걸맞은" 남자가 구애하기를 음전하게 기다리는 대신, 자신이 사랑에 빠진 남자에게 직접 구애한 일은 반대 진영의 사람들에게는 그 자체로 역겨운 일이었다. 150년이 넘게 지난 후에도 이 반감은 가시지 않았다. 랜즈다운 후작이 퀴니의 편지들을 상속받아 서간집을 출간했는데, 그가 붙인 해설에 이런 말이 나온다. "장년의 과부가 두 번째 남편을 찾아 나서는 일은 언제나 다소 채신 떨어지는 모습이 아닐 수 없다." (정확히 말하자면 해당 과부가 피오치와 결혼하던 여름에 그녀의 나이는 마흔셋이었다.)

나는 이 《퀴니 서간집(The Queeney Letters)》(1934)의 초판본을 찾아냈다. 퀴니의 취향에 맞춘 듯한 디자인이었다. 책은 수제 종이에 인쇄되어 있었다. 아는 이들은 아는 수제지 특유의 품질—부드러우면서도 강한 질감—이 그윽하게 살아있었다. 단순하지만 정갈한 크림색 천으로 장정했고, 책등에는 정교한 금박 문양을 찍었는데, 여성 작가의 책에 흔히 쓰던 꽃무늬(알다시피 나는 꽃무늬를 싫어한다)가 아니라 다이아몬드 무늬였다. 나는 그 책을 구매했고, 읽었다.

지금까지 내 컬렉션 중에 유일하게 후회되는 구매였다.

프랜시스 버니와 샬럿 스미스 같은 작가들의 삶과 작품을 조사하면서 나는 연애결혼이 영국 상류층 문화의 맥락에서 어떤 위험을 수반하는지 이해하게 되었다. 사랑이 있는 결혼이 나쁜 건 아니었다. 심지어 바람직했다. 다만 사랑이 동등한 계층에서 이루어진 경우에 한해서였다. 또한 재산 문제가 대두하는 순간 결혼에서 사랑은 부차적인 문제였다. 버니의 경우가 좋은 예다. 버니의 가족이 버니에게 딱 한 번 만난 남자의 청혼을 받아들이라고 한 이유는 하나였다. 아버지가 세상을 뜬 후 그녀를 재정적으로 부양할 사람이 필요했기 때문이었다. 샬럿 스미스는 아버지와 계모의 눈에 유리한 경제적 거래였던 결혼을 강요받았다. 그리고 그녀의 감정은 전혀 고려되지 않은 채 "사우스다운 양처럼" 팔려 갔다. 피오치가 속한 사회, 즉 상속재산과 귀족 혈통의 세상에서는 결혼이란 근본적으로 경제적 계약이었다. 자산을 공고히 통합하고 후대에 안전히 물려주기 위한 장치였다. 남성은 신분이 낮은 여성과 사랑에 빠져 결혼해도 혹독한 반발을 면할 수 있었지만, 여성의 경우는 사정이 달랐다. 이런 인식이 20세기까지도 사회 일각에서는 여전히 유효했다. 일례가 랜즈다운 후작이다. 그는 스레일이 피오치와 재혼한 것은 그녀에게 "요즘으로 치면 '섹스 콤플렉스'가 있었기 때문"이라고 말했다. 그것도 책에다 버젓이 그런 주장을 실었다!

그럼에도 스레일은 결혼식을 준비했다. 그녀는 다른 네 명의 공동 후견인과 협의해 자녀들의 거처도 정해야 했다. 막내는 계속 기숙학교에 다니고, 큰딸들은 계속 어머니와 함께 살면 되는 일이었는데, 놀랍게도 후견인들과 큰딸들이 이 당연한 일을 거부한 것이다. 그들은 이 불명예스러운 결혼이 딸들의 혼삿길을 막을 것을 우려했다. 스레일은 강하게 반박했다. "내 의견을 말하자면, 내 남편과 내 딸들은 그들의 가치에 걸맞게, 또는 적어도 그들의 인품에 걸맞게 존중받아야 하며, 그렇게 하지 않는 이들은 절대 친구로도 심지어 지인으로도 취급하지 않을 겁니다." 하지만 그녀는 다수에게 밀렸다. 결국 그녀와 피오치가 이탈리아로 신혼여행을 떠나는 것으로 합의를 보았다. 딸들을 그들의 평판을 망칠 수 있는 사건으로부터 (그야말로) 떼어놓자는 조치였다. 학교를 나온 딸들은 브라이턴의 자택에서 고용된 샤프롱[17]과 함께 살게 되었다. 이때 퀴니는 막 스무 살이 되려는 참이었다.

1784년 7월, 결혼식을 앞두고 스레일은 맏딸에게 편지를 썼다. "천국을 제외하면 나만큼 행복한 여자는 다시 없을 거야. 소중하고 사랑스러운 내 딸, 퀴니, 엄마가 진심과 애정을 다해 보내는 감사를 받아다오." 이후 부부는 신혼여행을 떠났고, 여행 중에 피오치는 딸들에게 흥이 넘치는 편지들로 소식을 전했다. 부부는 유럽 각국의 귀족들과 함께 식사했고, 피렌체에서는 재외 영국인들과 친분을 텄다. 피오치는 그들과 공저로 운문과 "조각 글"을 엮은 잡문집을 출간하기도 했다. 부부는 베수비오산에도 올랐다. 늘 언어에 관심이 많았던 피오치는 이탈리아 방언들 사이의 차이점에 흥미를 붙였다. 가

---

[17] 여성 감독자.

톨릭 친구들은 독실한 국교도인 그녀를 두고 "이단자"라며 놀렸고, 사제들이 그녀를 가톨릭으로 개종시키려 시도했으나 그녀는 매번 유쾌하게 거절했다.

피오치가 해외에 있는 동안에도 영국 신문은 그녀에 대한 근거 없는 가십을 멈추지 않았다. 그녀는 "내 남편이 내 과부 자산(죽은 남편이 아내에게 남긴 생활 보장용 유산)을 팔아먹고 나를 수녀원에 감금했다는 유언비어"를 들었다고 적었다. 그녀의 일기에 따르면, 그녀의 첫 책은 이런 중상에 대한 일종의 반격이었다. "영국인들이 내가 세상에서 사라졌다는 망상에 빠지는 것을 막기 위한 것"이었다. 동시에 그녀가 오래 품어온 또 다른 꿈, 정식 작가가 되는 염원을 이룬 일이기도 했다. 피오치는 결과적으로 1786년부터 1801년 사이에 단행본 분량의 작품 다섯 편을 출간한다.

피오치의 첫 책 《고 새뮤얼 존슨 일화집》은 존슨 사후 이듬해인 1786년에 나왔다. 당시 그녀는 여전히 해외 체류 중이었다. 현대 학자 마이클 존 프랭클린(Michael John Franklin)은 이 전기의 문체—"허물없고 실로 친밀한 대화체"이자 명백히 여성적인 문체—가 그녀의 유명한 디너파티를 지면 위에 생생히 재현했다고 평한다. 이 책은 출간 당일 몇 시간 만에 완판되었다. 얼마나 날개 돋친 듯 팔렸던지, 헤이워드에 따르면 "발간일 저녁에 국왕이 《일화집》을 한 부 보내라는 전갈을 보냈을 때는 이미 한 권도 남아 있지 않았다". (출판업자는 결국 자신이 가지고 있던 책을 왕에게 보내야 했다.) 3월에 발간된 책이 4월 중순에 벌써 3쇄에 돌입했다. 해나 모어도 같은 해 4월, 자매에게 보낸 편지에 이 책을 언급하며 "피오치 부인의 책이 요즘 대단히 유행"이라고 썼다. 피오치는 영국에 돌아온 직후 후속작으로 《고 새뮤얼 존슨과 주고받은 편지들》(1788)을 출간했다. 이 책은 초판 부수부터 《일화집》의 두 배였다. 심지어 피오치의 공공연한 적 중 하나였던 셰익스피어 비평가 에드먼드 멀론(Edmond Malone)조차 이런 기록을 남겼다. "새벽 4시까지 밤새워 미친 듯이 빠져서 읽다가 촛불이 꺼지는 바람에 겨우 읽기를 멈출 수 있었다."

피오치는 존슨을 다룬 두 책에 이어 자신의 순수 창작품을 내놓았고, 이 책 역시 베스트셀러가 되었다. 바로 유럽 신혼여행기인 《여로의 관찰과 성찰》(1789)이었다. 이 책은 행복한 재혼을 당당히 자축하는 책 한 권 분량의 도전장이었다. 《관찰과 성찰》은 같은 해에 중판이 나왔고, 이듬해에는 독일어 번역판이 나왔다. 당시 왕실에서 "왕비의 의상 담당관(Keeper of the Robes)"으로 있던 프랜시스 버니는 이 책을 샬럿 왕비와 함께 읽었다. 버니는 자신의 《일기》에 다음과 같은 소감을 남겼다. "너무나 그녀답다. 한 줄 한 줄 그녀의 개성이 살아 있다! 엉뚱하고, 재미있고, 변화무쌍하고, 자유분방하고, 영리하다!" 한편 현대의 어느 학자는 앤 래드클리프가 《우돌포의 비밀》을 쓸 때, 자신이 아직 가보지 못한 유럽 대륙을 사실적으로 묘사하기 위해 피오치의 《관찰과 성찰》을 참고했다고 주장한다.

피오치의 첫 세 저작은 모두 언론의 찬사와 비판을 동시에 받았고, 모두 판매 호조를 보였다. 세 권 모두 제인 오스틴의 오빠 에드워드 오스틴 나이트의 영지인 고드머샴 파크의 도서관에 비치되어 있었다. 오스틴이 때때로 머물며 서가를 이용하던 곳이었다. 하지만 출판 작가로서의 성공이 피오치의 논란 많은 재혼을 대중의 기억에서 지워주지는 못했다. 피오치 본인도 그것을 기대하지 않았다. 그녀는 저서마다 표제지의 저자명을 당당히 "헤스터 린치 피오치"로 표기했다.

부부가 영국에 돌아왔을 때, 한 친구가 그녀에게 새 남편의 성 대신 결혼 전 성인 솔즈베리를 사용할 것을 권했다. "이탈리아 이름은 스미스, 톰슨, 잭슨 같은 흔한 이름들과 섞였을 때 너무 튀잖아요." 피오치 부인은 이 조언에 따르지 않았다. 같은 친구는 런던에 얼굴을 내밀기 전에 일단 바스에서 몇 달을 보내며 영국 사교계에 조용히 복귀하라는 조언도 했다. 하지만 피오치 부부는 곧장 런던으로 향했고, 드루리 레인의 연극 공연에 갔다. 구경하고 구경당하기 위한 장소로 이보다 더 좋은 곳은 없었다. (이 시기에 그녀의 연극 사랑이 엘리자베스 인치볼드와의 뜨거운 우정으로 이어졌다.) 두어 달 후, 헤스터 피오치는 귀국 기념 파티를 열었다. 백 명에 가까운 하객이 참석했다. 한때 그녀의 명랑함은 비통을 숨기는 가면이었다. 하지만 그녀는 더는 숨고 싶지 않았다. 그래서 그 명랑함을 비판자들에게 맞서는 무기로 삼았다.

귀국 파티에 그녀의 딸들은 참석하지 않았다. 퀴니가 거리를 두자, 나머지 딸들도 어머니와 사회적 거리를 유지했다. 퀴니는 모친의 평판이 장차 자매의 혼사에 악영향을 미치지 않을까 우려했다. 21세기 여성인 내게는 피오치의 대담함이 경탄스럽지만, 퀴니의 입장에서는 그 대담함이 딸들의 인생에 악재인 것도 사실이었다. 그러나 피오치 본인은 모녀간의 소원해진 거리가 딸들의 태도 때문이 아니라, 다른 후견인들과 친지들이 조장한 탓이라 믿었다. 사실 근거 없는 믿음만도 아니었다. 그녀가 해외에 있을 때 실제로 후견인 중 한 명이 막내딸 서실리아에게 가브리엘 피오치가 밀라노에서 그녀의 엄마를 감금하고 빵과 물만 준다고 말한 적이 있었다.

피오치와 딸들의 껄끄러운 관계는 그녀가 세상을 뜰 때까지 이어졌다. 다행히 남은 네 딸 모두 피오치보다 오래 살았지만, 피오치는 딸들 각각과 다양한 이유로 장기간 심각한 단절을 겪었다. 런던에 돌아온 직후에도 피오치와 퀴니는 막내 서실리아의 거처 문제를 두고 6년 동안 의절 상태로 지냈다. 서실리아는 당시 겨우 열 살이었는데, 퀴니는 서실리아가 모친의 영향으로 "타락"할 것을 우려해 피오치가 막내를 데려오기 전에 원래 있던 기숙학교에서 빼내려 했다. 딸들에게 피오치의 반항적 성향은 좋게 봤을 때도 짜증 나는 일이었고, 나쁘게 보자면 해악이었다. 피오치는 피오치대로 이를 부당하다고 느꼈고, 그럴수록 고집을 굽히지 않았다.

피오치와 딸들의 관계는 후대 평론가들에게 좋은 논쟁거리로 남았다. 피오치를 비판하는 측은 그녀가 형편없는 어머니였다고 주장한다. 피오치를 옹호하는 측은 퀴니가 체면에 급급해서 어머니에 대한 최악의 말들을 쉽게 믿었고, 그 영향이 동생들에게도 미쳤다고 주장한다. 그러나 이 양극단 사이에, 보다 복잡한 진실을 암시하는 작은 단서들이 존재한다. 퀴니는 피오치 부부에게 아름다운 차(茶) 상자를 결혼 선물로 보냈다. 하지만 신혼여행 기간에 어머니에게 편지를 쓴 적은 많지 않았다. 퀴니 본인은 마흔네 살이 되어서야 결혼했다. 어머니가 재혼했을 때의 나이보다도 한 살 더 많았다. 그녀의 결혼 상대는 영국에서 훈장을 가장 많이 받은 인물 중 하나인 조지 엘핀스톤 제독(초대 키스 자작)이었다. 퀴니는 결혼할 때도, 딸이 태어났을 때도 어머니를 초대하지 않았다(이 아기의 대부들은 훗날 차례로 왕위에 오르는 웨일스 대공(조지 4세)과 클래런스 공작(윌리엄 4세)이었다). 그렇지만 같은 해에 요청이 들어오자 흔쾌히 어머니를 월터 스콧과 극작가 조애나 베일리(Joanna Baillie)에게 소개하기도 했다. 퀴니는 어머니를 진정으로 사랑했지만, 거리를 두고 사랑하는 것을 최선으로 여긴 듯하다.

피오치는 자녀들과 반목과 화해를 반복하는 세월을 살았고, 그녀의 일기에도 딸들에 대한 독기 어린 격분과 주체 못할 애정이 동시에 수없이 담겼다. 그녀의 격정적 기질은 사람들 앞에서는 가면을 통해 세심히 여과되며 사교 석상에서 빛을 발했다. 한 방문객은 그녀를 "스스럼없고 무심한 매력"의 소유자라 칭했다. 하지만 집에서는 그 기질이 그녀를 딸들에게 감당하기 힘든 존재로 만들었다.

피오치의 최대 강점이 곧 그녀의 약점이었다. 그녀는 어떤 감정이든 거기에 자신을 온전히 맡겼다. 당대의 표현을 쓰자면 그녀는 «이성과 감성»의 메리앤처럼 감수성에 지나치게 휘둘렸다. 실제로 막내 서실리아는 그녀를 감수성으로 유명한 또 다른 여주인공—래드클리프의 «우돌포의 비밀» 속

에밀리 — 에 비유했다. 프랜시스 버니는 재혼 문제로 피오치와 절교한 후에도, 옛 친구의 이 자질을 여전히 높이 샀다. 피오치가 공동의 친구에게 보낸 편지를 읽은 버니는 "[피오치는] 기백과 열정과 그녀 자신으로 가득했다. 그녀 안에 그런 섬광이 건재한 것을 보니 기뻤다"는 감상을 남겼다.

  기백, 열정, 그리고 불꽃. 새로운 피오치에게 반항심은 곧 동력이었다. 그녀는 첫 결혼 때는 늘 슬픔을 가면 뒤에 꼭꼭 숨기고 살았다. 헨리 스레일이 기대하는 종류의 현모양처로 사는 데 집중했다. 그때 그녀는 잠재 후계자를 임신한 아내이자 디너 식탁의 명랑한 안주인으로 존재했다. 헨리가 죽은 이후에야 헤스터는 자신의 삶을 자기 뜻대로 정의하기 시작했다. 거기에는 자기만의 경계 짓기도 포함되었다. 엘리자베스 몬터규를 비롯한 블루스타킹 멤버들이 그녀를 외면하자 그녀는 그들을 "이유 없이 나를 적대하는 자들"이라 불렀다. 훗날 몬터규가 화해의 손을 내밀었을 때 피오치는 일기에 이렇게 적었다. "뜻은 알겠는데, 나는 마음대로 줍거나 버릴 수 있는 사람이 아니다." 이 통쾌한 패기에 나는 200년의 시간을 건너 그녀에게 박수를 보내고 싶었다.

  한편 그녀는 남편과 고향 웨일스에 꿈꾸던 집을 짓기 시작했다. 부부는 그 집을 브린벨라(Brynbella)로 불렀다. '언덕'이라는 웨일스어와 '아름답다'는 이탈리아어를 합친 이름이었다. 가브리엘은 영국인으로 귀화하고 성공회로 개종해서 "서서히 전형적인 영국 시골 신사로 변모해갔다". 헨리 스레일과 달리, 가브리엘 피오치는 아내를 문예 활동을 포함한 모든 영역에서 응원하고 지원했다. 결혼 기간 내내 그는 부부에 대한 가십이 근거 없는 낭설이란 것을 온몸으로 증명했다. 그는 재정적으로 책임감 있었고, 아내에게 "지조 있고 다정한" 남편이었으며, 성장기의 서실리아를 "애지중지" 위했다.

    부모로서의 헤스터 피오치는 버니가 한때 알던 그대로였다. 여전히 "엉뚱하고, 재미있고, 변화무쌍하고, 자유분방하고, 영리했다". 솔직히 나였어도 그런 종류의 엄마는 감당하기 힘들었을 것 같다. 하지만 피오치를 깎아내리는 이들은 그녀의 저작을 그 자체로 평가하기보다 걸핏하면 그녀의 부모 자질을 트집 잡았다. 우리는 이를 <u>인신공격</u> 오류라 부른다. 정전 작가 중에는 찰스 디킨스나 윌리엄 포크너처럼 형편없는 아버지였던 사람도 많지만, 그 문제가 그들에 대한 비평 담론을 지배하는 경우는 드물다. 피오치의 문학 유산이 그녀의 자녀 양육과 무슨 상관인가? 같은 비평가들이 헨리 스레일의 아버지 자질 문제에 대해서는 침묵한다. 이 문제에 침묵해야 한다는 뜻은 아니다. 피오치도 남성 동배 집단과 동일한 기준으로 평가받아야 한다는 뜻이다. 비평가가 그녀를 싫어한다면, 그 이유는 그녀의 책에 있어야 한다.

    헤스터 피오치는 이후 두 권의 책을 더 출간한다. 모두 당시로는 획기적인 저작이었다. 1794년에 나온 《영국의 유의어》는 사전과 동의어 사전을 섞은 듯한 어학서였다. 남편을 비롯해 비영어권 출신자들과 교류한 경험에서 구상한 책으로, 예컨대 "abandon, forsake, relinquish, give up, desert, quit, leave"처럼 ['버리다'라는] 뜻으로 묶이는 유의어들 사이의 미묘한 의미 차이들을 다루었다. 이는 당시에는 남성의 영역으로 여겨지던 어학서라는 권위적인 지형 속에 자신의 자리를 내는 획기적이고 실험적인 시도였다. 현대 문학자 윌리엄 매카시의 말처럼, "여성 작가라는 처지가 오히려 그녀에게 수완을 발휘하게 했다".

피오치는 1801년에 마지막 저서 «회고»를 출간했다. 매카시는 이 책을 "[영국] 여성이 쓴 최초의 세계사"로 부른다. 출간 당시 이 책은 사나운 혹평 세례를 받았다. 한 서평가는 이를 "역사 서술을 소설 형태로 요리해 기숙학교 여학생들과 온천장 휴양객들을 위한 심심풀이 읽을거리로 둔갑시킨 책"이라고 조롱했다. 이런 공격 방식—특정 책을 폄하할 때 10대 소녀들의 독서나 휴가철 독서를 들먹이는 방식—은 오늘날에도 흔하게 쓰인다. 하지만 1985년에 매카시는 «회고»를 두고 "지금까지의 평가보다 훨씬 더 인상적인 저작이며 (……) 모든 면에서 대단히 대담한 저작"이라고 주장했다. 퀴니는 천 페이지가 넘는 이 책을 두 번이나 읽었다. (이 사실 하나만 보더라도 나는 퀴니가 어머니를 사랑했다고 확신한다.)

피오치를 특히나 대담한 저자로 만든 것은 그녀의 작풍이었다. «일화집»에서 시작해 «회고»에 이르기까지, 피오치는 기성 장르—예컨대 전기, 여행기, 역사서 등—에 사적 글쓰기를 결합하는 방식을 구사했다. 이 방식은 그녀의 문체에 독특한 "하이브리드 성격"을 부여했다. 당대 비평가들은 피오치의 '형식에 얽매이지 않는 형식'을 못마땅해했다. 1801년의 악명 높은 한 서평은 «회고»의 "문체는 프랑스인들이 에스프리(esprit)[18]라고 부르는 것을 좇다가 넘어져 자주 뚝딱대고 해괴해진다"고 혹평했다. 반면 현대 학자들은 그녀가 형식 탈피를 택한 이유를 탐색했다. 마거릿 데치오(Margaret D'Ezio)에 따르면, 피오치는 "여전히 남성 지배적인 문학계"에서 자기 자신에게 충실한 작가가 될 방법을 모색하고 있었다. 하이브리드 접근법을 통해 피오치는 전통적으로 엄숙하고 남성적이던 장르들에 그녀 특유의 사교적이고 여성적인 감각을 불어넣었다. 데치오는 바로 이 점이 피오치가 현대의 독자들에게 경쟁력을 가질 이유라고 말한다. 최근 자전적 에세이와 문화 비평을 결합한 유사한 하이브리드 장르가 부상하는 현상이 이 주장을 뒷받침한다. 피오치의 글쓰기는 21세기 독자들과도 궁합이 잘 맞는다.

《회고》에 쏟아진 차가운 반응에도 피오치는 글쓰기를 멈추지 않았다. 하지만 책은 더 이상 출간하지 않았다. 그녀는 여전히 영국 문단의 유명 인사였다. 해나 모어의 경우처럼 그녀를 전설적인 인물로 여기는 사람들도 많았다. 어떤 여성이 피오치를 만났을 때 "제가 상상하는 피오치 부인과 많이 닮으셨어요"라고 말했을 정도였다. 피오치는 계속 런던을 오가며 소설가 자매 해리엇 리와 소피아 리(후자는 고딕소설계의 기념비적 작품 《지하 궁전》(1783)의 저자), 배우 세라 시돈스 같은 친구들과 만났다. 하지만 이제는 대부분의 시간을 브린벨라와 바스에서 보냈다. 남편 가브리엘이 바스에서 통풍 치료를 받

---

[18]   정신 또는 기지라는 뜻.

앉기 때문이다. 바스에서 피오치 부부는 해나 모어의 옆집으로 이사했다. 피오치는 모어에 대해 "빛나는 인물! 놀라운 필력!"이라는 찬사를 남겼다. 피오치의 파격적인 재혼 경력에도 불구하고, 그녀와 모어 사이에는 공통점도 많았다. 일단 두 사람 모두 신앙심이 깊었다. (피오치는 예순넷의 나이에 성경 공부를 위해 히브리어를 배울 정도였다.) 모어도 피오치의 "명랑함, 활력, 쾌활함"을 높이 샀다. 두 사람은 모어가 시골로 은퇴하기 전까지 거의 매일 왕래하며 우정을 나누었다.

  피오치와 모어가 이웃이 되던 해인 1801년, 제인 오스틴도 아버지의 은퇴를 맞아 바스로 이주했다. 오스틴은 새로 이사한 도시에 거주하던 이 유명 작가들을 흠모했다. 그녀가 언니 커샌드라에게 보낸 편지가 이를 말해준다. 1808년의 한 편지에서 오스틴은 언니를 놀리는 말끝에 이렇게 덧붙인다. "이 모든 것은, 나의 친애하는 피오치 부인의 말처럼, 비약과 공상과 허튼소리일 뿐이야." 이 말은 피오치의 《편지들》(1788)에 있는 유명한 문장을 약간 틀리게 인용한 것이다. (실제 문장은 이렇다. "자! 이제는 이 모든 것이 허튼소리요, 환상이며, 공상이다.") 오스틴이 피오치의 편지를 외워서 인용하고, 커샌드라도 바로 알아들을 정도로 피오치는 오스틴 가족에게 스타 작가였다.

  고드머샴 파크의 도서관에 피오치의 책들이 있었다는 기록과 함께, 오스틴이 인용한 이 한 줄—"비약과 공상과 허튼소리"—이 내가 피오치를 '오스틴이 사랑했던 여성 작가들' 명단에 올린 이유였다. 빈약한 증거였지만, 강력한 계기였다.

돌이켜보면, 그 작은 실마리 하나가 순식간에 내 마음을 피오치에게 묶었다. 피오치를 읽는 동안 놀랍게도 오스틴이 거의 떠오르지 않았다. 이 프로젝트를 시작할 때는 오스틴이 나의 북극성이었다. 하지만 조사를 진행할수록 내 취향에 자신감이 붙었고, 더는 항상 오스틴의 손을 잡고 있을 필요가 없어졌다. 매 건의 조사를 거치면서 오스틴을 둘러싼 여성 작가들의 세계가 점점 더 풍성해지고 점점 더 깊이 공명하는 것을 느꼈기 때문이다.

❈

피오치 부부는 25년간 행복한 결혼 생활을 보냈다. 1809년, 피오치가 사랑했던 두 번째 남편이 세상을 떠났다. 그녀에게 크나큰 행복을 안겨주었고, 반려가 되기 위해 그녀가 엄청난 희생을 마다하지 않았던 사람은 이제 그녀 곁에 없었다. 《스롤리아나》의 마지막 기록은 그의 죽음을 전한다. "가장 두려워하던 일이 모두 닥쳤다. 모든 것이 끝나버렸다." 하지만 헤스터 스레일 피오치는 언제나 그랬듯 활기를 잃지 않았다. 만년에도 그녀는 바스에서 지내며 많은 이와 새로운 교우 관계를 맺고, 오래된 인연들을 다시 이어나갔다. 어느 남성 지인이 아들을 데리고 방문했을 때 그녀는 이런 우스갯소리를 했다. "나는 이제 바스의 진기한 볼거리이자 <u>골동품</u> 중 하나가 됐어요."

  1821년, 피오치는 여든 번째 생일을 맞아 성대한 파티를 열었다. 그녀의 반항적 명랑함이 생의 마지막까지 꺼지지 않았음을 보여주는 일이었다. 칠백여 명이 무도회에 참석했고, 호화로운 만찬이 이어졌다. 모든 행사는 («노생거 사원»에서 캐서린 몰랜드와 헨리 틸니가 처음 만나는 곳이기도 한) 바스의 명소 로어 어셈블리 룸에서 열렸다. 바스 사교계 전체가 집결한 그곳에서 피오치 본인도 "믿기 힘든 유연성을 자랑하며 춤을 추었다". 파티에 참석했던 친구이자 아일랜드 작가 에드워드 맨진(Edward Mangin)의 전언을 더 소개하자면 이렇다. "화려하게 차려입은 사람들의 빛나는 장관을 능가한 것이 있었다면 (……) 그것은 바로 피오치 부인의 여왕처럼 영예로운 풍모였다."

피오치는 이 축하연이 있은 지 불과 몇 달 뒤 세상을 떠났다. 하지만 그녀는 계속해서 회고의 대상이 되었다. 맨진이 1833년에 펴낸 문집 «피오치아나: 혹은 고(故) 피오치 부인 회상록(Piozziana; or, Recollections of the Late Mrs. Piozzi)»이 그 시작이었다. 그녀에 대한 세간의 입방아도 멈추지 않았다. 1843년, 갑자기 익명의 팸플릿 하나가 등장해, 과부 피오치가 말년에 젊은 배우 윌리엄 오거스터스 콘웨이(피오치를 처음 만났을 당시 서른 살)와 사랑에 빠졌다고 주장했다. '여든 살의 피오치 부인이 윌리엄 오거스터스 콘웨이에게 보낸 연애편지(Love Letters of Mrs. Piozzi, Written When She Was Eighty, to William Augustus Conway)'라는 제목의 이 팸플릿에 그녀가 그에게 보낸 편지 일곱 통이 실리면서 폭발적인 논란을 일으켰다. 이 편지들의 소장자였던 E. F. 엘릿 부인이 "편지들이 심한 윤색과 왜곡으로 본래의 성격이 바뀌었으며, 이는 [피오치 부인의] 명예를 훼손하려는 의도가 명백하다"며 분노에 찬 반박문을 냈다. 그럼에도 계속해서 많은 이가 이를 피오치를 조롱하는 데 이용했다. 또다시 그녀는 "섹스 콤플렉스"를 지닌 여성이 남자에 빠져 망신을 자초하는 이야기의 주인공이 되었다.

하지만 피오치의 옹호자들도 있었다. 1927년, «소위 연애편지 논란의 실상(The True Story of the So-Called Love Letters)»이라는 한 권 분량의 변론서가 나왔다. 저자는 퍼시벌 메릿(Percival Merritt)이라는 "세심한 역사학자이자 학구적 서적 수집가"였다. 오늘날에는 피오치와 콘웨이의 친분을 "멘토"와 "문하생 지망자"의 관계로 규명한 데보니 로저(Devoney Looser)를 비롯해 여러 비평가가 새로운 해석을 내놓고 있다. 또한 에드워드 A. 블룸, 릴리언 블룸, O. M. 브랙 주니어가 편찬한 여섯 권짜리 피오치 서간집을 통해 지금은 누구나 피오치의 편지를 볼 수 있다. 이처럼 현대 학계의 연구와 원문에 대한 접근성 덕분에, 당시의 연애편지 논란은 유명 여성 문인을 겨냥한 또 한 번의 성차별적 가십에 불과했던 것으로 드러났다. 나는 «연애편지» 팸플릿을 다시 보면서 이것이 자칫 하나의 변곡점, 즉 그녀가 정전의 자리에서 밀려나는 순간이 될 수도 있었겠다는 생각이 들었다. 하지만 그렇게 되지 않았다.

이렇게 여러 소설, 전기, 서간집, 일기, 비평서, 개론서들을 읽어가면서 나는 한 작가의 문학 유산이 수 세기를 거치며 어떻게 부침을 겪는지, 그 메커니즘을 감 잡을 수 있었다. 공격의 방법과 시점과 주체가 적절히 맞아떨어지면 때로 치명적인 효과를 낸다. 워즈워스가 래드클리프를 인기 장르의 정점이 아니라 '하위' 장르의 대표로 규정함으로써 그녀의 문학적 몰락을 주도했던 것을 잊지 말자. 피오치 역시 나머지처럼 퇴출 방향으로 몰렸다. 그런데 그렇게 되지 않았다. 물론 그녀의 가치는 끊임없는 논쟁거리였다. 하지만 논쟁의 대상이 될지언정 삭제되지는 않았다. 여기에는 그녀가 남긴 자료가 워낙 많았다는 점이 유리하게 작용했다. 앞서 언급했듯, 20세기 들어 피오치의 미출간 원고가 계속 발굴되고 출판되었다. 1942년까지도 그녀의 일기 《스롤리아나》가 발간되며 문학적 유산의 명맥을 이었고, 덕분에 그녀의 이름이 18세기 영문학사 안에 남았다. 엄밀히 말하면 그녀가 첫 번째 결혼으로 얻은 이름―스레일 부인―이 남았다.

　　나는 피오치의 삶과 작품에 관한 책들을 수집하며 여러 세기를 넘어 살아남은 그녀의 유산을 추적했다. 그러자 그 이유에 대한 부인할 수 없는 증거가 보였다. 피오치의 이미지가 장수한 데는 그녀 자신의 삶과 창작물 외에 다른 힘이 작용했다. 그녀가 문학 담론에 남은 것은 18세기 영문학에 지대하고 독보적인 영향을 미친 작가, 새뮤얼 존슨과의 돈독한 우정 덕분이 컸다.

　　존슨은 동시대인 다수와 달리 일부 여성들을 동료 지식인이자 작가로 환영했다. 그는 1753년 12월 11일 자 《어드벤처러(The Adventurer)》에 기고한 글에 "시절의 변화는 이제 펜을 든 여장부들의 세대를 낳았다. 이들은 선행자들의 기백을 이어받아 남성의 압제를 당당히 거부한다"라고 썼다. 그는 프랜시스 버니의 희극적 인물 묘사가 필딩보다 뛰어나다고 평가하고, 샬럿 레녹스의 첫 소설을 위해 출판 기념 파티를 열어주고, 자신의 인맥을 동원해 «여자 돈키호테»의 출판을 도운 인물이었다. 또한 해나 모어의 시를 당사자에게 인용하며 경의를 표하기도 했다. 레녹스의 소설가 데뷔를 응원하던 시기에 존슨 본인도 장차 자신의 대표 업적이 될 저작, 1755년의 «영어 사전»을 집필 중이었다. 존슨의 친구이자 전기 작가인 제임스 보즈웰에 따르면, 이를 기점으로 그는 흔히 "사전 존슨"으로 불렸다.

새뮤얼 존슨과 헤스터 스레일이 친분을 맺은 것은 1765년, 그녀가 첫아이를 출산한 지 몇 달 후였다. 두 사람을 이어준 사람은 공동의 친구인 극작가 아서 머피였는데, 그는 헨리 스레일이 주최하는 푸짐한 디너를 존슨이 좋아하리란 것을 잘 알았다. 얼마 안 가 존슨은 스트리섬 저택을 매주 방문하는 손님이 되었고, 헤스터 스레일과 돈독한 우정을 쌓았다. 1766년, (여러 신체적, 정신적 질환에 시달리던) 존슨이 심한 우울증을 겪자, 스레일 부부는 그를 저택에 초대해 장기간 머물게 했다. 이때부터 헨리 스레일이 사망한 1781년까지 존슨은 그 집에 살다시피 하며 손님보다는 가족처럼 지냈다.

존슨이 헤스터 스레일을 비롯한 동시대 여성 작가들을 존중했다고 해서 그를 페미니스트로 보는 데는 무리가 있다. 그는 정치적으로나 사회적으로나 보수주의자였다. 피오치가 전하는 일화가 그 점을 분명히 보여준다. 해당 일화에서 두 사람은 14년이나 함께한 부인을 버리고 "애 보기 하녀"와 살림을 차린 어느 귀족을 두고 논쟁을 벌였는데, 그때 "존슨 박사는 '그야 볼 것도 없이 그 부인에게 문제가 있었겠지'라고 했다". 존슨이 똑똑한 여성 모두에게 호의적이었던 것도 아니었다. 예컨대 그는 그리스어를 읽을 줄 알았던 스트릿필드의 태도를 못마땅해했다. 무엇보다 그는 당대의 전통이 요구한 여성의 부덕을 지적 성취보다 중시하고 우선시했다. 그는 사회 규범을 지키는 총명한 여자를 추앙했고, 그렇지 않은 총명한 여자는 경멸했다. 같은 이유로 그는 스레일 부인은 좋아했지만, 피오치 부인은 비난했다.

존슨은 스레일 부인이 피오치와 재혼할 계획이라는 소식을 듣자 냉혹한 경고의 편지를 보냈다. "부인이 자녀들과 신앙을 버렸다면 신께서 그 사악함을 용서하시기를, 부인이 명예와 조국을 포기했다면, 그 어리석음이 더 이상의 해악을 끼치지 않기를 빕니다." 이에 스레일은 고개를 당당히 들고 응수했다. "오늘 아침 박사님이 보내신 거친 편지를 받았기에 (……) 더는 감당할 수 없는 서신 왕래를 이만 끝내고자 합니다." 이것이 두 사람이 끝내 절연한 이유였다. 나는 이 여성에게 다시 한번 기립박수를 보내고 싶었다. 자기 시대의 가장 유명한 문인에게 맞서는 것은 아무나 할 수 있는 일이 아니다.

피오치의 문학 유산은 존슨과의 연계성으로 덕을 보기도 했지만, 동시에 손해도 입었다. 1784년 존슨이 사망한 후 그녀가 낸 두 저서 《고 새뮤얼 존슨 일화집》과 《고 새뮤얼 존슨과 주고받은 편지들》의 성공은 명백히 존슨의 명성과 그와의 우정에 기댄 것이었다. 하지만 그 이후가 문제였다. 피오치가 《영국의 유의어》를 출간했을 때, "[책의] 가장 뛰어난 부분들은 [존슨이] 그녀에게 남긴 원고에서 도용했을 거라는 소문이 돌았다". 레녹스의 «여자 돈키호테»에 쏟아졌던 의심과 판박이였다. 실제로 피오치는 존슨과의 친분으로 자신의 성취가 퇴색될까봐 우려했다. 그래서 "존슨 박사의 도움을 받지 않겠다"고 결심했으며, 일부러 "박사가 작고한 후에야 저작 활동을 시작했다".

  존슨과 스레일은 깊고 의미 있는 우정을 나누었다. 두 사람 사이에 연애 감정이 있었다는 의심이 여러 차례 제기됐지만, 이를 유력하게 뒷받침하는 근거는 어디에도 없다. 의심의 시작은 1773년으로 거슬러 올라간다. 당시 신문들이 스레일의 장남이 사실은 존슨의 자식이라는 익명의 추측성 기사를 냈다. 남녀 사이의 우정이 빌미였을 뿐, 다른 근거는 없었다. 그녀의 첫 남편이 사망하자 그녀와 존슨이 결혼할 거라는 보도가 파다했다. 두 사람 중 누구도 거기에 관심을 보이지 않았다. 다만 스레일은 남편이 자신보다 먼저 죽을 경우, 반드시 이런 소문이 퍼질 거라는 자신의 짐작이 적중한 데에 회심의 미소를 지었을 뿐이다. 아니나 다를까 헨리 스레일의 장례식 다음 날, 스레일 부부의 친구(인 척하는 적)이자 장차 존슨 전기를 쓰게 될 제임스 보즈웰이 ‹두 사람의 혹시 모를 혼례식을 앞두고 새뮤얼 존슨이 스레일 부인에게 바치는 시(Ode by Samuel Johnson to Mrs. Thrale upon Their Supposed Approaching Nuptials)›라는 가짜 시를 지어서 장난삼아 친구들에게 배포했다.

  헤스터 린치 피오치의 현대 전기 작가 중 한 명인 제임스 L. 클리퍼드는 이 시가 "기묘할 정도의 몰지각"을 드러냈다고 평했다. 하지만 내게는 전혀 기묘하지 않았다. 그것은 전적으로 예측 가능한 일이었다. 여성의 이름이 특정 남성과 연계되어 오르내리는 경우, 성적 농담이 필연적으로 따라붙기 마련이다. 심지어 피오치가 재혼한 후에도 한 신문은 그녀의 《고 새뮤얼 존슨 일화집》의 출간 소식을 전하며 출판 용어를 이용한 성적 풍자를 선보였다. "스레일 부인과 존슨 박사 사이에 부부의 연이 맺어질 거라는 소문이 무성했으나 그런 경사는 끝내 일어나지 않았다. 하지만 어쨌거나 피오치 부인과 존슨 박사가 조만간 같은 시트(sheets) 아래 밀착될(pressed) 전망이다."

1988년, 학자 윌리엄 매카시는 200년이 지난 후에도 이 과대 해석이 얼마나 끈덕지게 살아 있는지를 보여주는 일화를 소개했다.

> 다른 학자(내게): 누구에 대해 쓰고 계신가요?
> 나: 헤스터 린치 피오치요.
> (멍한 표정)
> 나(정중하게): "존슨 박사와 친했던 스레일 부인"이라고 하면 아실까요?
> 다른 학자: 아, 스레일 부인…… 그 둘, 그렇고 그런 사이 아니었나요?

그녀는 어떻게 정전에 남았나? 이 미스터리에 대한 답은 그녀의 가장 널리 알려진 호칭에 있다. 스레일 부인. 이것은 그녀를 존슨과 연결하는 호칭이기도 하다. 예컨대 내가 읽은 보즈웰의 《존슨 전기(Life of Johnson)》(1791) 현대판의 찾아보기에도 그녀의 이름은 "스레일 부인(훗날의 피오치 부인)"으로 나와 있다. 나는 처음에 P 항목에서 그녀의 이름을 찾다가 이를 알게 되었다. 랜즈다운 후작은 1934년, 자신이 펴낸 스레일 일가의 서간집에 이런 해설을 달았다. "바스와 브린벨라의 피오치 부인은 스트리섬의 스레일 부인만큼 흥미롭지 않으며, 그녀가 만년에 딸들에게 보낸 편지들도 특별히 주목할 가치가 없다. 다만 그 편지들 곳곳에, 내가 알기로 어디에도 출판된 적 없으며 망각에서 구제받을 필요가 있는 존슨 박사의 일화들이 더러 포함되어 있다." 다시 말해 피오치를 기억할 이유는 오직 하나뿐이며, 그것은 존슨과의 우정에 있다는 뜻이었다.

하지만 오늘날 그녀가 기억되어야 할 이유는 존슨이 아니다. 나는 피오치에 대한 책을 펼 때마다 존슨에 대해 읽게 되는 상황에 진력이 났다. 내가 읽고 싶은 것은 그녀의 견해, 그녀의 고투, 그녀의 문학적 산물, 그녀의 승리였다. 이 장은 존슨에 대한 장이 아니다. 헤스터 린치 솔즈베리 스레일 피오치가 주인공인 장이다. 내게 환호성을 지르고 싶게 만든 것은 그녀의 말이었다. 존슨의 재담이 아니라 그녀의 응수였다. 그의 선언이 아니라 그녀의 익살이었다. 그의 취향이 아니라 그녀의 진심이었다. 그녀는 글을 통해 마음을 끝없이 드러냈기 때문이다. 그녀는 자신의 편지들을 한데 모아 친구에게 보내 정리를 부탁하며 이렇게 말했다. "당신이 누군가의 마음을 이렇게 송두리째 손에 쥐게 될 일은 다시 없을 거예요." 이것이 오늘날 그녀가 기억되어야 마땅한 이유다. 자신에게 적대적인 세상에서 기어이 행복을 쟁취하는 방법에 대해 그녀가 해줄 말 때문이다.

※

헨리 스레일과 살 때 헤스터의 존재는 남들의 기대에 부응하는 데 집중되어 있었다. 이제 그녀는 남들의 편의 대신 자신의 행복을 추구하는 데 집중했다. 그런 그녀는 존슨과 그의 친구들이 알던 스레일 부인이 아니었다. 그들의 눈에는 배신이었다. 그녀의 두 번째 결혼은 여러 면에서 그들과 그들이 대변하는 모든 것에 대한 전면 거부였다. 그녀는 음악가이자 가톨릭교도인 외국인과 결혼했다. 그녀에게 구혼하던 같은 계층, 같은 종교의 자국 남성들은 퇴짜를 맞았다. 그녀의 판단에 그들은 미흡했다. 그래서 그들은 그녀의 판단을 무의미하게 만들 방법을 궁리했다. 그리고 대체로 성공했다.

그들은 당당하게 공개적으로 그녀에게 등을 돌렸다. 그중 비평가 조지 스티븐스는 신문 기사에서 그녀의 두 번째 결혼을 "망신"이라고 불렀고, 존 월콧(John Wolcot)은 피터 핀다(Peter Pindar)라는 필명으로 세상이 그녀의 재혼을 향해 "경멸의 콧방귀를 뀌었다"는 내용의 풍자시를 썼다. 이 남성들 모두 훗날 피오치의 "먼저 죽은 적들" 명단에 이름을 올렸다. 그럼에도 1860년판 《브리태니커 백과사전》은 존슨 항목에 스레일 부부에 대한 여담을 수록함으로써 이 비난자들의 중상모략을 성문화했다.

> 자상하고 너그럽던 스레일은 더 이상 세상에 없으며, 그의 아내 또한 그의 옆에 묻혔다면 더 좋았을 뻔했다. 하지만 그녀는 살아남아 한때 그녀를 시기하던 이들의 조롱거리가 되었다. (……) 그녀의 남편은 이성과 결의를 겸비했던, 아내의 사소한 취향에는 관대했으나 가장의 엄한 권위는 내려놓은 적이 없는 남자였다. 그녀가 그런 남편의 통제하에 있었을 때는 그녀가 저지르는 최대 잘못이라고 해봤자 건방진 농담, 악의 없는 거짓말, 얼마 안 가 화창한 기분으로 끝나는 짧은 투정 정도였다. 하지만 이제 그는 세상을 떴다. (……) 그녀는 곧바로 브레시아 출신의 음악 교사와 사랑에 빠졌다. 그에게서 뭐라도 감탄할 점을 발견한 이는 그녀 외에는 아무도 없었다. 그녀의 자존심이, 그리고 어쩌면 그것보다 더 고상한 감정들도, 이 굴욕적 열정에 필사적으로 맞섰으나 소용없었다.

이것이 버젓이 백과사전에 실린 내용이다! 심지어 피오치 항목에 있는 내용도 아니었다! 피오치가 일으킨 반감은 그만큼 깊었다.

그럼에도 새로운 비방자가 등장해 피오치를 존슨의 친구로 걸맞지 않은 인물로 깎아내릴 때마다, 이에 맞서는 새로운 옹호자들이 등장했다. 피오치의 재능에 빠져든 이들이었다. 20세기의 유명한 존슨 찬미자였다가 나중에 피오치의 매력에 빠진 인물 중에 메리 하이드(후일의 에클스 자작부인)가 있다. 하이드는 고서 수집가로 이름을 날렸다. 특히 그녀가 (첫 번째 남편 도널드 하이드와 함께) 구축한 새뮤얼 존슨 관련 장서가 현재 하버드의 희귀본 및 필사본 자료관인 호턴 라이브러리(Houghton Library)에 소장되어 있다. 하이드는 1969년, 런던의 한 경매에서 «아이들 이야기» 필사본을 낙찰받은 것을 계기로 피오치에 대한 책을 쓰게 되었다.

 «아이들 이야기»는 피오치가 아직 스레일 부인이던 시절, 1766년부터 1778년까지 쓴 가족 일기다. 이때의 입찰은 하이드에겐 긴장감 넘치는 경험이었다. 경매 입찰 같은 일들은 몇 해 전 사별한 남편이 맡아 했기 때문이다. 하이드는 런던의 대리인 위니 마이어스에게 현장 호가를 부탁했다. 이날의 극적인 순간을 그녀는 다음과 같이 회고했다. "[나는] 호텔 방의 전화기 옆에 붙어 있었다. (……) 마침내…… 그녀가 전화했다. 놀라움! 기쁨! 성공! «아이들 이야기»가 우리 것이 되었다!!"

 원고를 손에 넣은 하이드는 바로 읽기 시작했고, 점점 스레일 가족에 대한 "호기심에 부풀었다". 1977년, 그녀는 스레일 가족과 후손들의 내력을 20세기까지 추적한 학술서 «스트리섬 파크의 스레일 가족»을 출간하면서 거기에 «아이들 이야기»를 수록했다. 현재 «아이들 이야기»는 피오치의 삶에 대한 핵심적 1차 자료로 평가되는 동시에, "18세기 가족의 삶에 대한 귀한 통찰"을 제공하는 기록물로 인정받는다. 이는 발견을 촉진하고, 학문을 일으키고, 문학사를 빚는 책 수집가의 역할을 제대로 보여주는 멋진 사례다. 당연히 나는 «스트리섬 파크의 스레일 가족»의 초판 저자 서명본을 구매해서 내 책장에 들였다.

※

피오치에 대한 학계의 관심은 존슨과의 관계에서 벗어나 그녀를 독자적 저자로 조명하는 방향으로 움직이고 있었지만, 희귀서 세계에서 피오치의 가치는 여전히 존슨과의 연관성에 묶여 있었다. «고 새뮤얼 존슨 일화집»과 «고 새뮤얼 존슨과 주고받은 편지들» 초판본에 붙는 판매자 설명을 보면 우리 업계는 여전히 지당한 일처럼 저자보다 저자의 유명한 친구를 강조했다. 업계의 설명은 피오치가 이 책들로 이룬 독창적 성과는 거의 다루지 않았다. 예컨대 «편지들»에는 그녀가 직접 지은 서간체 산문이 스무 편 넘게 실려 있으며, 그중 결혼을 앞둔 청년에게 조언하는 편지는 동시대인들에게 큰 호평을 받았고, 이후 문학적 서간문을 엮은 선집들에 단골로 수록되었다. 그처럼 유명한 서간문의 원출처가 바로 이 책인데도, 업계 딜러 중 누구도 카탈로그에 이 사실을 언급하지 않았다.

심지어 존슨과 무관한 저작일 때조차 판매자 설명은 피오치의 책을 어떻게든 존슨과 연관 짓기 일쑤였다. 피오치의 첫 출간작 «여로의 관찰과 성찰»은 새뮤얼 존슨과 아무 상관없다. 그런데도 이 책의 어느 초판본 설명은 피오치를 "웨일스 태생의 일기 작가, 저술가, 예술 후원자이며, 새뮤얼 존슨에 대한, 그리고 18세기 영국 생활상에 대한 중요한 정보원"으로 소개하고 있었다. 그녀의 신혼여행을 기록한 책조차 존슨의 그림자에서 벗어날 수 없었다.

피오치의 《영국의 유의어》도 사정이 다르지 않았다. 어느 희귀서 딜러가 올린 소개문에는 "새뮤얼 존슨에 관한 몇몇 일화를 포함한다"라는 말 외에 책 내용에 대한 어떠한 설명도, 요약도 없었다. 같은 책에 대해 또 다른 딜러는 "저자가 새뮤얼 존슨을 약 50차례 언급하고 있으며, 존슨의 《사전》을 출처로 활용한다"라는 설명을 달았다. 하지만 윌리엄 매카시가 이미 수십 년 전인 1985년에 밝혔다시피, "그녀가 《사전》을 인용했지만 (……) 그것은 매번 해당 내용을 반박하기 위해서였다".

이제 이 책들이 전과 다르게 보였다. 표제지에 피오치의 이름이 인쇄된 아름다운 책들. 8절판 송아지 가죽 전면 장정본. 또는 책등은 송아지 가죽으로, 표지는 마블 판지로 장정한 판본. 또는 좀처럼 보기 힘든 원래의 보드지 장정본. 또는 화려하게 재장정된 판본. 재료와 겉모습에 상관없이 이 책들 모두 피오치의 심장을 담고 있었다. 하지만 딜러들의 설명은 그것 대신 존슨의 명성만 내세웠다.

이런 편향을 바로잡으려는 학계의 노력은 이미 수십 년 전에 시작되었다. 스레일 부인을 존슨의 정부로 아는 동료 학자들을 꼬집은 매카시의 일화도 그중 하나다. 이런 반전의 순간들 상당수가 1970년대와 1980년대 학자들의 저작에서 나왔다. 하지만 희귀서 딜러 같은 인접 분야 전문가들의 인식은 여전히 답보 상태다. 전문 연구의 울타리를 벗어나 훨씬 가깝고 대중적인 정보원—이를테면 위키피디아—에 들어가면, 진부한 서사들이 손쉽게 다시 예전의 효력을 발휘한다. 내가 본서를 쓰는 지금도, 윌리엄 오거스터스 콘웨이—피오치와 바스에서 친분을 쌓았던 그 배우—의 위키피디아 페이지에 "콘웨이는 헤스터 피오치의 애정을 받았으며, 피오치가 그에게 보낸 편지들이 1843년에 출간되었다"는 말이 (아무 출처 없이) 올라와 있다. 그 편지들이란, 백 통이 넘는 편지 가운데 고작 일곱 통에 불과하며, 그나마도 편지의 소장자가 "편지의 성격이 바뀌었을 정도로 왜곡되었다"고 밝힌 편지들이다. 우리에게는 헛소리에 속지 않을 지식과 출처가 있다. 그럼에도 우리는 여전히 같은 실수를 반복하고 있다.

여기서 '우리'라고 하는 것은 나 역시 같은 실수를 저질렀기 때문이다. 초보 딜러 시절 보즈웰의 《존슨 전기》 초판본을 팔던 때를 떠올리면 지금도 얼굴이 화끈거린다.

보즈웰의 《존슨 전기》는 영국 문학의 고전이다. 이 책 초판본은 두 세기 동안 희귀서 수집가들이 탐내는 트로피였다. 내게도 익숙한 책이다. 출간 연도(1791년) 같은 서지 정보를 따로 찾아보지 않아도 알고, 제1권 135페이지에 초판 1쇄임을 증명하는 오타("gve")가 있다는 것까지 외울 정도로 익숙하다. 보즈웰은 애초부터 존슨 전기를 쓰겠다는 야심을 품고, 1763년에 존슨을 처음 만났을 때부터 그와의 교류와 대화를 꼼꼼히 기록했다. 이 야심이 존슨의 막역한 친구였던 헤스터 (당시) 스레일과 보즈웰 사이에 미묘한 긴장을 조성한 것으로 보인다. 1769년, 보즈웰은 그녀에게 보내는 편지에서 "부인과 저는 그 위대한 인물을 놓고 경쟁하는 사이"라는 정중한 농담을 던졌다. 하지만 이는 농담이 아니었다.

존슨이 1784년에 세상을 떠나자, 존슨 저작의 재간행본과 전기와 회상록들이 시장에 쏟아져 나왔다. 1780년대에 나온 이런 책들 가운데 가장 인기를 끌었던 것이 피오치의 《일화집》(1786)으로, 보즈웰이 낸 여행기 《새뮤얼 존슨 박사와 함께한 헤브리디스 제도 탐방기(The Journal of a Tour to the Hebrides with Samuel Johnson, LL. D.)》(1785)보다도 많이 팔렸다. 보즈웰은 피오치의 저작들이 자신이 구상 중인 존슨 전기의 입지를 위협한다고 보았고, 친구들과 함께 호시탐탐 피오치의 존슨 관련 저작들을 깎아내렸다. 후대에는 그의 추종자들이 이 모략을 이어받아 보즈웰이 쓴 전기만이 유일하게 읽을 가치가 있으며, 나머지는 하찮은 모방작에 불과하다는 주장을 폈다.

나 역시 보즈웰의 유명세에 기대서 그의 책을 팔았다. 보즈웰의 《존슨 전기》 초판본은 (보존 상태가 특별히 좋을 경우) 1만~1만 5000달러에 팔린다. 이에 비해 피오치의 《일화집》 초판본은 현재 1000~1500달러 선에서 거래된다. 나는 그 이유를 굳이 깊게 생각하지 않았다. 항상 손쉬운 답이 있었다. 그가 더 뛰어난 작가이기 때문이겠지. 안 그래? 하지만 현대의 피오치 전기 작가 제임스 L. 클리퍼드는 보즈웰을 불신했다. 그래서 피오치에 대한 내용은 보즈웰의 《존슨 전기》가 아닌 출간 전 메모만을 인용했다. 클리퍼드는 보즈웰의 서술에 신빙성이 떨어진다는 것을 알고 있었다. 현대 학자 윌리엄 매카시도 "피오치에 대한 보즈웰의 처사가 (……) 피오치의 평판이 추락하는 데 다른 무엇보다 크게 기여했다"고 주장했다.

피오치의 평판은 추락했고, 그대로 고착됐다. 희귀서 수집의 세계에서 그녀는 언제나 '스레일 부인'이었다. 그녀는 언제나 존슨과 교유하던 시절의 이름으로 통할 뿐, 출간 작가로 활동하던 시절의 이름인 헤스터 린치 피오치로 불리지 않았다. 요컨대 내가 스레일 부인을 언급할 때는 언제나 새뮤얼 존슨이라는 맥락 속에서였다. 초보 희귀서 딜러 시절, 나는 존슨과 대등하게 재담을 주고받는 흔치 않은 지력과 언변의 여성이 있었고, 그 이유로 그녀가 문학계 명사가 되었다는 사실을 무척이나 흥미롭게 여겼다. 그 여성이 책을 쓰고 출간했다는 사실은 훨씬 뒤에 그녀의 전기를 읽을 때까지 알지 못했다.

나도 헤스터 린치 피오치를 매장하는 데 일조했다.

나도 다른 딜러들처럼 이 업계를 굴리는 메커니즘에 밀린 결과였다. 존슨이 더 유명했고, 더 잘 팔렸다. 따라서 그가 더 두드러지게, 더 빈번히 언급됐다. 내가 처음 일했던 희귀서 회사에서는 이를 농담 삼아 '셰익스피어 법칙'이라 불렀다. 어떤 희귀본이든 셰익스피어와 엮을 수만 있으면 상품 가치가 올라간다는 뜻이었다. 예컨대 평범한 식물학 책도, 셰익스피어의 고향 스트랫퍼드-어폰-에이번에서 자라는 꽃을 포함하고 있다면 매력이 급상승한다. 판화집에 셰익스피어 초상이 한 점만 들어 있어도 가격이 두 배로 뛸 수 있다.

셰익스피어 법칙은 책의 저자보다 유명한 인물을 해당 책을 연관 지을 수 있는 모든 경우에 적용된다. 그 유명 인물이 누구든 상관없다. 나는 이미 샬럿 레녹스가 새뮤얼 존슨과 엮여서 이 법칙을 적용받는 것을 보았다. 그리고 이 프로젝트를 구상하는 과정에서 솔직히 나도 같은 오류에 빠졌다. 단지 오스틴이 그녀를 "나의 친애하는 피오치 부인"이라 불렀다는 이유로 피오치의 삶과 작품을 탐구하기로 정한 것이다. 내 앞의 많은 이처럼 나 또한 타인의 명성을 통해 피오치를 발견했다. 하지만 그녀의 책, 일기, 편지, 시를 읽은 뒤에는 피오치를 그녀 자체로 좋아하게 되었다. 그리고 그녀의 저작을 내 컬렉션에 최대한 많이 보유하고 싶어졌다.

메리 하이드처럼 나도 때로 경매에 참여한다. 선호하는 방법은 아니다. 엄청나게 노동 집약적인 일이기 때문이다. 대부분의 경매는 '매수자 위험 부담'이 원칙이다. 즉 잘못된 설명이나 누락된 정보로 인해 책 상태가 기대와 다르더라도 경매 약정상 반품이 허용되지 않기 때문에, 원하는 책이 맞는지 응찰자가 사전에 직접 확인해야 한다. 또한 얼마까지 입찰할지 미리 마음에 정해놓아야 한다. 하이드가 전하는 경매장의 긴박감은 결코 과장이 아니다. 마음에 정해둔 한도가 없으면 흥분에 휩쓸려 의도보다 많은 돈을 쓰게 될 위험에 처한다. 따라서 경매에 참여한다는 것은, 미리 많은 시간을 들여 사전 조사를 하고, 경매 당일은 온종일 입찰을 지켜본다는 뜻이다. 그러고도 원하는 책의 10퍼센트 정도밖에 입수하지 못할 때가 많다. 그런데 이 경우에는 피오치의 저평가된 명성을 내게 유리하게 이용할 수 있겠다는 생각이 들었다. 경매에서 낙찰가가 높게 형성되려면 최소한 두 명이 경합해야 한다. 관심이 적을수록 입찰자가 적고, 낙찰가도 낮아질 가능성이 크다.

피오치의 《편지들》 증정본 한 부가 뉴욕 경매에 나왔다. "저자 드림/1797"이라고 잉크로 쓰여 있는 책이었다. 추정가는 1000~2000달러였다. 크리스티 경매사 측은 해당 품목의 낙찰가가 이 범위에서 형성될 것으로 예상한다는 뜻이었다. 이 가격대는 내가 개인 소장이 아니라 사업용으로 구매하는 가격대였다. 그래도 추정가 이하로 낙찰받아야 했다. 그래야 사업 마진을 지킬 수 있었다. 나는 해볼 만하다고 판단했다.

하이드처럼 나도 경매 현장에 가지는 않았다. 하지만 입찰은 직접 했다. 하이드 같은 거물 수집가들이 입찰 대리인이 필요할 때 부르는 사람이 바로 나 같은 딜러다. 이번 경매는 완전히 온라인으로 진행되었다. 코로나19 팬데믹 이후 경매 회사들이 인터넷 경매 시스템을 대폭 강화했기 때문에, 입찰 과정이 예년에 비해 훨씬 매끄러워졌다. 나는 집에서 입찰했고, 아이들도 컴퓨터에서 들리는 경매 진행자의 속사포 같은 말소리에 금세 적응했다. 그렇다고 온라인 입찰에 위험 요소가 전혀 없는 것은 아니다. 한번은 열어놓은 창을 화면에 번갈아 띄우다가 실수로 빨간색 '입찰' 버튼을 클릭한 적이 있었다. 살 생각이 전혀 없는 윈스턴 처칠 편지 모음의 입찰 버튼이었다. 누군가 나보다 높은 액수를 눌러서 나를 구원해주기까지 오 초 동안 나는 지옥을 경험했다.

경매사 최저 추정가의 절반 수준인 500달러에서 입찰이 시작되었다. 나는 상황을 지켜보며 기다리는 편이지만, 이번에는 일찍 뛰어들었다. 그러지 않으면 끼지도 못하고 끝날 듯했다. 나는 500달러에 입찰했다. 누군가 600달러로 따라왔다. 내가 700달러를 누를 차례였다. 이것이 내 마지막 기회였다. 경매사들은 낙찰가에 '구매자 수수료'를 붙여서 받는다. 수수료는 낙찰가의 일정 비율로 책정되는데, 이번 경매의 수수료율은 26퍼센트였다. 내가 이 책을 700달러에서 놓치면 다른 사람이 800달러에 입찰할 것이고, 그다음 내 호가는 900달러일 텐데, 여기에 수수료를 더하면 내가 지불할 최종 금액은 1134달러였다. 너무 비쌌다. 나는 700달러에서 낙찰받아야 했다. 나는 다시 입찰했다.

낙찰이었다.

피오치의 «편지들»이 내 것이 되었다. 적어도 당분간은. 이것은 어디까지나 내 희귀서 회사를 위한 구매였다. 앞서 말했듯, 내 소박한 개인 컬렉션의 일부가 되기에는 너무 고가의 책이었다. 다음 단계는 이 책의 카탈로깅이었다. 이 책의 중요성을 부각하고, 해당 본의 물리적 특성을 상술한 판매자 설명을 작성해야 했다. 이 작업을 해야 책을 시장에 내놓을 수 있다. 그날의 경매는 2022년이었다. 나는 아직도 이 책을 카탈로깅하지 않았다.

이 책을 카탈로그에 올리는 날이 오면, 나는 반드시 피오치의 문체를 강조할 것이고, 그녀가 얼마나 용감무쌍한 작가였는지 말할 것이다. 피오치는 직접 살아낸 삶에서 터득한 용기를 책에 불어넣었다. 나는 그녀에게서 용기 있는 작가를 보았고, 그 작가를 찬미한다. 그녀는 자신에게 가장 충실할 방식을 찾기 위해 실험적 시도와 장르 결합을 두려워하지 않았다. 어쩌면 그녀가 내 글쓰기의 본보기이자, 이 책의 본보기였다.

제9장

마리아 에지워스

Maria Edgeworth
1768~1849

❖

난 이제 정말로 어떤 소설도
좋아하지 않기로 마음먹었어.
미스 에지워스의 책과 네 책과 내 책만 빼고 말이야.

**제인 오스틴이 조카 애나 오스틴에게 보낸 편지,
1814년 9월 28일**

내가 희귀서 업계에 막 입문해서 일을 배우던 시절, 지금 생각해도 숨 막히게 경이로운 초판본이 경매에 등장했다. 종이로 제본한 저렴하고, 평범하고, 칙칙한 책이었다. 속지가 묶음째로 표지에서 떨어지고 있는 데다 책장에는 잉크 자국 등 잡다한 얼룩과 오염도 많았다. 하지만 내게는 어떤 결함도 문제로 보이지 않았다. 그 책은 마리아 에지워스가 소장했던 «에마»였기 때문이다.

    본서 여기저기서 짧게 언급했다시피, 에지워스는 19세기 초 가장 널리 읽히고 가장 높은 평가를 받았던 소설가 중 한 명이며, 제인 오스틴이 사랑했던 작가 중 한 명이다. 거기다 그 책은 에지워스의 소장품이었다는 것 이상의 의미가 있었다. 오스틴의 요청으로 에지워스에게 전달된 책이었다. 젊은 신인 작가로서는 대담한 행동이었다. 동시에 문학적 연대감의 제스처였다. 오스틴이 에지워스에게 존경을 표하는 방법이었다. 에지워스는 그녀가 가장 사랑했던 문학적 본보기 중 한 사람이었다. 오스틴은 조카와 편지로 서로의 문학적 포부를 나누며 농담조로 소설가 "경쟁자들"이 싫다고 말할 때조차 에지워스만은 언제나 예외로 두었다. "난 이제 정말로 어떤 소설도 좋아하지 않기로 마음먹었어. 미스 에지워스의 책과 네 책과 내 책만 빼고 말이야."

에지워스를 높이 평가한 것은 오스틴의 동시대인들도 마찬가지였다. 현대의 에지워스 전기 작가 매릴린 버틀러(Marilyn Butler)는 에지워스가 1800~1814년의 "현역 영국 소설가 가운데 단연 최고의 명성과 성공을 누리던 작가"였다는 말로 그녀의 명성을 요약한다. 직전 세대인 1790년대에는 래드클리프가 해당 그룹을 지배했고, 다음 세대에는 월터 스콧이 그 자리를 차지했다. 에지워스는 그 사이에 위치했다. 래드클리프가 출세작 《숲속의 로맨스》를 출간한 이듬해인 1792년, 에지워스는 사촌에게 보내는 편지에 이렇게 썼다. "여기서는 그 책이 대유행이야. 모두가 그걸 읽고 그 얘기를 해." 1814년이 되자 스콧이 스코틀랜드 역사소설 시리즈의 첫 작품 《웨이벌리》를 발표하며 그 자리를 이어받았다. 스콧은 《웨이벌리》의 후기에서 에지워스의 소설들을 자신이 "모방하고자" 애쓰는 모범으로 칭송했다.

후에 스콧과 에지워스는 상호 존경의 연을 바탕으로 친구가 되었다. 에지워스는 심지어 스코틀랜드 자택으로 스콧을 방문하기도 했다. 훗날 스콧의 사위는 그때 만난 쉰다섯 살의 유명 소설가를 다음과 같이 묘사했다. "작고, 가무잡잡하고, 수염 있고, 예리하고, 바싹 마르고, 활달하고, 잘 웃고, 말 많고, 뻔뻔하고, 겁 없고, 직설적이고, 솔직하고, 휘그당 성향에, 비기독교적이고, 사람 좋고 정 많은 지극히 전형적인 아일랜드 사람. 나는 하루는 그녀가 좋았다가 다음 날에는 그녀가 지옥으로 꺼지길 빌었다." 딱 내가 추구하는 여성상이다. 내가 홀딱 반할 여성에 대한 묘사가 있다면 이 문장이 딱이다. (아일랜드인이라는 것만 빼고, 누가 내 묘비에 이렇게 새겨준다면 정말 좋겠다.) 스콧 본인도 에지워스의 방문 중에 그녀를 "에든버러의 위대한 암사자"로 칭했고, "항상 미스 에지워스의 말을 인용하거나 그녀의 작중 인물을 언급하곤 했다".

오늘날에는 오스틴이 이 두 사람을 모두 압도했다. 하지만 스콧의 경우는 딱히 잊혔다고 보기 어렵다. 내가 이 조사의 시작점에서 읽었던 2005년도 영국 소설 개론서에서도 스콧은 오스틴과 나란히 한 세대의 주역으로 이름을 올렸다. 이 개론서는 스턴과 오스틴 사이의 모든 세대는 다 건너뛰면서도 스콧은 챙겼다. 나는 스콧의 작품—이를테면 서사시 《호수의 여인(The Lady of the Lake)》(1810)이나 스코틀랜드 역사소설 《웨이벌리》 같은 책들—을 읽으며 자란 세대는 아니지만, 그런 책들을 읽은 수집가들과 함께 일했고, 또 그들에게 스콧의 책을 판매했다. 오스틴과 스콧 모두 마리아 에지워스를 존경했고, 둘 다 그녀를 "모방하고자" 했다. 하지만 나는 그녀를 철저히 놓치고 있었다. 왜였을까?

에지워스는 첫 소설 《래크렌트성(Castle Rackrent)》(1800)부터 성공을 거두었다. 아일랜드의 영국계 지주들의 서사를 여러 세대에 걸쳐 풀어낸 연대기적 소설이었다. 1801년에는 《벨린다》를 출간했다. 이 소설은 사교계에 막 진출한 젊은 여성이 다양한 인물에게, 특히 매혹적인 멘토 레이디 델라쿠어에게 휘둘리면서도 점차 자립심을 찾아가는 이야기다. 《벨린다》는 오스틴이 《노생거 사원》에서 (버니의 《서실리아》와 《커밀라》와 더불어) 호의적으로 언급한 세 편의 소설 중 한 편이다.

하지만 에지워스를 해당 세대 최고 작가로 확고히 자리매김하게 한 작품은 10여 년 후에 두 권으로 출간된 《사교계 이야기(Tales of Fashionable Life)》였다. 이 소설집에 평단의 갈채를 받은 《권태(Ennui)》(1809)와 《부재자(The Absentee)》(1812)가 포함되어 있었다. 다시 말해 오스틴이 한창 출간 작가가 되려고 애쓰던 시기 — 처음 《수전》의 판권을 팔았던 1803년부터 마침내 《이성과 감성》의 출간을 보았던 1811년까지 — 에 영국에서 가장 이름 날리던 소설가가 바로 에지워스였다.

그러니 오스틴이 이 《에마》 책을 당대 최고 작가인 마리아 에지워스에게 보내면서 얼마나 가슴이 뛰었을지 상상해보라. 이런 책을 업계에서는 '연고본(asssociation copy)'이라 부른다. 작가나 작품과 연관 있는 사람이 한때 소장했거나 사용했던 책이라는 뜻이다. 이런 책에는 다른 책에 없는 특별함과 중요성의 무게가 더해진다. 집안 대대로 내려오는 성경 책을 떠올리면 이해하기 쉽다. 책은 한 사람에게서 다른 사람에게로 전해지며 기억을 담는 그릇이 된다. 에지워스가 소장했던 «에마» 같은 책의 경우, 두 예술가 사이에 피어날 창조적 연대를 상징하며, 따라서 문학적 계보라는 나무의 가지들을 대변한다.

특별한 소장 이력을 지니지 않더라도 책은 무엇이든 각별한 의미를 담을 수 있다. 이것이 내가 여덟 번째 생일을 손꼽아 기다리며 읽던 베벌리 클리어리(Beverly Cleary)의 «여덟 살 러모나 큄비(Ramona Quimby, Age 8)»를 절대 버리지 못하는 이유다. 이제는 닳고 해진 페이퍼백의 표지에는 담요 요새에서 막 기어 나온 듯 머리가 사방으로 뻗친 러모나가 그려져 있다. 이 동화책 옆에는 내가 태어나기 전에 돌아가신 할아버지의 책이 꽂혀 있다. 20세기 중반에 나온 튼실한 미적분 교과서다. 내 서가는 가족 앨범과 비슷하다. 한 권 한 권이 내 삶의 특정한 시간과 장소를 붙잡고 있다.

«여덟 살 러모나 큄비»와 할아버지의 미적분 교과서에서 멀지 않은 자리에 «에마»도 꽂혀 있다. 나는 «에마»를 대학 때 처음 읽었다. 그때 내가 어디에 누구와 있었는지 또렷이 기억한다. 나는 기숙사 근처 잔디 언덕에 당시 데이트하던 남자와 누워 있었다. 그는 읽고 있는 페이퍼백 책을 늘 바지 뒷주머니에 넣고 다녔는데, 내 기억에 그날은 잭 케루악의 «길 위에서»였다. 나는 «에마»를 가방에 챙겨 갔다. 그는 내 오스틴 책 표지에 그려진 리전시 시대 드레스를 입은 여인을 보며 말했다. "나도 그런 책을 공공장소에서 읽을 수 있으면 좋겠다." 나는 읽던 곳에 손가락을 끼운 다음 물었다. "왜 못 읽는데?"

지금 돌아보면 그때의 장면이 대학 시절의 나를 대변하는 풍경처럼 느껴진다. 그 시절의 내게는 내 시간을 어떻게 쓸지 맘대로 선택할 자유가 있었다. 원하면 온종일 공원에서 책을 읽을 수도 있었다. 내게 «에마»의 독서 경험은 그 시절의 추억과 영원히 묶여 있다. 나는 문득 에지워스는 어디에서 «에마»의 첫 문장—"에마 우드하우스는 아름답고, 총명하고, 부유했다. 화목한 집안에 낙천적인 성격까지 타고난 그녀는 인생의 지복을 한 몸에 받은 듯했다"—을 읽었을지 궁금해졌다.

에지워스 소장본 «에마»는 총 세 권 중 한 권이 빠져 있었고, 보존 상태에 심각한 문제가 많았는데도 7만 9250파운드에 낙찰되었다. 보통은 결본이 있으면 수집 시장에서 제대로 가격을 받지 못한다. 그럼에도 이 책은 해당 경매에서 최고 낙찰가를 기록했다. 찰스 디킨스가 직접 헌정 문구를 써넣은 그의 첫 소설 «픽윅 클럽 여행기(The Pickwick Papers)» 증정본의 가격도 넘어섰고, 헨리 8세의 친필 서명이 들어 있는 문서 원본의 가격은 크게 앞질렀다. 에지워스 소장본 «에마»가 시장에서 이렇게 귀한 대접을 받은 것은 오스틴 소설인 데다 작가 연고본이라는 희소성 덕분이지만, 그게 다는 아니었다. 같은 경매에 또 다른 «에마» 연고본이 출품되었는데, 그 책은 훨씬 낮은 가격에 낙찰되었다. 그 책 역시 연관성은 컸다. 책의 소유자가 오스틴의 절친 마사 로이드였다. 로이드는 오스틴이 소설들을 출간하던 시기인 초턴 코티지 시절 오스틴 모녀와 함께 살았던 인물이다. 그 책의 낙찰가는 3만 7250파운드에 그쳤다.

에지워스 소장본 «에마»에는 제1권에 소장자 서명도 있었다. 표제지의 제목 "Emma" 바로 위에 "Maria Edgeworth"라고 연하게 휘갈겨 쓴 글씨가 남아 있었다. 그러나 이것만으로는 충분한 설명이 되지 않는다. 같은 경매에 에지워스가 서명한 책들이 또 있었지만 모두 훨씬 낮은 가격에 팔렸기 때문이다. 책이 기억을 담는 그릇일 때, 에지워스 소장본은 핵심 기억을 담고 있었다. 유명 여성 작가가 또 다른 유명 여성 작가에게 이 책을 보냈다. 자신에게 여성 문인의 길을 보여준 롤모델에게 보낸 책이었다. 이것이 요체였다. 이 책은 오스틴에게 야망이 있었다는 증거였다. 그녀는 에지워스의 작품을 자신이 바라는 성취의 수준으로 삼았다.

이 «에마» 책은 한때 내가 너무나 쉽게 믿었던 거짓말—오스틴 이전에는 영문학에 위대한 여성 작가가 없었다는 거짓말—을 폭로하는 것이기도 했다. 오스틴은 진실을 알고 있었다. 위대한 여성 작가는 이미 많았다. 오스틴은 그들의 책을 읽었고, 그들의 작품을 좋아했고, 그들만큼 위대해지고자 했다. 에지워스의 성공은 한 신진 작가에게 본보기와 목표를 동시에 제공했다.

✻

에지워스의 소설가 경력은 시작도 전에 끝날 뻔했다. 나는 이 사실을 그녀의 첫 출간작 «문학 여성들에게 보내는 편지(Letters for Literary Ladies)»를 읽으며 알게 되었다. 이 책은 에지워스가 스물일곱 살이던 1795년에 출판되었다. 이런 제목의 책을 어떻게 그냥 지나치겠는가! 오스틴이 《노생거 사원》에서 독자들에게 에지워스의 책을 읽어볼 것을 권했는데, 여기 바로 에지워스가 "문학 여성들"에게 조언하는 책이 있었다. 그리고 나도…… 나도 문학 여성이었다. 나 같은 사람에게 에지워스가 무슨 말을 하고 싶었을지 당연히 궁금했다.

《문학 여성들에게 보내는 편지》의 내용은 내 예상과 달랐다. 이 책은 여러 화자가 등장해서 여성 교육을 논하는 가상의 서간집으로, 두 남성 간의 서신으로 시작한다. 첫 번째 편지는 한 신사가 갓 낳은 딸을 둔 친구에게 소녀들의 정규교육을 맹비난하는 내용이다. "자네는 기울인 정성에 비해 넘치게 보상받았다고 말하겠지. 최근에 여성들이 드러내는 눈부신 천재성에 비평가들마저 당황하고 현혹될 정도니까 말일세. 하지만 내가 바라는 것은 천재성의 증거가 아니라네. 내가 찾는 것은 유용성에 대한 실질적 증거야." 이 문장을 읽을 때 나는 욕이 육성으로 튀어나올 뻔했다.

나는 이 첫 번째 편지를 읽으며 속으로 그 안에 담긴 논리적 오류들을 잡아냈다. 수년 전 소셜 미디어의 악성 댓글을 읽으며 얻은 습관이었다. 악플러들이 범하는 판단 착오들과 이 18세기 편지 속 논리 오류들은 놀랍도록 닮아 있었다. 첫 번째 편지의 화자가 말한다. "실용 기술이나 정밀과학 분야에서 여성의 지혜나 통찰이 우리에게 도움이 된 적이 있던가?" 이는 <u>무지에 호소하는 논증</u>(argumentum ad ignorantiam)이다. 떠오르는 사례가 없다는 이유만으로 여성 교육이 사회에 기여하지 못한다고 우기는 것이다. 오늘날 익명 뒤에 숨어서 중요한 여성 과학자는 없었다는 주장을 일삼는 온라인 아바타들도 떠오른다. 이는 <u>비논리적 일축</u>(argumentum ad lapidem)이다. 발상 자체를 황당한 소리로 치부하며 반대 증거를 모두 무시하는 태도를 말한다. 대학 때 라틴어와 철학을 함께 공부하면 이런 버릇이 생긴다.

 《문학 여성들에게 보내는 편지》는 에지워스의 삶에 실제로 있었던 일들에 기초한 책이었다. 첫 번째 편지는 가까운 친지가 그녀의 아버지 리처드 러벌 에지워스에게 보냈던 편지를 재구성한 것이었다. 1782년, 마리아가 아직 10대였을 때 아버지는 딸에게 과제를 주었다. 서간문 형식의 프랑스 교육서를 번역하는 일이었다. 리처드 러벌은 마리아의 번역에 크게 만족해서 이를 런던에서 출간할 계획을 세웠다. 하지만 원고를 인쇄소에 넘긴 시점에, 같은 책의 다른 번역서가 먼저 출판되는 바람에 계획이 무산되고 말았다.

 이 소식에 어린 마리아는 상심이 이만저만이 아니었을 것이다. 그런데 리처드 러벌의 친구였던 토머스 데이(Thomas Day)가 기다렸다는 듯이 "축하 편지"를 보냈다. 편지에는 "여성의 저술 활동"에 대한 노골적인 비난이 담겨 있었다. 데이는 짐짓 이성적이고 사심 없는 말투로 리처드 러벌에게 마리아가 자기 이름으로 책을 내는 것을 허용해서는 안 된다고 주장했다. 이에 리처드 러벌은 여성 저자들을 옹호하는 답신을 보냈다. 하지만 훗날 마리아는 "딱 한 번 들었을 뿐인데도 데이 씨의 웅변적 편지가 남긴 인상은 (……) 수년간 내 가슴에 박혀 있었다"고 회고했다. 3년 뒤에 발표한 «문학 여성들에게 보내는 편지»는 "허구의" 대화를 표방했지만, 사실 에지워스가 자라면서 들은 실제 대화들에 기반한 것이었다.

에지워스가 문학가로 성공적인 경력을 쌓을 수 있었던 데에는 아버지의 지원이 지대한 역할을 했다. 리처드 러벌은 예사롭지 않은 가족의 예사롭지 않은 아버지였다. 그는 네 번의 결혼으로 스물두 명의 자식을 두었다. 그중 (1768년에 태어난) 마리아 에지워스는 성년기까지 살아남은 자녀 가운데 둘째였다. 리처드 러벌은 아이들의 모친들과 더불어 자녀 교육에 적극적으로 참여했다. 그는 존 로크와 장-자크 루소 같은 사상가들의 이론을 융합한 포괄적 교육철학을 따랐고, 특히 놀이를 통한 학습을 장려했다. 열네 살 때부터 마리아는 집안 아이들을 돌보는 일에 없어서는 안 될 역할을 수행했다.

이런 실전 경험을 바탕으로 에지워스가 발표한 두 번째 저작은 바로 당대 가장 영향력 있는 아동서 중 하나가 된 «부모의 조수(The Parent's Assistant)»(1796)였다. 이 책은 그녀가 특별히 아동을 위해서 쓴 이야기 모음집으로, 현대 에지워스 전기 작가 매릴린 버틀러의 말을 빌리자면 "아동문학 장르의 작은 걸작들"을 포함한다. 이야기들의 질적 수준 자체가 이 책의 혁신성이었다. "마리아 에지워스 이전에는 «걸리버 여행기»나 «로빈슨 크루소» 같은 걸작들을 아이들도 읽었을 뿐, 어린이를 위한 책을 쓰는 거장은 없었다." 이에 이어 리처드 러벌과 마리아는 함께 교육학 책을 여러 권 집필했다. 그중 가장 먼저 출간되었고 가장 유명한 책이 «실용 교육(Practical Education)»(1798)이다. 에지워스는 소설가로 유명해지기 전부터 이미 명망 있는 저술가였다.

에지워스는 집에서는 아버지의 응원을 받았지만, 집 문 밖에서도 항상 같은 지지를 기대할 수는 없었다. «문학 여성들에게 보내는 편지»의 첫 번째 편지가 이를 명확히 보여준다. 하지만 두 번째 편지에서 아버지를 모델로 한 화자가 "여성 문인의 수가 최근 몇 년 새 눈에 띄게 늘었다"고 응수한다. 실제로 프랜시스 버니와 엘리자베스 몬터규 같은 여성들이 출판가에서나 살롱에서 다른 문학 여성들의 귀감이 되었다. 성공한 여성 문인들의 존재 자체가 에지워스 같은 이들에게 위안이자 영감이었다. 그녀에게는 위안과 영감이 필요했다. 그녀는 저술을 향한 포부와 여성이 받는 제약이라는 모순 상황 속에 살았다. 문학 여성의 삶을 살려면, 그로 인한 세간의 비난을 감수해야 했다.

이 괴리는 오스틴 사후에 그녀의 오빠 헨리가 유작의 서두에 붙인 ‹저자 약전›에도 잘 드러난다. ‹저자 약전›에서 헨리는 오스틴의 출판에 대한 열망을 다음과 같이 깎아내렸다. "그녀는 작문을 할 때는 신속하고 정확했지만, 자기 판단에 대한 불신이 너무 깊은 나머지, 오랜 시간을 들여 여러 차례 검토해서 만족할 때까지는 작품을 세상에 내놓지 못했다." 하지만 현대 학자들이 다른 사료들을 통해 헨리의 말이 사실과 거리가 멀다는 것을 밝혀냈다. 일단 1797년에 오스틴의 아버지가 쓴 편지가 있다. 오스틴의 소설 «첫인상»(후에 «오만과 편견»으로 개작)을 "미스 버니의 «에블리나»와 비슷한 분량"의 작품으로 소개하며 출판 기회를 타진하는 편지였다. 1809년에 제인 오스틴이 《수전》(훗날의 《노생거 사원》)의 판권을 사놓고 출판하지 않는 출판사에게 직접 보낸 편지도 있다. 이 편지에서 오스틴은 직설적으로 <u>출판하지 않을 거면 도로 내놓으라</u>고 요구했다. 이 일은 오스틴이 소설 출간을 얼마나 바랐는지 보여준다. 하지만 그녀의 오빠 헨리는 이 대담한 진실이 세상에서 묻혀야 한다고 여겼다.

  헨리 오스틴이 여동생의 문학 인생에 대해 말한 내용은 상당 부분 오스틴 본인의 편지 내용과 상충하고, 따라서 현재는 그 진실성이 의문시된다. 헨리는 "작가적 명성도 금전적 이익도 그녀의 초기 동기에 섞여 있지 않았다"고 썼을 뿐, 그녀가 나중에는 소설로 돈을 버는 것에 기쁨을 느꼈다는 사실은 생략해버렸다. 오스틴은 《맨스필드 파크》의 중판을 열망하며 이렇게 썼다. "나는 아주 탐욕스럽다. 최대한 많이 벌고 싶다." 후일 그녀는 "사람들은 책을 빌리고 칭찬하는 데는 열심이지만, 책을 사는 데는 인색하다"고 한탄하면서, "나도 누구 못지않게 칭찬을 좋아하지만, 에드워드 오빠가 '퓨터(pewter)'[19]라고 부르는 것 또한 좋아한다"고 덧붙였다. 오스틴의 "익명" 저작은 역시 공공연한 비밀이었다. 헨리는 이를 "세간의 입방아를 피하려는" 성향으로 설명했지만, 《오만과 편견》의 성공 이후 막상 오스틴은 자신의 익명성에 장난스러운 태도를 보였다. "난 사실 익명으로 신비감을 주기보다는 돈을 버는 데 최

---

19 돈을 의미한다.

선을 다할 작정이다." 헨리가 그려낸 제인 오스틴의 초상에 맞서 현대 학자 얀 퍼거스는 다음과 같이 단언했다. "가족을 제외하면, 오스틴에게는 전업 작가가 되는 것이 인생의 무엇보다 중요했다." 물론 오스틴 본인도 공개적인 인쇄물에서는 이를 인정하지 않았을 것이다. 사적인 편지들이 남아 있지 않았다면 우리에겐 그녀의 속마음을 알 방법이 없었다.

     이 괴리는 오랜 세월과 여러 차례의 페미니즘 물결을 지나온 현대의 내게도 남의 일로 여겨지지 않았다. 희귀서 업계는 권위와 영향력 면에서 남성 지배적 영역이다. 하지만 내가 이 업계에서 처음 경력을 쌓을 때 나를 버티게 해준 본보기들이 있었다. 내가 처음 취직했던 회사는 미국에 있는 상당한 규모의 업체 중에서는 드물게 수십 년 전부터 여성에게 합당한 훈련과 보수와 승진 기회를 보장해온 곳이었다. 그 회사의 공동 설립자 중 한 명도 여성이었고, 총괄 매니저도 여성이었으며, 남성 공동 설립자 또한 두 여성 못지않은 실천적 페미니스트였다. 덕분에 내가 여성이라는 사실과 상관없이 단지 서적상으로서 내 역량을 입증할 수 있는 환경에서 수습 과정을 밟았다. 당연한 말로 들릴 수 있다. 하지만 도서전에 참석하거나 다른 고서점을 방문한 순간 나는 그것이 결코 당연한 일이 아님을 알 수 있었다. 미국의 대표적 고서상 협회의 회원 중 여성은 20퍼센트도 되지 않는다. 오늘날 나는 수백만 달러 규모의 판매 실적을 자랑하는 희귀서 업체의 공동 설립자인데, 회사의 실질적 운영 주체는 당연히 내 남성 동업자일 것으로 생각하는 사람이 많다.

하지만 업계의 이런 괴리를 헤쳐나가는 다른 여성 서적상들을 보면서 배울 때도 많다. 어느 도서전에서 한 여성 딜러가 남성 딜러에게 가격을 어디까지 낮춰줄 수 있는지 물었다. 딜러들 사이의 통상적인 가격 조율 대화였다. 남자는 가격을 말한 뒤 덧붙였다. "하지만 제가 커피 한잔 사게 해주신다면 더 깎아드릴 수도 있어요." 여자는 재치 있게 응수했다. "아, 콘퍼런스 센터에 가면 커피가 공짜예요." 나는 거래를 망칠 염려 없이 남자만 절묘하게 쳐낸 여성의 기지를 잊지 못한다. 여성들이 꼭 이래야 할까? 그렇진 않다. 하지만 희귀서 업계의 여성들에게는 필요한 기량이다.

주변에 비슷한 분투를 하는 이들이 없으면 내가 왜 이런 노력을 하는지 의구심에 빠지기 쉽다. 반대로 분투의 본보기가 있는 경우, 같은 길을 통과한 이들이 있다는 사실에 힘입어 나도 할 수 있게 된다. 내 경험상, 경력 쌓기에서 가장 힘든 점은 업무 자체가 아니다. 결의를 점점 바닥내는 외부의 압력과 선입견이다. 시도하는 자에게 본보기는 위안이고 확신이자 해독제다.

제인 오스틴은 프랜시스 버니와 마리아 에지워스를 자신의 본보기로 지목한 바 있다. 나는 그녀도 《문학 여성들에게 보내는 편지》를 읽으며 자신처럼 작가 경력을 쌓아가는 여성들이 있다는 사실에서 비슷한 응원을 받았을지 궁금했다. 오스틴도 자기 분야에서 자기가 바라는 성공을 먼저 이룬 여성들을 보며 위안을 얻지 않았을까?

에지워스가 오스틴의 본보기였다면, 《벨린다》 못지않

은 소설을 쓰는 것이 그녀의 목표였을 것이다. «벨린다»는 에지워스의 첫 구혼 소설이었다. 주인공 벨린다는 넉넉지 못한 집안 출신이며 부유한 친지의 후원을 받아 사교계에 데뷔한다. 이 설정은 프랜시스 버니의 첫 소설 «에블리나»와 비슷하고, 오스틴의 «노생거 사원»과도 닮아 있다. 하지만 «벨린다»를 뚜렷이 구분 짓는 한 가지 요소가 있다. 그것은 벨린다를 거두어 보살피는 인물인 레이디 델라쿠어다. 그녀는 런던 사교계의 이름난 재담가로, 소설이 전개되며 냉소주의에서는 점차 벗어나지만, 특유의 재치는 전혀 잃지 않는다.

  마리아 에지워스가 레이디 델라쿠어 같은 인물을 창조한 데에는 당시의 시대적 배경이 작용했고, 그 점이 이 소설을 더 특별하게 만든다. 18세기 말의 소설들은 일명 '여주인공 난제(Heroine Problem)'를 안고 있었다. 독자의 흥미를 끌려면 여주인공에게 무언가 놀랄 만한 일이 있어야 했다. 하지만 당대에 여성의 '모험'이란 부적절한 관계를 완곡하게 일컫는 말이었고, 이는 대개 사교계 축출로 이어졌다. 다시 말해 여주인공은 도덕적으로 흠잡을 데 없는 동시에 지루하지도 않아야 했다. 이 딜레마가 바로 여주인공 난제였다. 어떻게 해야 주인공이 젊은 여성 독자들에게 '나쁜 본보기'가 되어선 안 된다는 도덕적 권위자들의 요구에 부응하면서도 흥미로운 이야기를 쓸 수 있을까?

  이는 21세기의 '호감도' 문제와 크게 다르지 않다. 굿리즈에서 주인공이 여성인 소설들의 독자평을 살펴보라. 여주인공이 비호감이라는 불만이 온갖 이유와 함께 달려 있다. 나 역시 《맨스필드 파크》의 패니 프라이스를 오랫동안 싫어한 전적이 있다. 그래서 굿리즈 이용자들이 패니를 어떻게 생각하는지 확인했다. "패니는 성격이 쓰레기다. 함부로 판단하고, 혼자 잘났고, 따분하고, 복종적이다. 거기다 항상 더럽게 허약하다. 이 여자애는 오 초만 걷거나 말해도 졸도할 각을 잡는다."

하지만 패니 프라이스는 쉬운 표적이다. 그럼 오스틴의 여주인공 중에 가장 인기 많은 엘리자베스 베넷은 어떨까? "엘리자베스를 좋아해야 하는 분위기인 건 알겠는데, 이 여자는 소설 내내 악담만 하고 다닌다. 그걸 '기지'라고 부르겠다면 그러든가. 하지만 알아두라. 이때의 기지란 '그때그때 꼴 보기 싫은 사람들에 대한 험담'을 의미한다." 내가 이런 예시들을 가져온 것은 사실 나도 이 말들이 일리 있다고 생각해서다. 그러나 이러한 반응들에서 해묵은 유령이 보인다. 18세기 런던에서 벌어지던 논쟁—허구의 여주인공이 어떻게 행동해야 하는지에 대한 도덕적 판단—의 메아리가 들린다. 너무 완벽하면 패니처럼 따분하다는 평을 듣고, 너무 흠이 두드러지면 엘리자베스처럼 못됐다는 말을 듣는다. 우리는 인치볼드의 소설 같은 과한 교훈성에 질색한다. 하지만 그러면서도 '호감도'라는 개념 아래 우리 나름의 도덕적 잣대를 들이민다.

프랜시스 버니는 이 문제를 해결하기 위해서 에블리나 같은 여주인공들의 잘못을 순진함에서 비롯된 실수로 설정했다. 그렇게 하면 주인공이 물의를 빚더라도 몰라서 그랬다고 면피할 수 있다. 앤 래드클리프의 해법은 여주인공의 환경을 지극히 위협적으로 설정해서 주인공이 행동에 나설 수밖에 없도록 (아니면 실신이라도 하도록) 만드는 것이었다. 마리아 에지워스는 또 다른 전략을 썼다. 그녀는 완벽한 여주인공 벨린다를 만든 다음, 그 옆에 눈부시게 불완전한 레이디 델라쿠어를 상시 동반자로 붙여놓았다. 이 인물은 페이지마다 인용 욕구를 자극하는 발언을 쏟아낸다. 그 말들은 뻔뻔하거나 매력적이다. 또는 뻔뻔하면서 매력적이다. 예를 들어 소설 초반에 한 여성이 파티 전에 다들 드레스를 갈아입을 시간이 될지 걱정하자 레이디 델라쿠어는 곧바로 이렇게 조언한다. "전혀 늦지 않았어요, 아가씨. 여자에게 마음이나 드레스나 연인을 바꾸기에 늦은 때란 없답니다."

레이디 델라쿠어는 "[벨린다가] 태어나서 본 사람 중에 가장 매혹적인 인물"로 소개된다. 그녀의 파티는 유명하고, 그녀의 기지 넘치는 말들은 신문에 인용되고, 그녀의 취향은 유행을 선도한다. 레이디 델라쿠어가 런던 사교계를 지배하는 이유는 그녀의 젊음이나 아름다움이나 덕행 때문이 아니다. 그녀가 총명하고, 기지 있고, 대담하기 때문이다. (사실 레이디 델라쿠어는 헤스터 스레일 피오치와 매우 흡사하다. 한때 피오치와 친했던 버니의 세 번째 소설 《커밀라》에도 비슷한 조연급 인물이 등장하는데, 이 역시 피오치의 성격을 일부 본떠서 만들었을 가능성이 있다.)

에지워스는 벨린다가 사교 시즌에 레이디 델라쿠어와 지내게 되는 설정으로 소설을 시작하고, 이 설정을 통해 여주인공 난제를 깔끔하게 우회하는 구조를 만든다. 이제 벨린다는 시대의 도덕이 요구하는 만큼 따분해도 무방하다. 대신 레이디 델라쿠어가 우리를 재미있게 해줄 테니까. "날 거울로 삼아요, 벨린다. 군중을 밀치고 나가요. '죄송해요. 다치지 않으셨죠?' 하며 예의를 차리다가는 사람들 발에 밟혀 죽어요." 그녀는 이렇게 충고한다. 아니, 명령한다. 레이디 델라쿠어는 어디서든 존재감을 발한다. 모두가 그녀 앞에서 길을 터준다. 그녀는 그들의 경외를 받을 자격이 있기 때문이다. 그녀는 내게 스레일 피오치를 떠올리게 했다. 그리고 다른 인물도 떠올랐다. 바로 에마 우드하우스였다.

《벨린다》를 읽을수록 거기서 《에마》가 보였다. 에마 우드하우스는 벨린다와 비슷한 나이이지만, 성격 면에서는 레이디 델라쿠어를 닮았다. 에마는 젊고 아름다울 뿐 아니라 기지 있고 대담한 인물이다. 소설 초반에 오스틴은 남주인공 "나이틀리 씨는 사실 에마 우드하우스의 결점을 알아보는 몇 안 되는 사람 가운데 하나였다"라며 밑밥을 깐다. 오스틴은 자신이 위험을 감수하고 있다는 것을 알고 있었다. 그녀는 가족에게 보내는 편지에 에마를 "나 말고는 아무도 좋아하지 않을 여주인공"이라고 칭했다. 이는 그녀가 여주인공 난제를 인지하고 있었음을 보여준다. 레이디 델라쿠어 같은 인물을 내세워서 어떤 효과를 볼 수 있는지, 선배 작가의 소설에서 그 성공 사례를 본 오스틴이 자신의 구혼 소설에서도 비슷한 실험을 감행한 것은 아닐까? 그랬다면 그 실험은 대성공이었다. 매혹적인 에고이스트를 무대 중심에 배치함으로써 오스틴은 "인물의 성격 자체가 조용하지만 불가항력적으로 사건을 만들어가는, 영어 소설 역사상 가장 완벽한 사례"를 써냈다. 이렇게 평가한 사람은 다름 아닌 이디스 워튼(Edith Wharton)이었다.

두 작품 사이에는 인물 성격뿐 아니라 줄거리에도 닮은 점이 있다. «벨린다»의 여주인공은 레이디 델라쿠어의 신임을 받는 남주인공과 힘을 합해 레이디를 "개심"시키려 노력한다. 여기서 '개심'이란 다행히 그녀가 기지를 잃는 것이 아니라, 소원해진 남편과 화해하는 것을 뜻한다. 소설의 해피 엔딩은 레이디 델라쿠어가 자신의 판단 오류를 인정할 때만 가능하다. 한편 «에마»에서는 여주인공이 순진한 해리엇에게 범하는 실수들로 인해 갈등이 일어나고, 남주인공 나이틀리 씨가 이 과정을 지켜보고, 비판하고 조언한다. 다시 말해 여주인공의 '개심'에 나선다.

그러나 «에마»는 결코 «벨린다»의 단순한 모방이 아니다. 그보다는 오스틴과 에지워스의 문학적 소통을 보여주는 것 같다. 에지워스의 레이디 델라쿠어는 자신이 주인공 벨린다를 올바로 이끌지 못했음을 시인한다. 오스틴의 주인공 에마는 자신이 친구 해리엇을 잘못된 길로 빠지게 했음을 자각한다. 주제는 같지만, 시선이 반전되어 있다. 두 작품을 나란히 읽는 것은 재즈 세션을 듣는 느낌을 준다. 한 작가가 멜로디를 시도하면, 다른 작가는 이를 듣고 자기 나름의 변주와 장식음을 더해 받아친다.

오스틴은 알지 못했지만, 우리는 에지워스가 «에마»에 어떤 반응을 보였는지 안다. 1867년에 출판된 사적 편지에서 에지워스는 자신이 «맨스필드 파크»를 재미있게 읽었다고 썼다. 오스틴이 알았다면 몹시 기뻐했을 소식이다. 다만 에지워스는 «에마»의 플롯에 대해서는 아무 감흥도 받지 못했다며 실망감을 표했다. 특히 그녀는 에마의 아버지가 늘어놓는 시시껄렁한 불평들을 싫어했다. 사실 에지워스의 부정적인 반응은 경매에 나온 «에마» 저자 증정본이 전체 세 권 중 두 권뿐이었던 이유와 무관하지 않다. 매릴린 버틀러에 따르면, "제1권을 끝까지 읽은 마리아는 나머지 두 권을 친구에게 넘기며 (……) '이 책에는 줄거리랄 게 없어'라고 말했다". 이는 당시 오스틴의 작품에 흔하게 제기되던 비판이었다. 현재는 강렬한 사실주의로 찬사를 받는 것이 당대에는 순수예술로 보기에는 지나치게 일상적이라는 비판을 받았다.

에지워스는 오스틴의 소설을 여러 편 읽었고, 때로 그 감상을 편지에 남겼다. 하지만 참으로 안타깝게도 «오만과 편견»에 대한 에지워스의 의견은 오스틴 본인뿐 아니라 오늘날의 우리도 알 길이 없다. 1813년 «오만과 편견»이 출간된 후 에지워스는 남동생에게 보낸 편지에 이런 감질 나는 말만 남겼다. "너에게 '오만과 편견'에 대한 내 생각을 말하지 말라는 당부를 받았으니, 네가 직접 읽고 우리에게 의견을 들려주길 바란다." 에지워스의 판단을 그나마 엿볼 수 있는 단서는 25년 후에야 등장한다. 그녀는 «에마»와 «오만과 편견»을 다시 읽고, "예전보다 한층 좋게 느꼈다"고 썼다. 에지워스는 «노생거 사원»도 읽었는데, 이 작품은 다소 비현실적이라고 여겼다. 해당 작품에서 자신의 소설 «벨린다»가 찬사를 받은 것에 대해서는 아무런 언급도 하지 않았다. «노생거 사원»이 오스틴 사후에 출간되었기 때문에 오스틴은 자신이 에지워스를 칭찬한 소설을 당사자가 직접 읽는 날을 보지 못했다.

'천재'의 개념은 종종 고립된 존재를 떠올리게 한다. 절대다수의 평범한 사람들과는 다른 차원에 존재하는, 따라서 세상과 동떨어져 있는 인물. 하지만 천재들도 세상과 무관하게 살지 않는다. 오스틴이 내 서가의 작가들에게 그랬듯, 그들도 남들의 작품에 반응한다. 이 반응은 언제나 모방을 뜻하지도, 반드시 존경을 뜻하지도 않는다. 동경의 대상뿐 아니라 때로는 반발의 대상도 본보기가 된다. 나 역시 앙심에서 쉽게 동기를 부여받는다. 내가 오래전부터 인정해온 사실이다. 내게는 매머드급 로맨스 소설 컬렉션을 구축해서 결국 권위 있는 학술 기관에 매각한 전적이 있다. 그것이 로맨스 소설을 무시하거나 대놓고 조롱하는 동종 업계 사람들을 한 방 먹이려는 의도에서 시작한 일이었다 해도 완전히 틀린 말은 아니다. 처음에는 악의, 분노, 좌절, 고독 같은 밑바닥 감정에서 출발한 것이 때로는 무언가 새롭고, 생산적이고, 심지어 중요한 것이 되기도 한다. 우리는 모두 이런 감정을 경험한다. 그것을 끌어안고 함께 썩어갈 수도 있지만, 그것을 연료로 바꿔서 고통의 뿌리를 돌파할 수도 있다. 그것이 마리아 에지워스가 그녀의 본보기 중 한 사람과 의견이 갈렸을 때 한 일이었다. 그 사람은 바로 그녀의 사랑하는 아버지이자 스승이었다.

※

리처드 러벌 에지워스는 딸이 문학 여성이 되는 것을 지지했지만, 그가 바란 종류의 문학 여성은 따로 있었다. 그는 "버니 계열"의 소설을 탐탁해하지 않았고, 마리아가 오로지 교육서나 "유용한" 저작에만 전념하길 원했다. 부녀는 함께 여러 실용 교육서를 펴내 성공을 거두었다. 이것이 리처드 러벌이 마리아에게 기대한 문필 활동이었다. 하지만 마리아는 버니풍의 소설을 좋아했다. 한 편지에 그녀는 버니의 《서실리아》를 재독하고 있으며 "세 번째 읽어도 처음 읽을 때만큼 재미있다"고 적었다. 그녀는 타협점을 찾고자 했다. 두 번째 소설 《벨린다》를 기점으로 마리아는 "버니 계열"의 작품을 쓰되, 아버지도 만족시킬 방법을 찾고자 했다. 《벨린다》 초판의 '광고문'(책 머리에 싣는 저자의 일러두기)에 다음과 같이 나와 있다.

> 《벨린다》는 대중에게 교훈담으로 제공되는 것이며, 저자는 이 책이 소설로 여겨지는 것을 원치 않는다. 만일 모든 소설이 마담 드 크루사즈, 인치볼드 부인, 미스 버니, 무어 박사의 소설 같기만 하다면 저자도 기꺼이 소설이라는 명칭을 받아들일 용의가 있다. 그러나 이 명칭으로 분류되는 책들에 어리석음, 오류, 악덕이 심히 만연한 형편이니, 다른 칭호를 쓰고자 하는 저자의 바람이 부디 까탈스러운 고집이 아니라 칭찬받을 우려에서 비롯된 것으로 이해되기를 바란다.

이제 오스틴이 《노생거 사원》에서 던진 질타가 새로운 의미로 다가온다. 오스틴은 《노생거 사원》의 해당 대목에서 이렇게 말했다. "나는 소설가들에게 만연해 있는 이 옹졸하고 아둔한 관행에, 자신들도 수를 보태고 있는 소설들을 경멸 투의 성토로 깎아내리는 풍조에 가담할 생각이 없다." 오스틴은 자신의 본보기를 책망하고 있었다! 하지만 같은 대목에서 «벨린다» 자체는 칭찬했다. 에지워스는 자신의 책들이 "소설" 대신 "교훈담"으로 불리기를 원했다. 오스틴은 에지워스가 "소설가"라는 칭호를 받아들이길 원했고, 그 점을 분명히 밝혔다. 짐작건대 «노생거 사원»의 이 유명한 대목은 독자들을 겨냥한 말이 아니라―독자들은 어쨌거나 그 순간 소설을 읽고 있었으니까―마리아 에지워스를 꼬집은 말일 것이었다.

하기야 오스틴은 소설 장르를 당당히 옹호할 수 있었다. 그녀에게는 가능했다. 그녀에게는 소설 쓰기를 응원하는 아버지가 있었다. 에지워스는 그렇지 못했다. «벨린다» 출간 몇 해 뒤, 에지워스는 친구에게 이렇게 썼다. "아버지는 내게 그저 예쁜 이야기나 짧은 소설을 쓰는 작가가 되는 것은 당신의 동료이자 제자이자 딸에게는 어울리지 않는 부끄러운 일이라고 분명히 말씀하셨어요. 나는 아버지의 논리, 웅변, 다정함, 또는 그 모두에 감동해서 이제 예쁜 이야기를 쓸 생각은 모두 접었어요." 하지만 그녀는 그 생각을 접지 않았다. 대신 변형시켰다.

이후의 소설들, 특히 «권태»와 «부재자»는 에지워스가 아버지와 함께 탐구한 실용 철학을 "사교 생활"을 다룬 허구 서사와 결합한 것이었다. 이 책들은 읽는 재미를 주는 동시에, 독자들에게 개인의 책임, 공동체에 대한 의무, 재정적 절제라는 도덕관을 각인시킨다는 취지가 있었다. 이러한 사회개량주의 소설이 뒤이은 빅토리아 시대에 소설 장르의 핵심으로 부상했으며, 그 흐름의 최대 동인 중 하나가 바로 에지워스의 "신기원적" 작품이었다. 그리고 그 영향은 여전히 정전에 자리하고 있다. 예컨대 찰스 디킨스의 작품들은 의심의 여지 없이 에지워스를 본보기로 삼았다. 그럼에도 에지워스의 경우, 비평가들이 걸핏하면 작가의 평판을 깎는 "교훈적"이라는 표현을 사용한다. 하지만 내가 «권태»와 «부재자»를 직접 읽어본 느낌은 전혀 그렇지 않았다.

나는 «권태»를 한나절 만에 다 읽었다. 내가 읽은 책은 '스페인 송아지 가죽'이라 불리는, 캐러멜색 바탕에 은은한 녹색 결이 있는 가죽으로 멋지게 장정한 제2판이었다. 에지워스는 사소하고 우연한 세부 설정과 묘사를 통해 인물들에게 생동감을 부여한다. 일례로 «부재자»에 등장하는 백작과 그를 늘 방해하는 반려 염소를 사랑하지 않을 수 없다. "그 앙고라 염소는 (……) 비단결 같은 긴 곱슬 털을 자랑하며 자기가 미녀이자 총신인 양 온 방을 돌아다녔다." 당시의 대중도 이 책들을 사랑했다. 이 책들은 빠르게 중판을 거듭했고, 어느 서평가는 그녀의 이야기들을 "더 이상 완벽할 수 없을 만큼 완벽하게 빚어진" 작품이라 평했다. 에지워스는 자신의 최대 본보기였던 아버지에게 정면으로 맞서 자신이 "예쁜 이야기"로도 충분히 문화적 파급력을 행사할 수 있음을 증명해 보였다.

에지워스의 아버지는 처음에는 딸의 소설 창작 열망을 비판했지만, 결국에는 딸의 가장 열렬한 지지자가 되었다. 에지워스도 자신의 저작 활동에서 아버지의 지지가 얼마나 중요한지 한시도 잊지 않았다. 그녀는 훗날 «리처드 러벌 에지워스: 본인이 시작하고 딸이 완결한 회고록(Memoirs of Richard Lovell Edgeworth, Esq. Begun by Himself and Concluded by His Daughter)»(1820)을 출간했다. 이 책에서 그녀는 아버지의 격려에 힘입어 처음 책을 쓰던 경험을 충실히 서술했으며, "오랜 세월 이어온 아버지와의 문학적 동반자 관계가 내 삶의 긍지이자 기쁨"이었다고 따뜻하게 회고했다. 에지워스에게도 글쓰기는 자신이 본보기로 삼은 이들과의 소통이었다.

1809년과 1812년에 각각 한 권씩 출간된 «사교계 이야기» 시리즈에 놀란 당대 평단은 에지워스의 작품을 소설 발전사에서 하나의 기념비적 사건으로 평가했다. 에지워스는 구체적 설정과 묘사를 통해 작중 인물들에 대한 독자의 공감을 끌어내는 데 뛰어난 기량을 발휘했으며, 이는 새로운 사실주의―그냥 염소가 아니라 앙고라 염소!―의 시대를 예고하는 것이었다. «부재자»가 포함된 «사교계 이야기»가 출간되었을 때 존 윌슨 크로커(John Wilson Croker)는 «쿼털리 리뷰»에 이렇게 평했다. "다른 작가들은 일반적인 특징만을 포착할 뿐이며, 그렇기에 그들의 묘사에서는 아일랜드인이면 귀족이든 농민이든 귀부인이든 하녀든 전부 다 비슷비슷하다. 특정 속(屬)을 종과 개체로 구분해내는 일은 미스 에지워스의 예리한 관찰력과 생생한 필력에만 허락된 일이었다." 에지워스에 이르러 소설이라는 예술이 새로운 경지의 성숙함에 도달했다.

에지워스가 1849년에 세상을 뜰 때만 해도 그녀는 문학 정전에서 부동의 자리를 확보한 듯했다. 그러나 21세기의 나는 그게 아니었음을 안다. 나는 이유가 궁금했다. 이번에 나를 추동한 것은 단순한 호기심이 아니었다. 놀라움이었다. 에지워스의 소설들을 직접 읽어본 후, 나는 이 책들이 지금은 읽히지 않는다는 것이 진심으로 놀라웠다.

19세기에는 비평가들이 에지워스를 먼저 거론하지 않고 오스틴의 이름을 논하는 일이 거의 없었다. 빅토리아 시대 유명 교재인 조지 릴리 크레이크(George Lillie Craik)의 《영어영문학사 개요(A Compendious History of English Literature and of the English Language)》(1861)는 오스틴과 에지워스를 "지난 세기 최초의 여성 소설가로 널리 인정받는" 인물들로 명시했다. 그러다 오스틴-리의 《제인 오스틴 회고록》(1870)이 출간되면서 최초의 오스틴 팬덤이 일어나고 그녀의 명성이 급부상했다. 명백한 변곡점이었다. 그동안 에지워스의 명성은 다른 방향으로 기울기 시작했다. 그녀는 소설가가 아니라 아일랜드 소설가로 불리게 되었다.

나는 에지워스의 작가 위상에 일어난 이 변곡점을 1889년에 출간되어 널리 읽힌 밀리센트 개릿 포셋(Millicent Garrett Fawcett)의 《우리 시대의 걸출한 여성들(Some Eminent Women of Our Times)》에서 발견했다. 이 책에 수록된 에세이들은 원래 《마더스 컴패니언(Mother's Companion)》이라는 잡지에 연재되어 널리 읽혔고, 이렇게 단행본으로 묶여 출간됐을 때도 곧바로 재쇄에 들어갈 만큼 인기가 많았다. 포셋은 이 책에서 "마리아 에지워스가 현대소설을 창안했다 해도 과언이 아니다"라고 썼고, 이는 현대 학자들도 다수 동의하는 평가다. 그런데 포셋은 에지워스가 다른 작가들에게 끼친 영향에 대해서는 "아일랜드와 아일랜드 농민을 위해 해낸 일"이라는 한정된 관점으로 설명한다. 한때 에지워스가 찬사받았던 장대한 확장성이 지역 소설이라는 하나의 지점으로 축소된 것이다.

마리아 에지워스는 뛰어난 소설을 다수 집필했다. 하지만 에지워스 사후 몇 세대 동안 정전 목록에 살아남은 주요작들은 아일랜드를 배경으로 한 것들뿐이었다. 대표적인 것이 《래크렌트성》과 《부재자》다. 이 소설들은 아일랜드에 대한 생생한 묘사로 엄청난 찬사를 받았다. 소설가이자 비평가인 마거릿 올리펀트는 1882년 저작 《영국 문학사》에서 이 작품들을 "나라를 담은 스케치"로 불렀다. 그런데 이것이 화근이 되었다. 영문학의 심장부인 런던에서 봤을 때 아일랜드 소재 소설은 "지극히 외딴 변방"으로 보였다. 에지워스는 그냥 유명한 소설가가 아니라 아일랜드를 그려낸 것으로 유명한 소설가가 되었다. 이런 인식 변화가 심지어 에지워스 책의 재간행본 디자인에서도 드러난다. 1893년에 나온 에지워스 소설 전집은 연두색 표지에 클로버 무늬가 찍혀 있다.

에지워스의 경우를 오스틴의 문학 유산이 진화한 과정과 비교해보자. 오스틴의 소설은 조용한 영국 소도시의 일상을 집중적으로 다루었고, 이 점이 동시대와 직후 세대 독자들에게 "지방색"의 인상을 주었다. 랠프 월도 에머슨(Ralph Waldo Emerson)은 오스틴의 소설을 읽고 나서 일기에 이렇게 썼다. "사람들이 미스 오스틴의 소설을 왜 그리 높이 평가하는지 도무지 알 수 없다. (……) 삶이 이처럼 옹색하고 협소했던 적은 없었다." 하지만 정전에 오른 후 오스틴은 모두가 공감하는 "모두의 제인"이 되었다. 영국에 가본 적 없는 독자들도 예외가 아니었다. 21세기가 되자 오스틴의 단골 수식어가 "보편성"이 되었다.

'보편성.' 이는 작가를 정전에 들이는 키워드다. 동시에 작가를 정전에서 배제할 때 쓰는 용어이기도 하다. 최근의 한 오스틴 연구서는 오스틴 시대의 일부 작가들을 다음과 같은 말로 묵살했다. "[그들은] 결코 대중적인 이름이 될 수 없었다. (……) 오스틴이 보유한 보편성의 재능이 그들에게는 없었기 때문이다." 이런 방식으로 에지워스는 "아일랜드 소설가"라는 좁은 범주에 떨어졌고, 그 결과 그녀의 문학 유산의 날개가 꺾이기 시작했다. 오스틴은 편협성에서 보편성으로 나아간 반면, 에지워스는 보편성에서 한정된 범주로 밀려났다.

클로버가 찍힌 연두색 표지의 에지워스 소설 전집이 출간된 이듬해인 1894년, 윌리엄 민토는 이렇게 선언했다. "에지워스는 명백히 유행이 지났다고 보는 것이 맞다. (……) 다만 자기 세대 소설들을 이미 다 읽어버린 소설 애독자라면 «벨린다»나 «래크렌트성»을 시도해보는 것도 나쁘지 않을 것이다." 에지워스는 이제 인기 없지만 "읽어볼 가치조차 없지는" 않은 작가였다. 얼마 안 가 다른 변곡점도 생겼다. 1898년, 에드먼드 고스가 에지워스의 최대 가치를 "이 시기 산문작가들 가운데 유일하게 불후의 천재성을 증명한 단 한 사람을 위한 길을 닦아놓은 점"으로 규정한 것이다. 그 단 한 사람은 제인 오스틴이었다.

버니의 경우처럼, 이제 에지워스의 저작도 오스틴의 우월성을 강조하는 데 이용되고 있었다. 20세기 중엽이 되었고, 에지워스의 한 전기 작가는 오스틴을 "훨씬 더 뛰어난 소설가"로 단언하면서, 다만 영향력 면에서는 에지워스가 "더 중요한 인물일 수 있다"고 주장했다. 어쨌든 에지워스가 오스틴과 스콧 등에게 영향을 미친 것은 사실이니까. 스콧도 스코틀랜드에 대한 소설을 쓴 "지역 작가"였다. 하지만 오스틴처럼 그의 압도적인 명성은 선행 작가들과 동시대 작가들의 업적을 퇴색시켰다. 오스틴이 사실주의 작가의 <u>대표</u>가 되었듯이 스콧은 지역 작가의 <u>대명사</u>가 되었다. 에지워스는 더 이상 오스틴과 스콧의 본보기가 아니었다. 그녀는 그저 선행자였다. 그들을 정상에 올리기 위한 사다리의 발판에 불과했다. 이런 인식이 자기 세대의 문학적 주역이었던 에지워스를 밀어내고 다음 세대의 오스틴과 스콧을 전면에 배치하는 비평적 틀을 제공했다.

❈

나는 이 모든 것을 한 권씩 읽고 수집하며 서서히 알아갔다. (그렇다. 당연히 클로버 무늬의 에지워스 소설 전집도 한 질 샀다.)

처음 이 여성 작가들을 조사하기 시작했을 때 나는 내 무지함에 놀랐다. 영문학사 지식이 필수인 희귀서 업계에 종사하면서도 나는 왜 이 여성들에 대해서는 배우지 못했을까? 이 누락이 당황스러운 사람이 나뿐이었을까? 나뿐만이 아니었다. 마음먹고 찾아보기 시작하자마자 같은 문제의식을 지닌 이들이 보였다. 이미 학계가 이 여성 작가들이 문학 지형에서 사라진 것을 지적하고 이들의 삶과 작품을 발굴해왔다. 어떤 면에서 그로써 내 프로젝트는 참신성을 잃었다. 하지만 내 목적은 이들 "잊힌" 여성들에 대한 객관적 차원의 "재발견"이 아니었다. 그래서 내가 최초가 아니라는 사실에 실망하기보다 동행이 있다는 사실에 위안을 얻었다.

내가 걸음마 하기 바빴던 1980년대 초, 데일 스펜더(Dale Spender)라는 호주인 교수가 오스틴이 최초의 주류 여성 작가라는 엄청난 거짓말을 파헤치기 시작했다. "제인 오스틴은 여성이 소설 창작에 처음 진입한 시점에 있지 않았다. 시작 시점에 있기는커녕, 이미 오래전에 확고히 자리 잡은 '여성 소설' 전통의 계승자였다." 내가 이 프로젝트를 시작하면서 가장 먼저 참고한 책 중 하나가 바로 스펜더 교수의 《소설의 어머니들: 제인 오스틴 이전의 훌륭한 여성 작가 100인(Mothers of the Novel: 100 Good Women Writers Before Jane Austen)》(1986)이었다. 나처럼 스펜더 교수 역시 이 발견 앞에서 깊은 양가감정을 느꼈다. "한편에는 이 보물 상자를 발견한 기쁨이 있었고, 다른 한편에서는 애초에 이 보물이 묻혀 있었던 데 대한 슬픔과 답답함과 분노가 일었다."

《소설의 어머니들》은 '대망각', 즉 오스틴 이전의 영어권 여성 작가들이 영문학사에서 사라진 현상을 되돌리려는 현대 학계의 노력을 이끈 영향력 있는 저서였다. 이 연구서에서 스펜더는 "여성 문학 전통의 지속성"을 기리는 차원에서, 17세기 작가들부터 프랜시스 버니를 거쳐 마리아 에지워스, 그리고 물론 제인 오스틴에 이르는 작가 계보를 추적했다. 아울러 《자제심(Self Control》(1811)의 저자 메리 브런턴(Mary Brunton)과 《아델라인 모브레이(Adeline Mowbray)》(1804)의 저자 어밀리아 오피(Amelia Opie) 등 동시대에 인기 있었던 다른 소설가들도 함께 조명했다.

이후 많은 학자가 스펜더의 기본 전제—이 작가들에게 부활의 가치가 있다는 주장—에 대해 이론을 세우거나, 반론을 제기하거나, 담론을 이끌었다. 이런 학계 연구들과 더불어 해당 작가들의 책이 대개는 학생용으로 재간행되기 시작했다. 나는 샬럿 레녹스의 《여자 돈키호테》 재간행본을 수집하던 중에, 스펜더의 연구서 제목과 유사한 시리즈명이 붙은 판본을 발견했다. 다시 말해 시리즈명이 '소설의 어머니들'이었다. 표지 디자인도 몹시 낯익었다. 그러다 문득 깨달았다. 그리고 이내 머쓱해졌다. 내 서가를 보니 스펜더의 《소설의 어머니들》도 같은 디자인이었다. 흰색 표지 중앙에 어둑한 색조의 사각형 삽화를 배치한 페이퍼백. 나는 스펜더 교수의 기념비적 연구서의 뒤를 잇는 재간행 시리즈가 있다는 사실조차 몰랐던 것이다. 스미스, 인치볼드, 에지워스 등 여러 작가의 작품이 "제인 오스틴 이전의 훌륭한 여성 작가 100인"이라는 시리즈로 새로 간행되어 있었다. 그렇다면 당연히 나는 이 시리즈의 스무 권을 모두 모아야 했다.

내 컬렉션의 책들에서 나온 단서들을 좇는 과정에서 이 프로젝트의 외연이 자연스럽게 확장되었고, 이에 따라 오스틴의 문학 계보를 추적하는 작업도 다른 비평가들의 복권 작업까지 포함하는 방향으로 번졌다. 이것이 내가 책 수집을 사랑하는 이유다. 내 수집 활동이 나보다 40년 앞서 제인 오스틴 이전 여성 작가들을 읽고 기록하는 프로젝트를 추진했던 다른 여성의 학술 활동과 만났다. 처음에 나는 제인 오스틴의 편지를 읽었고, 다음에는 레녹스의 책들을 찾았고, 다음에는 스펜더의 재간행 시리즈를 발견했다. 그 과정에서 나는 내 뒤로 문학 계보가 사방으로 가지를 뻗으며 아름드리나무로 자라나는 모습을 보았다. 나는 혼자가 아니었다.

스펜더는 수집가가 아니라 학자였다. 스펜더의 저서에서 특히 인상 깊었던 부분은 해당 작가들의 책을 구해 읽는 데 어려움을 겪었다는 사연이었다. 일례로 스펜더는 에지워스의 소설 중 일부는 근래에 재간된 적이 없고, 옛날 희귀본은 구할 방법이 없어서 결국 읽지 못했다며 애통해했다. 한 대목에서 스펜더는 이 문제를 20세기의 가장 영향력 있는 소설 연구서 중 하나를 홍보하는 데 써먹었다. "이언 와트가 [에지워스를] 소설의 창시자 반열에 올리지 않은 것은 그가 에지워스의 작품을 읽어보지 못했기 때문이라고밖에 생각할 수 없다." 뼈 있는 농담이었다. 1980년대는 《노생거 사원》을 읽다가 거기 나오는 《벨린다》에 관심이 생겼다 해서 서점으로 달려가 책을 살 수 있는 시대가 아니었다. 나는 희귀서 업계 종사자의 몇 가지 방법— 이를테면 월드캣 검색 — 을 통해 이 사실을 확인했다. 당시에 옥스퍼드 대학교 출판사에서 나온 «래크렌트성»은 시중에 있었지만, 오스틴이 좋아했던 «벨린다»는 없었다. 다시 말해 스펜더가 «벨린다»를 찾던 당시, 신간을 취급하는 일반 서점에는 그 책이 없었다. 1980년대의 독자는 중고 서점에서 운을 시험해볼 수밖에 없었고, 실제로 행운이 따라야 했다. 20세기 중반에 나온 에지워스의 «이야기와 소설(Tales and Novels)» 세트에 수록된 적이 있을 뿐, «벨린다»는 1925년 이후에 단행본으로 출판된 적이 없었다. 오스틴 팬에게 «벨린다»를 읽어볼 열망이 있어도 실제로 읽어볼 방법은 없었다.

이런 현실적 한계가 여성 작가 부활 프로젝트를 특히나 어렵게 만들었다. 스펜더는 말했다. "마리아 에지워스 소설을 강의하고 싶은 마음이 굴뚝같지만, 예상대로 에지워스의 작품은 대부분 절판 상태다." 이렇다보니 제인 오스틴 이전 여성 작가들을 되살리는 프로젝트는 진전이 더뎠고, 그나마 여기에 뜻을 둔 사람들은 남들보다 특별한 접근권을 누리는 사람들일 수밖에 없었다. 그들은 훌륭한 특별 서고를 보유한 대학에 재직하거나, 오래된 서재를 물려받았거나, 희귀서 딜러들에게서 값비싼 초기 판본들을 사들일 재력이 있거나, 고서 시장이 활성화된 도시에 거주했다. 하지만 진정한 대중적 부흥은 희귀서 서점에서 일어나지 않는다. 누구보다 내가 씁쓸하게 실감하는 진실이다. 무엇이 지속적으로 읽히게 될지에 재간행 여부가 미치는 영향은 아무리 과장해도 지나치지 않다. 그렇기에 겉은 소박한 페이퍼백일지언정 당시 '소설의 어머니들' 시리즈가 지닌 의미는 지극히 컸다.

그때로부터 40년이 지난 지금, 나는 스펜더와 같은 길을 걷는다. 지금은 그때는 없던 도구들이 있다. 나는 퍼블릭 도메인 책 대부분을 몇 초 만에 공짜로 불러올 수 있다. 이제는 에지워스의 소설 모두를 온라인으로 읽을 수 있다. 또는 간단한 온라인 검색으로 다양한 가격대의 인쇄본을 구할 수 있다. 전 세계 고서 딜러들의 재고가 인터넷 시장에 올라와 있어서, 3000달러에 달하는 초판본부터 20달러짜리 1910년판이나 5달러짜리 1986년판까지 다양하게 고를 수 있다. 놀랍게도 내가 21세기 학술서에 쓴 돈이 오스틴 초판본에 쓴 돈보다 더 컸던 적도 있다. 오스틴이 10대 시절에 쓴 작품을 최초로 인쇄한 책이었는데, 단돈 30달러였다! 오늘날의 독자들은 마법 같은 접근성을 누린다. 이는 우리의 앞 세대들은 누리지 못했던 특권이다. 책을 사랑하는 이들에게 인터넷 시대는 새로운 황금기다.

희귀서 업계 종사자의 상당수는 인터넷이 불러온 변화를 달가워하지 않는다. 고서상들은 디지털 전환의 시점을 '대범람(Great Glut)'이라 불렀다. 갑작스럽게 수천 권의 책이 온라인에 풀려버렸기 때문이다. 이 상황으로 희귀성에 대한 기존의 인식이 송두리째 뒤집혔다. 한때는 희귀본이었던 책들―이를테면 J. D. 샐린저의 《호밀밭의 파수꾼》(1951) 초판본―을 이제는 온라인 검색으로 쉽게 접할 수 있다. 이 변화가 수집가들에게는 대체로 유리하게 작용했지만, 희귀서 딜러의 일은 그만큼 더 어려워진 것이 사실이다. 이제 우리는 더 이상 "이 책은 희귀본이며, 이 책을 구할 곳은 이곳이 유일하니, 이 책을 원한다면 우리에게 돈을 내시오"라고 말할 수 없다. 이제는 수집가들이 우리 서점의 책을 경쟁 서점들의 책들과 나란히 비교할 수 있기 때문이다. 이 이유로 일부 딜러들의 원성이 높아지고, 수집가들의 환호가 늘었다.

  이 전례 없던 접근성이 부른 변화를 부정적으로 보는 희귀서 업계의 의견 중에 나도 동감하는 지점이 하나 있다. 이 변화가 수집이라는 행위에서 사냥의 낭만을 쉽게 앗아 갈 수 있다는 점이다. 오래 찾던 책을 뜻밖의 순간에 발견하는 기쁨. 가령 도서전의 어느 접이식 선반 위 다른 책들 사이에 아늑히 꽂혀 있는 그 책을 우연히 마주했을 때 경험하는 작은 기적의 느낌. 나는 지금도 어느 이페메라 박람회에 갔던 날을 잊지 못한다. 이페메라(ephemera)는 연극 전단이나 밸런타인 카드나 우편엽서처럼, 원래는 오래 보존할 의도 없이 제작되는 것들을 뜻한다. 어느 딜러의 부스를 지날 때였다. 부스 구석의 알록달록한 인쇄물 뭉치가 눈길을 끌었다. 나는 한눈에 그것이 19세기 말 프랑스 보드게임 상자에 붙이는 라벨임을 알아보았다. (3미터 거리에서 한눈에 알아봤다기에는 너무 구체적이라고 느낄 법하지만, 나는 어디까지나 전문가다.) 나는 그것들을 넘겨보다가 무언가를 발견하고 너무 놀라 실제로 헉 소리를 냈다. 거기에 앙 랑 2000(En L'An 2000) 카드 세트가 있었다. 이 카드는 전설적인 존재다. 1900년 파리 만국박람회를 맞아 제작한 것으로, 100년 후인 2000년의 세상을 상상한 삽화들을 각각에 담았다. 원자력, 전기 열차, 지금의 줌(Zoom)과 흡사한 장치 등 미래 기술을 예견한 장면들이 쥘 베른을 연상시키는 활기찬 스팀펑크 스타일을 보여준다. 그리고 무엇보다, 지극히 희귀하다. 일흔여덟 장짜리 완전체 세트는 단 몇 세트만 존재가 알려져 있을 뿐이다. 나는 그것을 구매했다. 지금까지도 그것은 내 최애 소장품 중 하나다.

이런 환경에서 특정 책을 찾아내기 위해서는 상당량의 시간과 에너지와 집중력을 진지하게 투자해야 한다. 그렇기에 마침내 찾아냈을 때의 만족감도 크다. 가상공간이 아닌 현실 세계의 수집 활동에는 책점(册占) 같은 짜릿함이, 삶에 찰나적으로 번득이는 마법이 따라온다. 하지만 인터넷 장터에서는 책 제목과 출판사 정보만 입력하면 열두 명의 판매자가 올린 열두 건의 매물이 다양한 가격을 달고 단번에 뜬다. 가격 차이는 때로 수천 달러까지 벌어진다. 이 경험은 더 이상 기적처럼 느껴지지 않는다. 그저…… 혼란스러울 뿐이다. 희귀서는 가격이 높고, 잘못된 선택을 하고 싶은 사람은 없다. 하지만 이 열두 개 중 내 마음에 차는 것이 무엇일지 어떻게 안단 말인가? 정보 과잉의 상황에서 사냥은 낭만을 잃고 불안으로 대체된다.

최근 몇 년에 걸쳐서 나는 두 방식을 결합한 접근법에서 균형을 찾았다. 인터넷은 내게 접근권을 부여하는 동시에 혼돈을 야기했다. 나는 고서상으로서 쌓은 경험을 살려 그 혼돈에 체계와 구조를 부여했다. 새 접근법은 만족스럽고 효과적이었다. 하지만 제대로 해내기까지 시간이 걸렸다. 기량과 자신감은 하루아침에 생기지 않는다. 이제 나는 온라인 매물의 혼란 속에서도 나름 능숙하게 길을 찾아다닌다. 예컨대 어떤 판매자가 명백한 후쇄본을 '초판'이라 부른다면, 그것은 위험을 알리는 신호다. 고서 수집의 세계에서 '초판'이란 '초판 1쇄'를 뜻한다. 다시 말해 최초 인쇄 부수만 해당한다. 수집가들은 사냥 과정에서 이런 조각 정보들을 자연스럽게 획득한다. 이런 것이 실전 지식이다.

※

내가 컬렉션을 시작했을 때는 이미 시장에 대한 지식을 갖추고 있던 때였다. 그럼에도 내 서가에 무엇을 들일지, 왜 그래야 하는지에 대한 확신을 얻기까지 시간이 걸렸다. 나는 항상 제인 오스틴의 자신감을 존경했다. 자신감 면에서 오스틴은 내 본보기였다. 그녀는 내가 읽어본 가장 자신감 넘치는 작가들 가운데 하나다. 거기다 그녀는 흥미롭고 다채로운 여주인공들을 창조했다. 기지 넘치는 작가로도 유명하다. 하지만 무엇보다 나는 제인 오스틴의 문장 하나하나에서 그녀가 자신의 작가 정체성을 정확히 안다는 인상을 받는다. 그녀의 문체에는 밑바탕의 노련함, 즉 자기 예술에 대한 완벽한 장악력에서 나오는 편안한 여유가 있다. 나는 오스틴이 사랑했던 여성 작가들을 탐구함으로써 어떤 선들이 어떻게 오스틴의 자신감을 그렸는지 추적하고자 했다. 그렇게 조금씩, 오스틴의 자신감이 형태를 얻은 과정을 알게 되었다. 오스틴에게서 나는 예술이 깊은 자아감에서 비롯될 때 어떤 모습인지 보았다. 내가 전진할 용기를 얻기 위해 오스틴을 돌아보았듯, 오스틴도 그렇게 했다. 그것이 《노생거 사원》에서 그녀가 선배 여성 작가들을 열거한 대목의 의미였다.

  오스틴은 독창적인 존재인 동시에 문학 계보의 일부였다. 그러나 이 계보는 초기 전기 작가들에 의해 빠르게 축소되고 말았다. 오스틴 본인이 사적으로나 공개적으로나 에지워스의 소설들을 자신의 애독서로 꼽았음에도, 그녀의 초기 전기 작가들은 이 사실을 무시했다. 제인 오스틴의 생애를 간단하게나마 처음으로 세상에 알린 글인 〈저자 약전〉(1817)부터 문제였다. 이 글에서 오스틴의 오빠 헨리는 그녀가 생전에 좋아했던 소설가로 새뮤얼 리처드슨만을 언급했다. 물론 오스틴은 리처드슨도 좋아했다. 하지만 바로 이 〈저자 약전〉이 실린 유고작 《노생거 사원》에서 오스틴은 에지워스의 《벨린다》와 버니의 《서실리아》와 《커밀라》를 ("지성의 최고 역량이 발휘된") 역대 최고의 소설들로 꼽았다.

  이 생략이 헨리의 방어책이었을 가능성도 있다. 우리는 이미 1790~1800년대에 고딕소설을 둘러싼 논란에서 비슷한 문제를 보았다. 1810년대에도 소설 장르는 여전히 성차별적 관점이 지배하는 논쟁의 장이었다. 버니의 마지막 소설 《방랑자》(1814)는 《에든버러 리뷰》의 혹평을 받았는데, 이 서평을 쓴 윌리엄 해즐릿은 이 작품이 특유의 여성적 성향을 보인다고 주장하며 이를 문제 삼았다. 버니가 "인물과 사건을 민첩하고, 생생하고, 정확하게 짚어내지만, 그것들을 언제나 여성의 자의식을 가지고 바라본다"는 것이었다. 이어서 해즐릿은 이후 사형선고문으로 알려진 악담을 던진다. 그는 버니를 "그저 흔한 세태 관찰자이자 여자의 한계에서 벗어나지 못한 여자"로 규정한다. 현대 학자 로라 런지(Laura Runge)는 이 악평의 영향을 다음과 같이 요약한다. "해즐릿의 평론은 여성 소설가의 위상 변화를 신호하는 것이었으며, 이 변화로 '여성 소설가'에서 '여성'이 '소설가'보다 더 중요한 의미를 띠게 되었다." 헨리가 오스틴이 사랑했던 여성 소설가들은 쏙 빼놓고 리처드슨만 언급한 것은, 오스틴은 버니가 당한 취급을 받지 않게 하려는 의도였을 가능성이 있다.

이후 오스틴의 조카 제임스 에드워드 오스틴-리의 기념비적 전기 《제인 오스틴 회고록》(1870)이 나왔다. 대중과 평단 모두에서 오스틴의 명성에 중요한 변곡점을 만든 책이었다. 이 책에서 오스틴-리는 그녀가 리처드슨의 팬이었던 점을 재차 강조했다. 그리고 그녀가 좋아했던 작가들로 "산문은 존슨, 운문은 크래브, 산문과 운문 모두는 쿠퍼"를 거론하면서 버니와 에지워스는 생략했다. 음, 버니를 아예 언급하지 않은 건 아니었다. 그는 오스틴의 버니에 대한 사랑을 기술하는 대신, 버니에 대한 세간의 비판—버니가 새뮤얼 존슨의 문체를 모방했다는 주장—을 들먹이며 이를 오스틴을 칭송하는 데 이용한다. "다행히 [오스틴은] 좋은 취향을 타고난 덕분에 어느 여성 소설가가 빠졌던 함정—존슨의 허세스러운 문체를 흉내 내는 것—을 피할 수 있었다." 오랜 유언비어의 재등장이었다. 즉 버니는 오스틴보다 못하므로 읽을 가치가 없다는 주장이었다. 그동안도 오스틴이 버니를 버젓이 찬양한 《노생거 사원》은 중쇄를 거듭하며 팔려나갔다. 하지만 독자들은 오스틴의 취향에 대해 오스틴 본인의 말보다 그녀 친척의 말을 더 권위 있게 여겼다.

오늘날의 우리에게는 오스틴의 실제 생각에 대한 증거가 훨씬 많다. 현재까지 150통이 넘는 오스틴의 편지가 공개되었고, 우리는 이를 통해 오스틴이 버니의 소설 속 인물들을 평생 호의적으로 언급했다는 사실을 직접 확인할 수 있다. 현존 편지 가운데 가장 이른 시기의 편지 중 하나를 예로 들면, 1796년 9월에 언니 커샌드라에게 보낸 편지에서 오스틴은 자신을 버니의 여주인공에 빗대 "내일 나는 딱 커밀라 같을 거야"라고 썼다. 세상을 뜨기 2년 전인 1815년에도 오스틴은 가족의 안부를 물을 때 《에블리나》의 두 인물을 언급한다. "착하고 다정한 프랭크 오빠! 왜 오빠까지 감기에 걸렸담? 머번 선장이 마담 뒤발에게 한 말처럼, '그게 후딱 지나가길 바랄 뿐'이야." 이는 시작에 불과하다. 우리는 오스틴이 래드클리프 고딕소설의 애독자임을 당당히 인정하는 남주인공을 창조하고, 레녹스의 《여자 돈키호테》를 재독의 가치가 있는 책으로 칭찬하고, 해나 모어의 《시립스의 아내 찾기》도 나중에는 좋아하게 될 거라고 말하고, 10대 시절 샬럿 스미스의 비전형적 남주인공 델라미어에 대해 호감을 표한 것을 안다. 또한 그녀는 인치볼드의 〈사랑의 맹세〉 공연을 둘러싼 우여곡절을 다룬 소설을 쓰고, 피오치의 편지에 나오는 말을 외워서 인용하고, 가족 외에 자신이 좋아하는 소설가는 마리아 에지워스뿐이라고 농담하는 사람이었다.

이런 실마리들을 일찌감치 포착한 학자들이 있기는 있었다. 1929년, 클라라 톰슨(Clara Thomson)은 오스틴의 작법과 에지워스 등에게 받은 영향을 탐구한 최초의 단행본 연구서 《제인 오스틴 개관(Jane Austen: A Survey)》을 펴냈다. 하지만 이런 학자들도 대체적으로는 초기 오스틴 전기 작가들의 입장을 답습했다. 가령 1970년대 어느 학술지에 실린 논문은 오스틴 작품과 에지워스 작품 사이의 여러 유사점을 나열한 뒤 이런 결론을 내린다. "이런 유사점 중 어느 것도 제인 오스틴이 마리아 에지워스의 작품에서 영감을 받았다는 증거로 여겨진 적이 없으며, 여겨져서도 안 된다. (······) 해당 주제와 쟁점들 모두 당시 소설들이 매우 흔하게 다루던 것이기 때문에, 이를 영향 관계로 보는 것은 대체로 무의미하다." 물론 오스틴이 <u>나는 에마 우드하우스라는 인물을 창조함에 있어 레이디 델라쿠어에서 영감을 받았다고</u> 딱 명시한 문서는 존재하지 않는다. 적어도 현존하는 문서는 없다. 우리에게 있는 것은 단서들뿐이다. 오스틴이 에지워스를 자신의 최애 작가 중 하나로 밝힌 소설과 편지들. 《벨린다》에 대한 애정. 자신이 애독했던 소설 속 인물과 여러모로 비슷한 비관습적이고 파격적인 여주인공이 등장하는 소설을 쓴 점. 그리고 대담하게도 그 소설을 자신이 본보기로 삼은 그 작가에게 보낸 일.

그럼에도 학자들은 계속 오스틴을 누구의 영향도 받지 않은 별종으로 취급했다. 오스틴을 영문학사 나무의 한 가지로 자리매김하기보다, 그녀를 문학 계보 "위에" 놓았고, 그곳에서 그녀는 고독한 천재로 유리되었다. 2013년의 어느 오스틴 연구서는 이렇게 묻는다. "오스틴의 글쓰기가 동시대 문학에 그렇게 깊이 기반하고 있는데도, 어째서 그렇게 그녀의 작품만 현저하게, 그리고 일관되게 다른 걸까?" 솔직히 버니, 레녹스, 에지워스를 모두 읽은 나로서는 이 질문에 어이가 없었다. 오스틴이 굉장한 작가인 데는 이견이 없다. 하지만 '현저하게, 그리고 일관되게 다르다?'. 이 말에는 동의할 수 없었다.

오스틴을 무(無)에서 솟아난 고립무원의 천재로 만들려는 집착은 내게 오늘날 희귀서 수집의 경향을 상기시켰다. 우리가 '최초'에 부여하는 가치가 희귀서 시장에서 '초판본'의 가치에 그대로 반영된다. 지난 100년 넘게 미국 희귀서 수집의 최대 추세는 '초판본'이라는 개념을 중심으로 흘렀다. 특정 책의 초판본이 강력한 개념인 데는 이유가 있다. 초판본은 그 말들이 처음으로 대중에게 공개된 순간을 낭만화한다. 찰스 다윈의 《종의 기원》(1859) 초판본을 출간 첫날 전량 매진시킨 최초의 독자들을 상상해보라. 내가 그중 한 명이라면? 어떤 책들은 마치 유성처럼 세상에 떨어져 그 '이전'과 '이후'를 가르는 분기점을 만든다. 초판본을 추적하는 수집가들은 그 충격파의 순간을 포착하려는 사람들이다. 나 역시 《종의 기원》 초판본을 손에 들었을 때 소름이 돋았다.

하지만 다윈이 진화론을 제시한 최초의 과학자는 아니었다. 그가 최초로 한 일은 <u>자연선택에 의한</u> 진화 이론을 책 형태로 제시한 것이었다. 프랑스 생물학자 장-바티스트 라마르크가 그보다 앞서 진화론의 윤곽을 제시했고, 그 외에도 비숱한 방향의 이론을 전개한 학자가 많았다. 그중에는 다윈의 조부이자 에지워스 부녀의 가까운 친구였던 이래즈머스 다윈도 있었다. 찰스 다윈의 발상은 그의 저서가 출간되기 20여 년 전, 그가 비글호 항해에서 수집한 사실들을 찰스 라이엘(Charles Lyell)과 존 굴드(John Gould) 같은 동료 과학자들과 논하면서 싹트기 시작했다. 그러다 앨프리드 월리스라는 과학자가 동일한 자연선택 메커니즘에 대한 자신의 소견을 다윈에게 보냈고, 이것이 그가 출간에 매진하는 결정적 계기가 되었다. 다윈과 월리스는 «종의 기원» 출간 1년 전에 이 주제로 공동 논문을 발표하기도 했다.

이런 사실들은 «종의 기원» 초판이 매진되던 순간의 힘을 전혀 퇴색시키지 않는다. 오히려 전문가들 간의 담론이라는 맥락의 층위가 한 겹씩 더해질수록 다윈의 명저에 얽힌 이야기가 더욱 흥미진진해진다. 내가 이런 내막을 아는 이유는 희귀서 딜러로서 여러 다윈 수집가와 일해봤기 때문이다. 찰스 다윈의 초판본 컬렉션도 멋지지만, 다윈뿐 아니라 라마르크와 라이엘과 굴드와 월리스까지 포함하는 컬렉션이라면? 생각만 해도 가슴이 뛴다.

우리 문화는 '고독한 천재'를 동경하지만, 어떤 사상가도 진공상태에서 사유하지 않는다. 같은 원칙이 과학자뿐 아니라 작가에게도 적용된다. 초판본 개념이 지닌 힘의 상당 부분은 그 '이전'과 '이후'가 분명히 나뉜다는 전제에서 비롯된다. 하지만 그런 경계는 애초에 존재하지 않았다. 초판본에만 가치를 두는 수집가에게 «종의 기원» 제5판은 하찮은 책일 뿐이다. 하지만 «종의 기원»에 그 유명한 '적자생존'이라는 용어가 등장한 것이 바로 제5판부터다(이 용어 자체도 철학자 허버트 스펜서의 말에서 따온 것이다). 출간 이후에도 다윈은 계속 남들의 영향을 받았고, 그들의 연구를 반영해 자신의 연구와 생각을 수정해나갔다. 다시 말해 계속 진화했다. '진화'라는 용어도 «종의 기원» 초판 시점에서 13년 후에 나온 제6판에서 처음 등장한다.

초판 개념이 희귀서 시장을 강하게 지배하고 있어서, 사람들은 희귀서 수집이 꼭 초판본 수집일 필요는 없다는 것조차 대부분 알지 못한다. 하지만 일단 이 고정관념에서 벗어나면, 모두가 똑같은 대상을 좇을 필요가 없어진다. 나만의 길을 갈 수 있게 되고, 온갖 새로운 경로가 내 앞에 열린다.

내 몇몇 컬렉션은 이런 새로운 경로들을 탐색한다. 아무도 밟지 않은 길은 종종 불확실을 의미하기에 더 어려운 여정일 수 있다. 하지만 내게는 이 방면에도 본보기가 있다. 리사 웅거 배스킨(Lisa Unger Baskin)은 '일하는 여성'이라는 주제로 수십 년에 걸쳐 방대한 컬렉션을 구축했다. 시장에 경쟁자가 거의 없었기 때문에 비교적 적은 예산으로도 가능했다. 2015년, 배스킨은 이 컬렉션을 듀크 대학교 루벤스타인 도서관에 매각했다. 나는 로맨스 소설 컬렉션을 구축하며 배스킨을 자주 떠올렸다. 나도 할리퀸 페이퍼백에 주목하는 수집가가 거의 없던 시절에 여러 해에 걸쳐 책들을 사들였고, 이후 인디애나 대학교 릴리 라이브러리에 컬렉션을 팔았다. 희귀서 도서관들에서 로맨스 소설에 대한 관심이 높아졌기에 실현 가능해진 일이었다. 그 일은 일종의 도박이었다. 로맨스가 희귀서 세계에서 더 주목받을 자격이 있다는 확신이 있었기에 밀고 나갈 수 있었다. 나는 그 신념으로 모험을 단행했고, 사람들이 내버리는 책에 수천 달러를 쏟아부으면서도 뒤돌아보지 않았다. 로맨스를 수집한다는 발상에 업계 동료 중 일부는 혀를 찼다. 이 발상은 초판이 가장 중요하다는 업계의 전통적 믿음에도 반하는 일이었다. 할리퀸은 1949년에 초판이 아닌 재간행을 위한 출판사로 시작했다.

※

1979년, 현대의 여성 문학 복권 운동이 낳은 가장 위대한 저작 중 하나가 출간되었다. 바로 샌드라 M. 길버트(Sandra M. Gilbert)와 수전 구바(Susan Gubar)가 공동 집필한 《다락방의 미친 여자(The Madwoman in the Attic)》다. 이 책에서 두 저자는 여성 작가들이 선배 여성 작가들에게서 약점을 보는 것이 아니라 힘을 얻는다는 것을 설득력 있게 주장했다. 그들은 "부정하거나 제거해야 할 위협이 아니라, 가부장적 문학 권위에 맞선 반란이 가능함을 몸소 증명하는 본보기로서의 여성 선도자를 적극적으로 찾는다". 영어권 여성 소설가는 제인 오스틴이 최초가 아니었다. 정말 흥미롭지 않은가?

길버트와 구바의 책이 출간된 해에, 오드리 로드(Audre Lorde)가 한 페미니즘 학회에서 여성에게 필요한 것은 단지 문학 계보가 아니라 공동체라고 말했다. 강연 제목은 '주인의 도구로는 절대 주인의 집을 허물 수 없다'였다. 이 강연은 로드의 가장 유명하고 영향력 있는 강연으로 꼽힌다. 로드는 "여성들의 상호 의존이 자유에 이르는 유일한 길"이며, "서로를 돌보려는 필요와 욕구는 병이 아니라 구원"이라고 역설했다. 하지만 이때의 공동체가 동질성을 전제하는 개념은 아니다. 로드는 "공동체는 서로의 차이를 벗어던지는 것을 의미하지 않으며, 이런 차이들이 존재하지 않는 척 한심한 가식을 떠는 것도 의미하지 않는다"고 강조했다.

여러 해에 걸쳐 오스틴과 오스틴이 사랑했던 여성 작가들을 읽는 동안, 내 안의 확신도 점점 굳어갔다. '고독한 천재' 신화에서 벗어나 문학적 계보의 나무를 그려야 한다는 확신이었다. 그동안 다른 책들도 읽었는데, 같은 나무가 내 모든 독서 위로 가지를 뻗고 있었다. 나는 «내 등이 다리가 되어(This Bridge Called My Back)»라는 기념비적 선집에 실려 있는 로드의 강연문을 재독하며 이 나무의 그늘을 느꼈다. 이 선집은 부제가 말하듯 "급진적 유색인종 여성들"의 글을 엮은 것으로, 그들이 서로의 이야기를 나누고, 동의하거나 반박하며 자신이 누군지 탐색할 공간을 확보하려는 취지의 책이었다. 이 책은 그 자체로 저자들 간의 눈부시게 생산적인 대화이자 공동체를 구축하는 작업이었다.

내가 이 책들을 읽으며 눈뜬 독창성은 그저 최초가 된다는 것이 아니었다. 그보다는 작가가 더 넓은 맥락 속에서 자신만의 것을 만들어내는 특정 방식에 관한 것이었다. 이제 나는 이 책들을 여성 공동체 안에서 오가는 대화로 읽는다.

1809년, 마리아 에지워스는 엘리자베스 인치볼드의 «단순한 이야기»를 네 번째로 읽으며 전반부의 두 연인이 "내가 실제로 보고 듣는 사람들처럼 생생하게 다가왔다"고 적었다. 책을 읽은 직후, 에지워스에게 8년 전에 출간한 소설 «벨린다»를 다시 검토할 일이 생겼다. 당시 애나 레티샤 바볼드가 «영국의 소설가들» 선집 출판을 앞두고 거기 실을 «벨린다» 수정·편집본을 요청했기 때문이다. 이 선집은 영어권 "최초의 소설 정전"을 구성하는 일이었다.

그런데 에지워스는 인치볼드의 «단순한 이야기»와 자신의 «벨린다» 사이에 느껴지는 차이에 상처를 받았다. 인치볼드의 생생한 인물들을 막 경험한 직후라서 더 쓰라렸다. "정말이지 막대기나 돌멩이보다 나을 것이 없는 벨린다의 차가운 밋밋함에 너무 화가 치밀어서 책장을 박박 찢어버리고 싶었다. 도저히 그녀를 고쳐볼 의욕도 인내심도 들지 않는다." 여주인공 난제! 하지만 에지워스는 예술가였다. 그녀의 낭패감은 곧 창작의 영감으로 바뀌었다. "마차꾼의 말마따나 '고치긴 뭘 고쳐! 차라리 새로 만들고 말지.'" 에지워스는 이때 이미 명망 있는 작가였다. 그럼에도 다른 작가의 기량에 자극받아 이를 지속적 자기 연마의 채찍으로 삼았다. 에지워스의 다음 소설 «부재자»(1812)는 당대 평단으로부터 "소설사의 랜드마크" 중 하나로 인정받았고, 그녀의 책 중 가장 오래 기억되는 소설이 되었다.

내 서가의 다른 여성 작가들과 마찬가지로, 에지워스 때도 나는 책들을 천천히 수집하면서 그녀가 정전에 올랐다가 밀려난 과정을 추적했다. 우리는 언제, 그리고 왜 에지워스에게 무관심해졌을까? 내 컬렉션에 그 단서가 있었다. 무늬 없는 녹색 천으로 장정한 올리펀트의 《영국 문학사》 세트 바로 옆에, 매력적인 20세기 중엽 더스트 재킷 디자인이 돋보이는 뉴비(P. H. Newby)의 전기가 있다. 전자는 에지워스의 소설들을 "나라를 담은 스케치"로 칭한 책이고, 후자는 에지워스의 최대 공헌은 오스틴의 등장을 위한 무대를 마련한 점이라고 주장하는 책이다. 그다음에는 1973년에 버크넬 대학교 출판부가 '아일랜드 작가 시리즈'의 하나로 발간한 에지워스 전기가 있다. 시리즈 명칭 자체가 에지워스의 위상과 중요도의 변화를 드러내는 단서였다. 이때 이미 그녀는 "아일랜드 작가"로 재정의되고 있었다.

데일 스펜더, 마거릿 앤 두디, 매릴린 버틀러를 비롯한 많은 이의 저작을 읽으며 나는 계속 유령들을 보았다. 역사의 흐릿한 미로에서 길을 찾아 모퉁이를 돌 때마다 나보다 먼저 그곳에 있었던 여성의 환영이 너울너울 보였다. 애니벌 젱킨스가 엘리자베스 인치볼드의 길목에서 나를 본다. 내 상상 속에서 그녀는 내게 공모자의 미소를 던지며 미로를 통과할 용기를 준다. 러레인 플레처는 샬럿 스미스에 대해 쓰는 손으로 내게 "따라와요"라고 말한다. 나는 그 손짓에 따른다. 때로 나는, 매릴린 버틀러가 《제인 오스틴과 사상 전쟁(Jane Austen and the War of Ideas)》의 1987년 신판에 붙인 서문을 읽을 때처럼, 나 혼자만의 생각이라 믿었던 발상을 앞 세대의 빛나는 논평으로 마주하며 그들의 통찰에 감격한다. '최초'가 아니라는 아쉬움은, 그렇게 예리한 학자의 저작 속에서 공동의 생각을 탐색하는 영광으로 보상받는다. 에지워스가 소장했던 «에마» 증정본이 경매에 나왔을 때의 설명서를 나중에 다시 읽어보니 거기에도 의미심장한 흔적이 있었다. 경매에 나오기 직전 그 책의 소유자는 누구였을까? 바로 매릴린 버틀러였다.

콘스턴스 힐과 엘런 힐을 떠올릴 때도 있다. 힐 자매는 오스틴 세계의 탐색에 일찌감치 뛰어든 인물로, 1902년에 «제인 오스틴의 집들과 친구들»을 펴냈다. 그들은 자신들이 오른쪽으로 향했던 길에서 왼쪽으로 꺾어지는 나를 보며 어깨를 으쓱한다. 힐 자매의 시대에서 100년이 넘게 흐른 후, 글로리 에딤(Glory Edim)이 '웰 레드 블랙 걸(Well Read Black Girl)'이라는 북클럽을 설립했다. 에딤은 이 북클럽이 그녀에게 "삶의 목표를 발견하게 해주었으며, 그것은 흑인 여성들의 서사를 고양하는 것"이라고 말했다. 나는 그녀가 엮은 동명의 문집을 단숨에 읽어 내려갔다. 흑인 여성 작가들이 자신이 애독한 다른 흑인 여성 작가의 책을 논한 에세이들을 모은 책이었다. 그리고 본서의 초고를 막 끝냈을 때 나는 데보니 로저의 «자매 소설가들(Sister Novelists)»을 입수하는 기쁨을 맞았다. 이 책은 월터 스콧의 명성 아래 묻혔지만, "오스틴과 브론테 자매를 위한 길을 닦은" 또 다른 두 여성 작가, 제인 포터(Jane Porter)와 애나 마리아 포터(Anna Maria Porter)를 심도 있게 조명한 전기다.

이 여성 작가들에 대한 예리한 통찰을 담은 새로운 책이나 글을 접할 때마다 나는 잠깐씩 부끄러웠다. 그들의 작품을 이렇게 오래 놓치고 있었다니 민망했다. 하지만 과거의 미로 탐험에 뛰어드는 사람이면 누구나 어느 시점에는 이런 기분을 마주하게 된다. 가장 중요한 깨달음은 내가 그 미로 속에 혼자가 아니라는 사실이었다.

내 선행자들이 모두 여성은 아니었다. 그들은 그저 나처럼 자신이 존경하는 여성 문인들을 알아보려는 열망을 공유한 사람들이었다. 그중 릭터 노턴은 앤 래드클리프의 삶에서 숨어 있던 부분들을 구명했고, 윌리엄 매카시와 제임스 L. 클리퍼드는 헤스터 린치 피오치를 적극 옹호했다. 세라 아메드가 《페미니스트로 산다는 것(Living a Feminist Life)》에서 인용이 곧 페미니즘의 실천이라고 했을 때 내 심정을 대변해준 듯 속이 후련했다. "인용은 우리가 선배들에게 진 빚을 인정하는 방법이다. 우리가 지시받은 경로에서 벗어난 까닭에 갈 길이 막막할 때 길을 찾아준 이들에게 감사하는 방법이다." 수집처럼 인용도 보전의 한 형태다. 나는 이들을 인정하는 것을 넘어, 이들과 연대하기 위해 이 작가들을 인용한다.

내 컬렉션에 추가하고 싶은 책이 하나 더 있었다. 프로젝트를 시작한 지 3년이 넘었을 때 비로소 다시 읽기로 마음먹은 책이었다. 여성 문학 복권 운동의 전통에 더없이 부합하는 책이지만, 대학 시절 이후로 읽은 적이 없었다. 나는 조애나 러스(Joanna Russ)의 《여성의 글쓰기를 억압하는 방법(How to Suppress Women's Writing)》(1983)을 새로 구입했다. 이 책은 문학 유산에 대한 여성의 기여를 무시하고, 폄하하고, 삭제하는 메커니즘을 설명한 역설적 '지침서'다.

내가 «여성의 글쓰기를 억압하는 방법»을 처음 접한 것은 대학 때였다. 처음 눈뜬 페미니즘적 의문에 차서 이런 저작들을 지원군을 만난 듯 의기양양하게 읽던 시절이었다. 그때 나는 이 책의 논조—딱 부러지고 강경하고, 대담하고 직설적인 문체—에 반했다. 그리고 이런 문체로 러스가 전하는 여성 문학가들의 이야기에 빠져들었다. 하지만 이번에 다시 읽을 때는 전혀 다른 책을 읽는 느낌이었다. 희귀서 업계에 오래 몸담은 지금의 내게는 익숙한 이야기들이었다. 나는 버지니아 울프의 «자기만의 방» 초판본도, 에밀리 디킨슨 사후에 가족과 친지가 엮고 펴낸 «시집(Poems)» 초판본도 여러 번 거래했다. 실비아 플라스의 «벨 자(Bell Jar)» 초판본도 마찬가지다. 러스의 책을 처음 읽었을 때 느꼈던 신선함이 사라진 대신 이번에는 내 관심이 러스가 집중한 문제, 즉 성차별주의가 여성 작가들의 생애와 사후에 작용한 메커니즘으로 옮아갔다. 이는 내가 해온 일이기도 했다. 다만 내 경우에는 더 앞선 시대의 여성 작가 그룹이 대상이었을 뿐이다. 학자로서 러스의 주력 연구 분야가 빅토리아 시대 문학이었다면, 나는 대체로 18세기 문학을 읽어왔다. 러스가 각 장에서 억압의 궤변들을 하나하나 발가벗기는 것을 보며 나는 확실히 깨달았다. 러스의 책이야말로 내 작업의 문학적 직계 선조였다. 심지어 나 역시 그녀의 방법에 따라 궤변들에 내재한 논리 오류를 잡아내고 있었다. 너울대는 유령의 재등장이었다.

나는 《여성의 글쓰기를 억압하는 방법》 초판본 표지가 너무 좋다. 러스가 책에서 해부하는 궤변들이 하나하나 찍혀 있기 때문이다. "그녀가 쓰지 않았다." 이 궤변은 샬럿 레녹스에게 일어난 일에 해당한다. 당시 비평가들은 《여자 돈키호테》의 끝에서 두 번째 장은 그녀가 아니라 새뮤얼 존슨이 썼다고 우겼다. "그녀가 쓰긴 했지만, 쓰지 말아야 할 것을 썼다(정치적이거나, 성적이거나, 남성적이거나, 페미니즘적이다)." 이 궤변은 샬럿 스미스의 작품을 향한 공격에 쓰였다. 이에 스미스는 프랑스 대혁명을 배경으로 한 소설 《데즈먼드》의 저자 서문에서 자신의 정치적 글쓰기를 정당화해야 했다. "그녀가 쓰긴 했지만, 뭘 썼나 보라(침실, 부엌, 가족, 다른 여자들)!" 이 궤변은 버니를 두고 해즐릿이 내뱉은 악담—"그저 흔한 세태 관찰자이자 여자의 한계에서 벗어나지 못한 여자"—을 떠오르게 한다. "그녀가 쓰긴 했지만, 고작 한 편뿐이다." 해나 모어가 쓴 소설 한 편이 선풍적 인기를 끌며 사실상 19세기 국민 베스트셀러 시대의 서막을 열었다. 하지만 이 궤변은 이렇게 말한다. 그게 무슨 대수란 말인가? 어차피 그녀는 전문 소설가가 아니었다. "그녀가 쓰긴 했지만, 그녀는 진정한 예술가가 아니고, 그것은 진정한 예술이 아니다(그것은 스릴러, 로맨스, 아동문학, 또는 공상 과학이다)!" 이에 따라 래드클리프의 고딕 로맨스는 '고급' 장르인 사실주의 문학과 분리된 별도의 범주로 밀려나는 운명을 맞아야 했다. "그녀가 쓰긴 했지만, 도움을 받았다." 피오치의 《일화집》이 성공하자 평단은 그 공을 존슨의 천재성으로 돌렸다. 하지만 이 논리는 1780년대에 쏟아져 나온 존슨 관련 저작 중 피오치의 책이 단연 최고의 인기를 누린 이유는 설명하지 못한다. "<u>그녀가 쓰긴 했지만, 그녀는 예외적인 경우일 뿐이다.</u>" 여기에는 제인 오스틴이 해당한다.

러스의 책을 두 번째로 완독한 뒤 나는 전과 전혀 다르게 말을 걸어오는 그녀의 목소리를 들었다. 그녀의 책은 이렇게 끝난다.

"이 괴물을 끝내보려 원고지 13매를 쓰는 동안 용을 쓰고 있지만 도무지 끝나질 않는다." 그녀는 불평했다. "분명한 건 아직 끝나지 않았다는 것이다."

그러더니 그녀가 명령을 내렸다. 40년의 시간 너머에서 내 눈을 똑바로 응시하는 시선 같은 명령이었다. "당신이 끝내요." 마치 내가 이 프로젝트—오스틴의 책장을 탐구하는 일—를 이어받을 것을 알고 있었던 것처럼.

아니, 그녀는 알고 있었다. 누군가는 하리란 것을 당연히 알았다. 그녀도 너울대는 유령들을 본 사람이었다. 하지만 나 역시 이 일을 끝내지는 못한다. 여기서부터는 여러분 중 누군가가 이어받아야 한다. 환영한다. 여러분의 동참이 기쁘기 짝이 없다.

결론

제인 오스틴의 책장 프로젝트를 시작한 지 5년이 지난 어느 날, 나는 이 컬렉션을 처음 구상할 때 읽었던 책 중 하나로 돌아가기로 했다. 그 책은 프랭크 W. 브래드브룩의 «제인 오스틴과 그녀의 선행자들»(1966)이었다. 이 책을 처음 읽을 때, 나는 "영국 소설의 페미니즘 전통"을 개관한 장에서 좌초된 기분에 휩싸였다. 내 구상이 애초에 엉뚱한 생각이 아닐까, 형편없는 책들의 바다로 뛰어드는 일이 아닐까 하는 의심이 나를 채웠다. 이런 문장 때문이었다. "제인 오스틴은 선행 작가들과 동시대 작가들의 열등한 결과물을 긍정적이고 건설적인 용도로 바꾼다." 하지만 이번에는 상황이 달랐다. 이제 나는 그 책들을 실제로 읽었다. 그것도 재미있게 읽은 후였다. 이제는 브래드브룩의 책을 다르게 읽을 수 있을 거라고 생각했다. 내 예상은 적중했다.

이번에 브래드브룩의 책을 재독하면서 나는 분노에 휩

싸였다. 저자는 오스틴에게 긍정적 영향을 미친 인물들로 남성 작가들—존슨, 셰익스피어, 워즈워스—을 꼽은 반면, 오스틴이 사랑했던 여성 작가들에게서 받은 영향은 오스틴의 활용 덕분에 비로소 가치가 생겼을 뿐이라는 주장을 거듭했다. 예컨대 이런 식이었다. 오스틴은 "그녀 특유의 비평적 기민함을 보여주었는데, 존슨 박사를 동경했던 패니 버니가 세운 소설의 관행들을 본인 소설의 뼈대로 활용한 점이 특히 그렇다". 대체 이 문장에 왜 존슨이 등장하는 걸까? 물론 존슨을 거론하지 않을 때도 브래드브룩은 변함없이 당당하게 "패니 버니가 제공한 재료를 멋지게 변용하는 제인 오스틴의 기량"을 역설한다.

또한 브래드브룩은 래드클리프가 오스틴에게 미친 영향을 셰익스피어라는 더 존경할 만한 영향을 공급받은 통로로 둔갑시킨다. "셰익스피어가 앤 래드클리프에게 미친 영향은 자주 지적되어왔다. (……) 제인 오스틴은 때로 앤 래드클리프를 매개로 셰익스피어를 흡수한 것으로 보인다." 바로 다음 페이지에서는, 오스틴이 래드클리프의 영향을 받은 대목을 두고, 그것이 래드클리프가 아니라 워즈워스의 영향이었기를 바라는 희망을 피력한다. "제인 오스틴은 워즈워스의 소네트를 떠올렸던 걸까? 아니면 «맨스필드 파크»의 그 대목은 «우돌포의 비밀»의 직접적인 회상일까? 제인 오스틴이 앤 래드클리프 소설을 염두에 두고 그 대목을 썼다는 데에 의심의 여지가 없긴 하다." 브래드브룩은 오스틴의 문학적 계보 나무를 통째로 담는 책을 쓰면서도 그 나무의 일부 가지들은 건너뛰는

곡예를 부렸다.

거의 모든 페이지에서 브래드브룩의 논평은 내 생각과 충돌했다. 그와 내가 같은 책들을 읽은 것이 맞을까?

그러다 문득 깨달았다. 브래드브룩은 그가 그토록 단정적으로 평가하는 책들의 상당수를 실제로 읽어본 적 없다는 것을.

결정적인 단서는 해당 장의 중간쯤인 104페이지에 등장한다. 여기서 브래드브룩은 샬럿 스미스의 소설 «올드 매너 하우스»를 두고 이렇게 단언한다. "때때로 제인 오스틴은 샬럿 스미스에게서 특이한 문구 하나를 차용하거나, 이 덜 중요한 소설가가 사용한 상투어나 비어를 조롱한다." 덜 중요한 소설가라니, 어처구니없다. 내가 샬럿 스미스의 소설 중에 «올드 매너 하우스»를 가장 먼저 읽은 이유는 이 작품이 받은 평단의 찬사 때문이었다. 브래드브룩은 여기서 거의 두 페이지를 할애해 "여주인공 이저벨라"를 논한다. 하지만 이저벨라는 «올드 매너 하우스»의 주인공이 아니다. 이저벨라는 남주인공의 누이이며, 그녀의 사연은 경고성 메시지를 담은 대비적 서사로 기둥 줄거리에 엮여 있을 뿐이다. 그녀는 기껏해야 서브플롯이다. 그녀를 이 소설의 주인공이라 부르는 것은 리디아 베넷을 «오만과 편견»의 주인공이라 부르는 것과 마찬가지다. «올드 매너 하우스»의 첫 열 페이지만 읽어도, 주인공은 "모니미아라는 극적이고 희한한 이름"을 가진, 신데렐라처럼 친척 집에서 하녀로 자란 고아 소녀라는 것을 알 수 있다. 논리적인 결론은 하나뿐이다. 브래드브룩은 이 책에 대해 읽어봤을 뿐, 책 자체는 읽어본 적이 없는 것이다.

　　　　나는 당혹스러웠다. 잘못은 브래드브룩이 했는데 부끄러움은 내 몫이었다. 몇 가지 이유로 그에게 연민도 들었다. 학계의 여성 문학 복권 운동에 대해 읽으며 당시 학자들이 해당 텍스트들을 구해 읽기가 쉽지 않았다는 것을 알게 되었다. 더구나 우리에게는 모든 책을 다 읽을 시간도 없다. 그것이 정전의 실용적 존재 이유이기도 하다. 하지만 아무리 생각해도 관대해지기는 힘들었다. 비평가가 그 정도로 장황하고 자세한 분석을 펼칠 작정이라면 당연히 비교 대상이 되는 책들을 직접 읽어야 하지 않나? 그래서 나는 브래드브룩이 "샬럿 스미스의 소설은 제인 오스틴에게 반면교사의 효용만 있었다"고 주장해도 더는 그 말을 믿지 않았다. 내가 더 잘 아니까. 나는 스미스의 소설을 실제로 읽었으니까.

　　　　나는 브래드브룩의 책을 해독할 열쇠를 받은 기분이었다. 그가 에지워스의 "산문에는 기지도, 경구적 우아함도 없다"고 말할 때, 나는 그것을 옳은 소리로 새기지 않았다. 그 말은 오히려 브래드브룩이 《벨린다》를 읽지 않았을 가능성만 시사했다. 에지워스의 《벨린다》에는 레이디 델라쿠어라는 인물이 등장하고, 레이디 델라쿠어는 오스틴 소설을 포함해 내가 읽은 이 시대 소설을 통틀어 가장 재기 넘치는 인물이다. 브래드브룩이 "패니 버니에게는 인물이 타인의 인식 속에서 발달, 변화, 변모하는 과정을 보여줄 역량이 없다"라고 주장했을 때도 나는 그가 《커밀라》를 읽지 않았다는 낌새를 챘다. 《커밀라》를 관통하는 것이 바로 인물의 성장 서사이기 때문이다.

《제인 오스틴과 그녀의 선행자들》의 출간 시기는 1960년대였다. 이 여성 작가들에 대한 복권 운동이 본격화하기 전이었다. 이후 수십 년에 걸쳐 새로운 세대의 학자들이 오스틴의 애독서들이 형편없었을 거라는 추정을 차츰 허물었고, 결과적으로 장족의 진전을 이루었다. 하지만 정전의 유혹은 여전히 강력하다. 현대 학자 얀 고락(Jan Gorak)의 지적처럼 정전은 두 가지 부작용을 낳는다. 정전은 "거기 포함된 텍스트들에 대한 독자의 반응을 고착시키고, 그 외의 텍스트들을 배제한다".

우리가 정전에 부여하는 권위는 우리를 안일하게 만든다. 무엇이 좋은지 이미 나와 있기 때문이다. 보라, 목록이 있지 않은가. 다시 말해 그 목록에 들지 못한 것은 좋지 않다는 뜻이다. 이는 더 알아볼 필요를 배격하고, 우리를 브래드브룩과 같은 오류에 빠지게 한다. 즉 정전에서 오스틴이 차지하는 매머드급 위상이 그녀보다 앞서 활약한 여성 작가들의 공적을 덮어버리도록 방치한다. 제인 오스틴을 다룬 2004년의 대중 교양서는 오스틴을 "셰익스피어에 반복적으로 비견되는 최초의 여성"으로 칭했다. 그 문장을 읽을 때 나는 앤 래드클리프가 떠올라 마음이 저릿하게 아팠다. 2016년에 학계를 넘어 대중 사이에 오스틴 관련 담론을 대대적으로 일으킨 또 다른 비평서도 다음과 같은 주장을 폈다. "제인은 당대 소설가들 가운데 동시대의 현실 세계―또는 적어도 동시대 독자들이 자신들이 실제로 살아가는 곳으로 인식하는 세계―를 배경으로 소설을 쓰는 유일한 작가였다." 나는 이 문장을 읽고 어이가 없었다. 오스틴의 «오만과 편견»(1813)과 «맨스필드 파크»(1814) 사이에 출간된 에지워스의 «후원»(1814)이 런던에 일대 소동을 일으킨 것이 떠올랐기 때문이다. 당시 독자들은 "작중 사건을 현재의 일, 혹은 최근의 실화로 여겼고, 이에 비평가들마저 소설이 말하는 실제 인물과 사건들을 밝히려 나섰다".

내가 본서를 쓰는 지금도 오스틴의 위키피디아 페이지는 이렇게 말한다. "오스틴의 명성 중 일부는 그녀가 위대한 코믹 소설을 쓴 최초의 여성이라는 역사적, 문학적 의의에 기반한다. [그녀의 소설은] '웃음을 자아내는 삶을 글로 재현하라'는 새뮤얼 존슨의 조언을 따랐다는 점에서 존슨의 영향을 뚜렷이 드러낸다." 나는 이 문장들에 관자놀이가 화끈거렸다. 이 말은 오스틴보다 한 세대 앞서 바로 이 특성—희극적 사실주의—으로 영향력과 명성을 동시에 누린 버니에게 훨씬 더 들어맞는 설명이었다. (기억하자. 버니의 친구들은 그녀가 자신들을 작중 인물로 만들어 풍자할까봐 "겁난다"고 농담할 정도였다.) 이 특성에 있어서 오스틴은 적어도 존슨만큼 버니를 본보기로 삼아 따랐다.

비평가들 사이에 견해 차이가 있을 때마다 어느 한쪽이 책을 실제로 읽지 않았기 때문이라고 주장할 수는 없다. 그런 주장은 억지다. 내가 좋아했던 책을, 그 책을 실제로 읽은 여러 비평가가 혹평한 일도 많았다. 일례로 1966년 «타임»지의 «우돌포의 비밀» 서평은 그 작품을 "낭만주의 정신에 대한 희화화"라고 불렀다. 또한 내가 이번 조사에서 읽은 책이 모두 훌륭했던 것도 아니다. «시립스의 아내 찾기»는 첫 장도 끝내지 못하고 덮었다. 또 앞서 밝혔듯이, «단순한 이야기»의 후반부는 마법을 동원해서라도 봉인하고 싶을 정도였다. 아니, 이 우주의 시간선에서 아예 지워버리고 싶었다. 하지만 나는, 전문가로서 특정 책의 문학적 가치(또는 가치 없음)를 논하는 글을 써서 출판하려면, 최소한 그 책을 읽어보는 것이 필수이자 기본이라고 본다. 이는 원칙이다.

  왜 우리는 읽어보지 않은 책에 대해 단정적으로 말할까? 여기서 '우리'는 말 그대로 우리다. 누구나 한 번쯤 읽지 않은 책을 읽었다고 말한 적이 있다. 그런 적이 없다고? 그렇다면 18세기 소설에서 튀어나온 완벽한 도덕군자 여주인공이 분명하다. 물론 나도 그런 적이 있다.

  내가 그런 거짓말을 한 경우는 대개 대화를 이어가기 위해서였다. 그 책을 읽지 않았다고 하면, 상대방은 하던 말을 멈추고 맥락을 설명할 필요를 느끼고, 그러면 논의의 흐름이 깨진다. 즉 대개는 그저 작고 하얀 거짓말이었다. 하지만 과거에는 내 문학적 소양을 과시하기 위해 거짓말한 적도 있었다. 브래드브룩만 문제가 아니다. 나도 내가 부끄럽다.

  서적상의 일은 읽지 않은 책에 대해서도 권위 있게 말할 수 있는 능력을 요구한다. 그런 기술이 그냥 생기지는 않는다. 해당 책에 대해서 많이 읽어봤거나, 해당 책을 더 넓은 역사적 맥락 속에 위치시킬 수 있을 때 가능한 일이다. 내가 보기에는 오스틴 학자들이 도를 넘는 단정을 할 때 그들 역시 이 방법을 쓰고 있었다. 나도 보즈웰의 «존슨 전기»를 존슨에 관한 유일하게 주목할 만한 전기라는 설명을 붙여 당당히 판매한 적이 있다. 도를 넘는 단정이었다. 당시 나는 피오치의 책은 물론이고 보즈웰의 책조차 읽어본 적이 없었다!

하지만 내 문학적 지식이 깊어질수록, 읽지 않은 책을 읽었다고 말하려는 충동도 약해졌다. 점차 내 지식의 경계를 편안히 받아들이게 되었다. 내가 셰익스피어의 역사극을 다 읽지 않았다고 남들이 나를 얕잡아 보지 않을까, 신경 쓰는 일도 없어졌다. (실제로 다 못 읽었다.) 오늘날의 학자들은 다른 작가들에 대한 근거 없는 단정 없이도 오스틴을 찬양할 수 있다. 오스틴은 과장이 필요 없다. 그녀는 그 자체로 위대하다. 그걸로 충분하다.

이번 조사를 진행하며 분명해진 점이 있다. 오스틴이 사랑했던 작가들을 실제로 읽어본 학자들 상당수도 그들과 사랑에 빠졌다. 브래드브룩이 "세세함의 결여"를 단언한 것과 대조적으로 러레인 플레처는 샬럿 스미스의 소설에서 "박력과 독창성"을 보았다. 또한 오스틴이 셰익스피어에 비견된 최초의 여성 작가라는 억지 주장이 무색하게, 릭터 노턴은 그 실제 맥락을 다음과 같이 명백히 밝혔다.

> 앤 래드클리프의 성취는 자신의 소설을 순수예술의 위대한 전통 안에 위치시킨 것이다. 그녀의 동시대인 다수는 셰익스피어, 밀턴, 아리오스토, 래드클리프의 이름을 한 호흡으로 묶어 말하곤 했다. 그녀는 이 과업을 매우 의식적이고 의도적으로, 오늘날 우리가 페미니즘적이라 부르는 방식으로 이루어낸 것으로 보인다. 그녀는 여성의 작

품이 걸작으로 평가받을 권리를 주장했다. 《우돌포의 비밀》은 무려 세 세대에 걸쳐 문학 정전의 가장 높은 자리를 점했다.

그럼에도 우리는 오스틴이 최고라고 결정했다. 어떤 면에서는 그렇다고 볼 수 있다. 하지만 비교를 도구로 삼아 저자들을 등급화하면, 이 서사는 얼마든지 뒤집힐 수 있다. 오스틴은 버니보다 작은 팔레트로 그린다. 그녀는 래드클리프 같은 감동을 주지 않는다. 그녀는 레녹스만큼 대담하지 않다. 해나 모어처럼 신념이 뚜렷하지도 않다. 스미스만큼 철학적이지 않다. 인치볼드만큼 기지 있지 않다. 피오치 같은 인간미도 없다. 그녀에게는 에지워스 같은 깊은 지혜가 없다. 하지만 그렇다고 해서 오스틴을 향한 내 애정이 달라질까? 절대 그렇지 않다. 비교를 발견의 방법이 아니라 서열을 매기는 수단으로 사용할 때, 우리에게 남는 것은 어둡게 죽은 호기심뿐이다. 이런 접근 방식은 독서의 잠재력을 제한하고, 정전을 '조건부 수용' 방식으로 기능하게 만든다. 그것은 어떤 책이 더는 정전에 속하지 않는 경우 그 책이 별로이기 때문이라는 배제의 방식이다. 정전은 '확장적 수용' 방식으로 기능할 때 가장 유용하다. 즉 정전을 더 풍부하고 더 확장적인 독서의 출발점으로 삼아야 한다.

우리는 오스틴이 최고라고 결정했다. 또한 우리는 '최초'의 개념을 너무나 숭상한다. 그래서 이 두 가지를 쉽게 동일시한다. 최고라면 당연히 최초이기도 할 거야. 문제는 바로 여기에 있다. 오스틴을 단지 최고로 부르는 데 그치지 않고 "영문학사 최초의 위대한 여성 작가"로 부르는 일은 서사를 왕창 단순화하고, 그녀가 속한 문학 계보를 지워버리는 일이다. «에마» 초판본을 손에 들면 시간 여행을 떠난 듯한 전율을 느낀다. 당시의 독자들이 하이버리 마을의 인물들을 최초로 만나던 순간을 목격하는 기분이다. 하지만 나는 내가 소장한 에지워스의 «후원»도 사랑했다. 이 책은 1986년에 판도라 출판사가 데일 스펜더 교수의 저서와 연계해서 펴낸 '소설의 어머니들' 시리즈 중 하나다. 모서리가 꾸깃꾸깃 접혔고, 첫 장 귀퉁이에 연필로 3달러라고 적혀 있고, 600페이지가 넘는 분량을 읽느라 책등의 주름은 더 깊어졌다. 이 책은 '최초'는 아니었지만, 그렇다고 사소했던 적도 없었다.

나는 '최고'와 '최초'를 분리하고자 한다. 오늘날 오스틴의 명성은 높고도 높다. 그녀를 동시대 작가 중 누군가와 견주는 것조차 직관에 반하는 일이 됐을 정도다. 하지만 오스틴을 드높이기 위해 그녀 이전의 여성 작가들을 비하하거나 지워버릴 필요는 없다. 그럼에도 오스틴 비평은 여전히 같은 패턴의 주장들로 가득하다. 예를 들면 이런 식이다. "제인 오스틴은 «노생거 사원»을 통해 자신도 «우돌포의 비밀» 못지않게 소름 돋는 래드클리프 스타일 베스트셀러를 쓸 수 있었음을 보여준다." 천만의 말씀이다. 오스틴은 할 수 없었다. 1807년, 엘리자베스 인치볼드는 "소설 쓰기의 기술"에 관한 유머러스한 글에서 이렇게 꼬집었다. "래드클리프 부인이나 마리아 에지워스를 모방할 생각일랑 마시라. 당신은 그들과 필적할 수 없다."

평론가들은 자주 오스틴을 이용해서 다른 여성들을 정전에서 배제해왔다. 하지만 내 조사에서 오스틴은 오히려 반대로 기능했다. 그녀는 내가 정전을 보다 확장된 시야로 바라보게 해주었다. 오스틴은 '최초'나 '유일'한 존재로 자처하지 않았다. 그녀의 현존 편지를 모두 읽고 나서 확신할 수 있었다. 오스틴 본인은 오늘날의 이런 대우를 황당해했을 것이다. 그것이 바로 그녀가 《노생거 사원》의 그 대목―밀턴은 자랑스럽게 거론하면서 소설 읽는 것은 부끄러워하는 독자들을 비판한 대목―에서 보여준 태도였다. 오스틴이 오늘날 자신이 어떤 명성을 누리는지 안다면 얼마나 기뻐할지, 상상만 해도 뿌듯하다. 하지만 《노생거 사원》이 여전히 인기리에 읽히는데도, 자신이 거기 언급한 걸작들―(《벨린다》, 《커밀라》, 《서실리아》, 《우돌포의 비밀》)―은 자신의 작품과 달리 대중에게 냉대받는 것을 알면 충격받지 않을까? 사실 오스틴의 오빠 헨리가 남긴 전기도 우리의 인식이 뒤집혀 있음을 은연중에 드러낸다. 오스틴이 "세상에 내놓은 소설들이 많은 독자의 서가에서 다르블레(버니)와 에지워스의 작품과 나란히 자리하게 되었다". 헨리도 오스틴이 서가에서 그들의 옆자리를 차지하는 작가인 것을 자랑으로 여겼다. 지금의 우리는 반대로 이 저자들에게 오스틴의 옆자리 자격을 요구한다.

정전은 각 세대의 니즈, 가치관, 취향에 따라 항상 변화해왔다. 브래드브룩은 이 여성 작가들의 소설들이 정전에 포함될 필요가 없다고 여겼다. 하지만 나는 이를 논의의 가치가 있는 문제로 본 다른 여러 학자의 글도 읽었다.

세대 간의 단절—젊은 세대가 이전 세대의 기여를 간과하는 현상—은 드문 패턴이 아니다. 책 수집가로서 나는, 재간행이 작품의 고전 지위를 보존하는 기본 방법 중 하나라는 것을 누구보다 잘 안다. 재간행본은 이렇게 말한다. 이 책은 초판 시기를 넘어 계속 읽혀야 하는 책이다. 그래서 우리가 다음 세대도 쉽게 접할 수 있게 다시 펴냈다. 그런데 바로 이 지점에서 여성 작가들의 기여는 후대 비평가들에 의해 일소되기 일쑤였다. 현대 학자 올리비아 머피(Olivia Murphy)의 지적에 따르면, 바볼드가 1810년에 편찬한 정전 선집 《영국의 소설가들》에는 여성 작가들—버니, 래드클리프, 레녹스, 스미스, 인치볼드, 에지워스—의 여러 작품이 수록되었지만, 월터 스콧이 1821~1824년에 펴낸 재간행 시리즈 '밸런타인 소설가 총서(Ballantyne's Nevelist's Library)'에는 이 여성 작가들 가운데 래드클리프와 스미스만 포함되었다. 삼분의 일만 살아남은 것이다. 독자들이 텍스트에 접근할 수 있어야 고전이 세대에서 세대로 이어지며 정전의 일부로 남을 수 있다. 책이 다시 읽히기 위해서는 다시 간행되어야 한다. 몇 년마다 새로운 판본들이 연이어 등장해서 그 책의 고전 지위를 재확인해주어야 한다. 그러지 못하면 각 세대의 새로운 인플루언서가 자신의 비평적 권위를 앞세워 삭제와 추가를 주도하는 일이 일어나고, 그 권위는 흔히 객관적 보편성이라는 가면으로 위장된다.

　　다행히 우리 세대에 이르러 이 문제에서 벗어날 여건이 마련되었다. 이제 퍼블릭 도메인 허브들이 인터넷에 다양하게 생겨나고 성장함에 따라, 저작권이 소멸한 책은 사실상 무엇이든 쉽게 읽을 수 있다. 이제 우리는 정전 구성자들이나 재간본들에 의존하지 않아도 된다. 앤 래드클리프가 흡혈귀 사냥단의 수장으로 등장하는 19세기 프랑스 소설을 읽고 싶다면, 나를 가로막을 것은 오직 내 프랑스어 실력일 뿐, 그 책에 대한 접근성 여부는 이제 문제되지 않는다.

판도라 출판사는 '소설의 어머니들'이라는 재간행 시리즈를 시작하며 "1820년 이전 영국 여성 작가가 쓴 소설" 100편을 다시 펴낸다는 의지를 천명했다. 그러자 1988년에 학자 앤 K. 멜러(Anne K. Mellor)가 이 기획을 다음과 같이 환영했다. "이 작품들이 부담 없는 가격의 페이퍼백으로 보급된다면 18세기 소설을 가르치는 방식에 근본적인 변화가 일어날 수 있다. 특히 대학 학부에 최초로 18세기 여성 작가들을 다루는 강의가 개설되는 일도 가능해진다." 하지만 판도라 시리즈는 애초 목표한 100편 중 20편만 출간한 후 불분명한 이유(자금 문제? 수요 부족?)로 중단되고 말았다. 100편 중 80편은 그 세대에 정전으로 복귀할 기회를 얻지 못했다. 하지만 오늘날은 그 모두를 온라인에서 무료로 읽을 수 있다.

※

나는 정전을 폐기해야 한다고는 생각하지 않는다. 마구잡이 독서를 옹호하는 것도 아니다. 다만 인터넷으로 가능해진 우리 시대의 이 유례없는 접근성을 적극 활용해야 한다고 믿는다. 인터넷은 때로 독서 세계의 유해 환경으로 간주되지만, 나는 오히려 인터넷이 악순환을 끊었다고 본다. 우리는 세대가 지날 때마다 훌륭한 저자들을 놓칠 위험에서 벗어났다. 인류 역사상 어느 때보다 많은 사람이 어느 때보다 많은 책에 접근할 수 있는 시대다. 이제는 교실 밖에서, 그리고 문학 권위자들의 추천을 떠나서, 각자의 생각과 방식대로 과거의 걸작들을 어느 때보다 쉽게 탐색할 수 있다. 대부분 퍼블릭 도메인에 속하기 때문에 단 몇 초 만에 노트북에 띄워 읽을 수 있다. 이번 조사 과정에서 나 역시 수없이 이용한 방법이다. 때로 화면에서 벗어나고 싶어지면? 그때는 인터넷 장터들을 훑으며 오래된 재간본을 찾아서 구입한다. 내가 사는 지역의 헌책방들을 뒤져야 했다면 엄두도 못 냈을 일이다. 이런 접근성이 우리에게 무엇을 읽을지에 대한 막강한 결정권을 부여한다. 이제 우리는 '읽어야 해서'가 아니라 '읽고 싶어서' 읽는다. 궁금하니까 읽는다. 그리고 인터넷이 우리에게 그 호기심을 충족할 힘을 부여한다.

  내 제인 오스틴 서가의 책등들을 손끝으로 쓸어본다. '불변의 진리'로 믿어온 평가들이 사실은 시간에 따라 얼마나 가변적인지 그야말로 피부로 느낀다. 책등 이랑이 있는 가죽 장정본과 금박 무늬의 천 장정본이 섞여 있고, (내가 보존용 비닐 커버로 싸놓은) 더스트 재킷 책들과 책등이 길게 주름진 낡은 페이퍼백들이 함께 있다. 1930년 무렵만 해도 오스틴의 비평적 명성은 본서에 등장하는 여성 작가들이 오늘날 처한 위치와 별반 다르지 않았다. 전기가 몇 편 나왔고, 소수 비평가의 총애를 받았을 뿐, 정전 지위가 이견 없이 받아들여질 만큼 주류로 대접받지는 못했다. 그렇다면 이 작가들도 오스틴의 전례를 따라 정전에 복귀할 수는 없을까? 오스틴의 사례 자체가 본서에 등장하는 여성 작가들의 운명 또한 달라질 수 있다는 암시였다. 사람들이 직접 그들의 책을 읽고, 거기서 다시 의미를 찾기로 결심하기만 한다면.

내 제인 오스틴 서가 옆에는 책 더미가 협탁 가장자리에 위태롭게 쌓여 있었다. 그중에 1834년 엑서터에서 인쇄한 앤 래드클리프의 «숲속의 로맨스» 소형 판본이 있었는데 활자체가 너무 작아서 밝은 조명을 가까이 비추지 않으면 읽기 힘들었다. 다른 책 더미들도 맞은편 방구석에서 자라나며 내가 더 장만하기로 다짐한 책장이 들어올 때를 기다리는 중이었다. 아래층의 책상 위에도 높낮이와 안정성이 제각각인 세 무더기의 책들이 노트북 위로 탑처럼 솟아 있었고, 그 뒤에는 또 한 줄의 책들이 골동품 북엔드에 기대서 있었다. 방의 다른 구석에는 도서관에서 대출한 책들을 따로 한 줄로 모아놓았다. 딱딱한 버크럼 제본 모서리들이 들쑥날쑥 튀어나와 좀 거추장스럽지만 언제든 품에 쓸어안고 도서관 반납함으로 나를 수 있었다. 나는 늘 대출 기간 내에 다 읽기 어려울 만큼 책을 많이 빌렸다. 나쁜 버릇이지만 도전하는 느낌이 짜릿했다. 어쩌면 이번에는 반납 시한까지 다 읽을 수 있을지도 몰라. (그런 적은 없었다.)

내가 이번 조사를 진행하며 구매한 책 중 근간 서적의 상당수는 이제 내 여백 필기로 가득하다. 나는 밑줄을 긋고, 모서리를 접고, 페이지 하단에서 저자와 논쟁을 벌였다. 연필로 느낌표, 웃는 얼굴, 깨진 심장을 그려 넣었다. 고서에는 낙서하지 않았지만, 읽으면서 휴대폰 앱에 메모했고, 나중에 메모 내용을 출력해서 색으로 표시한 폴더들에 정리했다. 폴더들도 같은 서가에 꽂아두었다. 내가 인치볼드의 수첩 일기에 대해 읽은 후부터 쓰기 시작한 독서 일지도 그 옆에 있었다. 도서관 책을 따로 모아놓듯이, 특별히 주의를 요하는 고서들도 따로 분리해놓았다. 해나 모어 시집의 1810년 보스턴판은 원래의 박엽목 장정이 너덜너덜하다못해 실밥 하나로 겨우 붙어 있는 지경이었다. 다시 책 기능을 할 수 있으려면 복원가의 손길이 필요했다. «엘리자베스 베넷: 혹은 오만과 편견»으로 개칭된 1832년 미국 초판 «오만과 편견»은 제2권만 있었다. 내가 언젠가 제1권만 남은 같은 판본을 찾아내 세트를 완성해줄 날을 기다리는 중이었다.

  이 컬렉션을 구축하는 과정에서 나는 증거를 추적하고 변곡점들을 따라갔다. 거짓말도 발견했다. 가령 래드클리프가 "호러병으로 죽었다"는 말. 또는 피오치가 자기 나이의 삼분의 일밖에 되지 않은 남자에게 연애편지를 썼다는 말. 모욕도 있었다. 버니는 "그저 흔한 세태 관찰자이자 여자의 한계에서 벗어나지 못한 여자"라는 평을 들었고, 모어는 "우중충한 도덕성의 바다를 헤엄치는 거대한 붕장어"라는 말을 들었다(지금도 황당하기 이를 데 없다). 폄하도 있었다. 레녹스의 «여자 돈키호테»에서 가장 유명한 장이 갑자기 존슨의 공이 된 일. 그리고 에지워스의 소설에 "철학적"이 아니라 "훈계 투"라는 딱지가 붙은 일. 하지만 다른 한 가지도 발견했다. 그것은 문학적 선조들이었다.

　　　나의 서가는 내가 그 선조들에게 둘러싸이는 공간이 되었다. 세상이 돌아가는 속도에 머리가 어지러울 때, 나는 《스톨리아나》를 펼치고 이탈리아에 있는 피오치를 만났다. 그녀는 평생 꿈꾸던 여행을 마침내 사랑하는 두 번째 남편과 함께 떠났다. 나는 래드클리프의 《우돌포의 비밀》과 1802년 해적판 요약본 《베일에 덮인 그림(The Veiled Picture)》을 비교해보기도 했다. 이 요약본은 내가 래드클리프 아류작들을 찾아 몇 시간씩 마음먹고 인터넷을 뒤져 얻어낸 것이었다. 어느 조용한 오후에는 오스틴의 편지 하나를 놓고, 그것이 1869년, 1884년, 1913년, 1925년의 판본들을 거쳐 디어드리 르 페이(Deirdre Le Faye)가 엮은 최종판에 이르기까지 어떤 편집 과정을 거쳤는지 짚어보았다. 특히 오스틴의 남성 친족이 해당 편지의 어떤 부분을 공개하기에 너무 대담하다고 여기고 들어냈는지 살폈다. 아침마다 출근 전에 책들 사이에 앉아서 그들이 내게 걸어오는 말들을 그저 즐겼다. 어떤 책은 다시금 얼굴을 분노로 달아오르게 했다. 어떤 책은 아직 읽지 않았다는 이유로 무언의 꾸지람을 보냈다. 어떤 서지학 책은 내 컬렉션에 책을 더 보태고 싶은 사냥 충동을 일으켰다.

　　　뒤늦게 문학적 선조들의 공동체를 발견하는 경험도 내가 처음은 아니었다. 여기에도 나보다 앞서 길을 낸 이들이 있었다. 이 조사를 처음 시작했을 때 우연히 접한 앨리스 워커의 문장이 내게 초기의 낙담을 딛고 이어갈 용기를 주었다. "그들의 발견은, (……) 귀한 일들이 으레 그렇게 일어나듯, 거의 우연의 산물이었다." 워커는 같은 책 «우리 어머니들의 정원을 찾아서(In Search of Our Mothers' Gardens)»에서 그 만남의 느낌을 이렇게 표현한다. "그것은 경이로운 기분. 수많은 이들, 오래된 영혼들과 함께 있는 느낌. 그들 모두가 나를 반기고, 내가 그들을 참고하고 인정하는 것을 기뻐하고, 그들이 누리는 존재의 기쁨을 통해 내게 내가 결코 혼자가 아니라고 말해주는 느낌."

오래전 페미니스트 학자들이 이 여성 작가들에 대한 복권 운동을 시작했다. 내 조사는 그들의 성과와 연구에 기대서 여기까지 왔다. 만약 내가 그 시절에 이 컬렉션을 시도했다면 이 역시 수십 년 걸리는 작업이 되었을 것이다. 예전 수집가 중에 실제로 그렇게 한 사람이 있다. 헤스터 스레일 피오치의 저작을 추적했던 메리 하이드 에클스가 대표적이다. 내게는 그들에게 없었던 두 가지 이점이 있었다. 그들이 구축한 토대가 있었고, 중고 책과 전자책을 구할 수 있는 인터넷이 있었다.

온라인으로 텍스트에 쉽게 접근하게 되었다고 해서 실물 책을 소장하고자 하는 내 욕망이 사그라든 건 아니었다. 오히려 그 반대였다. 접근성 확대 때문에 내 컬렉션에 추가하고 싶은 책이 엄청나게 늘었다. 일단 나는 책 속에 언급된 책들을 메모하기 시작했다. 21세기 오스틴 연구서들을 읽는 일과 그 책들이 참고한 19세기 오스틴 관련 저작들을 찾아 읽는 일 사이를 오갔다. 오스틴의 10대 시절 습작 모음집인 «사랑과 우정»도 1922년 초판본으로 읽었다. 이 모음집의 표제작인 중편 소설에 샬럿 레녹스의 «여자 돈키호테»를 연상시키는 장면이 너무 많아서 나는 레녹스를 다시 읽기로 결심하고 그녀의 1762년 작 소설 «소피아»를 전자책으로 읽었다.

중편소설 «사랑과 우정»을 읽을 때 휴대폰에 적어둔 메모를 훑어보면, 내가 정확히 어느 지점에서 레녹스와의 연관성을 인지했는지 알 수 있다. 이 소설의 두 젊은 여성은 만나는 모든 이를 자신들이 읽은 소설에서 가져온 기준에 따라 판단한다. 예컨대 한 친척을 탓하며 그가 자신들에게 정이 없다고 믿어버리는데, 그 이유가 이렇다. "그가 우리의 불행에 가슴이 찢어진다고 했지만, 하는 말을 들어보면 그는 그걸 읽고도 한숨 한 번 쉬지 않았고, 우리에게 앙심을 품은 별들을 향해 저주 한마디 내뱉지 않았어." 나는 28페이지에 이르러 이렇게 메모했다. "«사랑과 우정» 전체가 «여자 돈키호테»의 양식에 대한 패러디임을 공식적으로 확신함." 오스틴을 읽을수록 이 "영문학사 최초의 위대한 여성 작가"는 유일무이하게 고립된 존재와는 거리가 멀어 보였다. 오스틴의 작품은 장대한 문학 계보 나무의 한 가지였고, 내 서가는 그 뿌리와 가지들의 부분적 재현에 불과했다.

✖

1986년, 작가이자 비평가 이탈로 칼비노(Italo Calvino)가 ‹왜 고전을 읽는가(Why Read the Classics?)›라는 에세이를 발표했다. 이 에세이는 '고전'의 정의에 대한 가장 영향력 있고, 가장 자주 인용되는 글이 되었다. 독서의 즐거움에 대한 사색이자 철학적 탐구인 이 에세이에서 칼비노는 고전에 대한 여러 정의를 제시한다. 그의 정의들은 점차 독서 경험의 심층으로 들어가는 양상을 보이는데, 그중 재독의 즐거움에 주목한 칼비노의 6번 정의는 다음과 같다. "고전이란, 다시 읽을 때마다 새로운 말을 들려주는 책이다." 정말 그렇다. 실제로 칼비노의 정의 중 다수가 내가 오스틴 서가의 여성 작가들을 읽던 경험을 찰떡같이 대변했다. 9번 정의를 보자. "고전이란, 실제로 읽어보면 듣고 생각했던 것보다 훨씬 더 신선하고, 뜻밖이고, 경이로운 책이다." 나도 이런 종류의 유쾌한 기습을 거듭 경험했다. 버니의 희극적 장면들, 래드클리프의 음침한 복도들, 레녹스의 대담한 재담, 모어와 울스턴크래프트의 뜻밖의 공통점, 인치볼드의 갈고닦은 우아함, 피오치의 거침없는 열정, 에지워스의 거부할 수 없는 인물들. 11번 정의는 이렇게 말한다. "당신에게 고전 작가란, 무심히 넘길 수 없는 작가, 동의하고 논쟁하는 과정에서 당신 자신을 규정하게 해주는 작가다." 이 정의에 따르면 이 여성 작가들은 이제 내게 고전이다.

  이 컬렉션 작업은 내게 기성 정전에 의문을 제기하게 했다. 정전을 전면 부정하는 것은 아니다. 다만 '권위자들'의 취향과 내 취향을 구분할 자신감을 얻었다. 독자에게 말하고 싶다. 과거를 들여다보자. '최고'라고 주입받은 저자들의 작품이 아니라, 각자의 가슴과 공명하는 작품을 읽기를 바란다. 내가 이번 조사에서 읽은 책들을 굳이 따라 읽을 필요도 없다. 칼비노의 말처럼, 학교를 벗어난 이상 "우리는 의무감이나 존경심으로 고전을 읽지 않는다. 오직 사랑해서 읽을 뿐이다".

중요한 것은 과정 자체다. 내 앞의 많은 여성처럼 나도 전에는 고독한 독자였다. 그러다 수집가로서 오스틴이 좋아했던 여성 작가들을 탐구하면서 본보기를 찾고 위안과 확신을 얻었다. 내가 이 작가들을 '발견한' 것은 아니었다. 다만 내 선행자들이 그랬던 것처럼, 그들과 다시 연결되었다. 나는 래드클리프, 인치볼드, 에지워스 같은 작가들에게 기회를 주었고, 그들의 책을 깊이 사랑하게 되었으며, 그 결과 그들의 책은 이제 내 개인적 정전의 일부가 되었다. 독자 여러분 또한 자신만의 정전을 찾기를 바란다.

감사의 글

미셸 브로어. 감사의 글에 가장 먼저 등장해야 할 두 단어는 바로 내 에이전트의 이름이다. 미셸에게 특별한 고마움을 전한다. 아울러 변함없는 신뢰를 보여준 브라이언 캐시디, 열정과 통찰을 베풀어준 린 M. 토머스, 이 책의 형태를 잡는 귀중한 작업을 맡아준 에밀리 사이먼슨과 브리트니 아다메스에게도 깊이 감사한다. 그리고 나의 아이들—엘리와 킷—은 존재 자체만으로 내게 더없는 응원이었다.

여러 희귀서 기관, 딜러, 학자, 수집가들에게 갚기 힘든 신세를 졌다. 이들의 공헌과 노고가 없었다면 이 책도 세상에 나올 수 없었다. 각지의 도서관과 고서점에서 수많은 카탈로거가 구축해온 방대한 기록이 결정적인 검색 자원이었다. 희귀본 자료관들이 수행한 텍스트 디지털화 작업은 고도의 전문성을 요구하는 장대한 과업이었으며, 나는 그 성과를 마음껏 이용하는 행운을 누렸다. 또한 수십 년, 아니 수 세기에 걸쳐

이 분야를 각자의 방식으로 탐구해온 학자들의 은공을 생각하지 않을 수 없다. 그들의 연구 결과를 접할 수 있었던 기회에 감사한다. 마지막으로, 수집가 여러분에게 감사드린다. 책의 물질적 역사에 대한 여러분의 열정과 집념, 애착을 사랑한다. 모든 것이 여러분에게서 시작되었다. 감사합니다.

참고 문헌

Abbott, John L. "Defining the Johnsonian Canon: Authority, Intuition, and the Uses of Evidence." *Modern Language Studies* 18, no. 1 (Winter 1988): 89–98.

Achebe, Chinua. "Colonialist Criticism." Excerpted in *Debating the Canon*, ed. Lee Morrissey. New York: Palgrave Macmillan, 2005.

Ahmed, Sara. *Living a Feminist Life*. Durham, NC: Duke University Press, 2017.

Amory, Hugh. "Lennox [née Ramsay], (Barbara) Charlotte." *Oxford Dictionary of National Biography*. Oxford, University Press, 2004, https://doi.org/10.1093/ref:odnb/16454.

Anonymous. "Books: Extricating Emily." Review of *The Mysteries of Udolpho*, by Ann Radcliffe. *Time*, April 22, 1966, https://content.time.com/time/subscriber/article/0,33009,899190-1,00.html.

Anonymous. "Correspondence. Mysteries of Udolpho." *Critical Review* 12, 2nd series (November 1794).

Anonymous. "Mrs. Lenox." *British Magazine and Review* (September 1783).

Anonymous. "On Novels and Romances." *Scots Magazine; or General Repository of Literature, History, and Politics, for the year MDCCCII* 64 (1802): 470–74.

Auerbach, Emily. *Searching for Jane Austen*. Madison: University of Wisconsin Press, 2004.

[Austen, Henry]. "Biographical Notice." In *Northanger Abbey: and Persuasion. With a Biographical Notice of the Author*. London: John Murray, 1818.

Austen, Jane. "Catharine, or the Bower." In *Volume the Third*. Oxford, UK: Clarendon Press, 1951.

[Austen, Jane]. "By the author of 'Pride and Prejudice,' &c. &c." *Emma: A Novel*. London: John Murray, 1816.

Austen, Jane. *Love & Freindship [sic] and Other Early Works Now First Printed from the Original Ms*. London: Chatto & Windus, 1922.

[Austen, Jane]. "By the author of 'Sense and Sensibility,' and 'Pride and Prejudice.'" *Mansfield Park: A Novel*. London: Printed for T. Egerton, 1814.

———. "By the author of 'Pride and Prejudice,' 'Mansfield-Park,' &c." *Northanger Ab-*

bey: and Persuasion. With a Biographical Notice of the Author. London: John Murray, 1818.

———. "By the author of 'Sense and Sensibility.'" *Pride and Prejudice: A Novel*. London: Printed for T. Egerton, 1813.

———. "By a lady." *Sense and Sensibility: A Novel*. London: Printed for the author [...] and published by T. Egerton, 1811.

Austen-Leigh, J. E. *A Memoir of Jane Austen*. 2nd ed. London: Richard Bentley and Son, 1871.

Backscheider, Paula R. *Eighteenth-Century Women Poets and Their Poetry: Inventing Agency, Inventing Genre*. Baltimore: Johns Hopkins University Press, 2005.

Baker, William. *Critical Companion to Jane Austen: A Literary Reference to Her Life and Work*. New York: Facts on File, 2008.

Baldwin, Olive, and Thelma Wilson. "Elliot, Ann." *Oxford Dictionary of National Biography*, https://doi.org/10.1093/ref:odnb/64332.

Barbauld, Anna Laetitia. "Miss Burney." In *The British Novelists*, vol. XXXVIII. London: F. C. & J. Rivington, 1810.

———. "Mrs. Radcliffe." In *The British Novelists*, vol. XLIII. London: Printed for F. C. & J. Rivington, 1820.

Bell, Mackenzie. *Christina Rossetti: A Biographical and Critical Study*. London: Thomas Burleigh, 1898.

Bent, William. *The London Catalogue of Books, Selected from the General Catalogue Published in MDCCLXXXVI, and Including the Additions and Alterations to September MDCCXCI. Classed under the Several Branches of Literature, and Alphabetically Disposed under Each Head, with Their Sizes and Prices*. London: Printed for W. Bent, 1791.

Berenger, Richard. "On the Mischiefs of Romances," July 4, 1754, essay in *The World*, no. 79. In *The British Essayists: Containing the Spectator, Tatler, Guardian...* vol. IV. London: Jones and Company, 1828.

Betham, Matilda. "Lines to Mrs. Radcliffe, on First Reading *The Mysteries of Udolpho*." In *Poems*. London: J. Hatchard, 1808.

Birkhead, Edith. *The Tale of Terror: A Study of the Gothic Romance*. London: Constable & Co., 1921.

Blackstone, William. *Commentaries on the Laws of England. Book the First*. Oxford, UK: Clarendon Press, 1765.

Blagdon, Francis William. *Flowers of Literature, for 1806: Or, Characteristic Sketches of Human Nature, and Modern Manners. to Which Are Added, a General View of Literature during That Period; Portraits and Biographical Notices of Eminent Literary, and Political Characters; with Notes, Historical, Critical, and Explanatory*. London: J. G. Barnard, 1807.

Blakey, Dorothy. *The Minerva Press, 1790–1820*. London: Bibliographical Society, 1939.

Bloom, Edward A., Lillian D. Bloom, and Joan E. Klingel. "Portrait of a Georgian Lady: The Letters of Hester Lynch (Thrale) Piozzi, 1784–1821." *Bulletin of the John Rylands University Library* 60, no. 2 (Spring 1978): 304–30.

Boaden, James. *Memoirs of Mrs. Inchbald*. London: Richard Bentley, 1833.

Boswell, James. *Letters of James Boswell*. Edited by Chauncey Brewster Tinker. Oxford, UK: Clarendon Press, 1924.

———. *The Life of Samuel Johnson, LL.D. A New Edition, with Numerous Annotations and Notes, by John Wilson Croker, LL.D. F.R.S.* London: John Murray, 1831.

———. *The Life of Samuel Johnson*. New York: Alfred A. Knopf, 1992.

Brack, O. M., Jr., and Susan Carlile. "Samuel Johnson's Contributions to Charlotte Lennox's

'The Female Quixote.'" *Yale University Library Gazette* 77, no. ¾ (April 2003): 166–73.

Bradbrook, Frank W. *Jane Austen and Her Predecessors.* Cambridge, UK: Cambridge University Press, 1966.

Bromley, Anne E. "Faulkner as Father: Student's Prize-Winning Research Reveals Conflicted Portrait." *UVA Today*, November 9, 2016. Accessed April 30, 2024, https://news.virginia.edu/content/faulkner-father-students-prize-winning-research-reveals-conflicted-portrait.

[Brooke, Frances] "Mrs. Brooke." *The Excursion: A Novel.* 2nd ed. London: Printed for T. Cadell, 1785.

Brown, Stephen P. "Steven [sic] King Shining Through." *Washington Post*, April 9, 1985, https://www.washingtonpost.com/archive/lifestyle/1985/04/09/steven-king-shining-through/eaf-662da-e9eb-4aba-9eb9-217826684ab6/.

Bucke, Charles. *On the Beauties, Harmonies, and Sublimities of Nature.* New edition, greatly enlarged. London: Printed for Thomas Tegg and Son, 1837.

Burke, Edmund. *A Philosophical Enquiry into the Origin of Our Ideas of the Sublime and Beautiful.* London: Printed for R. and J. Dodsley, 1757.

[Burney, Frances] "By the author of *Evelina.*" *Cecilia, or Memoirs of an Heiress.* London: Printed for T. Payne and Son, 1782.

——— . "Madame d'Arblay." *Diary and Letters of Madame d'Arblay, Edited by Her Niece.* London: Henry Colburn, 1842.

——— . *The Early Journals and Letters, Volume II: 1774–1777.* Edited by Lars E. Troide. Montreal: McGill-Queen's University Press, 1991.

——— . *The Early Journals and Letters, Volume III: The Streatham Years: Part 1, 1778–1779.* Edited by Lars E. Troide and Stewart J. Cooke. Montreal: McGill-Queen's University Press, 1994.

——— . "Fanny Burney." *Evelina, or the History of a Young Lady's Entrance into the World.* Introduction by Austin Dobson. London: Macmillan, 1903.

——— . "Madame D'Arblay." *Memoirs of Doctor Burney, Arranged from His Own Manuscripts, from Family Papers, and from Personal Recollections.* London: Edward Moxon, 1832.

——— . "By the author of *Evelina; Cecilia; and Camilla.*" *The Wanderer; or, Female Difficulties.* 2nd ed. London: Printed for Longman, Hurst, Rees, Orme, and Brown, 1814.

Burnim, Kalman A. *David Garrick, Director.* Pittsburgh: University of Pittsburgh Press, 1961.

Butler, Marilyn. *Jane Austen and the War of Ideas.* Oxford, UK: Oxford University Press, 1990. Reissue, with new introduction, from the 1975 first publication.

——— . *Maria Edgeworth: A Literary Biography.* Oxford, UK: Clarendon Press, 1972.

Calvino, Italo. "Why Read the Classics?" In *The Uses of Literature.* New York: Harcourt Brace Jovanovich, 1986.

Carlile, Susan. *Charlotte Lennox: An Independent Mind.* Toronto: University of Toronto Press, 2018.

[Carter, Elizabeth]. *A Series of Letters between Mrs. Elizabeth Carter and Miss Catherine Talbot, from 1741 to 1770.* Edited by Montagu Pennington. London: Printed for F. C. and J. Rivington, 1809.

——— . *A Series of Letters from Mrs. Elizabeth Carter to Mrs. Montagu, between the Years 1755 to 1800.* Edited by Montagu Pennington. London: Printed for F. C. and J. Rivington, 1817.

Castle, Terry. *Masquerade and Civilization: The Carnivalesque in Eighteenth-Century English Culture.* Stanford: Stanford University Press, 1986.

Chancellor, Gordon. "Darwin's *Origin of Species*, Sixth Edition (1872): An Introduction." *Darwin Online*, accessed May 12, 2024, https://darwin-online.org.uk/EditorialIntroductions/Chancellor_Origin6th.html.

Chapman, R. W. *Jane Austen: Facts and Problems*. Oxford, UK: Clarendon Press, 1948.

Chisholm, Kate. "The Burney Family," 7–22. In *The Cambridge Companion to Frances Burney*. Edited by Peter Sabor. Cambridge, UK: Cambridge University Press, 2007.

Christmas, Danielle. "Lord Mansfield and the Slave Ship *Zong*." *Persuasions* 41, no. 2 (Summer 2021).

[Churchill, Charles]. *The Ghost*. London: Printed for the author, and sold by William Flexney, 1762.

Civale, Susan. "The Literary Afterlife of Frances Burney and the Victorian Periodical Press." *Victorian Periodicals Review* 44, no. 3 (Fall 2011): 236–66.

Clarke, Norma. *Dr. Johnson's Women*. London: Hambledon and London, 2000.

———. *The Rise and Fall of the Woman of Letters*. London: Pimlico, 2004.

Clifford, James L. *Hester Lynch Piozzi (Mrs. Thrale)*. Second edition with a new introduction by Margaret Anne Doody. New York: Columbia University Press, 1987.

Collins, Paul. *Edgar Allan Poe: The Fever Called Living*. New York: Amazon, 2014.

Coolidge, Archibald C., Jr. "Charles Dickens and Mrs. Radcliffe: A Farewell to Wilkie Collins." *Dickensian* 58, no. 337 (May 1962): 112–16.

Corman, Brian. *Women Novelists before Jane Austen: The Critics and Their Canons*. Toronto: University of Toronto Press, 2008.

Cox, Octavia. "'& Not the Least Wit': Jane Austen's Use of 'Wit,'" *Humanities* 11, no. 6 (2022): 132.

The Critical Review, or Annals of Literature. Volume xxxii. London: Printed by and for S. Hamilton, 1801.

Csengei, Ildiko. "'She Fell Senseless on His Corpse': The Woman of Feeling and the Sentimental Swoon in Eighteenth-Century Fiction." In *Romantic Psyche and Psychoanalysis*. Edited by Joel Faflak. Romantic Circles Praxis Series (December 2008).

Curran, Stuart, ed. *The Poems of Charlotte Smith*. Oxford, UK: Oxford University Press, 1993.

Curties, T. J. Horsley. *Ancient Records; or, The Abbey of Saint Oswythe. A Romance*. London: Minerva Press, 1801.

Davison, Carol Margaret. *History of the Gothic: Gothic Literature, 1764–1824*. Cardiff: University of Wales Press, 2009.

D'Ezio, Marianne. "'As Like as Peppermint Water Is to Good French Brandy': Ann Radcliffe and Hester Lynch Salusbury (Thrale) Piozzi." In *Locating Ann Radcliffe*. Edited by Andrew Smith and Mark Bennett. London: Routledge, 2020.

———. *Hester Lynch Piozzi: A Taste for Eccentricity*. Newcastle upon Tyne: Cambridge Scholars, 2010.

Demers, Patricia. *The World of Hannah More*. Lexington: University Press of Kentucky, 1996.

Destrée, Pierre. "Aristotle on Why We Laugh at Jokes." In *Laughter, Humor, and Comedy in Ancient Philosophy*. Edited by Pierre Destrée and Franco V. Trivigno. Oxford, UK: Oxford University Press, 2019.

Dobson, Austin. *Fanny Burney (Madame d'Arblay)*. London: Macmillan, 1903.

Dodsley, Robert. *A Collection of Poems in Six Volumes, By Several Hands*. London: Printed by J. Hughs, for R. and J. Dodsley, 1758.

Donkin, Ellen. *Getting into the Act: Women Playwrights in London, 1776–1829*. London: Routledge, 1995.

Doody, Margaret Anne. *Frances Burney: The Life in the Works*. New Brunswick, NJ: Rutgers University Press, 1988.

———. *Jane Austen's Names: Riddles, Persons, Places*. Chicago: University of Chicago Press, 2015.

Dorset, Catherine. "Charlotte Smith." In Walter Scott, *Miscellaneous Prose Works, vol. IV: Biographical Memoirs, vol. II*. Edinburgh: Robert Cadell, 1834.

Doyle, Arthur Conan. *The New Annotated Sherlock Holmes*. Edited by Leslie S. Klinger. New York: W. W. Norton, 2005.

Drake, Nathan. *Literary Hours, or Sketches Critical and Narrative*. London: Printed by J. Burkitt and sold by T. Cadell, Junior, and W. Davies, 1798.

Dunlop, John. *The History of Fiction*. London: Printed for Longman, Hurst, Rees, Orme, and Brown, 1814.

Eagleton, Terry. *The English Novel: An Introduction*. Malden, MA: Blackwell, 2005.

[Edgeworth, Frances Anne Beaufort] "Mrs. Edgeworth." *A Memoir of Maria Edgeworth*. London: Joseph Masters and Son, 1867.

Edgeworth, Maria. *Belinda*. London: Pandora Press, 1986.

[Edgeworth, Maria]. *Letters for Literary Ladies. To Which Is Added, an Essay on the Noble Science of Self-Justification*. London: Printed for J. Johnson, 1795.

Edgeworth, Maria. *Memoirs of Richard Lovell Edgeworth, Esq. Begun by Himself and Concluded by His Daughter*. London: R. Hunter and Baldwin, Cardock, and Joy, 1820.

———. *Patronage*. London: Pandora Press, 1986.

———. *Stories of Ireland: Castle Rackrent and the Absentee*. London: George Routledge and Sons, 1886.

Eger, Elizabeth, and Lucy Peltz. *Brilliant Women: 18th-Century Bluestockings*. New Haven, CT: Yale University Press, 2008.

The Encyclopaedia Britannica, or Dictionary of Arts, Sciences, and General Literature. 8th ed. Edinburgh: Adam & Charles Black, 1856.

Erickson, Lee. "The Economy of Novel Reading: Jane Austen and the Circulating Library." *Studies in English Literature, 1500–1900*, 30, no. 4, Nineteenth Century (Autumn 1990): 573–90.

Errington, Philip W. *J. K. Rowling: A Bibliography 1997–2013*. London: Bloomsbury, 2015.

Evans, M. J. Crossley. *Hannah More*. Bristol, UK: Bristol Branch of the Historical Association, 1999.

[Fawcett, Millicent] "Mrs. Henry Fawcett." *Some Eminent Women of Our Times*. London: Macmillan, 1889.

Feldman, Paula R., and Daniel Robinson. *A Century of Sonnets: The Romantic-Era Revival, 1750–1850*. Oxford, UK: Oxford University Press, 1999.

Fergus, Jan. "The Professional Woman Writer." In *The Cambridge Companion to Jane Austen*. Edited by Edward Copeland and Juliet McMaster. Cambridge, UK: Cambridge University Press, 1997.

Ferguson, Moira. "Mansfield Park: Slavery, Colonialism, and Gender." *Oxford Literary Review* 13, no. ½, Neocolonialism (1991): 118–39.

Fielding, Henry. "Proceedings at the Court of Censorial Enquiry." *Covent Garden Journal*, no. 14 (April 20, 1752).

Fletcher, Loraine. *Charlotte Smith: A Critical Biography*. New York: Palgrave, 2001.

Ford, Charles Howard. *Hannah More: A Critical Biography*. New York: Peter Lang, 1996.

Fordyce, James. *Sermons to Young Women*. London: Printed for A. Millar and T. Cadell...,

Forsyth, William. *The Novels and Novelists of the 18th Century*. New York: D. Appleton, 1871.

Foster, James R. "Charlotte Smith, Pre-Romantic Novelist." *PMLA* 43, no. 2 (June 1928): 463–75.

Fowler, Catherine. "Revisiting Mansfield Park: The Critical and Literary Legacies of Edward W. Said's Essay 'Jane Austen and Empire' in *Culture and Imperialism*(1993)." *Cambridge Journal of Postcolonial Literary Inquiry* 4, no. 3 (2017): 362–81.

Fowler, Karen Joy. *The Jane Austen Book Club*. New York: G. P. Putnam's Sons, 2004.

Francus, Marilyn. "Why Austen, not Burney? Tracing the Mechanisms of Reputation and Legacy." *ABO: Interactive Journal for Women in the Arts, 1640–1830*, 13, no. 1, article 6 (Summer 2023).

Franklin, Michael John. *Hester Lynch Thrale Piozzi*. Cardiff: University of Wales Press, 2020.

Garnai, Amy. *Revolutionary Imaginings in the 1790s: Charlotte Smith, Mary Robinson, Elizabeth Inchbald*. New York: Palgrave Macmillan, 2009.

Garside, Peter. "The English Novel in the Romantic Era: Consolidation and Dispersal." In *The English Novel 1770–1829: A Bibliographical Survey of Prose Fiction Published in the British Isles, Volume II: 1800–1829*. Edited by Peter Garside and Rainer Schöwerling, 15–103. Oxford, UK: Oxford University Press, 2000.

The Gentleman's Magazine: And Historical Chronicle. For the Year MDCCXCVIII. Volume LXVIII [sic]. *Part the Second*. London: Printed by John Nichols, 1798.

Gilbert, Sandra M., and Susan Gubar. *The Madwoman in the Attic: The Woman Writer and the Nineteenth-Century Literary Imagination*. 2nd ed. New Haven, CT: Yale University Press, 2000.

Gillespie, Iseult. "The Wicked Wit of Jane Austen." TED-Ed, accessed April 28, 2024, https://ed.ted.com/lessons/the-wicked-wit-of-jane-austen-iseult-gillespie.

Gillies, R. P. *Memoirs of a Literary Veteran; Including Sketches and Anecdotes of the Most Distinguished Literary Characters from 1794 to 1849*. London: Richard Bentley, 1851.

Gilson, David. *A Bibliography of Jane Austen*. Oxford, UK: Clarendon Press, 1985.

Gisborne, Thomas. *An Enquiry into the Duties of the Female Sex*. London: Printed for T. Cadell, Junior, and W. Davies, 1797.

Gorak, Jan. *The Making of the Modern Canon*. London: Athlone, 1991.

Gordon, Mary Wilson. *"Christopher North": A Memoir of John Wilson*. Edinburgh: Edmonston and Douglas, 1862.

Gosse, Edmund. *A Short History of Modern English Literature*. New York: D. Appleton, 1898.

Gottlieb, Robert. *Great Expectations: The Sons and Daughters of Charles Dickens*. New York: Farrar, Straus and Giroux, 2012.

Grau, Joseph A. *Fanny Burney: An Annotated Bibliography*. New York: Garland, 1981.

Gregory, John. *A Father's Legacy to His Daughters*. London: Printed to W. Strahan et al., 1774.

Grosart, Alexander B., ed. *The Prose Works of William Wordsworth*. London: Edward Moxon, 1876.

Halperin, John. *The Life of Jane Austen*. Baltimore: Johns Hopkins University Press, 1984.

Halsey, Katie. *Jane Austen and Her Readers, 1786–1945*. London: Anthem Press, 2012.

Hamilton, Catherine J. *Women Writers: Their Works and Ways*. London: Ward, Lock, Bowden, 1892.

Hare, Augustus J. G. *Maria Edgeworth: Life and Letters*. Boston: Houghton Mifflin, 1894.

Harman, Claire. *Fanny Burney: A Biography*. New York: HarperCollins, 2000.

─────── . *Jane's Fame: How Jane Austen Conquered the World*. New York: Henry Holt, 2009.

Harris, Jocelyn. *Jane Austen's Art of Memory*. Cambridge, UK: Cambridge University Press, 1989.

Hawkins, John. *The Life of Samuel Johnson, LL.D.* London: Printed for J. Buckland et al., 1787.

[Hays, Mary]. "Mrs. Charlotte Smith." In *British Public Characters, 1800–1801*, vol. 3. London: Printed for R. Phillips, 1801.

Hayward, A. *Autobiography, Letters and Literary Remains of Mrs. Piozzi (Thrale) Edited with Notes and an Introductory Account of Her Life and Writings*. London: Longman, Green, Longman, and Roberts, 1861.

Hazlitt, William. *Lectures on English Comic Writers*. London: Printed for Taylor and Hessy, 1819.

Hemlow, Joyce. *The History of Fanny Burney*. Oxford, UK: Clarendon Press, 1958.

Hill, Constance. *Jane Austen: Her Home & Her Friends*. London: John Lane, 1902.

Honan, Park. *Jane Austen: Her Life*. New York: St. Martin's Press, 1987.

Hopkins, Mary Alden. *Hannah More and Her Circle*. New York: Longmans, Green, 1947.

Howells, W. D. *Heroines of Fiction*. New York: Harper & Brothers, 1901.

Hughes, Charles. *Mrs. Piozzi's Thraliana, with Numerous Extracts Hitherto Unpublished*. London: Simpkin, 1913.

Hume, David. *Essays, Moral and Political*. Edinburgh: Printed by R. Fleming and A. Alison, for A. Kincaid, 1741.

Hume, Robert D. "The Value of Money in Eighteenth-Century England: Incomes, Prices, Buying Power—and Some Problems in Cultural Economics." *Huntington Library Quarterly* 77, no. 4 (Winter 2014): 373–416.

Hyde, Mary [later Mary Hyde Eccles]. *The Thrales of Streatham Park*. Cambridge, MA: Harvard University Press, 1977.

Hyde Eccles, Mary. "Unending Pursuit." *Grolier Club Gazette*, no. 42. New York: Grolier Club, 1990, 89–100.

Inchbald, Elizabeth. *Lovers' Vows. In The British Theatre*. London: Printed for Longman, Hurst, Rees, and Orme, 1808.

─────── . *A Simple Story*. Edited by J. M.S. Tompkins, introduction by Jane Spencer. Oxford, UK: Oxford University Press, 1988.

─────── . *A Simple Story*. Introduction by Anna Lott. Ontario: Broadview Press, 2007.

Jackel, David. "Leonora and Lady Susan: A Note on Maria Edgeworth and Jane Austen." *ESC: English Studies in Canada* 3, no. 3 (Fall 1977): 278–88.

Jenkins, Annibel. *I'll Tell You What: The Life of Elizabeth Inchbald*. Lexington: University Press of Kentucky, 2003.

Johnson, Claudia. "'Let Me Make the Novels of a Country': Barbauld's 'The British Novelists' (1810/1820)." *NOVEL: A Forum on Fiction* 34, no. 2, Romantic-Era Novel (Spring 2001): 163–79.

Johnson, Samuel. *A Dictionary of the English Language* [...]. London: Printed by W. Strahan [...], 1755.

─────── . *The Works of Samuel Johnson, LL.D.* London: J. Buckland et al., 1787.

Kaplan, Deborah. *Jane Austen among Women*. Baltimore: Johns Hopkins University Press, 1992.

Kauvar, Elaine M. "Jane Austen and *The Female Quixote*," *Studies in the Novel* 2, no. 2, British Neo-Classical Novel (Summer 1970): 211–21.

Kelly, Helena. *Jane Austen: The Secret Radical*. New York: Alfred A. Knopf, 2017.

Kim, Boram. "Faint or Feint?: Literary Portrayals of Female Swooning in the Eighteenth Century." *English Studies* 29 (2009): 148–66.

Knapp, Oswald G., ed. *The Intimate Letters of Hester Piozzi & Penelope Pennington, 1788–1821*. London: John Lane, 1914.

Knox, Vicesimus. *Essays, Moral and Literary*. London: Printed for Edward and Charles Dilly, 1779.

Korshin, Paul J. "Types of Eighteenth-Century Literary Patronage." *Eighteenth-Century Studies* 7, no. 4 (Summer 1974): 453–73.

Labbe, Jacqueline M. *Charlotte Smith: Romanticism, Poetry and the Culture of Gender*. Manchester, UK: Manchester University Press, 2003.

———. "Introduction." In *The Works of Charlotte Smith*, pt. III, vol. 14. London: Pickering & Chatto, 2007.

———. *Reading Jane Austen after Reading Charlotte Smith*. London: Palgrave Macmillan, 2020.

———. *Writing Romanticism: Charlotte Smith and William Wordsworth, 1784–1807*. New York: Palgrave Macmillan, 2011.

Lansdowne, Henry William Edmund Petty-FitzMaurice, Marquis of. *The Queeney Letters: Being Letters Addressed to Hester Maria Thrale by Doctor Johnson, Fanny Burney and Mrs. Thrale-Piozzi*. London: Cassell & Company, 1934.

Le Faye, Deirdre, comp. and ed. *Jane Austen's Letters*. 4th ed. Oxford, UK: Oxford University Press, 2011.

[Lennox, Charlotte]. *The Female Quixote; or, the Adventures of Arabella*. 2nd ed., rev. and corrected. London: Printed for A. Millar, 1752.

Lennox, Charlotte. *The Life of Harriot Stuart, Written by Herself*. Madison, NJ: Fairleigh Dickinson University Press, 1995.

[Lennox, Charlotte]. "By the Author of *The Female Quixote*." *Shakespear Illustrated: Or the Novels and Histories, on Which the Plays of Shakespear Are Founded, Collected and Translated from the Original Authors. With Critical Remarks*. London: Printed for A. Millar, 1753, 1754.

Littlewood, S. R. *Elizabeth Inchbald and Her Circle*. London: Daniel O'Connor, 1921.

[Lockhart, John Gibson]. *Memoirs of the Life of Sir Walter Scott, Bart*. Edinburgh: Robert Cadell and John Murray and Wittaker, 1837–38.

Lodge, Henry Cabot, ed. *The Best of the World's Classics*. New York: Funk & Wagnalls, 1909.

Loe, Thomas. "Gothic Plot in 'Great Expectations.'" *Dickens Quarterly* 6, no. 3 (September 1989): 102–10.

Looser, Devoney. *The Making of Jane Austen*. Baltimore: Johns Hopkins University Press, 2017.

———. *Sister Novelists*. New York: Bloomsbury, 2022.

———. *Women Writers and Old Age in Great Britain*. Baltimore: Johns Hopkins University Press, 2008.

Lorde, Audre. "The Master's Tools Will Never Dismantle the Master's House." *This Bridge Called My Back: Writings by Radical Women of Color*. 4th ed. Edited by Cherríe Moraga and Gloria Anzaldúa. Albany, NY: SUNY Press, 2015.

Lustig, Irma S. "Boswell at Work: The 'Animadversions' on Mrs Piozzi." *Modern Language Review* 67, no. 1 (January 1972): 11–30.

Macaulay, Thomas. "Madame D'Arblay." *Critical and Historical Essays Contributed to the Edinburgh Review*. London: Longmans, Green, 1874.

Mandal, Anthony. *Jane Austen and the Popular Novel: The Determined Author*. Basingstoke, UK: Palgrave Macmillan, 2007.

[Mangin, Edward]. *Piozziana; or, Recollections of the Late Mrs. Piozzi, with Remarks. By a Friend*. London: Edward Moxon, 1833.

Manvell, Roger. *Elizabeth Inchbald: England's Principal Woman Dramatist and Independent Woman of Letters in 18th Century London, a Biographical Study*. Lanham, MD: University Press of America, 1987.

[Mathias, Thomas James]. *The Pursuits of Literature: A Satirical Poem in Dialogue*. 4th ed., rev. London: Printed for T. Becket, 1797.

Maynadier, Gustavus Howard. *The First American Novelist*. Cambridge, MA: Harvard University Press, 1940.

Mayo, Robert D. "Gothic Romance in the Magazines." *PMLA* 65, no. 5 (September 1950): 762–89.

Mazzeno, Laurence W. *Jane Austen: Two Centuries of Criticism*. Rochester, NY: Camden House, 2011.

McCarthy, William. *Hester Thrale Piozzi: Portrait of a Literary Woman*. Chapel Hill: University of North Carolina Press, 1985.

———. "The Repression of Hester Lynch Piozzi; or, How We Forgot a Revolution in Authorship." *Modern Language Studies* 18, no. 1, Making and Rethinking the Canon: The Eighteenth Century (Winter 1988): 99–111.

McDonagh, Josephine. "Place, Region, and Migration." *The Nineteenth Century Novel 1820–1880*. Edited by John Kucich and Jenny Bourne Taylor. Oxford, UK: Oxford University Press, 2012.

Medwin, Thomas. *The Life of Percy Bysshe Shelley. A New Edition [...] with an Introduction and Commentary by H. Buxton Forman, C.B.* London: Humphrey Milford, 1913.

Merriam-Webster. "Old Fashioned Names for Diseases and Ailments." Accessed April 22, 2024. https://www.merriam-webster.com/wordplay/illnesses-ailments-diseases-history-names.

Miles, Robert. "What Is a Romantic Novel?" *NOVEL: A Forum on Fiction* 34, no. 2, Romantic-Era Novel (Spring 2001): 180–201.

Minto, William. *The Literature of the Georgian Era*. Edinburgh: William Blackwood and Sons, 1894.

[Moir, George]. *Treatises on Poetry, Modern Romance, and Rhetoric*. Edinburgh: Adam & Charles Black, 1839.

Montagu, Lady Mary Wortley. *The Letters and Works*. 2nd ed., rev. Edited by Lord Wharncliffe. London: Richard Bentley, 1837.

[More, Hannah]. *Coelebs in Search of a Wife. Comprehending Observations on Domestic Habit and Manners, Religion and Morals*. London: Printed for T. Cadell and W. Davies, 1808.

More, Hannah. *An Estimate of the Religion of the Fashionable World: By One of the Laity*. London: Printed for T. Cadell, 1791.

———. *Slavery: A Poem*. London: Printed for T. Cadell, 1788.

———. *The Sunday School*. Dublin: Sold by William Watson, Printer to the Cheap repository for religious and moral tracts: and by the booksellers, chapmen and hawkers in town and country, [ca. 1800].

———. *Strictures on the Modern System of Female Education. With a View of the Principles and Conduct Prevalent among Women of Rank and Fortune*. 3rd American ed. Boston: Printed for Joseph Bumstead, 1802.

———. *The Works of Hannah More*. Philadelphia: Edward Earle, 1813.

More, Martha. *Mendip Annals: Or, a Narrative of the Charitable Labours of Hannah and

Martha More in Their Neighbourhood; being the Journal of Martha More. Edited by Arthur Roberts. London: James Nisbet, 1859.

Mudrick, Marvin. *Jane Austen: Irony as Defense and Discovery*. Princeton, NJ: Princeton University Press, 1952.

Murphy, Olivia. *Jane Austen the Reader: The Artist as Critic*. Basingstoke, UK: Palgrave Macmillan, 2013.

Nardin, Jane. "Jane Austen, Hannah More, and the Novel of Education." *Persuasions: Journal of the Jane Austen Society of North America* 20 (1998): 15–20.

Nelson, Bonnie. "Emily Herbert: Forerunner of Jane Austen's *Lady Susan*." *Women's Writing* 1, no. 3 (1994): 317–23.

Newby, P. H. *Maria Edgeworth*. London: Arthur Baker, 1950.

Newcomer, James. *Maria Edgeworth*. Lewisburg, PA: Bucknell University Press, 1973.

Newton, A. Edward. *The Amenities of Book-Collecting and Kindred Affections*. Boston: Atlantic Monthly Press, 1918.

Norton, Rictor, ed. *Gothic Readings: The First Wave, 1764–1840*. London: Leicester University Press, 2000.

——— . *Mistress of Udolpho: The Life of Ann Radcliffe*. London: Leicester University Press, 1999.

Oliphant, Mrs. *The Literary History of England: In the End of the Eighteenth and Beginning of the Nineteenth Century*. London: Macmillan, 1882.

Omasreiter, Ria. "Maria Edgeworth's Tales: A Contribution to the Science of Happiness." *Functions of Literature: Essays Presented to Erwin Wolff on His Sixtieth Birthday*. Edited by Ulrich Broich, Theo Stemmler, and Gerd Stratmann. Tübingen, Germany: M. Niemeyer, 1984.

Pakenham, Valerie, ed. *Maria Edgeworth's Letters from Ireland*. Dublin: Lilliput Press, 2018.

Patten, Robert L. *Charles Dickens and "Boz": The Birth of the Industrial-Age Author*. Cambridge, UK: Cambridge University Press, 2012.

Pedicord, Harry William, and Frederick Louis Bergmann. *The Plays of David Garrick, Vol. 3: Garrick's Adaptations of Shakespeare, 1744–1756*. Carbondale: Southern Illinois University Press, 1980.

Pennington, Sarah. *An Unfortunate Mother's Advice to Her Absent Daughters; in a Letter to Miss Pennington*. London: Printed by S. Chandler, 1761.

Phemister, Mary Anne. *Hannah More: The Artist as Reformer*. Sisters, OR: Deep River Books, 2014.

Phillips, Nicola Jane. *Women in Business, 1700–1850*. Woodbridge, UK: Boydell Press, 2006.

Pickering, Samuel, Jr. "Hannah More's *Coelebs in Search of a Wife* and the Respectability of the Novel in the Nineteenth Century." *Neuphilologische Mitteilungen* 78, no. 1 (1977): 78–85.

Piozzi, Hester Lynch. "Autobiographical Remains." In *Autobiography, Letters and Literary Remains of Mrs. Piozzi (Thrale)*. Edited by A. Hayward. London: Longman, Green, Longman, and Roberts, 1861.

——— . *British Synonymy; or, an Attempt at Regulating the Choice of Words in Familiar Conversation. Inscribed with Sentiments of Gratitude and Respect, to Such of Her Foreign Friends as Have Made English Literature Their Peculiar Study*. London: G.G. and J. Robinson, 1794.

——— . *Letters to and from the Late Samuel Johnson, LL.D. To Which Are Added Some Poems Never Before Printed*. London: Printed for A. Strahan and T. Cadell, 1788.

——— . *Thraliana. The Diary of Mrs. Hester Lynch Thrale (Later Mrs. Piozzi), 1776–1809*. Edited by Katharine C. Balderston. Oxford, UK: Clarendon Press, 1942.

Pollitt, Katha. "Hers; The Smurfette Principle." *New York Times*, April 7, 1991.

Potter, Franz. *The History of Gothic Publishing, 1800–1835: Exhuming the Trade*. London: Palgrave Macmillan, 2005.

Quayle, Eric. *Early Children's Books: A Collector's Guide*. Newton Abbot, Devon: David & Charles, 1983.

Quinby, Jane. *Beatrix Potter: A Bibliographical Check List*. New York: Jane Quinby, 1954.

Raleigh, Walter. *Six Essays on Johnson*. Oxford, UK: Clarendon Press, 1910.

Raven, James, and Antonia Forster, ed. *The English Novel, 1770–1829: A Bibliographical Survey of Prose Fiction Published in the British Isles*. Oxford, UK: Oxford University Press, 2000.

Rees, Thomas. *Reminiscences of Literary London from 1779–1853. With Interesting Anecdotes of Publishers, Authors, and Book Auctioneers of that Period, &c., &c.* New York: Francis P. Harper, 1896.

Reeve, Clara. *The Old English Baron*. Kansas City, MO: Valancourt Press, 2009.

——— . *The Progress of Romance and the History of Charoba, Queen of Aegypt, Reproduced from the Colchester Edition of 1785, with a Bibliographical Note by Esther M. McGill*. New York: Facsimile Text Society, 1930.

Regis, Pamela. *A Natural History of the Romance Novel*. Philadelphia: University of Pennsylvania Press, 2003.

Reilly, Robin. *Wedgewood*. London: Stockton Press, 1989.

Roberts, Bethan. *Charlotte Smith and the Sonnet: Form, Place, and Tradition in the Late Eighteenth Century*. Liverpool: Liverpool University Press, 2019.

Roberts, William. *Memoirs of the Life and Correspondence of Mrs. Hannah More*. 3rd ed. London: R. B. Seeley and W. Burnside, 1835.

Robertson, Ben P., ed. *The Diaries of Elizabeth Inchbald*. London: Pickering and Chatto, 2007.

Robinson, Daniel. "'Work without Hope': Anxiety and Embarrassment in Coleridge's Sonnets." *Studies in Romanticism* 39, no. 1 (Spring 2000): 81–110.

Rogers, Deborah D. *Ann Radcliffe: A Bio-Bibliography*. Westport, CT: Greenwood Press, 1996.

Romney, Rebecca. "On Feminist Practice in the Rare Books and Manuscripts Trade: Buying, Cataloguing, and Selling." *Criticism* 64, no. 3 (2022): 413–31.

——— . *The Romance Novel in English: A Survey in Rare Books, 1769–1999*. Silver Spring, MD: Type Punch Matrix, 2021.

Ross, Deborah. *The Excellence of Falsehood: Romance, Realism, and Women's Contribution to the Novel*. Lexington: University Press of Kentucky, 1991.

Rothschild, Nathaniel Mayer Victor Rothschild, Baron. *The Rothschild Library: A Catalogue of the Collection of Eighteenth-Century Printed Books and Manuscripts Formed by Lord Rothschild*. Cambridge, UK: Cambridge University Press, 1954.

Rothstein, Edward. "At the Morgan, the Jane Austen Her Family Knew." *New York Times*, November 6, 2009. https://www.nytimes.com/2009/11/07/arts/design/07austen.html.

Runge, Laura. "Momentary Fame: Female Novelists in Eighteenth-Century Book Reviews." In *A Companion to the Eighteenth-Century English Novel and Culture*. Edited by Paula R. Backscheider and Catherine Ingrassia. Malden, MA: Blackwell, 2005.

Sabor, Peter. "Annie Raine Ellis, Austin Dobson, and the Rise of Burney Studies." *Burney Journal* 1 (1998): 25–45.

Said, Edward. *Culture and Imperialism*. London: Chatto & Windus, 1993.

Santiáñez-Tió, Nil. "Nuevos mapas del Universo: Modernidad y ciencia ficción en la literatura española del siglo XIX (1804–1905)." *Revista Hispánica Moderna* 47, no. 2 (December 1994):

269–88.

Schellenberg, Betty L. *The Professionalization of Women Writers in Eighteenth-Century Britain*. Cambridge, UK: Cambridge University Press, 2005.

Schürer, Norbert. *Charlotte Lennox: Correspondence and Miscellaneous Documents*. Lewisburg, PA: Bucknell University Press, 2012.

Scott, Walter. "Prefatory Memoir to Mrs Ann Radcliffe." In *The Novels of Mrs. Ann Radcliffe*, Ballantyne's Novelist's Library. London: Hurst, Robinson, 1824.

[Scott, Walter]. *Waverley: Or 'tis Sixty Years Since*. Edinburgh: Archibald Constable and Co., 1814.

Séjourné, Philippe. *The Mystery of Charlotte Lennox: First Novelist of Colonial America (1727?–1804)*. Aix-en-Provenance: Publications des annales de la faculté des lettres, 1967.

Sher, Richard B. *The Enlightenment and the Book*. Chicago: University of Chicago Press, 2008.

Siskin, Clifford. *The Work of Writing: Literature and Social Change in Britain, 1700–1830*. Baltimore: Johns Hopkins University Press, 1999.

Small, Miriam Rossiter. *Charlotte Ramsay Lennox: An Eighteenth Century Lady of Letters*. Albany, NY: Archon Books, 1969. First published in 1935.

Smith, Charlotte. *Desmond: A Novel*. London: Printed for G. G. J. and J. Robinson, 1792.

——————. *Emmeline, the Orphan of the Castle*. London: Printed for T. Cadell, 1788.

——————. *The Old Manor House*. London: Pandora Press, 1987.

Smith, Goldwin. *Life of Jane Austen*. London: Walter Scott, 1890.

Southam, B. C., ed. *Jane Austen: The Critical Heritage, Volume 1: 1811–1870*. London: Routledge, 1968.

——————. *Jane Austen: The Critical Heritage, Volume 2: 1870–1940*. London: Routledge, 1987.

Spencer, Jane. "Evelina and Cecilia." In *The Cambridge Companion to Frances Burney*. Edited by Peter Sabor, 23–38. Cambridge, UK: Cambridge University Press, 2007.

——————. *The Rise of the Woman Novelist: From Aphra Behn to Jane Austen*. Oxford, UK: Basil Blackwell, 1986 (reprinted 1989).

Spender, Dale. *Mothers of the Novel: 100 Good Women Writers before Jane Austen*. London: Pandora Press, 1986.

Stanton, Judith Phillips. *The Collected Letters of Charlotte Smith*. Bloomington: Indiana University Press, 2003.

——————. "Statistical Profile of Women Writing in English from 1660–1800." In *Eighteenth-Century Women and the Arts*. Edited by Frederick M. Keener and Susan E. Lorsch. Westport, CT: Greenwood Press, 1998.

Steele, Valerie. *The Corset: A Cultural History*. New Haven, CT: Yale University Press, 2001.

Stoker, Bram. *Dracula*. 6th ed. Westminster, UK: Archibald Constable and Co., 1899.

Stoodt, Barbara D., Linda B. Amspaugh, and Jane Hunt. *Children's Literature: Discovery for a Lifetime*. Melbourne: Macmillan, 1996.

Stott, Anne. *Hannah More: The First Victorian*. Oxford, UK: Oxford University Press, 2003.

Talfourd, Thomas Noon. "Memoir of the Life and Writings of Mrs. Radcliffe." In *Gaston de Blondeville*, I.1–132. London: Henry Colburn, 1826.

Thaddeus, Janice Farrar. *Frances Burney: A Literary Life*. London: Macmillan, 2000.

Tompkins, J. M. S. *The Popular Novel in England: 1770–1800*. London: Constable and Co., 1932.

Townshend, Dale. *Gothic Antiquity: History, Romance, and the Architectural Imagination*,

1760–1840. Oxford, UK: Oxford University Press, 2019.

Townshend, Dale, and Angela Wright, ed. *Ann Radcliffe, Romanticism, and the Gothic*. Cambridge, UK: Cambridge University Press, 2014.

Troide, Lars E. "Joyce Hemlow and the McGill Burney Project." In *A Celebration of Frances Burney*. Edited by Lorna J. Clark, 10–17. Newcastle upon Tyne: Cambridge Scholars Publishing, 2007.

Walker, Alice. *In Search of Our Mothers' Gardens: Womanist Prose*. San Diego: Harcourt Brace Jovanovich, 1983.

Watt, Ian. *The Rise of the Novel: Studies in Defoe, Richardson and Fielding*. Berkeley: University of California Press, 1957.

Watt, James. *Contesting the Gothic: Fiction, Genre and Cultural Conflict, 1764–1832*. Cambridge, UK: Cambridge University Press, 1999.

Weekes, Ann Owens. *Irish Women Writers: An Uncharted Tradition*. Lexington: Kentucky University Press, 1990.

Wells, Juliette. *Everybody's Jane: Austen in the Popular Imagination*. London: Continuum, 2011.

─────── . *A New Jane Austen: How Americans Brought Us the World's Greatest Novelist*. London: Bloomsbury, 2023.

─────── . "A Note on Henry Austen's Authorship of the 'Biographical Notice.'" *Persuasions* 38, no. 1 (Winter 2017). Accessed April 23, 2024. https://jasna.org/publications-2/persuasions-online/vol38no1/wells.

Wells, Mary. *Memoirs of Mrs. Sumbel Late Wells*. London: C. Chapple, 1811.

Wharton, Edith. *The Writing of Fiction*. New York: Scribner, 1925.

Wheelwright, C. A. *Poems, Original and Translated*. London: Longman, Hurst, Rees, Orme, and Browne, 1810.

Whitehead, W. "On the Ignorance and Indecency of Modern Romance Writers." In *The British Essayists: Containing the Spectator, Tatler, Guardian […]* vol. IV. London: Published by Jones and Company, 1828.

Wickham, Hill, ed. *Journals and Correspondence of Thomas Sedgewick Whalley, D.D. of Mendip Lodge, Somerset*. London: Richard Bentley, 1863.

Wingrove, Ann. *Letters, Moral and Entertaining*. Bath: R. Cruttwell, 1795.

[Wolcot, John]. "Peter Pindar." *Bozzy and Piozzi: Or the British Biographers. A Town Eclogue*. 9th ed. London: Printed for G. Kearsley, 1788.

Wollstonecraft, Mary. *A Vindication of the Rights of Woman*. London: J. Johnson, 1792.

Wordsworth, William. *Lyrical Ballads, with Other Poems*. 2nd ed. London: Printed for T. N. Longman and O. Rees, 1800.

Worsley, Lucy. *Jane Austen at Home: A Biography*. New York: St. Martin's Griffin, 2021.

Yearsley, Ann. *Poems, on Several Occasions*. London: Printed for T. Cadell, 1785.

Zall, Paul M. *Coleridge's "Sonnets from Various Authors."* Glendale, CA: La Siesta Press, 1968.

제인 오스틴의 책장

1판 1쇄 발행일 2025년 12월 16일

지은이 리베카 롬니
옮긴이 이재경

발행인 김학원
발행처 (주)휴머니스트출판그룹
출판등록 제313-2007-000007호(2007년 1월 5일)
주소 (03991) 서울시 마포구 동교로23길 76(연남동)
전화 02-335-4422 **팩스** 02-334-3427
저자·독자 서비스 humanist@humanistbooks.com
홈페이지 www.humanistbooks.com
유튜브 youtube.com/user/humanistma
페이스북 facebook.com/hmcv2001
인스타그램 @boooook.h

편집주간 황서현 **편집** 이성근 김정현 **디자인** 차민지
조판 아틀리에 **용지** 화인페이퍼 **인쇄·제본** 정민문화사

한국어판 ⓒ 휴머니스트, 2025

ISBN 979-11-7087-411-9 03800

- 이 책은 저작권법에 따라 보호받는 저작물이므로 무단 전재와 무단 복제를 금합니다.
- 이 책의 전부 또는 일부를 이용하려면 반드시 저자와 (주)휴머니스트출판그룹의 동의를 받아야 합니다.